Zu diesem Buch

Kein Zweifel – die Gesamtschulbewegung befindet sich in einer schwierigen Phase ihrer Entwicklung. Manche sprechen von einer Krise.

Eine durchgreifende Revision der Lernziele, Lerninhalte und Lernverfahren ist nicht gelungen. Eine flexible didaktische Differenzierung des Unterrichts, orientiert an Interessen der Schüler, wird, wo sie überhaupt erprobt wurde, zusehends mit äußerer Differenzierung durchsetzt. Die Entwicklung von Gesamtschulen als Ganztagsschulen stagniert, und selbst an Ganztagsschulen verkümmert der Bereich außerunterrichtlichen Lernens.

Eine nüchterne und zugleich schonungslose Kritik der Gesamtschulentwicklung durch Befürworter der Gesamtschule wird von den ideologischen Gegnern der Gesamtschule in Anspruch genommen werden. Sie sind nicht die Adressaten dieses Buches, sie bleiben unsere Gegner, weil sie mit denen paktieren, die Privilegien verteidigen.

Die Adressaten dieses Buches sind diejenigen,

- *denen unbehaglich ist bei den Widersprüchen zwischen Möglichkeiten und Wirklichkeit des Grundgesetzes,*
- *denen die Illusionen einer isolierten Schulreform fragwürdig geworden sind,*
- *denen im täglichen Widerspruch zwischen Anspruch und Wirklichkeit der Gesamtschule die Puste auszugehen droht oder*
- *denen in ihrer Isolierung der strategische Verbund ihrer Praxis zu verschwommen ist.*

Gemeint sind aber auch diejenigen, die sich in Programmen und Reden zur Gesamtschule bekennen, jedoch kneifen oder reglementieren, wenn einmal Gesamtschule konsequent gemacht wird.

Carl-Heinz Evers

Hinweise auf die Autoren finden Sie auf S. 286

Hans-G. Rolff, Ulrich Baer, Dagmar Hänsel,
Fred Heidenreich, Heidrun Lotz, Joachim Neander,
Elke Nyssen, Klaus-Jürgen Tillmann

Strategisches Lernen in der Gesamtschule

Gesellschaftliche Perspektiven der Schulreform

Mit einer Einführung
von Carl-Heinz Evers

rororo

Rowohlt

ERSTAUSGABE

Veröffentlicht im Rowohlt Taschenbuch Verlag GmbH,
Reinbek bei Hamburg, März 1974
Umschlagentwurf Jürgen Wulff

Gesamtherstellung Clausen & Bosse, Leck/Schleswig
Gesetzt aus der Linotype-Aldus-Buchschrift
und der Folio bei Otto Gutfreund & Sohn, Darmstadt
Printed in Germany
ISBN 3 499 16854 5

Inhalt

Carl-Heinz Evers

Einführung

Kein Zweifel – die Gesamtschulbewegung befindet sich in einer schwierigen Phase ihrer Entwicklung. Manche sprechen von einer Krise. Wir können viele Symptome solcher Schwierigkeiten registrieren: Bei Schülern häufen sich Erscheinungen der Schulunlust, des Wegbleibens und Kaputtmachens, der Disziplinlosigkeit und Aggressivität. Wenn diese Erscheinungen auch in allen Schularten zu beobachten sind, so treffen sie die Identität der Gesamtschule härter als die herkömmlicher Schulen; denn die Gesamtschule wollte die Schule sein, in der Schüler sich wohl fühlen – die Schüler gerne besuchen.

Bei den Lehrern ist die Fluktuation bemerkenswert hoch und der ‹Nachschub› durch Freiwillige spärlicher geworden. Erschöpfung, auch spürbarer Widerwille gegen die tägliche Arbeitsüberlastung breiten sich aus. ‹Wegbleiben› ist nicht nur eine Erscheinung bei Schülern. Viele pädagogische Intentionen wurden nicht erreicht; und nicht wenige Lehrer führen das unberechtigterweise auf subjektives Versagen zurück, weil ihnen die objektiven Bedingungen der Schule und der Schulreform unter den aktuellen gesellschaftlichen Bedingungen nicht bewußt sind.

Eine durchgreifende Revision der Lernziele, Lerninhalte und Lernverfahren ist nicht gelungen; ihre Planung blieb auch wegen der Überbeanspruchung der Lehrer stecken. Eine flexible didaktische Differenzierung des Unterrichts, orientiert an Interessen der Schüler, wird, wo sie überhaupt erprobt wurde, zusehends mit äußerer Differenzierung durchsetzt. Die Entwicklung von Gesamtschulen als Ganztagsschulen stagniert, und selbst an Ganztagsschulen verkümmert der Bereich außerunterrichtlichen Lernens. Die wissenschaftliche Begleitung kann mittel- und langfristige Entwicklungs- und Forschungsaufgaben in den Wind schreiben; teilweise degeneriert sie zur Gestalt überholter Lehrplankommissionen in der Regie des Kultusministeriums.

Die Frage nach den Ursachen der Entwicklungskrise der Schulreform, insbesondere der Gesamtschule, verlangt eine differenzierte Antwort. Denn die Ursachen sind vielfältig und liegen auf sehr unterschiedlichen Ebenen. Eine erste Annäherung an Ursachen kann vielleicht eine Aufzählung von Gründen erbringen, die gleichsam augenfällig sind.

Hierzu gehört die nach wie vor höchst unzulängliche Ausstattung der Gesamtschulen, die sich in Systemen mit Innovationsanspruch noch verheerender auswirkt als in herkömmlichen: die zu hohen Klassenfrequenzen; die viel zu geringe Zahl pädagogischer und administrativer Mitarbeiter sowie das fast gänzliche Fehlen von Personen, die den Bereich außerunterrichtlichen Lernens zu betreuen hätten. Hinzu kommen nicht selten langandauernde Provisorien der räumlichen Unterbringung, die bestimmten Lernverfahren enge Grenzen setzen. Regionale pädagogische Zentren für die Curriculumentwicklung und für einen ‹didaktischen Service› fehlen fast völlig. Und wo vereinzelt solche Einrichtungen vorhanden sind, tragen sie öfter zur weiteren Verunsicherung bei als zur Hilfeleistung. Ein von Gesamtschullehrern seit Jahren gefordertes überregionales Kommunikations- und Informationszentrum kommt nicht zustande; und es scheint, als hätten Bildungspolitiker und Administratoren Angst vor überlokalem und überregionalem Erfahrungsaustausch über insgesamt unzulängliche Bedingungen.

Die Lehrerausbildung ist nach wie vor unzureichend und geht auf die Bedürfnisse der Gesamtschule kaum ein. So spricht man von einem ‹Praxisschock› der Hochschulabsolventen und von der ‹Rücknahme der Verwissenschaftlichung› der Lehrerausbildung beim Eintritt eines Junglehrers in den Schuldienst. Wie muß es dann um Wissenschaft und Wissenschaftstheorie an den Hochschulen bestellt sein, wenn deren Absolventen von der Realität und Praxis an den Schulen, auch an Gesamtschulen, überwältigt werden?

Sicher ist ein weiterer Grund für die Schwierigkeiten in der Gesamtschulentwicklung die unzureichende Planung der Schulreform. Es gab und gibt, obwohl zehn Jahre Gesamtschulentwicklung ins Land gegangen sind, kein voll realisiertes Programm, das gleichzeitig die curriculare und architektonisch-funktionale Planung in der notwendigen Weise integriert, das arbeitsteilig an verschiedenen Schulen Entwicklungsschwerpunkte setzt und die spezifischen Erfahrungen systematisch an alle Interessenten weiterleitet (Dissemination), das im Planungsvorlauf den Lehrern breite Gelegenheit zu intensiver Vorbereitung der neuen Aufgabe gibt sowie Eltern, Schüler und übrige Öffentlichkeit eingehend über die neue Schule aufklärt. Oft erfahren statt dessen Lehrer erst wenige Tage vor ihrem Dienstantritt an der Gesamtschule, daß sie dort arbeiten sollen. Etliche Gesamtschulen waren und sind gezwungen, ohne schwerpunktmäßige Arbeitsteilung und ohne didaktischen Service die ganze Entwicklungsarbeit allein zu tragen. Kein Wunder, daß angesichts eines solchen planerischen Vakuums, das keinesfalls den Lehrern anzulasten ist, die Antizipation und Berücksichtigung von Nebenfolgen bestimmter Konzeptionen völlig außer acht gelassen wird, etwa das Problem der wachsenden Orientierungslosigkeit der Schüler bei zunehmender Fluktuation oder sich verfestigender äußerer Differenzierung, oder auch Konflikte mit dem Elternhaus auf Grund unterschiedlicher Erziehungsziele und -stile.

Oft nehmen Gesamtschulen ihre Arbeit in unfertigen neuen Wohnvierteln am Rande von Städten auf. Durch ständigen Zuzug ergeben sich zusätzliche Probleme. Im fertigen Zustand trifft auf solche neuen Wohnviertel Alexander Mitscherlichs Analyse von der ‹*Unwirtlichkeit unserer Städte*› in besonderem Maße zu; die vielfältigen sozialpsychologischen Implikationen, besonders die für die Schule, werden kaum gesehen und berücksichtigt.

Viele der aufgezählten Krisenerscheinungen sind gewiß nicht gesamtschulspezifisch, sondern betreffen auch herkömmliche Schulen und das ganze Schulsystem. Besonders die Grundschulen – die ja auch Gesamtschulen sind, da alle Kinder bestimmter Jahrgänge sie besuchen – sind infolge ihrer miserablen Arbeitsbedingungen weiterhin die ‹Hinterhöfe der Nation›. Die Krisenerscheinungen treffen aber die Gesamtschulen mit ihrem Innovationsanspruch im Kern ihres Selbstverständnisses. Eine Gesamtschule muß, da sie Entwicklungsarbeit leisten soll, aufwendiger sein; da sie gleichzeitig aber auch übertragbar sein soll, wird sie unaufwendig gehalten und mithin unzulänglich ausgestattet.

Ein weiteres Dilemma besteht darin, daß die Gesamtschule einerseits Modellschule ist, die konsequent neue und andere didaktische Lösungen erproben und entwickeln muß. Didaktische Dispositionen setzen bei den Handelnden politische Entscheidungen voraus, durch die Gewohnheiten und Gepflogenheiten in Frage gestellt werden und Werte eine andere Rangfolge erhalten. Dadurch können Konflikte entstehen. Die Gegner einer solchen ‹anderen Schule›, denen die ganze Richtung nicht paßt, machen dann gern aus einer Mücke einen Elefanten. Dadurch wächst andererseits, besonders je mehr solche Modellschulen entstehen, bei Ministern die Neigung, die Entwicklung ‹in den Griff› zu bekommen. Gerade in Ländern mit relativ vielen Gesamtschulen wird immer stärker ‹von oben› her reglementiert. Dadurch erstickt die Kreativität in der Praxis, an der Basis; man reformiert dann so ein bißchen vor sich hin; und von der plakatierten Modellhaftigkeit bleibt kaum mehr als eine politische Sprechblase.

Die Gesamtschule ist zudem eine sogenannte Angebotsschule; man kann ihr also ausweichen. Das tun offenbar immer mehr Mittelschichteltern. Es gibt an manchen Orten Anzeichen, daß die Gesamtschule der Mittelstufe vorwiegend die Haupt- und Realschule ersetzt, jedoch nur für relativ wenige Schüler das Gymnasium, das zudem inzwischen etliche didaktische Impulse aus der Gesamtschulbewegung in sich aufgenommen hat. Bei solchen lokalen Bedingungen liegt die Versuchung nahe, um hohe Schülerzahlen zu werben und auch jetzt noch die Hoffnungen der Gesamtschulgeneration der ersten Stunde zu propagieren, die Chancengleichheit, Förderung statt Auslese und soziale Integration verhießen (und davon seinerzeit auch überzeugt war). Hier liegt das Dilemma darin, daß die Gesamtschule, um hinreichend viele Schüler zu bekommen, etwas versprechen muß, was sie zu halten nicht in der Lage ist.

Angesichts einer solchen Situation ist Kritik an der herkömmlichen Gesamtschulideologie ebenso nötig wie phasengerecht. Die Kritik muß nüchtern und mit Augenmaß die Möglichkeiten und Grenzen der Gesamtschule und der Schulreform unter den aktuellen gesellschaftlichen Bedingungen aufzeigen. Die Kritik muß zugleich schonungslos sein und die Probleme nicht deshalb verstecken wollen, weil sie den Ohnehin-

Gegnern der Gesamtschule Wasser auf ihre sehr alten Mühlen geben könnte. Vor allem aber muß eine konstruktive Kritik vermeiden, alte Illusionen durch neue zu ersetzen.

Illusionen gab es in fast jedem schulreformerischen Ansatz, auch in der Gesamtschulbewegung. Sie sind offenbar unvermeidbar, wenn nicht eine allgemeine Gesellschaftsanalyse zugrunde liegt. Die Gesamtschulbewegung hatte Anfang der sechziger Jahre – nach einer Periode intensiver gesellschaftspolitischer Restauration – an Ideen und Konzepte der Reformpädagogik insbesondere der zwanziger Jahre und der Zeit unmittelbar nach dem Ende des Zweiten Weltkriegs angeknüpft. Motive und Argumente bezogen wir, die Reformer der sechziger Jahre, aus einer Aufdeckung der undemokratischen Struktur des Schulwesens und antiquierter Lerninhalte. Jedoch fragten wir zunächst nicht danach, wer Interesse an solchen Strukturen und Inhalten hat; manche verdrängten wohl diese Frage. Wir registrierten die Auswirkungen des herkömmlichen Bildungswesens: die Reproduktion der Sozialschichten, den Modernitäts- und Demokratierückstand, die mangelhafte Ergiebigkeit, und wir fragten auch danach, was aus den ‹Ausgelesenen› wird. Schulische Mißstände, Defizite und Ungerechtigkeiten motivierten uns und lieferten Argumente für die Schulreform.

Schon das trug den Reformern die Verketzerung durch Unternehmer, abendländische Kulturwarte und andere Ideologieproduzenten ein. Dabei zeichneten sich besonders die gleichen Gruppen aus, die zeitlich kurz zuvor die im Vergleich zur integrierten Gesamtschule viel milderen Vorschläge des Deutschen Ausschusses für das Erziehungs- und Bildungswesen in seinem «Rahmenplan zur Umgestaltung und Vereinheitlichung des allgemeinbildenden öffentlichen Schulwesens» (1959) und den Bremer «Plan zur Neugestaltung des deutschen Bildungswesens» der Gewerkschaft Erziehung und Wissenschaft (1960) als Machwerk sozialistischer Teufel diffamiert hatten. Wir setzten dem – gar nicht nur defensiv – auch die Aussage entgegen, die integrierte Gesamtschule habe mit Sozialismus nichts zu tun; sie sei eigentlich die Schule der bürgerlichen 1848er Revolution, wenn diese in Deutschland gelungen wäre.

Unsere Ziele waren damals – und sind es heute noch: Würde des Menschen und seine allseitige Entfaltung, Gerechtigkeit, Beseitigung von Benachteiligungen, Solidarität – und zwar konkret und wirklich, nicht nur formal. Wir wollten mehr Bildung und bessere Bildung für alle, Förderung statt Auslese, Emanzipation und Selbstbestimmung statt Drill und Gehorsam. Nur wissen inzwischen viele, daß diese Ziele nicht durch Appelle an Vernunft und guten Willen zu erreichen sind, sondern daß sie gesellschaftspolitische, vor allem auch ökonomische Voraussetzungen haben.

Wir hatten damals nicht die Verwertungsschwierigkeiten des Kapitals analysiert. Natürlich waren wir auch nicht zum Befehlsempfang beim Boss einer aufgeklärten Kapitalfraktion, der nahegelegt hätte, die Gesamtschule zu entwickeln, weil durch sie der ‹Bildungs-Output› verbessert werden könnte oder weil angesichts eines vermeintlichen Grundwiderspruchs zwischen Bildung und Herrschaft mit Hilfe der Gesamtschule die Bildung abgeschafft werden müsse, um Herrschaft zu sichern, wie das Kritiker später gemutmaßt haben.

Beim Start der Gesamtschulentwicklung kannten viele Befürworter auch noch nicht die Ergebnisse jener Sozialisationsforschungen, die nahelegen, daß die Stellung der Arbeitereltern am Arbeitsplatz verändert werden muß, wenn man die Bedingungen der Erstsozialisation der Arbeiterkinder in ihrer Familie ändern und die Voraussetzungen schaffen will, daß Arbeiterkinder gleiche Chancen erhalten. Wir saßen jener ideologischen Illusion einer kompensatorischen Erziehung auf, die meint, das Bewußtsein ändern zu können, ohne das Sein zu verändern.

Wir ergriffen ‹idealistisch› Partei für die integrierte Gesamtschule, weil wir moralisch gegen Ungerechtigkeit waren und meinten, durch die Gesamtschule mehr Gerechtigkeit, mehr Gleichheit, mehr Solidarität erreichen zu können: Eltern und Schüler, Pädagogen und Schulverwaltungsbeamte, Stadträte und Minister, politische Parteien und Gewerkschaften. Wenn – meist nach heftigen politischen Kämpfen und Debatten in Gemeindevertretungen und Parlamenten – dann Planung und Errichtung von Gesamtschulen beschlossen wurden, zogen sie moralisch engagierte Lehrer an, und zwar weit mehr, als benötigt wurden. Diese knieten sich in Planung und Praxis hinein, zunächst oft ohne Hilfe der Erziehungswissenschaft an Hochschulen und Instituten, an denen es meist weiterhin ‹sprangerte› und ‹wenigerte›. Lehrer machten jahrelang Überstunden, argumentierten nach außen, handelten und improvisierten nach innen. Viele wurden dann aber in der Praxis der Gesamtschularbeit darauf aufmerksam, daß die Widersprüche zwischen den Zielvorstellungen der Gesamtschule und dem Erfolg ihrer Intentionen nicht aufzuheben waren.

Nicht wenige resignierten unter dem Eindruck dieser Widersprüche. Manche hielten das Scheitern ihrer Intentionen für subjektives Versagen. Aber viele lernten die Ursachen dieser Widersprüche zu analysieren sowie den Stellenwert und die Funktion der Schulreform unter den aktuellen gesellschaftlichen Bedingungen neu und anders einzuschätzen.

Vor dem Hintergrund gesellschaftspolitischer Ereignisse in der Bundesrepublik und in West-Berlin seit 1966, des moralisch dekuvrierenden und desillusionierenden imperialistischen Krieges der USA gegen die Völker Indochinas und der Reaktion auf Proteste gegen den Krieg im Inland erkannten viele die Notwendigkeit und Tragfähigkeit marxistischer Gesellschaftsanalyse und die Möglichkeit, aus ihr Anleitung zum Handeln zu erschließen. Imperialistische Kriege haben Ursachen, obwohl die Moral gegen das Töten spricht; publizistische Meinungsmache von Pressekonzernen kann man moralisch als Verfälschung und Hetze geißeln. Den Ursachen aber kommt man allein mit moralischer Empörung nicht näher. So dämmerte bei vielen die Erkenntnis, auch beim idealistischen Ansatz der Gesamtschule zu kurz gegriffen zu haben, weil man hoffte, die Basis vom Überbau her ändern zu können.

Die der Gesamtschule immanenten Widersprüche sind eben keineswegs auf mangelndes Engagement und Können der Lehrer zurückzuführen, sondern Auswirkungen gesellschaftlicher Gegebenheiten, die grundsätzlich veränderbar sind. Chancengleichheitsversprechen und individualistische Leistungsauslese sind genauso wenig auf einen Nenner zu bringen wie das Ziel einer Erziehung zur Solidarität und das Konkurrenzprinzip.

In der Diskussion um die Hochschulreform wurden Grundsatzfragen aufgeworfen, die für diese Bildungsstufe durch folgende Positionen gekennzeichnet werden können:

- «Immanente Fortentwicklung der Wissenschaftsdisziplinen oder Indienstnahme durch die Gesellschaft,
- wissenschaftliche Arbeit an der Erhöhung der Lebensqualität aller oder Befriedigung spezifischer Profitinteressen,
- Steigerung des Marktwertes einer erstrebten Berufsposition oder Vertiefung persönlicher Fragestellungen» (Zwischenbericht, S. 16).

Das sind elementare Probleme und Entscheidungsfragen auch für die Schulpolitik, insbesondere für die Gesamtschulentwicklung. Einmal bleibt die seit einigen Jahren gängige Vokabel vom ‹wissenschaftsorientierten Lernen› so lange eine inhaltsleere Worthülse, bis gesagt wird, welche Auffassung von Wissenschaft gemeint ist; denn die Ideologie von deren Zweckfreiheit soll doch die Interessen derer verstecken, die sie erfunden haben. Zum anderen geht es im Sinne der dritten Entscheidungsfrage in der Gesamtschule um das Problem, ob sie der Formel vom individuellen ‹Aufstieg durch Bildung› verhaftet bleibt und damit zur Klassenflucht anstiftet, oder ob sie einen Beitrag leisten will zur kollektiven Wendung der Bedingungen der vielen. Es geht darum, ob die Gesamtschule in der Praxis beitragen will, zur Solidarität zu qualifizieren, oder ob sie ein Vehikel zur Verinnerlichung eines von Zwecken losgelösten und an einer Hack-und-Pick-Ordnung orientierten individuellen Leistungsprinzips bleibt. Von den Antworten auf diese politischen Fragen entscheiden sich dann Lerninhalte und Lernverfahren, Differenzierungen, soziale Organisation und Partizipation, also die konkreten Praxisprobleme der Gesamtschule.

Neben den inzwischen überall spürbaren Widersprüchen in der Theorie der Gesamtschule wurden weitere Widersprüche deutlich: besonders die trotz aller Beteuerungen der Entschlossenheit zur Reform nach wie vor höchst unzureichende finanzielle Ausstattung des Bildungswesens, auch der Gesamtschulen, oder auch die Beschränkung äußerer Beurteilungskriterien ausschließlich auf Effizienz, oder die Kompressionstendenzen in bildungsökonomischer Hinsicht. Es wuchs bei vielen die Erkenntnis: Alles, was in der Schulreform über den Reproduktionsbedarf der Wirtschaft hinausgeht – was also darüber hinaus kollektiv-emanzipatorischen Zielen dient –, stößt auf immense Schwierigkeiten in der Durchsetzung. Der Streit um die hessischen Rahmenrichtlinien ist ein aktuelles Beispiel.

Das alles ist kein Zufall. Die meisten Lehrer und Eltern haben sicher einmal gemeint, große Lerngruppen, hohe Klassenfrequenzen also, könne eigentlich keiner wollen. Inzwischen wissen viele: Das hat System. Denn – wider besseres Wissen und Können der Lehrer – zum Stillsitzen und Gehorchen erzogene Kinder verlernen schneller das Fragen, auch das Fragen nach Tatsachen, Zusammenhängen und Interessen in der Gesellschaft. Hohe Klassenfrequenzen und wirklichkeitsferne Lerninhalte haben etwas mit der uralten Herrschaftsweisheit zu tun: Laßt die Kinder nicht auf dumme Gedanken kommen – es könnten die *richtigen* sein.

Es wird – das ist inzwischen die Einsicht vieler – auch in der Gesamtschule eine Fülle von Widersprüchen geben, solange der Grundwiderspruch zwischen gesellschaftlicher Produktion und privater Aneignung besteht. Er produziert eine Menge von Nebenwidersprüchen. Gerade diese sind deutlich spürbar. ‹Benutzer› von Kindergärten, Schulen, Krankenhäusern vegetieren oft in ‹alten Kästen›, aber es gibt wohl keine Versicherungsgesellschaft, keine Konzernleitung, keine Geschäftsbank, die nicht inzwischen vollständig neue Bürohäuser hätte – übrigens von unserem Geld. Luxuswohnungen stehen leer, weil die Mieten unerschwinglich sind; aber es gibt zahlreiche Wohnungsuchende und Obdachlose. Die Wartezimmer von Kassenärzten sind überfüllt; aber für die Medizinerausbildung fehlt es an Studienplätzen. Grundstücke sind knapp; je knapper sie sind, desto teurer werden sie. Ihr Wert wächst ständig für die wenigen, die sie besitzen, ohne daß sie einen Handschlag dafür zu tun brauchen. Die Preise klettern ständig; denn ein regulierender Markt funktioniert nicht mehr. Kartelle und Monopole diktieren nach ihrem Gutdünken. Technische Fabrikate verschleißen schneller; rasche Abnutzung ist einkalkuliert; die künftigen Gewinne sind gesichert, und die Reklame verordnet das jeweils neueste Modell als Statussymbol. Die Müllhalden wachsen und zerstören die Landschaft. Abfälle verseuchen die Umwelt. Sogar am Rauschgifthandel machen wenige immense Gewinne.

Aber solche Erscheinungen sind nicht einfach böser Wille von irgendwem, sondern Logik eines Wirtschaftssystems, dessen oberstes Prinzip die Gewinnmaximierung für wenige ist, nicht aber die Bedürfnisse der vielen. Die wenigen haben Macht und Verfügungsgewalt; sie nutzen sie, um ihre Herrschaft und ihre Privilegien zu sichern. Sie gebieten über ein breites Repertoire an Möglichkeiten, Abhängigkeiten spürbar zu machen, die wirklichen Bedürfnisse der vielen zu verbiegen und falsche, aber ihnen nützliche Bedürfnisse zu suggerieren.

Auch die Schule hat in diesem Repertoire ihre Funktion: Sie soll die Ware Arbeitskraft gestuft qualifizieren, und sie soll die Jugendlichen in die Verkehrsformen der kapitalistischen Klassengesellschaft einüben. Mithin ist die Überwindung des Grundwiderspruchs zwischen Kapital und Arbeit eine notwendige, wenn auch keine hinreichende Voraussetzung dafür, daß die Ziele der Gesamtschule erreicht werden können.

Solche Einsichten fallen idealistischen Befürwortern der Gesamtschule nicht leicht. Lernen tut zuweilen weh, gerade dann, wenn nicht nur neue theoretische Erkenntnisse gewonnen werden, die frühere Positionen aufheben, sondern wenn sie auch praktische Verhaltensänderungen nach sich ziehen, die deutlich machen, daß andere als die herkömmlichen bürgerlichen Werte den Bezugsrahmen für die Praxis abgeben. Da sieht man Brücken hinter sich einstürzen und läßt auf dem anderen Ufer Gefährten zurück, die man gerne auf seiner Seite wüßte, die aber nicht mitgehen können oder wollen. Es bleibt die Aufgabe sozialistischer Schulreformer, diese Gefährten nicht abzuschreiben, sondern ihnen ohne Arroganz zu helfen, den Anschluß zu finden. Auch wenn wir in den letzten Jahren viel stärker geworden sind – wir sind noch nicht die Mehrheit. Deshalb sollen wir um jeden neuen Genossen ringen; und auch alte Gefährten können neue Genossen werden.

Einige Autoren dieses Buches haben die Phase der idealistischen Gesamtschulhoffnung und -entwicklung mitgemacht. Sie haben einen Schlußstrich unter ihre Illusionen der sechziger Jahre gezogen; und sie möchten für ihre damaligen Äußerungen nur noch im gesellschaftlich-historischen Kontext in Anspruch genommen werden. Sie gehen jedoch nicht so weit, die Gesamtschule als Ziel und Mittel des politischen Kampfes zu verwerfen. Sie sagen ja zu einer Gesamtschule, die jene Widersprüche und ihre Ursachen bewußt zu machen versucht: die den politischen Kampf für die andere Schule, in der die Arbeitsbedingungen besser und Lernziele und -inhalte anders sind, mit anderen politischen Kämpfen in der Gesellschaft zu verbinden sucht.

Immerhin ist durch den anstoßenden und anstiftenden Ansatz der integrierten Gesamtschule seit Beginn der sechziger Jahre bildungspolitisch etwas in Gang gekommen, was so einfach nicht wegzuwischen sein wird und dessen Auswirkungen auch alten Gefährten den Sprung erleichtern könnte, ohne daß sie ihre Identität verlieren.

Beispielsweise sind zu registrieren:

- Eine Sensibilisierung und Politisierung der Öffentlichkeit für Mißstände, Ungerechtigkeiten und Notwendigkeiten im Bildungswesen, deren Ausmaß und deren Potential in manchen politischen Chefetagen noch nicht recht zur Kenntnis genommen oder unterschätzt wird, zumal die Bildungspolitik in etlichen Zeitungen wieder auf die hinteren Seiten gerutscht ist.

- Eine Fülle didaktischer Innovationen – mit Ausstrahlung auf herkömmliche Schulen – ging von der Gesamtschulbewegung aus.
- Die traditionelle Lehrerrolle wurde in Frage gestellt.
- An Gesamtschulen, besonders wenn sie als Ganztagsschulen arbeiten, wurden Erfahrungen mit dem sozialen Lernen von Jugendlichen und Lehrern gemacht; aber auch die Grenzen dieses Ansatzes wurden deutlicher.
- Andere Formen der Leitung und Verwaltung von Schulen wurden an Gesamtschulen entwickelt.
- Im Einzugsbereich von Gesamtschulen wurden neue und andere Arten der Zusammenarbeit von Schule und Öffentlichkeit, von Schule mit Gewerkschaften, Jugendgruppen, Bürgerinitiativen erprobt und entwickelt.

Eine nüchterne und zugleich schonungslose Kritik der Gesamtschulentwicklung durch Befürworter der Gesamtschule wird, auch wenn sie phasengerecht erscheint, von den ideologischen Gegnern der Gesamtschule in Anspruch genommen werden. Sie sind nicht die Adressaten dieses Buches; sie bleiben unsere Gegner, weil sie mit denen paktieren, die Privilegien verteidigen. Sie können mit ihrem wissenschaftstheoretischen Instrumentarium, das unter der Ideologie der Wertfreiheit und der Sachzwänge ohnehin nicht für die Interessen der vielen Partei nimmt, die Situation der Gesamtschule nicht angemessen analysieren. Die Zustimmung solcher Gegner haben idealistische Gesamtschulreformer auch nicht durch Beschwichtigung und Zugeständnisse erreichen können.

Der Übergang zum Sozialismus ist eine historische Notwendigkeit; aber er ist kein Automatismus, sondern hängt von uns ab. Wir können selbstbewußt sein. Die Gegner der Gesellschaftsveränderung schwimmen gegen den Strom und können – in letzter Konsequenz – nur hoffen, sich mit Methoden wie in Chile oder Griechenland noch eine Weile länger über Wasser halten zu können. Auch jene milde Mischung aus dem Zuckerbrot sozialreformerischer Zugeständnisse und der Peitsche der Berufsverbote für fortschrittliche Betriebsjugendvertreter oder Lehrer wird objektive Notwendigkeiten nicht gegenstandslos machen.

Die Adressaten dieses Buches sind diejenigen, denen unbehaglich ist bei den Widersprüchen zwischen Möglichkeiten und Wirklichkeit des Grundgesetzes – denen die Illusion einer isolierten Schulreform fragwürdig geworden sind – denen im täglichen Widerspruch zwischen Anspruch und Wirklichkeit der Gesamtschule die Puste auszugehen droht – oder denen in ihrer Isolierung der strategische Verbund ihrer Praxis zu verschwommen ist. Gemeint sind aber auch diejenigen, die sich in Programmen und Reden zur Gesamtschule bekennen, jedoch kneifen oder reglementieren, wenn einmal Gesamtschule konsequent gemacht wird.

Gerade Gesamtschullehrer und -befürworter sind skeptisch geworden gegen Bücher mit umfassenden theoretischen Analysen, die in der Analyse steckenbleiben und nicht wenigstens ansatzweise eine Anleitung zum Handeln versuchen. Sie sind auch skeptisch, ja geradezu ungehalten und verdrossen geworden gegenüber besserwisserischen Ratschlägen aus dem Bereich von Hochschulen und Instituten, die Grenzen und Zwänge der Schulwirklichkeit manchmal nur vom Hörensagen kennen.

Zwar ist dieses Buch teilweise auch theoretisch und in der Kritik schonungslos, aber die Autoren bemühen sich, aus Analysen realistische Handlungsperspektiven aufzuzeigen. Rezepte gibt es allerdings hier nicht. Würde jedoch das Aufzeigen von Handlungsperspektiven verabsäumt, so käme zu den bereits skizzierten ein weiteres Dilemma hinzu: Bisher engagierte Lehrer und andere Beteiligte könnten auf Grund einer perspektivelosen Kritik zu dem Schluß kommen, die Gesamtschule zu verlassen. Je mehr kritisch-engagierte Lehrer und andere Beteiligte aber die Gesamtschule verlassen, desto geringer würde ihre – hier ohnehin nüchtern eingeschätzte – gesellschaftspolitische Relevanz auch tatsächlich werden – ein weiterer, im Sozialisationsbereich nicht seltener Fall sich selbst erfüllender Prophezeiung.

Angesichts der Situation der Gesamtschulentwicklung kann ein neues Buch zur Gesamtschule nur dann hilfreich sein, wenn es

- versucht zu analysieren, ob der entwickelte Kapitalismus überhaupt Handlungsraum für eine kollektiv-emanzipatorische Schulreform bietet und – falls das so ist –
- etwas darüber aussagt, wie Zielsysteme und Mittel eines Beitrages der Gesamtschule zu antikapitalistischen Strukturreformen aussehen könnten,
- Hinweise auf flankierende Maßnahmen zur Vermeidung nicht beabsichtigter Nebenfolgen zu geben versucht, und schließlich
- Möglichkeiten für den Vollzug strategischen Lernens in der Praxis aufweist.

Dieses Buch versucht eine dialektisch-materialistische Analyse der Funktion der Schule im Kapitalismus und der damit zusammenhängenden Widersprüche in der Gesamtschule und ihrer Entwicklung. Dabei wurde betont darauf geachtet, daß die idealistischen Hoffnungen der ersten Stunde nicht durch modernere bloß ersetzt wurden. Vielmehr soll nüchtern ausgelotet werden, was möglich ist und was nicht. Nebenfolgen der Gesamtschulentwicklung müssen frühzeitig bedacht, kalkuliert und konterkariert werden, und zwar auch für jede einzelne Gesamtschule; sonst werden unnötig den Gegnern Argumente geliefert.

Besonders aber: Jede allgemeine strategische Konzeption kann sich nur in der jeweils besonderen Praxis erweisen und bewähren. Aber im Hinblick auf die Darstellung gelungener Beispiele strategischen antikapitalistischen Lernens ist das Buch nur ein Anfang. Es gibt mehr solcher Beispiele, als sie in Beiträgen des Buches angeführt sind. Sie sind Außenstehenden nicht ohne weiteres zugänglich. Um strategischem antikapitalistischem Lernen eine breitere Wirksamkeit zu verschaffen sind weitere berichtende Veröffentlichungen nötig

- über gelungene Projekte und
- über mißlungene Vorhaben unter Analyse der Ursachen des Mißlingens.

Dabei werden die Berichterstatter gut beraten sein, wenn sie das Erfordernis der politischen Klugheit nicht außer acht lassen: Es sollte stets geprüft werden, ob es klug ist, wenn solche Dokumentationen Rückschlüsse auf Autoren und Ort zulassen. Die Hamburger Beschlüsse der Ministerpräsidenten sind eben akut nicht nur Papiertiger für die Kollegen, die in ihren Wirkungsbereich geraten.

Damit kein Mißverständnis entsteht: Das ist keine Aufforderung zur Subversion. Denn strategisches antikapitalistisches Lernen in der Schule und durch die Schule vollzieht sich im Rahmen des Grundgesetzes, wenn man «Würde des Menschen» nicht nur formal, sondern inhaltlich auffaßt, und wenn man seine Artikel 14 und 15 nicht «als gegen die freiheitlich-demokratische Grundordnung gerichtet» unter den Tisch bügelt. Das Rechtskartell hat es durch jahrelange Meinungsmache verstanden, den Eindruck zu erwecken, als sei das aktuelle Wirtschaftssystem das einzige nach dem Grundgesetz gebotene und mögliche und als sei das Recht des Stärkeren ein Synonym für Freiheit. Diesem Trugschluß können auch Richter unterliegen. Denn Recht und Macht sind nicht naturhaft unabhängige Größen.

Die Beiträge des Buches sind von bestimmten Personen verfaßt. Sie durchliefen mehrere schriftliche und mündliche Diskussionsrunden, an denen neben den Autoren besonders auch beteiligt waren: Bernd Frommelt, Brigitte Glorius, Armin Gutt, Ingrid Köller, Albert Schimanski, Bärbel Schön, Christa Walther. Kollegen aus Gesamtschulen, Hochschulen und Forschungsinstituten wirkten zusammen.

Es wurde versucht, auf gängige allgemeine Begriffe wie Emanzipation oder Demokratisierung zu verzichten, die in ihrer Allgemeinheit oft nicht die Genauigkeit fördern und formal bleiben. Statt dessen soll ‹im Klartext› gesagt werden, was und wer gemeint ist. Ausgangspunkt sind Überlegungen zur Funktion von Schule im Spätkapitalismus, dessen Widersprüche auch innerhalb der Gesamtschule ihre Entsprechung haben. Als Beitrag der Schule zu antikapitalistischen Veränderungen wird dann der Ansatz des strategischen Lernens entworfen. Es folgen Überlegungen, wie der Disziplin ein zweckhafter Stellenwert in diesem Prozeß zugeordnet werden kann. Möglichkeiten strategischen Lernens werden für den Deutsch- und den Mathematikunterricht entworfen – für Deutsch, weil es das herkömmlich wohl am stärksten ideologiebesetzte Gebiet der Schule ist, für Mathematik, weil man auf den ersten Blick meint, sie könne gar nichts beitragen. Da die Autoren Illusionen vermeiden wollten und die Grenzen der Möglichkeiten strategischen Lernens im Unterricht offenkundig sind, folgen erste Überlegungen für den außerunterrichtlichen Bereich, auch wenn etliche Gesamtschulen keine Ganztagsschulen sind und auch hier Grenzen bestehen, und für den außerschulischen Bereich, allerdings bezogen auf die Gesamtschule. Um schließlich den Versuch zu machen, Schwierigkeiten von Lehrern nicht als subjektives Versagen, sondern als Ausdruck objektiver Widersprüche zu kennzeichnen, wurden die Rolle des Lehrers analysiert und dann einige Hinweise für die Lehrerqualifizierung gegeben. Bei allen Beiträgen kann es sich bestenfalls um Vorstudien und Annäherungen handeln. Diese Feststellung ist nicht die übliche Bescheidenheitsfloskel; denn wir haben bisher kaum Erfahrungen mit strategischen Konzepten. Es wird darauf ankommen, das Strategiekonzept auf unterschiedlichen Ebenen und von unterschiedlichen Gesichtswinkeln her zu konkretisieren.

Das Buch erscheint in einer Situation, in der Bildungspolitik wie eh und je Verwaltung des Mangels ist und in der Reglementierung und Disziplinierung zunehmen. Da kann man resigniert die Ohren anlegen, wenn einem schon die Illusion vergangen ist, man könne vielleicht durch gutes Zureden Möglichkeiten für einen Beitrag der Schule zu antikapitalistischen Strukturreformen erschließen. Wir bekommen die andere Schule von niemandem geschenkt. Es wird sie vollends auch nur geben, wenn die gesellschaftlichen Verhältnisse insgesamt anders sind. Aber wir müssen jetzt – ganz real und konkret – deutlich machen, daß Massenloyalität auf dem Spiel steht, wenn wir weiterhin mit Augenwischerei vertröstet und hingehalten werden sollen. Was sich im Herbst 1973 spontan in vielen Betrieben ereignete ist eine wichtige Komponente unseres politischen Kampfes um Gerechtigkeit und Humanität.

Wenn in diesem vielfältigen politischen Kampf Fortschritte erzielt werden, dann sollen wir es mit August Bebel halten. Nach seiner Auffassung hat die – damalige – Sozialdemokratie «nie verschmäht, staatliche Maßregeln gutzuheißen, die eine Hebung der Lage der Arbeiterklasse unter dem gegenwärtigen Wirtschaftssystem herbeiführen können; sie betrachte diese aber nur als kleine Abschlagszahlungen, die ihr Streben nach Umgestaltung von Staat und Gesellschaft von Grund aus in keiner Weise beirren» (Bebel, S. 611).

1

Elke Nyssen – Hans-G. Rolff

Perspektiven der Schulreform im Spätkapitalismus

Alle ernsthaften Schulreformer wissen – oder haben doch inzwischen erkannt –, daß es nicht gelingen kann, durch eine Schulreform die Gesellschaft unmittelbar zu verändern. Umgekehrt wäre es voreilig, der Schulreform deshalb jegliche Wirkung auf gesamtgesellschaftliche Prozesse abzusprechen, solange noch ungeklärt ist, wie ein *Beitrag* der Schulreform zur Veränderung der Gesellschaft konkret aussehen könnte. Dabei muß allerdings beachtet werden, daß sich die Frage nach dem Stellenwert der Schulreform für eine Veränderung der Gesellschaft nur im Rahmen theoretischer Analysen zur gesellschaftlichen Entwicklung beantworten läßt.

Diese theoretischen Analysen müssen mindestens zwei Bedingungen erfüllen, wenn sie nicht nur auf Interpretationsschemata, sondern auch auf strategische Perspektiven abzielen wollen: Sie müssen die augenblickliche gesellschaftliche Situation so weit analysieren, daß die Ausgangssituation zumindest skizziert wird, und sie müssen im Anschluß an die Analyse die Richtung der Gesellschaftsveränderung inhaltlich präzisieren, das heißt durch Zielvorstellungen umreißen. Einschränkend muß jedoch angemerkt werden, will man den an der Gesellschaftsveränderung Beteiligten nicht konkret *vorschreiben*, wie die künftige Gesellschaft auszusehen hätte, daß sich Zielvorstellungen einer veränderten Gesellschaft vorerst nicht *detailliert* bestimmen lassen: Sie können zunächst nur von der Analyse der augenblicklichen Gesellschaft verhältnismäßig grob abgeleitet werden. Darüber hinaus müssen strategische Überlegungen auf klar umrissene Handlungsfelder bezogen werden, in diesem Fall auf die Schule. Strategische Überlegungen, die sich auf andere Handlungsfelder des Überbaus beziehen, können hier nicht entwickelt werden. Vor allem müssen strategische Überlegungen zur Veränderung des Produktionsprozesses, das heißt der Basis, weitgehend vernachlässigt werden, ohne daß dabei allerdings der Bezug zwischen Schule und Produktionsbereich verlorengehen darf.

Der Anspruch, die augenblickliche gesellschaftliche Situation zu analysieren und die Richtung einer Gesellschaftsveränderung inhaltlich zu präzisieren, kann hier deshalb nur sehr verkürzt realisiert werden. Der Versuch, einige Strukturelemente des Gesellschaftssystems der BRD darzustellen, ist jedoch unumgänglich, da eine Strategie der Schulreform, die gesamtgesellschaftliche Rahmenbedingungen unbeachtet ließe, wiederum zu neuen Illusionen führen würde. Denn die Schule ist nicht

> «autark; (sie) reproduziert sich nicht selbst, sondern ist in den Reproduktionsprozeß der Gesellschaft insgesamt miteinbezogen, der von den Bedingungen der

Verwertung des Kapitals bestimmt ist und nicht vom Ausbildungssystem» (MASUCH 1972, S. 16).

Je knapper eine Analyse ist, um so abstrakter muß sie ausfallen. In den folgenden Kapiteln wird der Versuch gemacht, die allgemeine Analyse zu konkretisieren und zu veranschaulichen, wobei allerdings der hier beschriebene Gesamtzusammenhang vorausgesetzt wird.

1.1 Darstellung einiger Strukturelemente der kapitalistischen Gesellschaft

Trotz aller Veränderungen ihrer Erscheinungsweisen – so hat zum Beispiel die relative Verelendung des Arbeiters gegenüber der absoluten an Bedeutung gewonnen – wird die Gesellschaft der BRD weiterhin durch den Grundwiderspruch von Kapital und Arbeit, gesellschaftlicher Produktion und privater Aneignung bestimmt: Sie ist also nach wie vor eine kapitalistische Gesellschaft.

Grundlage der Produktionsverhältnisse in der kapitalistischen Ordnung ist das private Eigentum an Produktionsmitteln, aus dem der grundlegende Widerspruch zwischen Kapital und Arbeit und der ‹Doppelcharakter› von Ware und Arbeit resultieren. Der Kapitalismus hat sich historisch aus der einfachen Warenproduktion entwickelt und stellt deren höchste Entwicklungsstufe dar. ‹Waren› sind Produkte, die in erster Linie für den *Austausch* (z. B. gegen andere Produkte) hergestellt werden. Marx erkannte, daß ihr Wesen darin besteht, «Gebrauchsgegenstände und zugleich Wertträger» (MEW 23, S. 62) zu sein, was ihren Doppelcharakter ausmacht. Für den Besitzer der Ware hat diese

«keinen unmittelbaren Gebrauchswert. Sonst führte er sie nicht zu Markt. Sie hat Gebrauchswert für andre. Für ihn hat sie unmittelbar nur den Gebrauchswert, Träger von Tauschwert und so Tauschmittel zu sein» (MEW 23, S. 100).

Kennzeichnend für die kapitalistischen Produktionsverhältnisse ist, daß die Warenproduktion herrschenden, allgemeinen Charakter annimmt, daß nicht nur das materielle Gut, das Arbeitsprodukt, sondern auch das Vermögen zu arbeiten, also die Arbeitskraft selbst, zur Ware wird.

Bestimmend im kapitalistischen Produktionsprozeß sind die Besitzer der Produktionsmittel (Rohstoffe, Maschinen, Gebäude etc.). Jene finden die Arbeitskraft als Ware auf dem ‹Arbeitsmarkt› vor, auf dem der formell freie Arbeiter, «frei in dem Doppelsinn, daß er als freie Person über seine Arbeitskraft als seine Ware verfügt, daß er andrerseits andre Waren nicht zu verkaufen hat» (MEW 23, S. 183), die Disposition über diese anbieten muß, da er anders nicht die Mittel zur Bestreitung seines Lebensunterhalts erwerben kann. Den Arbeiter interessiert daher in erster Linie der Tauschwert seiner Arbeitskraft, das heißt der Preis, den er in Form von Lohn, Gehalt usw. auf dem Arbeitsmarkt erzielt. Denn der Arbeiter selbst ist nach Marx unter kapitalistischen Produktionsverhältnissen

«absolut gleichgültig gegen die Bestimmtheit seiner Arbeit; sie hat als solche nicht Interesse für ihn, sondern nur soweit sie überhaupt Arbeit ... ist» (Marx, ‹*Grundrisse*›, S. 204).

Den Kapitaleigner bzw. seinen Manager interessiert hingegen allein der Gebrauchswert der Arbeitskraft, nämlich «Quelle von Wert zu sein und von mehr Wert, als sie selbst hat» (MEW 23, S. 208).

Schließlich läßt er Waren ja nur produzieren,

«weil und sofern sie materielles Substrat, Träger des Tauschwerts sind ... Er will nicht nur einen Gebrauchswert produzieren, sondern eine Ware, nicht nur Gebrauchswert, sondern Wert, und nicht nur Wert, sondern auch Mehrwert» (MEW 23, S. 201).

Von der Tatsache, daß der Kapitalist die Ware Arbeitskraft auf dem Arbeitsmarkt gekauft hat (genauso wie z. B. Rohstoffe auf dem Rohstoffmarkt), leitet er seinen Besitzanspruch über das Endprodukt des Produktionsprozesses ab und damit auch seinen Anspruch auf alleinige Verfügung über den Mehrwert. Mehrwert schafft die Arbeitskraft dadurch, daß der Wert, den sie während des Arbeitstages schafft, größer ist als ihr eigener Tageswert. Der kapitalistische Produktionsprozeß ist also Einheit von Arbeitsprozeß und Verwertungsprozeß.

Diese, wenngleich unvollständig, verkürzt und historisch nicht konkretisiert (so fehlt z. B. die Darstellung des Unterschieds zwischen absolutem und relativem Mehrwert) beschriebenen Ausprägungen des Grundwiderspruchs von Lohnarbeit und Kapital sind die Ursache für wesentliche Nebenwidersprüche der kapitalistischen Gesellschaft, wie die Unfähigkeit des kapitalistischen Systems, solche kollektiven und individuellen Bedürfnisse zu befriedigen, die nicht der bloßen Reproduktion der Ware Arbeitskraft und dem Verwertungsprozeß dienen. Der Kapitalist als Besitzer von Produktionsmitteln bzw. die Beauftragten des Kapitals verfügen nicht nur individuell über das Endprodukt der Arbeit, obwohl dieses gesellschaftlich erarbeitet wurde; sie disponieren darüber hinaus ebenso über die Arbeitsbedingungen und damit auch über die ‹Lebensäußerungen› des Arbeiters. Das ist der Grund für die Entfremdung des Arbeiters vom Endprodukt seiner Arbeit, die sich unter anderem darin äußert, daß das Produkt, das er herstellt, zu etwas ihm Fremden wird, «das unabhängig von seinen Bedürfnissen als eine ihn knechtende Macht existiert» (Krapp 1971, S. 16).

Die Arbeitsmittel, obwohl sie Produkte ‹vergangener Arbeit› sind, stehen dem Arbeiter als verselbständigte, als ‹Kapitalgestalt› gegenüber. Nicht sie verfügen über ihren Einsatz, sondern der Kapitalist bzw. seine Beauftragten. Ebenso wird dem Arbeiter sein eigenes Arbeitsvermögen, seine Tätigkeit, seine konkrete Arbeit zu etwas Fremdem, über das er nicht selbst, sondern der Kapitaleigner bestimmt. Auf Grund der Struktur des kapitalistischen Verwertungsprozesses kann der Kapitalbesitzer bzw. dessen Manager den Arbeiter nicht in erster Linie als Menschen betrachten, da ihn letztlich nur der Gebrauchswert der Ware Arbeitskraft interessiert. Hierin liegt auch die Ursache für die Entfremdung des Arbeiters von seiner Arbeit begründet.

«Der Arbeiter fühlt sich daher erst außer der Arbeit bei sich und in der Arbeit außer sich. Zu Hause ist er, wenn er nicht arbeitet, und wenn er arbeitet, ist er ist nicht zu Haus. Seine Arbeit ist daher nicht freiwillig, sondern gezwungen, *Zwangsarbeit*» (MEW, EB I, S. 514).

Daher dient die Arbeit nicht primär der direkten Befriedigung von Bedürfnissen,

«sondern sie ist nur ein *Mittel*, um Bedürfnisse außer ihr zu befriedigen. Ihre Fremdheit tritt darin rein hervor, daß, sobald kein physischer oder sonstiger Zwang existiert, die Arbeit als eine Pest geflohen wird. Die äußerliche Arbeit, die Arbeit, in welcher der Mensch sich entäußert, ist eine Arbeit der Selbstaufopferung, der Kasteiung« (MEW, EB I, S. 514).

Der Grundwiderspruch zwischen Lohnarbeit und Kapital ist nicht nur Ursache für die Entfremdung des Arbeiters, sondern determiniert letztlich auch die Herrschaftsverhältnisse. Allerdings läßt sich die Herrschaftsausübung immer weniger auf die *personale* und *unmittelbare* Herrschaft von Menschen über Menschen erfassen.

«Bestimmte Personen herrschen nicht in erster Linie als Personen über andere, sondern als über Produktionsmittel Verfügende herrschen sie über diejenigen, die von diesen Produktionsmitteln abhängig sind. Das kapitalistische Produktionsverhältnis selbst ist das Herrschaftsverhältnis» (Baethge 1970, S. 12).

Folge der durch die Produktionsverhältnisse bedingten Herrschaft ist die systematische Privilegierung eines Teils der Gesellschaft, die die ebenso systematische Deprivation des anderen Teils nach sich zieht. Die Privilegierung ist in den Produktionsverhältnissen selbst begründet und äußert sich in der Dispositionsgewalt über zentrale gesellschaftliche Institutionen wie Wirtschaft, Politik, Wissenschaft, Recht, Formen gesellschaftlicher Kommunikation, Daseinsfürsorge sowie das Ausbildungssystem.

«Verfügung über diese Institutionen muß wiederum nicht als ein Prozeß personaler Einflußnahme vonstatten gehen, sondern kann sich äußern in einer einseitigen Orientierung an den Interessen und Vorstellungen eines bestimmten Teils der Gesellschaft bei der Ausgestaltung dieser Institutionen durch die politischen Instanzen ...» (Baethge 1970, S. 14 f).

Wer über die zentralen gesellschaftlichen Institutionen verfügt, bestimmt weitgehend auch die menschlichen Entfaltungsmöglichkeiten, so zum Beispiel die Sphäre des Konsums.

Charakteristisch für kapitalistische Gesellschaften ist es, daß diese Sphäre auch in der sogenannten Überflußgesellschaft kaum menschliche Selbstbestimmung zuläßt.

«Die Unterwerfung der Tauschenden am Markt unter die *Ware* als einen abstrakten, gegenüber dem Nutzwert der Dinge gleichgültigen Wert setzt sich fort im verdinglichten Verhältnis zu den Gegenständen der Konsumtion» (HOFMANN 1967, S. 55).

Aus der Logik der Verwertungsinteressen des Kapitals im Reproduktionsprozeß der Gesellschaft folgt insgesamt, daß fundamentale individuelle und kollektive Bedürfnisse kaum befriedigt werden können. Das hat erneut Gorz für jene kollektiven Bedürfnisse nachgewiesen, die nicht nach den Gesetzen des Marktes, das heißt nach kapitalitischen Rentabilitätskriterien funktionieren.

«Diese in privatwirtschaftlichen Begriffen nicht erfaßbaren Bedürfnisse stehen, zumindest virtuell, in ständigem Widerspruch zum Kapitalismus und bezeichnen die Grenzen seiner Leistungsfähigkeit: Genau diese Bedürfnisse vernachlässigt oder unterdrückt der Kapitalismus, denn er nimmt ausschließlich den durch Warenproduktion und -konsum definierten *homo oeconomicus* zur Kenntnis und nicht den eigentlichen Menschen . . .» (GORZ 1967, S. 116).

Gorz nennt einige Beispiele für solche *strukturell* und nicht willkürlich unterdrückten kollektiven Bedürfnisse:

« – Die kollektiven Dienstleistungen, wie die öffentlichen Verkehrsmittel, die Wäschereien . . . und Kindergärten. Sie sind ihrem Wesen nach nicht rentabel: denn für die Profite ist es gewiß förderlicher, Privatfahrzeuge, eigene Waschmaschinen und Waschmittel mit magischen Eigenschaften zu verkaufen . . .
– Die kulturellen, sportlichen und sanitären Einrichtungen: Schulen, Theater, Bibliotheken, Konzertsäle, Schwimmbäder, Sportplätze, Krankenhäuser, kurz, alle Einrichtungen, die für den körperlichen und geistigen Ausgleich und für die Entwicklung der menschlichen Fähigkeiten notwendig sind. Auch solche Einrichtungen sind offensichtlich nicht rentabel, und es ist ebenso offensichtlich, daß sie in fast allen kapitalistischen Ländern äußerst knapp und teuer sind.
– Die ausgeglichene Entwicklung rückständiger Gebiete nach dem Kriterium des menschlichen und wirtschaftlichen Optimums . . .
– Die Informationen, die Kommunikationsmöglichkeiten, die aktiven Formen gemeinschaftlicher Muße. Diese Bedürfnisse sind für den Kapitalismus nicht nur völlig uninteressant, er möchte sie sogar unterdrücken. Die kommerzielle Diktatur der Monopole kann in der Tat nur ausgeübt werden, wenn ihr eine Masse von passiven Verbrauchern gegenübersteht, isoliert durch Wohnbedingungen und Lebensweise, unfähig, sich zu gruppieren, direkt zu kommunizieren und ihre aus den Arbeits- und Lebensbedingungen erwachsenden spezifischen Bedürfnisse gemeinsam zu definieren» (GORZ 1967, S. 117 f).

Weitere Beispiele für durch kapitalistische Verwertungsinteressen unterdrückte kollektive Bedürfnisse sind die Verschmutzung der Umwelt und die Verödung der Landschaft und der Innenstädte. In den Innenstädten können sich auf Grund des Privateigentums an Boden und der dadurch bedingten astronomisch hohen Mieten und Pachten kaum noch preiswerte Kneipen und Cafés, Jugendheime und Wohnhäuser halten, so daß öffentliche Kommunikation und Interaktion in der City für einen großen Teil der Bevölkerung spätestens mit Büroschluß absterben. Hinzu kommt der zugunsten der Automobilindustrie vernachlässigte Ausbau von öffentlichen Verkehrsmitteln.

Diese Strukturdefizite betreffen Stadt- und Landbewohner gleichermaßen, wobei allerdings davon auszugehen ist, daß die ‹Unterversorgung› auf dem Lande in einigen Bereichen noch größer ist als in der Stadt. Im Zusammenhang der Entwicklung strategischer Perspektiven dürfte es jedoch entscheidender sein, daß die genannten Strukturdefizite prinzipiell alle Angehörigen der Klasse der Lohnabhängigen betreffen. Zur Klasse der Lohnabhängigen zählen hier alle diejenigen gesellschaftlichen Gruppen, die

- keinen Besitz an Produktionsmitteln haben,
- über keine bzw. nur über delegierte Entscheidungsbefugnisse über den Einsatz von Produktionsmitteln verfügen und
- gezwungen sind, ihre Arbeitskraft zu verkaufen, das heißt Lohn und Gehalt aus unselbständiger Arbeit beziehen.

Zur Klasse der Lohnabhängigen im Sinn dieser Definition zählen also nicht nur die Arbeiter, sondern auch die meisten Angestellten und Beamten.

1.2 Antikapitalistische Strukturreformen und strategisches Handeln

Die, wenngleich nur verkürzt wiedergegebene und historisch nicht konkretisierte, Analyse der Strukturwidersprüche und -defizite der kapitalistischen Gesellschaft macht die Notwendigkeit von Strukturreformen deutlich, die insofern antikapitalistisch sein müssen, als sie sich gegen die im kapitalistischen Verwertungsprozeß liegenden *Ursachen* für Entfremdung und Unterdrückung kollektiver Bedürfnisse richten. Ein aktuelles Konzept antikapitalistischer Strukturreformen hat Gorz in seiner Schrift *‹Zur Strategie der Arbeiterbewegung im Neokapitalismus›* relativ ausführlich dargestellt. Gorz geht davon aus, daß die «Unerträglichkeit des Systems» nicht mehr absolut, sondern relativ geworden ist. In den industriell entwickelten kapitalistischen Ländern habe der Mangel an lebenswichtigen *materiellen* Gütern für breitere Bevölkerungsgruppen nachgelassen, so daß die Notwendigkeit ‹antikapitalistischer Strukturreformen› nicht mehr unvermittelt deutlich gemacht werden könne, zumal der materielle Notstand von der Ideologie der warenproduzierenden Überflußgesellschaft verschleiert wird. Dieser materielle Notstand trifft allerdings nach wie vor bestimmte Schichten der Arbeiterklasse: ungelernte Arbeiter, Frauen, Gastarbeiter, Obdachlose, Rentner usw. Trotz dieser Einschränkungen werden nach Gorz zusätzliche Vermittlungen notwendig, um der Arbeiterklasse die Auswirkungen und Mystifikationen des kapitalistischen Systems direkter bewußt zu machen. Diese Vermittlungen müssen «dem einzelnen Menschen die Dringlichkeit der qualitativen Bedürfnisse enthüllen, die die neokapitalistische Ideologie ignoriert oder unterdrückt» (Gorz 1967, S. 9).

Um einsichtig zu machen, daß fundamentale Bedürfnisse nur dann befriedigt werden können, wenn sich die Struktur der Produktionsverhältnisse grundlegend ändert, verweisen Gorz' strategische Überlegungen auf den Zusammenhang zwischen der Lage der Arbeiter an ihrem Arbeitsplatz und ihrer Situation in der Gesellschaft, wobei die Lage der Arbeiter an ihrem Arbeitsplatz gekennzeichnet ist durch die Arbeitsbeziehungen (Ausbildung, Bewertung und Einsatz der Arbeitskraft im Betrieb), durch den Zweck der Arbeit (Produktionsziele, für deren Realisierung die Arbeitskraft eingesetzt wird) und die Reproduktion der Arbeitskraft. Erst durch den Kampf gegen die repressiven Arbeitsbeziehungen, die fremdbestimmten Ziele und die vereinseitigte Reproduktion der Arbeitskraft könne der gesamtgesellschaftliche Verwertungszusammenhang in den Blick kommen. Dabei ist sich Gorz der Gefahr des Reformismus, das heißt bloß systemstabilisierender Reformen, durchaus bewußt. Deshalb zieht er einen scharfen Trennungsstrich zwischen reformistischen und

«‹revolutionäre(n) Reformen›, die auf die radikale Umwandlung der Gesellschaft abzielen... Man muß von vornherein die nominalistische Hypothek, den Beigeschmack, den das Wort Reform hat, beiseite schieben: Nicht jeder Kampf für Reformen ist notwendigerweise reformistisch ... Eine Reform ist reformistisch, wenn sie ihre Ziele den Kriterien der Rationalität und den Möglichkeiten des bestehenden Systems und seiner Politik unterordnet. Der Reformismus scheidet von vornherein die Ziele und ihre Forderungen aus, die mit der Erhaltung des Systems unvereinbar sind – so sehr sie auch immer den Bedürfnissen entsprechen mögen. Eine Reform ist jedoch nicht unbedingt reformistisch, wenn sich ihre Forderungen nicht danach richten, was in einem gegebenen System und in einer vorhandenen Ordnung möglich ist, sondern *nach dem, was möglich gemacht werden muß,* um menschliche Bedürfnisse und Ansprüche zu erfüllen. In anderen Worten: der Kampf für nicht reformistische, für antikapitalistische Reformen mißt den Wert und die Berechtigung von Bedürfnissen nicht mit den Kriterien kapitalistischer Rationalität» (Gorz 1967, S. 11 f).

Es gelingt Gorz allerdings nicht, die Tagesforderungen, die vom Kapitalismus nicht integrierbar sind, inhaltlich hinreichend zu präzisieren, so daß ihre konkrete Bezogenheit auf das Endziel kaum deutlich wird. Diese Schwierigkeit ist jedoch offenbar systematisch bedingt: Denn will man nicht die Zielvorstellungen der veränderten Gesellschaft detailliert vorschreiben, weil man dadurch den Betroffenen die Möglichkeit von Selbstbestimmung nehmen würde, dann hat man auch keine präzisen Kriterien, an Hand derer man eindeutig ausmachen könnte, welche kurzfristige Maßnahme zum langfristigen Ziel führen kann und welche nicht. Dennoch lassen sich zwei pragmatische Indikatoren für nichtreformistische Reformen angeben: Sie müssen politisches und Klassenbewußtsein initiieren und das Machtpotential der Herrschenden herausfordern. Deshalb verweist Gorz auf die unabdingbare Notwendigkeit für die Arbeiterbewegung, ihrerseits Machtposition auf- und auszubauen. Diese Machtpositionen sollen zunächst dazu dienen, die Macht des Kapitals zu beschränken oder zu zersetzen, so daß immer stärkere Gegenkräfte entstehen und organisiert werden können. Gorz bestreitet, daß solche Machtpositionen der Lohnabhängigen in Gemeinden, im öffentlichen Dienst und in den Selbstverwaltungsorganen zwangsweise deren Integration in die kapitalistische Gesellschaft zur Folge habe:

«Sie können vielmehr das dialektische Fortschreiten des Kampfes auf eine immer höhere Ebene sichern. Sie sind sowohl Ausgangspunkt als auch unentbehrliche Zwischenstation für die Erarbeitung und Durchsetzung einer antikapitalistischen Gesamtpolitik» (Gorz 1967, S. 16).

Diese Strategie der *fortschreitenden* Eroberung von Gegenmacht ist vor allem

«unerläßlich für die Erziehung und Schulung der Massen, die den Sozialismus nicht mehr als ein transzendentes Jenseits und eine unbestimmte Zukunft, sondern als das Ziel einer gegenwärtigen Praxis verstehen lernen. Die Massen werden nicht aufgefordert, dieses Ziel abstrakt zu wollen; sie sollen es vielmehr über Stufen, über Teilziele ansteuern» (Gorz 1967, S. 16).

Die Rahmenbedingungen, die eingehalten werden müssen, wenn die Strategie nicht doch reformistisch aufweichen soll, beschreibt Gorz wie folgt:

«Die Zwischenziele und Strukturreformen, die sie erfordern ... entgehen nur dann der Gefahr, vom Kapitalismus aufgesaugt zu werden, wenn sie sich von vornherein als schrittweise Annäherungen an eine sozialistische Gesellschaft darstellen, die ihr *Sinn* ist: Dieser Sinn muß mit jeder Etappe konkreter und greifbarer werden ...» (Gorz 1967, S. 124).

Zu den Rahmenbedingungen gehört umgekehrt auch, daß alle Fernziele durch Teil- und Zwischenziele ständig vermittelt werden, daß Tagesarbeit und Gesamtperspektive ständig dialektisch aufeinander bezogen bleiben.

Gorz glaubt allerdings nicht illusionistisch, durch antikapitalistische Strukturreformen die gesamte Gesellschaft ändern zu können. Antikapitalistische Strukturreformen sind für ihn jedoch ein wichtiges strategisches Mittel, um in der Arbeiterschaft Klassenbewußtsein entstehen zu lassen.

Entscheidend im Zusammenhang dieser Ausführungen ist es, daß sich die Möglichkeit antikapitalistischer Lern- und Bewußtseinsprozesse nicht auf Kampferfahrungen im Produktionsbereich und auf Industriearbeiter beschränkt, sondern auch der Überbau und die übrigen Schichten der Lohnabhängigen in die Strategie miteinbezogen werden: Massenbewegungen im Reproduktionsbereich, wie Studentendemonstrationen, radikale Frauenbewegungen, Rote-Punkt-Aktionen, Aktionen für ein klassenloses Krankenhaus oder Hausbesetzungen als Kampf gegen Mietwucher und Bodenspekulation, die zusätzlich ‹Krisenherde› für den Staat schaffen. Durch diese Massenaktionen breitet

«sich sozialistisches, antikapitalistisches Bewußtsein in immer breiteren Schichten aus und wird die Stabilität und Kontinuität der bürgerlichen Gesellschaft in wachsendem Maße gefährdet. Denn die eben aufgezählten Beispiele treffen ausnahmslos Wesensmerkmale der auf verallgemeinerter Warenproduktion und Verdinglichung aller menschlichen Beziehungen aufgebauten bürgerlichen Gesellschaft» (MANDEL 1971, S. 63).

Es ist zwar davon auszugehen, daß es letztlich nur der revolutionäre Kampf der Arbeiterklasse sein kann, der zur Aufhebung des kapitalistischen Systems führt. Der Beitrag, den Massenaktionen im Reproduktionsbereich für eine revolutionäre Umgestaltung der Gesellschaft leisten kann, liegt jedoch in der Mobilisierung immer weiterer Schichten der Bevölkerung, die erkennen, daß die Lösung der aufgeführten Probleme wie psychische Verelendung, Nichterfüllung kollektiver Bedürfnisse usw. innerhalb des spätkapitalistischen Systems strukturell unmöglich ist. Eine Dauermobilisierung kann allerdings nur dann gelingen und vor der Gefahr des Aktionismus bewahrt werden, wenn der Kampf von Organisationen der Arbeiterklasse stabilisiert wird und wenn er rückgebunden wird an die Erfahrungen und Bedürfnisse des ‹revolutionären Subjekts›. In diesem Zusammenhang muß auch der Beitrag von Schulreform für antikapitalistische Strukturreformen gesehen werden.

1.3 Schule als Funktion der kapitalistischen Gesellschaft

Um den Beitrag zu präzisieren, den eine Schulreform zu antikapitalistischen Strukturreformen leisten kann, ist es zunächst notwendig, die Funktion, die die Schule entsprechend den kapitalistischen Verwertungsinteressen erfüllt, kurz darzustellen.

Ausgangspunkt ist, daß Schule im Kapitalismus generell die Funktion hat, die Ware Arbeitskraft zu reproduzieren. Der Wert der Ware Arbeitskraft wird zu einem wesentlichen Teil durch die Kosten bestimmt, die zu ihrer Herstellung aufgebracht werden müssen.

Dieser Reproduktionsprozeß zeigt wiederum einen Doppelcharakter. Er dient der

1. «Entfaltung der *Produktivkräfte,* indem in ihm den Individuen bestimmte Fähigkeiten für den gesellschaftlichen Produktionsprozeß vermittelt werden» und der

2. «Aufrechterhaltung der kapitalistischen *Produktionsverhältnisse,* indem eine Einübung der Individuen in den Rahmen der Verkehrsformen des Kapitalismus erfolgt» (MÜNCHNER KOLLEKTIV, S. 71).

In der Tat zeigen historische und empirische Analysen, daß die soziale Funktion des bestehenden dreigliedrigen Schulsystems die bestehenden kapitalistischen Produktions- und Herrschaftsverhältnisse stabilisiert (vgl. ROLFF/NYSSEN 1972). Die krassen Privilegien der kapitalistischen Gesellschaft in Form des Besitzes an Produktionsmitteln und, damit verbunden, an ökonomischer und politischer Macht bestehen nach wie vor. Hinzu kommen aber die Privilegien der Bildung und Ausbildung, die vorrangig den Mittelschichten zufallen. Diese Privilegien unterlaufen das formale Gesetz des ‹Menschenrechts auf gleiche Bildungschancen für jedermann›. Sie spalten die große Klasse der Lohnabhängigen in Schichten, wobei die Mittelschicht gegenüber der Arbeiterschicht privilegiert ist, und verhindern so, daß die Schichten ihre gemeinsamen Interessen als Lohnabhängige gegenüber den Besitzern von Produktionsmitteln und gegenüber dem Staat erkennen und angemessen durchsetzen können.

Widersprüche und Probleme des Reproduktionsbereichs, wie sie oben dargestellt worden sind, die zwar die Arbeiterschaft verstärkt betreffen, aber auch die Mittelschichten tangieren, spiegeln sich im Schulsystem wider: Die Inhalte der schulischen Sozialisation müssen einerseits der Entfaltung der Produktivkräfte dienen, dürfen andererseits aber nicht die Produktionsverhältnisse gefährden.

1.4 Systeminterne Funktionen der Gesamtschul-Reform

Struktur und Inhalte des herkömmlichen dreigliedrigen Schulwesens haben die genannten Hauptfunktionen der Schule bis vor kurzer Zeit so erfüllt, daß die Widersprüche relativ unartikuliert blieben. Die breite Diskussion um eine Schulreform und die ersten Realisierungsansätze weisen indes darauf hin, daß die Schule in eine Krise geraten ist, in der die Funktionserfüllung nicht mehr selbstverständlich erscheint und Widersprüche offenbar werden.

Das Schulmodell, in dem alle Reformansprüche und -probleme wie durch ein Brennglas zentriert werden, ist die Gesamtschule. In der neueren Literatur zur Gesamtschul-Reform, die sich kritisch mit ihrer Funktion befaßt, lassen sich im wesentlichen zwei Argumentationsketten unterscheiden:

1. Die erste Position, wie sie im Anschluß an die Analysen von Altvater und Huisken, von Hoffmann, Schmidt, Hanf u. a. vertreten wird, führt die Schulreform und speziell die Gesamtschule vor allem auf Erfordernisse des kapitalistischen Arbeitsprozesses zurück. Sie betont, daß die Qualifikation der Ware Arbeitskraft nicht mehr den Notwendigkeiten der Arbeitsplatzstruktur entsprochen hätte und daß die Gesamtschul-Reform somit vor allem der veränderten ‹Entfaltung der Produktivkräfte› im Spätkapitalismus dient.

2. Die zweite Position, die am klarsten Baethge vertritt, betont den Widerspruch zwischen dem Verfassungsanspruch auf ‹gleiche Bildungschancen für jedermann› einerseits und der Sozialisations- und Auslesefunktion der Schule andererseits. In der immer stärkeren Artikulation dieses Widerspruchs wird ein Moment gesehen, die Massenloyalität gegenüber dem bestehenden System zu gefährden. Die Einführung der Gesamtschule dient nach dieser Auffassung der Aufrechterhaltung der kapitalistischen Produktionsverhältnisse durch ‹Einübung der Individuen in den Rahmen der Verkehrsformen des (entwickelten) Kapitalismus›.

Ob die Gesamtschule den genannten Funktionen besser nachkommt als das bestehende Schulsystem oder konkurrierende Modelle der Schulreform, kann erst dann ausgemacht werden, wenn die Gesamtschulentwicklung genauer analysiert und empirisch untersucht worden ist. Solche Untersuchungen liegen im Augenblick schon allein deshalb kaum vor, weil sich die Gesamtschulentwicklung noch in den Anfängen befindet und kaum eine Schule ganze Schülerjahrgänge bis zu den Abschlüssen geführt hat. Hinzu kommt, daß die Intentionen der Gesamtschul-Lehrerkollegien in sich und untereinander keineswegs homogen, sondern äußerst unterschiedlich sind: Sie reichen von der Absicht, die bestehende Schule bloß zu perfektionieren, bis hin zum Vorhaben, sozialistisches Bewußtsein zu vermitteln. Deshalb kann im folgenden allenfalls versucht werden, die skizzierten Funktionszuordnungen auf ihre Stimmigkeit und ihren Realitätsgehalt zu überprüfen.

1.4.1 Vermittlung von Arbeitsvermögen, das der Entfaltung der Produktivkräfte entspricht

Die Mehrzahl polit-ökonomischer Analysen knüpft an die erste Funktionsbestimmung der Schule an, Arbeitsvermögen zu qualifizieren, das der Entwicklung der Produktivkräfte entspricht. ‹Arbeitsvermögen› ist nach Marx der

«Inbegriff der physischen und geistigen Fähigkeiten, die in der Leiblichkeit, der lebendigen Persönlichkeit eines Menschen existieren und die er in Bewegung setzt, sooft er Gebrauchswerte irgendeiner Art produziert» (MEW 23, S. 181).

Im entwickelten Kapitalismus läßt sich die Produktivitätssteigerung nicht mehr allein extensiv, das heißt durch einfache Ausweitung der Arbeitszeit erreichen. Die Rolle intensiver Faktoren wird zunehmend entscheidender. Nach Huisken spielt das Bildungssystem für den Intensivierungsprozeß eine doppelte Rolle:

«Einmal soll es garantieren, daß der Nachwuchs für Wissenschaft und Forschung ausgebildet wird, dessen Aufgabe in der Dienstbarmachung wissenschaftlichen Fortschritts für das Kapital besteht. Zum anderen hat es zu gewährleisten, daß auf allen Stufen des Systems Arbeitskräfte ausgebildet werden, die in der Lage sind, die Ergebnisse von Forschung und Entwicklung in der Produktion produktivitätssteigernd anzuwenden» (HUISKEN 1971, S. 174).

Hanf u. a. beschreiben den polit-ökonomischen Hintergrund des schulpolitischen Trends zur Gesamtschule als

«Veränderung der Verwertungsbedingungen des Kapitals durch den aus der eigenen Widersprüchlichkeit des Kapitalverhältnisses kastriert hervorgetriebenen technischen Fortschritt, der dennoch immer heftiger an die Grenzen des Systems stößt. Die Bedingungen dieser Veränderungen sind bekannt: aus dem Bildungsbürgertum kann sich der notwendige output an mittleren und höheren Kadern formaler Qualifikation nicht mehr ausreichend rekrutieren» (HANF u. a. 1971, S. 371).

Altvater hat darauf hingewiesen, daß es sich dabei nicht um eine einfache Erhöhung der Qualifikationsanforderungen, sondern um einen «Strukturwandel der Qualifikation» auf allen Ebenen der Arbeit handelt,

«der sich als Verschiebung von Fertigkeiten hin zu den Kenntnissen ausdrückt. Denn erst dadurch wird klar, daß jede Veränderung der Berufsstruktur durch das Bildungssystem vermittelt werden muß: Fertigkeiten nämlich können wesentlich im Arbeitsprozeß selbst vermittelt werden, Kenntnisse sind dem Arbeitsprozeß vorgelagert und werden im Ausbildungssektor vermittelt» (ALTVATER/HUISKEN 1971, S. 371).

Die Vermittlung von zeitgemäßen Arbeitsqualifikationen erfordert nach dieser Argumentation eine verbesserte Vermittlung von Kenntnissen und von Arbeitstugenden wie Mobilität, Flexibilität und Kooperation durch die Schule. Um diese ‹Tugenden› zu erreichen, bedarf es neuer und veränderter Sozialisationstechniken, wie sie nach Hanf u. a. besonders in der Gesamtschule angewandt werden.

Diese *allgemeine* Funktionsbestimmung ist zwar aus einem konsistenten polit-ökonomischen Bezugssystem überzeugend abgeleitet und durch eine Fülle bildungsökonomischer Studien hinreichend belegt. Kritisch muß zu diesen Studien jedoch angemerkt werden, daß sie zu wenig differenziert sind: Sie betreffen zum Beispiel die Gesellschaft des heutigen Spanien ebenso wie die des wilhelminischen Deutschland oder der Bundesrepublik. Sie thematisieren die allgemeine Abhängigkeit des Schulsystems vom kapitalistischen Produktionsprozeß, weisen aber nicht hinreichend nach, wie sich Veränderungen der kapitalistischen Produktionsweise jeweils konkret auf das Schulsystem, seine Veränderungen, seine Inhalte usw. auswirken. Die Argumentationsebene bleibt zu abstrakt; sie vermag zum Beispiel nicht zu differenzieren zwischen der spezifischen Funktion des Gymnasiums oder der Berufsschule, der Gesamtschule oder des Schulzentrums, so daß Ansatzpunkte für praktisches Handeln kaum erkannt werden können.

Einen anderen Punkt kritisiert Baethge, wenn er bezweifelt, ob es überhaupt richtig ist, eine direkte und lineare Determination der historisch-spezifischen Schulpolitik aus den Anforderungen an die Qualifikationsstruktur der Arbeitskräfte herzuleiten. Er stellt darüber hinaus im Anschluß an die Ausführungen von Janossy (Janossy 1966) in Frage, ob eine Höher- bzw. Andersqualifizierung der Arbeitskraft tatsächlich notwendig als wichtigste Bedingung für die weitere Kapitalverwertung anzusehen ist (Baethge 1972, S. 20). Angesichts der Untersuchungen von Kern/Schumann verneint Baethge diese Aussage (Kern/Schumann 1970).

Die Annahme eines mechanistisch-linearen Determinationszusammenhangs läßt sich jedoch auch prinzipiell kritisieren. Dazu empfiehlt es sich, ihn in die folgenden vier Schritte zu zerlegen:

1. Feststellung der Veränderung der Arbeitsplatzstruktur und des Arbeitsmarktes;
2. Feststellung der veränderten Qualifikationsanforderungen an die Arbeitskräfte, die sich durch die Entwicklung der Produktivkräfte ergeben;
3. Transformation der Qualifikationsanforderungen in entsprechende Lernzielkataloge und
4. Umsetzung der Lerninhalte in institutionelle Formen, in denen sie sich vermitteln lassen.

Bei den beiden ersten Schritten handelt es sich um methodologisch bisher ungelöste Probleme der Manpower-Forschung (Konzeptualisierung des Transmissionsmechanismus), bei den letzten beiden um das in der Curriculumtheorie ungelöste Deduktionsproblem. Insgesamt ist davon auszugehen, daß zwischen den einzelnen Schritten eher interdependente als mechanistisch-lineare Bezüge bestehen. Somit könnte auch fraglich werden, ob der vierte Schritt dem ersten überhaupt noch entspricht. Die Interdependenz kann beispielsweise daran illustriert werden, daß nicht nur gemäß den jeweiligen aktuellen

1. Arbeitsplatzstrukturveränderungen spezifisch
2. qualifizierte Arbeitskräfte eingestellt werden, sondern auch umgekehrt nur solche arbeitsplatzstrukturverändernde Technologien angewandt werden, für die auch entsprechend qualifizierte Arbeitskräfte zu haben sind.

3. Ebenso kommt es nicht nur vor, daß für neue Lernzielkataloge die angemessenen

4. Lernprozesse eigens institutionalisiert werden, sondern umgekehrt hauptsächlich solche Lernzielkataloge verwirklicht werden, für die institutionelle Vorkehrungen, zum Beispiel auch Apparate und Lernmaterialien, vorhanden sind.

Selbst wenn man davon ausgeht, daß mehr und andere Qualifikationen für die Realisierung kapitalistischer Verwertungsinteressen erforderlich sind, so läßt sich daraus dennoch nicht zwingend die Notwendigkeit der Einführung von Gesamtschulen herleiten. Denn ein entsprechender Ausbau des bestehenden Schulsystems und eine intensivierte Weiter- und Fortbildung würde möglicherweise besser in die Logik des Systems passen als die Gesamtschule, zumal es sein könnte, daß die Gesamtschule dem Kapital mehr Probleme als Lösungen schafft, worauf weiter unten noch einzugehen ist.

1.4.2 Einübung der Individuen in die Verkehrsformen des Kapitalismus

Die Festlegung der spezifischen Qualifikationen des Arbeitsvermögens ist, wie nachzuweisen versucht wurde, weder eindeutig aus den Entwicklungstendenzen der Arbeitsplatzstruktur noch aus Curriculumtheorien abzuleiten. Politökonomen, die die Gesamtschul-Reform allein aus den Erfordernissen, die die Entwicklung der Produktivkräfte im Kapitalismus an die Ware Arbeitskraft stellt, herleiten, greifen deshalb zu kurz.

Im folgenden soll untersucht werden, ob die Gesamtschule der zweiten allgemeinen Funktion der Schule – Einübung der Individuen in die Verkehrsformen des Kapitalismus – besser nachkommt als das herkömmliche Schulsystem.

Mit Baethge ist davon auszugehen, daß das Schulsystem als Funktion des Staates wie jede politische Maßnahme einem politischen Legitimitätsdruck ausgesetzt ist. Das soll nicht heißen, daß die Maßnahmen des Staates unabhängig von den Verwertungsinteressen des Kapitals zu sehen sind und die Gesamtschulentwicklung unabhängig von diesen Erfordernisen initiiert wurde. Es ist jedoch zu fragen, ob die Gesamtschule nicht auch deshalb eingeführt wurde, um die Erhaltung der Massenloyalität auch unter erschwerten Bedingungen zu gewährleisten. Da der einseitig an den Interessen des Kapitals orientierte Charakter des bestehenden Schulsystems allzu offensichtlich wurde, wuchs auch der Legitimitätsdruck, wie er zuerst von liberalen Bildungspolitikern und -theoretikern ausgeübt und von der Studenten-, Schüler- und Lehrlingsbewegung aufgegriffen wurde. Die unveränderte Beibehaltung des bestehenden Schulsystems hätte zu einer Gefährdung der Massenloyalität führen können. Solange die bestehenden Kapital- und Herrschaftsverhältnisse nicht durch bloße Gewalt gesichert werden sollen, was auch Kapitalisten wegen der Gefahr der Verselbständigung der politischen Institutionen letztlich nicht *wünschen* können, müssen sie auf Massenloyalität basieren. Massenloyalität entsteht im entwickelten Kapitalismus durch ein kompliziertes System von Schichtungs-, Hierarchisierungs- und Atomisierungsprozessen der Sozialstruktur, durch Gewährung von individueller, aber nicht gruppenbezogener Mobilität und Fluktuation, durch das *Versprechen* von (wiederum nur individuell zu nutzender) Chancengleichheit und sozialer Sicherheit (vor allem am Arbeitsplatz), durch ein differenziertes System von Belohnungen materieller und symbolischer Art sowie durch ein elastisch abgestuftes Netz sozialer Kontrollen (vom Strafgesetzbuch bis zum von der Bewußtseinsindustrie produzierten schlechten Gewissen). Dieses vielschichtige System zur Sicherung der Verwertungsinteressen des Kapitals kann überhaupt nur dann wirkungsvoll funktionieren, wenn es durch den familiären und schulischen Sozialisationsprozeß bruchlos in die Verhaltensorientierungen der später in diesem System Handelnden eingeschliffen wird.

Für die Schulpolitik heißt das

«Orientierung sowohl an ökonomischen als auch an Funktionen der Sicherung der politischen Herrschaft; gerade hierin hat das Bildungssystem ähnlich der Sozialpolitik oft genug die Funktion der Befriedigung und Herstellung von Massenloyalität – etwa durch die Verbreitung der Chancengleichheitsideologie – gehabt» (Baethge 1972, S. 26).

Gerade die Studenten-, Schüler- und Lehrlingsbewegung «forderte sicherlich auch eine Veränderung des Ausbildungssystems in einer Richtung, die weniger offensichtlich die soziale Diskriminierung manifestierte» (Baethge 1972, S. 27).

Daraus folgt, daß die Gesamtschul-Reform nicht allein und unmittelbar aus den *ökonomischen* Erfordernissen des Kapitals hergeleitet werden kann, sondern *zusätzlich* als ein Mittel zu verstehen ist, die Massenloyalität und somit die Aufrechterhaltung der kapitalistischen Produktions- und Herrschaftsverhältnisse zu sichern. Der Widerspruch zwischen Arbeits- und Verwertungsprozeß spiegelt sich wider als Widerspruch zwischen der Qualifikations- und Loyalisierungsfunktion der Schule. Gerade die zweite Funktion der Gesamtschul-Reform ist allerdings höchst ambivalent, wie noch zu zeigen ist. Deshalb bietet die Kurzanalyse der Funktion die Gesamtschule für die Sicherung der Massenloyalität auch die wesentlichen Ansatzpunkte für eine Strategie des Beitrags der Gesamtschule für antikapitalistische Strukturreformen. Denn Baethges Ausführungen verdeutlichen, daß der Staat auf Grund gesellschaftlichen Legitimitätsdrucks gezwungen werden kann, einzelne Reformmaßnahmen durchzuführen. Im folgenden muß deshalb untersucht werden, ob die Gesamtschule, selbst gegen die Interessen der Herrschenden, auf Grund einzelner ihrer Strukturwidersprüche die Massenloyalität gefährdet. Diese Strukturwidersprüche sind es, an denen strategisches Handeln zur Initiierung von politischem und revolutionärem Bewußtsein anzusetzen hätte. Bevor dieser Problematik jedoch näher nachgegangen werden kann, muß – zumindest ansatzweise – die Rolle des Staates bei der Ein- und Durchführung von Schulreformen dargestellt werden.

1.5 Legitimitätsprobleme des kapitalistischen Staates

Die theoretische Einschätzung des Verhältnisses von Staat und kapitalistischer Gesellschaft sowie der Widersprüchlichkeit der Staatsfunktionen sind von entscheidender Bedeutung für die strategische Perspektive antikapitalistischer Strukturreformen. Für die Schulreform ist die Frage nach der Funktion des Staates doppelt relevant; denn die Schule ist ‹Veranstaltung des Staates› und der Staat unmittelbarer Träger der Schulpolitik. Dabei können hier die Funktionen, die der Staat in anderen gesellschaftlichen Bereichen hat, nicht im einzelnen analysiert werden. Hier interessiert die Rolle des Staates nur insofern, als sie die Schulreform betrifft.

Engels beschreibt den Staat als «ideellen Gesamtkapitalisten», der die Rolle des Garanten kapitalistischer Verwertungsinteressen erfüllt. Denn

«der moderne Staat ist wieder nur die Organisation, welche sich die bürgerliche Gesellschaft gibt, um die allgemeinen äußren Bedingungen der kapitalistischen Produktionsweise aufrechtzuerhalten gegen Übergriffe, sowohl der Arbeiter wie der einzelnen Kapitalisten. Der moderne Staat, was auch seine Form, ist eine wesentlich kapitalistische Maschine, Staat der Kapitalisten, der ideelle Gesamtkapitalist» (MEW 20, S. 260).

Die Einzelkapitale sind auf Grund ihrer im wesentlichen am Profit orientierten Interessen nicht in der Lage, gesamtgesellschaftliche Funktionen wahrzunehmen, wie zum Beispiel die Unterhaltung des Schulwesens. Gesamtgesellschaftliche Investitionen und Infrastrukturmaßnahmen sind im Interesse des Gesamtkapitals jedoch unumgänglich, um Verwertungsprozesse überhaupt zu gewährleisten. Hier ergibt sich ein Widerspruch zwischen den Interessen der Einzelkapitale und dem Gesamtkapital. Für das Einzelkapital ist «die Entstehung und Ausbreitung ‹konkreter› Arbeit neben der Lohnarbeit, das heißt die Abspaltung von Wertanteilen für staatliche Revenue statt für variables Kapital, für wertverzehrende statt werterzeugende Arbeit» (Offe 1972, S. 33) Minimierung von Profit und deshalb Verschwendung. Dagegen bedeutet unter

«dem Kriterium des *Gesamtkapitals* und seiner Funktionsbedingungen – also unter einem abstrakten und ideellen Gesichtspunkt, der im Handeln keines einzigen Kapitalblocks wirklich repräsentiert ist ... das stetige und überproportionale Anwachsen konkreter, kapitalunproduktiver Arbeit eine wichtige Bestandsvoraussetzung. Allgemeine Erfordernisse der Systemerhaltung wachsen mit dem Ausmaß von Vergesellschaftungsprozessen, die nicht mehr widerspruchsfrei vom Markt selbst organisiert werden können» (OFFE 1972, S. 33).

Aus diesen Widersprüchen zwischen Gesamt- und Einzelkapital resultiert eine *relative* Selbständigkeit des Staates gegenüber den einzelnen Kapitalfraktionen. Deshalb ist es auch zu kurz gegriffen, die Gesamtschul-Reform als allein durch die Interessen der fortschrittlichen Kapitalfraktion bedingt zu interpretieren. Schon bei Marx heißt es:

«Die moderne Gesellschaft erzeugt gewisse gemeinsame Funktionen, deren sie nicht entraten kann. Die hierzu ernannten Leute bilden einen neuen Zweig der Teilung der Arbeit *innerhalb der Gesellschaft*. Sie erhalten damit besondere Interessen auch gegenüber ihren Mandataren, sie verselbständigen sich ihnen gegenüber, und – der Staat ist da. Und nun geht es ähnlich wie beim Warenhandel und später beim Geldhandel: Die neue selbständige Macht hat zwar im ganzen und großen der Bewegung der Produktion zu folgen, reagiert aber auch, kraft der ihr innewohnenden, d. h. ihr einmal übertragenen und allmählich weiterentwickelten relativen Selbständigkeit, wiederum auf die Bedingungen und den Gang der Produktion. Es ist Wechselwirkung zweier ungleicher Kräfte, der ökonomischen Bewegung auf der einen, der nach möglichster Selbständigkeit strebenden und, weil einmal eingesetzt, auch mit einer Eigenbewegung begabten neuen politischen Macht; die ökonomische Bewegung setzt sich im ganzen und großen durch, aber sie muß auch Rückwirkungen erleiden von der durch sie selbst eingesetzten und mit relativer Selbstverständlichkeit begabten politischen Bewegung, der Bewegung einerseits der Staatsmacht, andererseits der mit ihr gleichzeitig erzeugten Opposition» (MEW, ‹*Ausgewählte Briefe*›, 1953; zitiert nach BAETHGE u. a. 1971, S. 444).

Folgt man den Ausführungen von Marx und Engels von der relativen Selbständigkeit des Staates und der «*gleichzeitig mit ihr erzeugten* Opposition» und dem Hinweis Sweezys, daß die Maßnahmen des Staates im Interesse der Aufrechterhaltung des gesamten Systems sich auch gegen die ökonomischen Interessen einzelner Kapitalfraktionen richten können (SWEEZY o. J., S. 198), so kann gefolgert werden, daß der Staat unter bestimmten Bedingungen gezwungen sein kann, einzelne Reformen durchzuführen, um die

«latenten Antagonismen nicht zum systemzerstörenden Ausbruch kommen (zu) lassen ... Insofern stellen auch die staatlichen Institutionen zum Teil das Ergebnis dieses Ausgleichs- und Befriedigungsprozesses dar, wobei gerade im Bereich der Sozial- und Bildungspolitik vieles Resultat der geschichtlichen Auseinandersetzungen zwischen Kapital und Arbeiterbewegung ist und nur in klassenkampfähnlichen Situationen hat durchgesetzt werden können» (BAETHGE u. a. 1971, S. 445).

Der Staat kann also zur Aufrechterhaltung der Massenloyalität gezwungen sein, vereinzelte Reformen, selbst wenn diese den Interessen einzelner Kapitalfraktionen widersprechen, durchzuführen oder zumindest zuzulassen. Die Widersprüchlichkeit staatlicher Reformaktivitäten ergibt sich aber daraus, daß der Staat, soll das Gesamtsystem in der jeweiligen Ausformung nicht preisgegeben werden, gleichzeitig gezwungen ist, die kapitalistische Produktionsweise aufrechtzuerhalten.

Konkret auf die Schulreform bezogen, besteht die Widersprüchlichkeit der Staatsfunktionen vor dem Hintergrund der antagonistischen kapitalistischen Produktionsverhältnisse darin, daß er als Träger des Ausbildungssystems mehr Chancengleichheit versprechen muß, als er gewähren kann: Denn die Negierung von Chancengleichheit würde den Klassencharakter der Gesellschaft allzu offensichtlich machen. Durch die Propagierung der Chancengleichheitsideologie erfüllt das Bildungssystem ja gerade die Funktion, Massenloyalität herzustellen und kritische Gruppen zu befriedigen. Gleichzeitig kann das kapitalistische System nur funktionieren, wenn die Klassenstrukturen aufrechterhalten werden und das System der Schichtungen, Privilegierungen und Deprivationen immer wieder reproduziert wird, so daß der Chancengleichheitsanspruch fortwährend negiert wird. Dieser strukturelle Widerspruch stellt die Kapitalfraktionen und den Staat tagtäglich vor die Aufgabe, die Massenloyalität immer neu zu organisieren. Diese Aufgabe ist vom Staat um so weniger zu lösen, desto stärker sich die Arbeiterklasse ihrer Ausbildungsinteressen bewußt wird. Denn:

«... die Erziehung ist nichts anderes, als eine Funktion der Gesellschaft und innerhalb der Klassengesellschaft eine Funktion der herrschenden Klasse. Sie ist so lange *ausschließlich* eine Funktion der herrschenden Klasse, als die Unterdrückten sich nicht zur Wehr setzen und im Zusammenhang mit ihrem Kampf um wirtschaftliche und politische Befreiung eine ihren Klasseninteressen entsprechende neue und revolutionäre Klassenerziehung hervorbringen» (Hoernle 1970, S. 15).

Es wäre jedoch falsch, aus dem Aufweis der relativen Selbständigkeit des Staates nun den Schluß abzuleiten, der kapitalistische Staat würde von sich aus antikapitalistische Schulreformen selbst initiieren. Realistischerweise kann nur gefolgert werden, daß der Staat gewisse Modernisierungsforderungen nicht problemlos abweisen kann. Im Augenblick ist zu beobachten, daß der Staat zwar gewisse Modernisierungsreformen durchgeführt hat, aber gleichzeitig gezwungen ist, den ökonomischen und politischen Interessen des Kapitals nachzukommen, was etwa am Numerus clausus, dem Radikalen-Beschluß der Ministerpräsidentenkonferenz usw. deutlich wird.

1.6 Perspektiven für eine kapitalistische Strategie der Schulreform

Strategien antikapitalistischer Strukturreformen müssen entsprechend den weiter oben dargestellten Kriterien Machtpositionen schaffen (Gegenmacht). Das kann allerdings nur dann gelingen, wenn an den konkreten Widersprüchen des Tätigkeitsbereichs (Arbeitsplatz bzw. Lehr- und Lernsituation in der Schule) angeknüpft wird und diese in ihrer gesamtgesellschaftlichen Bedingtheit vermittelt werden. Welches sind nun die Widersprüche der Gesamtschul-Reform – nicht der Binnenstruktur der Gesamtschule, die in späteren Kapiteln behandelt werden – und welches sind ihre gesamtgesellschaftlichen Ursachen?

Angesichts der Strukturkonflikte des entwickelten Kapitalismus kann die These aufgestellt werden, daß die Funktion der Gesamtschul-Reform zumindest ambivalent ist. Um diese These zu verdeutlichen, müssen die schulrelevanten gesamtgesellschaftlichen Widersprüche an dieser Stelle pointiert, das heißt natürlich auch vereinfacht, dargestellt werden. Dabei interessieren hier nur die Widersprüche, die zur Infragestellung der Massenloyalität führen könnten, indem sie im Bewußtsein der Beteiligten auf ihre Ursachen, nämlich die restriktiven Bedingungen von Schulreform im Spätkapitalismus, zurückgeführt werden können.

1.6.1 Strukturwidersprüche der Gesamtschul-Reform

Die Analysen im Absatz 1.4 haben bereits ansatzweise ergeben, daß die genannten systemstabilisierenden Funktionen der Gesamtschul-Reform sowohl in sich als auch miteinander widersprüchlich sein können.

1. Die erste Funktion der Gesamtschule, die adäquate Qualifikation von Arbeitsvermögen, birgt deshalb einen Widerspruch in sich, weil sie, wie jede Ausbildungsreform, die die Schulzeit verlängert bzw. den Anteil des Vollzeitunterrichts erhöht, einerseits das Arbeitsvermögen ‹teurer› macht, andererseits das Kapital aber daran interessiert ist, die schulischen Qualifikationsprozesse möglichst kostengünstig ablaufen zu lassen. Denn jede Kostenerhöhung, die keine mindestens ebenso erhöhte Verwertbarkeit der Ware Arbeitskraft erbringt, schmälert den Profit der betroffenen Kapitalbesitzer.

2. Die zweite Funktion, ‹die Einübung der Individuen in die Verkehrsformen des Kapitalismus›, ist deshalb in sich widersprüchlich, weil die Gesamtschule einerseits gemäß des Chancengleichheitsversprechens wenigstens tendenziell mehr Wissen, Kenntnisse und weiterführende Abschlüsse vermitteln muß, als es den Erfordernissen des Kapitalverwertungsprozesses entspricht. Andererseits ist aber nicht auszu-

schließen, daß besser ausgebildete Jugendliche eher in der Lage sind, die Funktion der herrschenden Ideologien und Verhaltensformen zu durchschauen und zu bekämpfen, so daß die durch die Gesamtschul-Reform erstrebte Massenloyalität gerade in Frage gestellt werden könnte.

3. Untereinander sind die beiden genannten Funktionen deshalb widersprüchlich, weil das Interesse des Kapitals an der Sicherung der Massenloyalität durch Gewährung von mehr formaler Chancengleichheit einerseits zur Folge haben kann, daß mehr Arbeitsvermögen entsteht, als es im Verwertungsprozeß profitabel eingesetzt werden kann. Andererseits könnte gerade umgekehrt eine allzu weitgehende Versagung der Chancengleichheit, die sich nur an Kostengesichtspunkten orientiert, den Klassencharakter der Schulreform offensichtlicher werden lassen und die Massenloyalität gefährden.

Gleichzeitig ist allerdings auch zu bedenken, daß mit der Qualifikation von Arbeitsvermögen auch Ideologien und Verhaltensformen vermittelt werden, etwa die von Masuch als «Intensivitätsqualifikationen» bezeichneten «Arbeitstugenden» wie Fleiß, Ausdauer, Pünktlichkeit oder Verläßlichkeit (Masuch 1972, S. 60). Ob die Vermittlung der genannten Intensivitätsqualifikationen jedoch zu einer stärkeren Konformität der Arbeitskräfte mit den Interessen des Kapitals führt, bleibt zumindest fraglich. Es ist eher zu vermuten, daß solche Intensivitäts- und erst recht die «innovativen Qualifikationen» (Masuch) die Massenloyalität brüchiger machen können, vor allem dann, wenn es sich beispielsweise um Qualifikationen handelt wie Kreativität, Fähigkeit zu wissenschaftlicher Analyse ganzer Systeme, Innovationsfertigkeiten u. ä., wie sie bestimmte Formen des Produktionsprozesses, vor allem aber des Distributionsbereichs verlangen.

Die genannten Widerspruchspotentiale müssen im folgenden detaillierter, das heißt vor allem gesamtschulspezifischer analysiert werden, wenn Ansatzpunkte zur Initiierung strategischen Handelns im Sinne antikapitalistischer Strukturreformen konkreter bezeichnet werden sollen.

Zu 1. Das Widerspruchspotential, das die Funktion der Qualifikation von Arbeitsvermögen in sich birgt, beschreiben Altvater und Huisken wie folgt:

«Der Wert der Ware Arbeitskraft ist wesentlich durch ihre Ausbildungskosten bestimmt und folglich ist bereits der Ausbildungsprozeß für den Verwertungsprozeß des Kapitals relevant.

Unter diesen Gesichtspunkten analysiert verändert sich auch das Verständnis staatlicher Bildungspolitik. Sie kann nicht mehr als bloße Erfüllungsgehilfin kapitalistischer Interessen oder als irgendwelchen Sachzwängen gehorchende effizienzgewährleistende Maßnahme verstanden werden, sondern als politischer Ausdruck der Widersprüche der kapitalistischen Reproduktion überhaupt.

Sie dient also nicht bloß kapitalistischen Interessen, sondern erschwert zugleich auch die Kapitalverwertung, indem der Wert der Arbeitskraft gesteigert, der Mehrwert und vermittelt auch die Profitrate gesenkt werden. Staatliche Bildungspolitik ist demnach in den *Notwendigkeiten* des Arbeitsprozesses, die Arbeiter den technischen, organisatorischen und kommunikativen Bedingungen permanent anzupassen (‹Veränderung der Berufsstruktur›), und den *Grenzen*, die durch die Folgen einer Wertsteigerung der Ware Arbeitskraft für den Verwertungsprozeß auferlegt sind, befangen. So erscheinen die ‹Kompressionstendenzen› im Ausbildungssektor als staatlicher Versuch, innerhalb des Spielraumes zwischen *Notwendigkeiten* der Qualifizierung und *Grenzen* der Verwertung noch möglichst viel durch Steigerung der Effizienz hineinzupressen (technologische Lehr- und Lernmethoden, Verkürzung der Semesterzahlen, Zwischenprüfungen, Gesamtschule usw.), also um das Verhältnis von Input und Output zu optimieren» (ALTVATER/HUISKEN 1971, S. XXII f).

Hoffmann vertritt die These, die Einrichtung von Gesamtschulen entspanne die staatlichen Kompressionstendenzen (HOFFMANN 1972, S. 30 ff). Wenn auch Hoffmann die Gesamtschule ausdrücklich thematisiert, so scheinen sich seine Ausführungen doch eher auf das Schulzentrum als auf die integrierte Gesamtschule zu beziehen. Um die Frage genauer zu untersuchen, ob die Gesamtschule die staatlichen Kompressionstendenzen entspannt oder nicht, ist es notwendig, zwischen volkswirtschaftlichen und betriebswirtschaftlichen Kosten differenzierter zu unterscheiden.

Dabei soll zunächst die *volkswirtschaftliche* Sicht dargestellt werden. Hier ist zu erwarten, daß durch die Gesamtschul-Reform eine Erhöhung der Ausbildungskosten eintritt. Denn durch die Gesamtschule verstärkt sich die Tendenz, den Schul- bzw. Vollschulzeitbesuch über die Schulpflichtgrenze hinaus zu stimulieren. Verstärkt wird diese Tendenz zur Kostenerhöhung noch durch den gesamtschulimmanenten Anspruch der Ausweitung der Schule zum Ganztagsbetrieb, zur Verbesserung der Ausstattung, der Einrichtung von Mediotheken usw.

Zudem ergibt sich durch die Einrichtung von Gesamtschulen eine Angleichung der Kosten, die im herkömmlichen Schulsystem für Hauptschüler bezahlt wurden, an diejenigen, die für Gymnasiasten aufgebracht werden mußten. Denn es ist davon auszugehen, daß auf Grund des – wenngleich ideologischen – Anspruchs auf Chancengleichheit, die Kosten für Schüler, die im herkömmlichen Schulwesen das Gymnasium besucht hätten, nicht gesenkt werden dürfen, da sonst die Massenloyalität gefährdet werden könnte. Das bedeutet, daß sich für einen Großteil der Schülerpopulation – eben für die Hauptschüler des herkömmlichen Schulwesens – die Kosten erheblich erhöhen. Aus den genannten Gründen ist es deshalb nicht weiter erstaunlich, wie jeder Haushaltsexperte in Verwaltungen und Parlamenten bestätigen kann, daß die Gesamtschule den Schuletat stärker belastet als die Summe der vergleichbaren herkömmlichen Schulformen.

Gegen die genannten Argumente wird gelegentlich eingewandt, daß die Verlängerung der Schulzeit deshalb notwendig sei, um den Arbeitsmarkt durch Entzug von Jugendlichen vor Erscheinungen der Arbeitslosigkeit zu bewahren. Das trifft zweifellos auf die USA zu, die extensiv Kapitalexport betreiben, bleibt jedoch fraglich für die BRD, die auf Grund der geringen Kapitalexporte gezwungen ist, Millionen von ‹Gastarbeitern› zu ‹importieren›. Eher ist zu vermuten, daß die Einrichtung der Gesamtschule die Erwerbstätigenquote erhöht, weil durch den Ganztagscharakter der Gesamtschule mehr Frauen von schulpflichtigen Kindern in die Lage kommen, berufstätig zu sein. Allerdings muß eingeräumt werden, daß dieses Argument nicht ein spezifisches Moment der Gesamtschul-Reform trifft; denn Ganztagsschulen können auch in der herkömmlichen Form des dreigliedrigen Schulsystems eingerichtet werden.

Schließlich könnte aus volkswirtschaftlicher Sicht gegen die genannten Argumente noch vorgebracht werden, die größere Ausstattungsintensität von Gesamtschulen läge gerade im Interesse des Kapitals, da sich dadurch neue, bisher in ihrer Größe nicht bekannte Absatzmärkte erschlössen. Dieses Argument, das sich vor allem an der Ausweitung technischer Materialien im Unterricht und an der Bedeutung der Medienindustrie in den USA orientiert, ist jedoch deshalb nicht stichhaltig, weil auf diese Weise nur die relativ kleine Kapitalfraktion der Schulausstatter zu neuen Märkten und deshalb Profiten kommt, während die anderen Kapitalfraktionen sowohl über Steuerabgaben (die natürlich auch die Arbeiterklasse betreffen) wie eventuell auch über ‹höhere› Löhne das ‹teurere› Arbeitsvermögen mitfinanzieren müssen. Zudem läßt sich bezüglich dieses Arguments fragen, warum das Interesse an einer verbesserten Ausstattung des herkömmlichen Schulwesens bisher und heute noch so gering ist.

Einleuchtend scheint dagegen die These von einer erfolgreichen Entspannung der staatlichen Kompressionstendenzen durch die Gesamtschule in *betriebswirtschaftlicher* Sicht.

Pointiert formuliert lautet sie, daß die innerbetriebliche Effizienz der Gesamtschule größer ist als die des herkömmlichen Schulwesens, weil das Sitzenbleiben weitgehend fortfällt, die Unterrichtsorganisation rationalisiert wird, der Leistungsdruck die ‹Erfolgsquote› erhöht usw. Diese Argumente werden in Kapitel 2 ausführlich untersucht.

Die Frage, ob die Gesamtschule die Kompressionstendenzen erfolgreich entspannt, läßt sich jedoch erst dann überzeugend klären, wenn die erhöhten volkswirtschaftlichen Kosten mit den relativ verringerten betriebswirtschaftlichen Kosten bilanziert würden, wozu zur Zeit die Datenbasis fehlt.

Aus der Analyse des Widerspruchspotentials, das sich aus der schulischen Funktion der Qualifikation der Arbeitskraft ergibt, kann für strategisches Handeln das Ziel abgeleitet werden, auf eine zeitliche Ausdehnung des Schulbesuchs für alle Schüler und auf eine verteuerte Ausstattung der Gesamtschulen hinzuwirken.

Zu 2. Das zweite Widerspruchspotential liegt, wie bereits angedeutet, darin begründet, daß der Staat als Träger des Ausbildungssystems mehr Chancengleichheit versprechen muß, als er einlösen kann. Überall, wo Gesamtschulen geplant und eingerichtet werden, läßt sich eine verstärkte öffentliche Diskussion über die Funktionsweise des bestehenden Schulsystems beobachten, die immer größeren Bevölkerungsgruppen offenlegt, daß die herkömmliche Schule entgegen dem Versprechen des Grundgesetzes keine Chancengleichheit gewährt. Diese öffentlichen Debatten sind geeignet, die Massenloyalität zu lockern. Wenn in solchen Debatten die Entscheidung für die Gesamtschule fällt, dann regelmäßig mit dem Versprechen, durch die Gesamtschul-Reform mehr Chancengleichheit zu erreichen.

Und in der Tat besuchen in fast allen Gesamtschulen, über die Statistiken geführt werden, mehr Schüler als im herkömmlichen System nach Beendigung der Vollzeitschulpflicht freiwillig ein 10. Schuljahr und streben erheblich häufiger den Besuch der Oberstufe (11. bis 13. Schuljahr) an. Zudem ist zu erwarten, daß mit jedem Fortgang der Schulreform der Ansturm auf weiterführende Bildungsgänge zunehmen wird. So hat die sozialpsychologische Forschung erbracht, daß sogenannte ‹soziale Erfolge› wie Erhöhung des Schulabschlusses oder Erlangung des Hochschulbesuchs das Anspruchsniveau erhöhen und Menschen in ähnlicher Ausgangslage mit weniger Erfolg in einer Weise unzufrieden machen, die sie ebenfalls für «soziale Erfolge» motiviert (Runciman 1966, S. 28 f).

Es ist also zu erwarten, daß wachsende Unzufriedenheit bei gleichzeitig vermehrtem Ausbildungsangebot den Drang zu weiterführendem Schulbesuch erhöht. Jede öffentliche Diskussion hat meist auch die Auswirkung, daß sich bisher distanzierte Bevölkerungsgruppen für den weiterführenden Schulbesuch stärker interessieren. Und solange die Laufbahn- und Statusvorschriften unverändert bleiben, also Einkommens- und Prestigechancen von der Länge der formalen Ausbildung abhängen, führt die erhöhte Nachfrage nach Ausbildung nicht unmittelbar zu verbesserter Berufsqualifikation, sondern eher zu einem noch stärkeren Andrang auf Studienplätze, die heute schon knapp sind und in Zukunft wegen des zuvor analysierten Zusammenhangs staatlicher Kompressionstendenzen auch knapp bleiben werden.

Die staatliche Bildungspolitik steht mithin vor dem Dilemma, gleichzeitig mit der Propagierung von mehr Chancengleichheit die Auslese für weiterführende Ausbildung zu verschärfen – was etwa an den härter werdenden Zulassungsbedingungen für den Hochschulbesuch abzulesen ist. Um dieses Dilemma zu lösen, versucht die staatliche Bildungspolitik, wie vielerorts zu beobachten ist, die Auslese gewissermaßen vorzuverlegen sowie den Leistungsdruck zu verschärfen, etwa durch Fachleistungskurse, verstärkten Einsatz von Tests oder Punkt-Kredit-Systemen. Andererseits könnte die allzu offensichtliche Negierung von Chancengleichheit durch verschärfte Ausleseprozeduren die Massenloyalität wiederum gefährden.

Hier liegt ein weiterer Ansatzpunkt für strategisches Handeln: Es muß darauf abzielen, den durch verschärften Leistungswettbewerb verunsicherten Schülern und den durch ihre forcierte Auslesefunktion verwirrten Lehrern klarzumachen, welches die Mechanismen von Leistungskonkurrenz und Selektion sind, welche gesamtgesellschaftliche Funktion sie haben und auf Grund welcher gesamtgesellschaftlichen Widersprüche sie entstanden sind.

Zu 3. Auf Grund des Chancengleichheitsversprechens sollen durch die Gesamtschule mehr Jugendliche besser ausgebildet werden, wodurch ein erster Schritt zur Erreichung des Ziels der allseitigen Entfaltung des Menschen getan werden könnte. Demgegenüber kann das Kapital

«aus politischen Gründen ... keine allseitige Entwicklung der Menschen dulden. Derart gebildete Menschen würden das Wesen der Kapitalherrschaft leichter durchschauen und die ihnen vermittelte Bildung als scharfe Waffe im Kampf gegen die kapitalistische Ausbeutung anwenden» (Karras 1958, S. 110).

Mehr und verbesserte Ausbildung muß jedoch nicht nur dann gewährt werden, wenn die Massenloyalität auf Grund bestehender Chancenungleichheit gefährdet scheint, sondern auch deshalb, weil die Strukturwandlungen des Marktes und der Wirtschaft diese erfordern. Zwar ist die dadurch verursachte Änderung der Qualifikationsstruktur unter kapitalistischen Produktionsbedingungen kaum exakt abzuschätzen, da sie nicht gesamtgesellschaftlich geplant wird, sondern sich entsprechend der jeweiligen Profitchancen der Einzelkapitalisten anarchisch durchsetzt und von Staatsinterventionen nur indirekt beeinflußt werden kann. Dennoch lassen sich einige Tendenzen beschreiben. Eine Durchsicht der Arbeitsplatz- und Arbeitsmarktstudien (vgl. dazu Rolff 1970, S. 35 ff) zeigt, daß weder von einer unbedingten Notwendigkeit zur Höherqualifizierung noch von einer solchen zur Minderqualifizierung auszugehen ist. Eher ist eine Polarisierung der Qualifikationsanforderungen und ein Zwang zur «Andersqualifikation» (Janossy) zu erwarten. Denn in zwei wesentlichen Ergebnissen stimmen fast alle Studien zur Arbeitsplatz- und Arbeitsmarktentwicklung überein:

Zum einen nimmt der Bedarf an hochqualifizierten Arbeitskräften, vor allem an sogenannten mittleren Führungskräften, merklich zu. Berufe, die besondere Qualifikationen aufweisen, erhöhen in den meisten Wirtschaftsbereichen ihren Anteil überproportional, aber er bleibt dennoch verhältnismäßig gering. Dabei ist die Wachstumsrate akademischer Berufe besonders hoch. Diesem Trend steht auf der anderen Seite der Berufshierarchie die Tendenz zur Verringerung der Qualifikationsanforderungen in Bereichen zunehmender Automation gegenüber, in denen vorwiegend Gastarbeiter eingesetzt werden.

Zum anderen nimmt der Bedarf an mobilen Arbeitskräften überall zu. Der rasche Wandel der verwendeten Technologien und die zehn und mehr Jahre währenden Ausbildungszeiten des Nachwuchses verlangen von den Arbeitskräften ein immer größeres Maß an Anpassungsvermögen und Beweglichkeit. Mobilität wird besonders dringlich, wenn die Vollbeschäftigungsgrenze erreicht ist, weil dann neue Arbeitskräfte (insbesondere mittel- oder hochqualifizierte) gar nicht zur Verfügung stehen. Aus ökonomischer Sicht bedeutet Mobilität allgemein die Möglichkeit zur Umgruppierung fähiger Arbeitskräfte in die produktivsten Industrien. Aus der Sicht des Ausbildungssektors weist die Erhöhung des Mobilitätsdrucks auf die Notwendigkeit einer Verbesserung der Qualifikationsstruktur hin, da jede Arbeitskraft mehr Qualifikationen vermittelt bekommen muß, als es der zunächst erstrebte Arbeitsplatz verlangt: Es muß also eine gewisse ‹Qualifikationsvorgabe› vermittelt werden, die einen raschen Wechsel des Arbeitsplatzes (und der Industrie oder des Wirtschaftssektors) überhaupt erst ermöglicht.

Dieser strukturelle Zwang zur Überqualifikation besteht zumindest so lange, wie Vollbeschäftigung herrscht, also keine ‹industrielle Reservearmee› vorhanden ist, auf die sonst bequem zurückgegriffen werden könnte, um daraus das zusätzlich benötigte Arbeitsvermögen zu rekrutieren.

Die Schaffung einer ‹industriellen Reservearmee› ist mit Massenarbeitslosigkeit gleichzusetzen. Es ist allerdings zu vermuten, daß nach den großen Wirtschaftskrisen zwischen den Weltkriegen eine erneute Massenarbeitslosigkeit zwangsläufig zu einer erheblichen Lockerung der Massenloyalität führen würde. Die Möglichkeit, in Wirtschaftskrisen zunächst die erwerbstätigen Ehefrauen zu kündigen oder die ‹Gastarbeiter› zu entlassen, ist zwar ein zu erwartender, aber nicht mehr problemlos zu begehender Ausweg. Denn wenn Ehefrauen – vor allem in der Arbeiterschaft – nicht mehr mitarbeiten können, sinkt in vielen Haushalten der Konsumstandard erheblich, wodurch wiederum die Massenloyalität in Frage gestellt werden könnte. Wenn ‹Gastarbeiter› aus den Betrieben entlassen werden, wird das zwar reaktionäre Vorurteile bestätigen, aber es müßten auch zahlreiche Arbeiter zu sogenannten minderwertigen Tätigkeiten herabgestuft werden, wodurch einerseits die Massenloyalität wiederum gelockert werden könnte und andererseits vielen Arbeitern ihre objektive Klassenlage bewußter gemacht würde, da die Privilegien, die sie bisher gegenüber ‹Gastarbeitern› ‹genossen› und die zu einer Spaltung der Arbeiterschaft führten, abgebaut würden.

Baethge u. a. nennen noch einen anderen Begründungszusammenhang, der ebenfalls auf einen Trend zu einer tendenziellen Überqualifikation der Arbeitskräfte gegenüber den tatsächlichen Arbeitsplatzanforderungen hinweist, nämlich die

«*Ungleichzeitigkeit des Entwicklungsstandes der Produktivkräfte* und die selbst bei relativ gleichem Stand anzutreffende *Gleichzeitigkeit sehr unterschiedlich hohe Qualifikationen erfordernde Arbeitsplätze.* Das Interesse der technologisch am weitesten fortgeschrittenen Kapitalfraktionen ... an möglichst hohen Qualifikationsvorleistungen der öffentlichen Bildungseinrichtungen muß – ganz gleichgültig wie technokratisch die entsprechenden Qualifikationsprozesse inhaltlich gestaltet sein sollten – dann zu Widersprüchen führen, wenn die Ansprüche der fortschrittlichen Kapitalfraktionen zum generellen Maßstab der Bildungspolitik gemacht würden ... eine derartige Reform müßte die Diskrepanz zwischen dem Durchschnittsqualifikationsniveau und dem durchschnittlichen Niveau der Arbeitsplatzanforderungen vergrößern» (Baethge u. a. 1971, S. 447).

Baethge u. a. folgern daraus, daß Erziehung zu größerer Mobilität bzw. Flexibilität durch die Gesamtschul-Reform nicht unbedingt zur größeren Gleichgültigkeit gegen bestimmte konkrete Arbeit, also zu totaler Instrumentalisierung und Entfremdung führen muß.

«Jede Ausdehnung der allgemeinen Schulzeit und damit (möglicherweise) einhergehende Höherqualifizierung breiterer Massen würde ... die sich in der Sozialstruktur ausdrückende Herrschaftsstruktur berühren, da man davon ausgehen muß, daß die höherqualifizierten Arbeitskräfte gerade wegen der Herrschaftsorganisation des Produktionsverhältnisses ihre Qualifikationen nicht zur Entfaltung bringen, d. h. keine adäquaten Arbeitsplätze finden können» (Baethge u. a. 1971, S. 446 f).

Wenn Absolventen mit ‹guter› Ausbildungsqualifikation und ‹hohem› beruflichem Anspruchsniveau in erheblich größerer Anzahl zur Verfügung stehen als entsprechende Arbeitsplätze angeboten werden, könnten Unternehmer und öffentliche Verwaltung zwar dadurch reagieren, daß sie anspruchsvollere Kriterien für die Besetzung keineswegs anspruchsvoller Stellen anlegen; dann wird aber der zweite Widerspruch aktualisiert. Und ob das der Massenloyalität zuträglich wäre oder ob sich die Absolventen nur geprellt vorkämen, bleibt zumindest unentschieden.

1.6.2 Rahmenbedingungen strategischen Handelns

Die Gesamtschul-Reform erscheint vor der Folie gesamtgesellschaftlich bedingter Widerspruchspotentiale als ambivalent. Die Gesamtschule ist zwar Schule *im* Kapitalismus, keineswegs aber strukturnotwendig

Schule *des* Kapitalismus. Ebenso ist sie an sich weder reformistisch noch antikapitalistisch. Insgesamt erweist sich der Einsatz für die Durchführung einer Gesamtschul-Reform für die Strategie antikapitalistischer Strukturreformen dann als notwendig, wenn durch sie das Widerspruchspotential augenfälliger und artikulierter wird und gleichzeitig die herkömmlichen Lehrpläne und Unterrichtsstile in Frage gestellt werden. Der Einsatz für die Durchführung einer Gesamtschul-Reform ist allerdings lediglich eine notwendige, keineswegs aber hinlängliche Bedingung für einen Beitrag des Ausbildungssektors zu antikapitalistischen Strukturreformen. Hinzu kommen müssen zusätzliche Bedingungen, die die Ambivalenzen der Gesamtschul-Reform *inhaltlich* so auflösen, daß das Widerspruchspotential für die Herausbildung antikapitalistischen Bewußtseins und die Vermittlung von Qualifikationen strategischen Handelns genutzt werden kann.

Wie das im einzelnen geschehen könnte, ist das Leitthema dieses Buches. In diesem Aufrißkapitel können nur die allgemeinen Rahmenbedingungen strategischen Handelns formuliert werden – und auch das nur vorläufig, weil sie sich erst im Fortgang der Schulreform selbst konkretisieren lassen, wobei der Fortgang der Schulreform wiederum von der allgemeinen gesellschaftlichen Entwicklung bestimmt wird. Tritt gesamtgesellschaftliche Gegenreform auf den Plan, dann fallen zwar auch die Chancen für antikapitalistische Schulreform und umgekehrt. Aber: ob die Gesamtschul-Reform einen Beitrag zur Gesamtreform liefern und wie dieser aussehen kann, ist zu allererst eine Frage des strategischen Handelns der an ihr Beteiligten.

Der erste Aspekt einer antikapitalistischen Strategie ist ein *vertikaler*: Die Strategie muß sich gleichzeitig auf die Basis wie auf Machtpositionen des staatlichen Bereichs beziehen, womit mit Basis die unmittelbar vom Unterricht Betroffenen (Schüler, Lehrer und Eltern) und mit Machtposition des staatlichen Bereichs die Entscheidungsgremien der mittleren und obersten Verwaltungsbehörden sowie der Parlamente gemeint sind.

Bergmann u. a. betonen:

«Nur durch die solidarische Formulierung allgemeiner Bedürfnisse in Institutionen der Öffentlichkeit wäre es möglich, den strukturellen Entwicklungsrückstand in jenen Bereichen rational zu verarbeiten und einzuholen, die nicht das Privileg unmittelbarer Relevanz für den Kapitalverwertungsprozeß genießen» (Bergmann u. a. 1969, S. 85).

Da die Schule relativ weit vom Zentrum des Verwertungsprozesses entfernt liegt, werden solche Inhaber von Machtpositionen, die antikapitalistische Strukturreformen anstreben, selbst wenn sie es wollen, nicht in der Lage sein, antikapitalistische Gesamtschul-Reformen ‹von oben› durchzusetzen – weder Minister noch Ministerialräte, Landtagsabgeordnete oder Schuldezernenten. Antikapitalistische Maßnahmen können nur dann erfolgreich sein, wenn sie sich auf ‹solidarische Formulierung allgemeiner Bedürfnisse› stützen, die dann Druck auf den Staat ausüben.

Umgekehrt sind die in der Schule arbeitenden Lehrer in ihrer Eigenschaft als Beamte dem Druck staatlicher Stellen und politischen Reglementierungen (bis zum Dienstverbot) ausgesetzt. Deshalb ist es nötig, mit progressiven Parlamentariern und Verwaltungsbeamten zusammenzuarbeiten, um dort wenigstens ein Schutzschild zur Abschirmung von Basisaktivitäten zu haben.

Der zweite Aspekt einer Strategie antikapitalistischer Strukturreformen liegt auf einer *horizontalen* Ebene: Gesamtschul-Reformer müssen innerhalb der Schule arbeiten und gleichzeitig in anderen Bereichen tätig sein, die in ähnlicher Lage sind. Denn:

«Die Zersplitterung des auf disparitäre Bereiche abgeschobenen Elends vermindert für das System das Risiko organisierten Widerstands» (OFFE 1972, S. 166 f).

Dieses ‹Risiko› erhöht sich zweifellos, wenn ‹Basisgruppen› aus den verschiedenen Bereichen, die auf Grund des kapitalistischen Verwertungsinteresses ‹unterentwickelt› geblieben sind, sich zusammenschließen. Der Zusammenschluß von Basisgruppen ähnlich gelagerter Bereiche könnte vor allem in Zusammenarbeit mit fortschrittlichen Kräften in Parteien und Gewerkschaften einen stärkeren Druck ausüben als Gruppen, die in den einzelnen Bereichen isoliert arbeiten.

Eine Zusammenarbeit mit ähnlich gelagerten Gruppen wie Sozialpädagogen, Krankenhausangestellten oder ‹Stadtteilarbeitern› und mit fortschrittlichen Kräften in Parteien und Gewerkschaften könnte darüber hinaus verhindern, daß sich die noch immer wenigen Gesamtschulen zu Magneten entwickeln, die das ‹eiserne› Reformpotential unter den Lehrern absorbieren und damit von den übrigen gesellschaftlichen Aktivitäten isolieren, was auf eine Schwächung hinauslaufen kann.

Die bisherigen Hinweise über strategisches Handeln stellen noch nicht sicher, daß die angestrebten Reformen nicht reformistisch, sondern antikapitalistisch wirken. Deshalb muß noch geklärt werden, welchen Bedingungen antikapitalistische Reformaktivitäten genügen müssen, um die Gefahr zu vermeiden, «*daß solche Aktionen auf das Niveau spontaner Selbsthilfe-Einrichtungen* zurückfallen, die nur den spezifischen Bedürfnissen einer bestimmten Schicht zugute kommen» (OFFE 1972, S. 162).

Offe sieht die Gefahr, daß insbesonders Bürgerinitiativen zum Anhängsel wohlfahrtsstaatlicher und reformistischer Politik werden, indem sie fordern, was ohnehin auf der Tagesordnung steht. Weiterhin sieht er die Gefahr, daß Basisgruppen sich – durchaus unbewußt – zu Sprechern einzelner Kapitalfraktionen machen, die zum Teil ebenfalls an einer Verbesserung der Infrastruktur interessiert sind, wie zum Beispiel Baufirmen am Bau von neuen und teuren Schulen.

Als Voraussetzung für die Initiierung einer Strukturveränderung nennt Offe zwei Bedingungen, die vor allem intendieren, die vielbeklagte Zersplitterung von antikapitalistischen Reformbewegungen zu vermeiden:

«Um eine solche Zersplitterung zu überwinden, müssen wir sowohl in *vertikaler* wie in *horizontaler* Richtung die Konsolidierung der Bürgerinitiativen durch Aufklärung und Organisation vorantreiben. In *vertikaler* Richtung: das bedeutet den in jedem einzelnen Falle konkret geführten Nachweis, daß das Kapital und die von ihm getragene gesellschaftliche Entwicklungsdynamik den gemeinsamen Nenner aller disparitären Einschränkungen und Belastungen darstellt; daß also entweder die unangetastete politische Macht des Privateigentums von Hausbesitzern, Erdölkonzernen und Verkehrsunternehmen *direkt* die Verhältnisse im Reproduktionsbereich bestimmt, oder daß der Staatsapparat bzw. die Kommunalverwaltung gezwungen ist, die Organisation dieser Lebensbereiche gemäß den Bedürfnissen des Kapitals qualitativ zuzuschneiden und quantitativ zu begrenzen, und daß das immanente Ziel solcher Bürgerinitiativen schließlich auf Abschaffung der Herrschaft des Kapitals hinausläuft ... Die andere Bedingung, die der *horizontalen* Konsolidierung, besteht in der organisierten Zusammenarbeit, im Erfahrungsaustausch und in der gemeinsamen Aktionsplanung verschiedener Initiativgruppen auf der Ebene von Städten oder Stadtteilen. Auf diese Weise kann die bornierte Spezialisierung der mit antiautoritären Kindergärten, sozialistischer Kritik der Stadtplanung, Lehrlingsarbeit oder anderen Projekten beschäftigten Gruppen aufgebrochen werden, und das *Syndrom* der Unterdrückung von Lebensbedürfnissen im Reproduktionsbereich so wie deren durchgehende Ursache gerät in den Blick und in den Bereich organisierter politischer Praxis» (Offe 1972, S. 167 f).

‹Organisierte politische Praxis› bedeutet vor allem die Herstellung einer festen Verbindung mit den fortschrittlichen Kräften der Arbeiterbewegung.

2

Hans-G. Rolff

Widerspiegelungen gesamtgesellschaftlich bedingter Widersprüche in der Schule

Strategisches Handeln im Ausbildungssektor ist zunächst nicht mehr und nicht weniger als ein politisch-pädagogisches Programm, dessen Umsetzung in Gesamtschulpraxis unter den gegenwärtigen Bedingungen eine Fülle von Schwierigkeiten aufwirft. Komplizierend kommt hinzu, daß sich das Umsetzungsproblem in unterschiedlichen Fachbereichen bzw. Projekten und für die jeweiligen Altersjahrgänge unterschiedlich stellt. Um wenigstens die allgemeinen Voraussetzungen und Realisierungsbedingungen strategischen Handelns angeben zu können, ist es vorab nötig, die Ausgangslage etwas detaillierter zu analysieren, das heißt die Bedingungen der aktuellen Lern- und Lehrsituation in den heutigen Gesamtschulen zu skizzieren.

Da die Gesamtschule wie jede andere Schule ‹Funktion der Gesellschaft› ist, von der sie unterhalten wird, müssen die Bedingungen der aktuellen Lern- und Lehrprozesse aus der gesamtgesellschaftlichen Funktionsbestimmung des Ausbildungssektors abgeleitet werden. Die gesamtgesellschaftlichen Funktionen erwiesen sich in der polit-ökonomischen Analyse des 1. Kapitels als widersprüchlich. Konsequenterweise muß also gefragt werden, ob und in welcher Weise sich diese gesamtgesellschaftlich bedingte Widersprüchlichkeit in der internen Struktur der Gesamtschule widerspiegelt. Die Antwort ist im nachfolgenden Ableitungsschema vereinfacht dargestellt.

In der Spalte 1 sind die beiden Hauptfunktionen der Schule unter dem Gesichtspunkt kapitalistischer Verwertungsinteressen eingetragen. In Spalte 2 wird die in Kapitel 1 untersuchte Widersprüchlichkeit dieser Funktionen dargestellt. Spalte 3 beinhaltet die Funktion des Staates als ‹Krisenmanager›, wobei sich die Vermittlungsfunktion des Staates zwischen gegensätzlichen sowie kurz- und langfristigen Interessen der Kapitalfraktionen auf die profitable Qualifikation von Arbeitsvermögen bezieht. Bezüglich der Einübung in die Verkehrsformen des Kapitalismus dürften kaum unterschiedliche Kapitalinteressen bestehen; hier ist vielmehr von unterschiedlichen Interessen zwischen Kapital und Lohnabhängigen auszugehen. In Spalte 4 sind die Widerspiegelungen der gesamtgesellschaftlich bedingten Widersprüche im Lern- und Lehrprozeß der Gesamtschule eingetragen, wie sie in den folgenden Abschnitten im einzelnen noch dargestellt und analysiert werden müssen.

Entsprechend des in Kapitel 1 formulierten polit-ökonomischen Bezugsrahmens interessieren im folgenden nicht alle denkbaren Widersprüche im Lern- und Lehrprozeß der Gesamtschule (z. B. keine alters-

Ableitungsschema

Gesamtgesellschaftliche Funktionen des Ausbildungssektors	Widersprüchlichkeit der Funktionen der Schule im Spätkapitalismus	Vermittlungsfunktion des Staates	Widerspiegelung der Widersprüchlichkeit im Lern- und Lehrprozeß der Gesamtschule: über den Verwertungszusammenhang hinausweisendes Potential	Regelung aus der Sicht des Verwertungszusammenhangs
1	2	3	4 a	4 b
1. Profitable Qualifikation von Arbeitsvermögen	1. Veränderung der Qualifikationsstruktur zur Erhöhung der mehrwertschaffenden Produktivität vs. Erhöhung des Wertes der Ware Arbeitskraft durch (mehrwertmindernde) Erhöhung der Ausbildungskosten	Balancierung des in Spalte 2 genannten Widerspruchspotentials einschließlich der Vermittlung von gegensätzlichen sowie kurz- und langfristigen Interessen der ‹Kapitalfraktionen›	1. Erhöhung der Ausbildungskosten	vs. Unterrichtsrationalisierung
2. Einübung in die Verkehrsformen des Kapitalismus	2. Chancengleichheitsversprechen zur Sicherung der Massenloyalität vs. Unmöglichkeit, das Chancengleichheitsversprechen einzulösen		2. Chancengleichheit	vs. Individualistische Leistungsauslese
	3. Verbesserung der Qualifikationsstruktur vs. Gefährdung der Massenloyalität		3. Verbesserung der Qualifikationsstruktur	vs. Atomisierung des Lernens

oder entwicklungsbedingten), sondern nur diejenigen, die sich aus dem Verwertungszusammenhang ergeben, in dem die Gesamtschul-Reform steht. Bevor die insofern objektiven Widersprüche im einzelnen analysiert werden können, müssen einige Besonderheiten des Lern- und Lehrprozesses in der Gesamtschule wenigstens erwähnt werden; denn es interessieren ja nicht die Widerspiegelungen gesamtgesellschaftlich bedingter Strukturwidersprüche im Bildungswesen *allgemein*, sondern die spezifischen Ausformungen in der Gesamtschule.

2.1 Besonderheiten des Lern- und Lehrprozesses in der Gesamtschule

Die Ausgangsbedingungen der Lern- und Lehrprozesse in der Gesamtschule unterscheiden sich von denen des überkommenen Schulwesens in wesentlichen Punkten, zum Beispiel durch

1. anspruchsvollere Zielvorstellungen,
2. größere Heterogenität der Schülerpopulation und
3. erhöhte Differenzierung des Unterrichts.

Zu 1. Die Zielvorstellungen der Gesamtschul-Reform sind schon allein deswegen anspruchsvoller, weil sie zum Großteil aus der Kritik am herkömmlichen Schulwesen abgeleitet wurden und deshalb unter anderem beinhalten, die inkriminierten Schwächen und Mängel zu überwinden. Sie finden eine offiziöse Fassung in den Empfehlungen des Deutschen Bildungsrates zur «Einrichtung von Schulversuchen mit Gesamtschulen», in denen es heißt:

«Den Ausgangspunkt aller Begründungen für die Notwendigkeit von Gesamtschulen bildet die Forderung nach Gleichheit der Bildungschancen. Heute wird darüber hinaus deutlich, daß eine Schulreform zugunsten einer größeren Chancengleichheit auch zu einer besseren Schule für alle Schüler führen kann: Sie kann die Leistungsfähigkeit des Schulsystems überhaupt stärken, zu einer größeren Individualisierung des Lernens beitragen und der Tatsache gerecht werden, daß in unserer Gesellschaft alle Menschen in zunehmendem Maße auf wissenschaftliche Erkenntnis angewiesen sind» (Deutscher Bildungsrat 1969, S. 21).

Man könnte den Katalog von Zielvorstellungen, der in Publikationen zur Gesamtschule enthalten ist, beliebig verlängern: Er umfaßt alles, was liberale Pädagogen- und Elternherzen höherschlagen läßt. Aber eine Wiedergabe solcher Kataloge lohnt nicht, da sie nicht systematisch aus gesamtgesellschaftlichen Funktionszusammenhängen abgeleitet sind und deshalb idealistisch bleiben (vgl. Kapitel 9).

Zu 2. Die Schülerpopulation einer durchschnittlichen Gesamtschule entspricht im großen und ganzen der sozialen Zusammensetzung der sogenannten Mantelbevölkerung. Sie ist im Vergleich mit den herkömmlichen Gymnasien und Realschulen, über deren Besuch immer noch sozial selektive Ausleseprozeduren nach dem 4. oder 6. Schuljahr entscheiden, insgesamt heterogener: Die Arbeiterkinder sind nicht wie in Realschulen und Gymnasien signifikant unterrepräsentiert und Kinder aus Angestellten- sowie Beamtenfamilien sind nicht in erwähnenswertem Maße überrepräsentiert (vgl. TILLMANN 1972 a).

Die Heterogenität der Schülerschaft hat zur Folge, daß die Lern- und Lehrprozesse in der Gesamtschule während der gesamten Pflichtschulzeit das Zusammentreffen zweier quantitativ etwa gleich starker, sich im Sozialcharakter aber wesentlich unterscheidender Gruppen von Schülern berücksichtigen müssen. Dabei wird mit Sozialcharakter der Kern einer Charakterstruktur bezeichnet, welcher im Gegensatz zum individuellen Charakter den meisten Mitgliedern der gleichen sozialen Gruppe auf Grund gleicher oder ähnlicher kollektiver Erfahrungen gemeinsam ist. Die Sozialisationsforschung hat belegt, daß die wesentlichen, den Sozialcharakter prägenden Erfahrungen vom Arbeitsplatz ausgehen und sich auf die Erziehung der Kinder übertragen. Da die vor- und außerschulischen Sozialerfahrungen und deren Prägewirkung auf den Sozialcharakter von größter Wichtigkeit für die Analyse der Lern- und Lehrprozesse in der Gesamtschule sind, ist es nötig, die Ergebnisse der Sozialisationsforschung hier kurz zusammenzufassen (vgl. dazu und zur Kritik der Sozialisationsforschung die ausführliche Darstellung von ROLFF/NYSSEN 1972 und Kapitel 5).

Für den Arbeitsplatz der Angestellten und Beamten gelten die folgenden Sozialisationsbedingungen:

‹Kopfarbeit›, indirekte Überwachung durch Rahmenvorschriften und internalisierte Leitvorstellungen, relativer Dispositionsspielraum mit Gelegenheit zu ‹Eigeninitiative› und ‹Selbständigkeit›; Umgang mit Personen und Symbolen, Notwendigkeit von schriftlicher Kommunikation; relative Aufstiegschancen, zum Teil in Form von Regelbeförderung.

Für den Arbeitsplatz des Arbeiters gelten indessen folgende Merkmale:

Handarbeit, zum Teil hohe körperliche Belastung, zum Teil Schmutz und Lärm; direkte Überwachung durch Vorschriften und Vorgesetzte oder die technische Ablauforganisation, kaum Übersicht über den Produktionsablauf und wenig Dispositionsspielraum; Umgang mit Sachen und wenig Notwendigkeit zu schriftlicher Kommunikation; Aufstiegschancen sind kaum vorhanden.

Entsprechend den unterschiedlichen Erfahrungen am Arbeitsplatz verhalten sich Eltern aus der Angestellten- bzw. Beamtenschaft einerseits und solche aus der Arbeiterschaft andererseits bezüglich der Sozialisation ihrer Kinder unterschiedlich. Die Wünsche und Bedürfnisse der

Kinder von Angestellten bzw. Beamten werden anders sanktioniert als die der Kinder aus der Arbeiterschaft. Verletzen die Angestellten- und Beamtenkinder die elterlichen Verhaltensvorschriften, so reagieren diese mit ‹argumentierendem Raisonnement›, das an Einsicht und Schuldgefühl appelliert. Erst wenn diese Technik der Disziplinierung keinen Effekt zeigt, droht ihnen Liebesentzug, der auch zeitweise realisiert wird. Die elterliche Strafe nimmt starken Bezug auf die innere Absicht der zu strafenden Handlungen des Kindes. Auf Grund dieser Sozialisationspraktiken verinnerlichen die Kinder von Angestellten bzw. Beamten nach und nach die elterlichen Erwartungen. Sie werden von früh an mit hohen Ansprüchen der Eltern konfrontiert. Gleichzeitig oder noch früher lassen Belohnungen, vor allem auch ‹symbolische› in der Art von Zärtlichkeiten und verbalisierten Anerkennungen, Selbstvertrauen in ihnen keimen. So schlagen sich die anspruchsvollen Erwartungen der Eltern in den Kindern nieder als relativ stabile, allerdings abstrakte Leistungsmotivation. Die Eltern aus der Angestellten- bzw. Beamtenschaft unterbinden bei ihren Kindern relativ häufiger die sofortige Befriedigung von Triebwünschen zugunsten einer Orientierung auf die Zukunft hin. Vor allem erlernen die Kinder von Angestellten bzw. Beamten schon von Haus aus den ‹elaborierten› Sprachgebrauch, der der ‹üblichen› schriftlichen Kommunikation entspricht.

Die Kinder aus der Arbeiterschaft erfahren zwar auch eine verhältnismäßig nachgiebige Behandlung in den ersten Lebensmonaten und -jahren; doch berücksichtigen Belohnungen und Strafen nicht in einer Weise, wie sie für die Mittelschicht typisch ist, die Intention der Handlung, so daß sich eine letztlich reglementierende Kontrolle manifestiert. Die Arbeitereltern sind aus erklärlichen Gründen kaum motiviert, eigenständiges Streben nach überdurchschnittlichen, exzellenten schulischen Leistungen (Leistungsmotivation) zu vermitteln. Die unmittelbare Befriedigung von Triebwünschen wird von Arbeitereltern seltener untersagt. Der Sprachgebrauch von Arbeiterkindern wird nicht für die ‹übliche› schriftliche Kommunikation trainiert.

In den herkömmlichen Gymnasien und Realschulen konnte im großen und ganzen noch davon ausgegangen werden, daß die Sozialisationsstile der Angestellten und Beamten vorherrschten und die Arbeiterkinder sich diesen anpaßten oder aber diese Schulformen gar nicht erst besuchten bzw. frühzeitig verließen, so daß insgesamt homogenere Interaktionsprozesse abliefen. Im Unterschied dazu muß sich die Gesamtschule viel stärker auf den Sozialcharakter der Arbeiterkinder mit seinen Eigenheiten einstellen – schon allein wegen der großen Zahl von Arbeiterkindern. Denn wenn die Gesamtschule nicht genügend darauf eingeht, wird die Kommunikation mit etwa der Hälfte der Schüler brüchig, weil kein Bezugsrahmen existiert, der als Orientierungshilfe dienen könnte.

Zu 3. Eine dritte Besonderheit der Gesamtschule liegt in der gegenüber dem herkömmlichen System merklich erhöhten Differenzierung des Unterrichts, die als methodische Reaktion auf das zuvor beschriebene erhöhte Anspruchsniveau und den Tatbestand großer Heterogenität der Schülerschaft zu verstehen ist. In der Gesamtschule setzen sich deshalb Formen sogenannter äußerer und flexibler Differenzierung (YATES 1972) immer stärker durch. Äußere Differenzierung stellt durch die Gruppierung der Schüler in fachspezifische Leistungskurse eine merkliche Lockerung gegenüber dem herkömmlichen Stammklassenunterricht dadurch her, daß in den ‹Hauptfächern› jeweils zwei bis vier Niveaukurse eingerichtet werden. Der Wechsel in einen höheren oder niedrigeren Kurs kann halb- oder dritteljährlich erfolgen – und zwar fachspezifisch. Wenngleich die Leistungsdifferenzierung das Problem der Durchlässigkeit nicht befriedigend lösen kann (vgl. HURRELMANN 1971 a), erhöht sie doch gegenüber der herkömmlichen Schule die Fluktuation der Schüler zwischen wechselnden Lerngruppen und erschwert die Stabilisierung von sozialen Beziehungen.

Bei der flexiblen Gruppierung wird der Unterricht abwechselnd in homogenen und heterogenen Gruppen erteilt und tritt in der konsequentesten Ausformung an die Stelle des Klassenverbandes der herkömmlichen Schule eine Schülerbezugsgruppe, die rund 90 bis 120 Schüler umfaßt. Alle Differenzierungsmaßnahmen gehen von der großen Bezugsgruppe aus und führen wieder in sie zurück. Zeit und Ausmaß der einzelnen auf die Großgruppe bezogenen Binnendifferenzierungsmaßnahmen folgen keinem starren Plan, sondern allein lernzielbezogenen und didaktischen Gesichtspunkten. Aus schulpädagogischer Perspektive erscheint das Modell der flexiblen Differenzierung als das verheißungsvollere. Starren und dauerhaften Fixierungen wird entgegengewirkt, da verschiedene Schülergruppen immer wieder zu gemeinsamem Unterricht neu zusammengefaßt werden. Auf diese Weise ist ein ständiger Austausch zwischen den verschiedenen Gruppen leichter zu gewährleisten als im System der ausschließlich äußeren Differenzierung durch Niveaugruppen. Flexible Differenzierung könnte zwar einerseits der Herausbildung affirmativer Rollenfixierungen entgegenwirken, weil hier der Unterricht viel stärker von den notwendigerweise offeneren und ständig neu zu treffenden Entscheidungen der Unterrichtsplanung abhängt. Andererseits zeigen die ersten Erfahrungen mit flexibler Differenzierung sehr deutlich, daß die genannten Vorteile verlorenzugehen drohen oder sich geradezu in Nachteile verkehren, wenn die Flexibilität des Unterrichts so weit getrieben wird, daß sie die sozialen Bezüge zerreißt. Ein überspanntes Ausmaß der Differenzierung, das Schüler- und Lehrergruppen ständig neu- und umbildet, erschwert die Herausbildung stabiler persönlicher Bezüge und führt im Extremfall zu Anomie. Das wiederum kann zur Folge haben, daß die Schüler psychisch sowie motorisch aufgeladen und sozial orientierungslos werden und jegliches Interesse am Lernprozeß verlieren.

Gewissermaßen als Reaktion auf die potentielle Anomie entsteht gerade bei Gesamtschülern die Neigung, sich zu festen Gruppierungen Gleichaltriger, auch Cliquen oder *peer-groups* genannt, zusammenzuschließen. Vor allem in Ganztagsschulen mit vielen Freistunden spielen die Cliquenbeziehungen der Jugendlichen eine überragende Rolle für die schulische Sozialisation. Sie stellen für Jugendliche eine der wichtigsten Instanzen dar, in denen sich die Identitätsbildung vollzieht. In allen Schulen mit einer durch die Differenzierung der Unterrichtsorganisation verursachten erhöhten Mobilität der Schüler nehmen Prozesse informeller Gruppenbildung auch quantitativ zu. Solche informellen Gruppierungen gewähren den Schülern einen unmittelbaren Bezugsrahmen für ihre normative Orientierung und verleihen ihnen Statussicherheit sowie die emotionale Basis gegenüber den Anforderungen der offiziellen Schulkultur, die in Gesamtschulen für viele auch im Gegensatz zu ihren familiären Sozialisationserfahrungen steht. Diese Funktionsbeschreibung von Cliquen läßt vermuten, daß die Cliquen einen hohen Konformitätsdruck auf ihre Mitglieder ausüben; denn Cliquen können ja nur um den Preis des Verlustes von Statussicherheit vom einzelnen Jugendlichen ignoriert werden. Der hohe Konformitätsdruck ist ein wesentlicher Grund dafür, daß sich Cliquen schichtenspezifisch rekrutieren: Schüler, die den spezifischen Sozialcharakter von Angestellten- bzw. Beamtenkindern aufweisen, bleiben genauso unter sich wie die Schüler aus der Arbeiterschaft. Aber die Cliquenbildung ist noch aus einem anderen Grunde belangvoll: Die ‹Subkulturen› der Cliquen könnten eine Ablösung der Schülerbezüge von den Lehrern und damit auch von der Schule bewirken. Die Schüler identifizieren sich dann weniger mit den Lehrern (und mit dem Curriculum) als untereinander, das heißt mit den Gleichaltrigen. Kritisch wird es, wenn eine Antischulkultur entsteht, die sich aggressiv gegen Lernprozesse überhaupt wendet – gleichgültig, welches Ziel sie haben.

2.2 Verschärfung der Strukturkonflikte

Die aufgewiesenen Besonderheiten der Lern- und Lehrprozesse in der Gesamtschule beschreiben den Hintergrund, vor dem sich die Widersprüchlichkeit schulischer Lehr- und Lernprozesse im Spätkapitalismus potentiell zuspitzt. Diese zentrale These von der potentiellen Verschärfung der Strukturwidersprüche muß im folgenden für alle drei in Kapitel 1 herausgearbeiteten Ebenen der Widersprüchlichkeit einzeln diskutiert werden.

2.2.1 Erhöhung der Ausbildungskosten vs. Unterrichtsrationalisierung

Die erste potentielle Zuspitzung entsteht dadurch, daß – wie in Kapitel 1 dargelegt wurde – die Gesamtschul-Reform die Tendenz zeigt, die Gesamtheit der Ausbildungskosten in die Höhe zu treiben, weil mehr Jugendliche eine längere Ausbildung anstreben, die ihnen zudem in Schulen vermittelt wird, die besser ausgestattet sind als die Hauptschulen. Dadurch entsteht möglicherweise ein größerer Druck auf die Profitrate, als durch Erhöhung der Produktivität ‹wettgemacht› werden kann. Dieser ‹Kompressionstendenz› wird in den heutigen Gesamtschulen offenbar durch Unterrichtsrationalisierung nach betriebswirtschaftlichen Prinzipien und durch ‹Sparmaßnahmen› begegnet.

Das betriebswirtschaftliche Prinzip läuft darauf hinaus, entweder die Ausbildungskosten *pro Schüler* zu senken oder die vorhandenen Ressourcen (Gebäude, Einrichtung und Ausstattung, Personal) so effektiv wie möglich einzusetzen, wobei das Kriterium der Effektivität wiederum die Minimierung der Ausbildungskosten pro Schüler ist. Die betriebswirtschaftliche Rationalisierung zeigt sich unter anderem in den folgenden Maßnahmen:

- Ablösung des Stamm- oder Mischraumprinzips durch das Fachraumprinzip, das eine höhere kapazitative Nutzung der Schulgebäude erlaubt;
- Rationalisierung des Aufwandes für Einrichtung und Ausstattung der Schule durch Schaffung optimaler Betriebsgrößen, die eine maximale Nutzung der Einrichtung und Ausstattung ermöglichen;
- Spezialisierung der Lehrerrolle, das heißt Verengung der Lehrtätigkeit auf ein oder wenige Fächer, Konzentration der Arbeit auf das Unterrichten (unter Vernachlässigung der Erziehung), Schaffung von Expertenrollen für Didaktik, Planung usw.
- Technologisierung der Wissensvermittlung. (Dafür ist nicht nur der zunehmende Einsatz von technischen Medien wie Sprachlabore, Fernsehen usw. ein Zeichen; Technologisierung betrifft vor allem den Vermittlungsprozeß selbst durch ganz oder teilweise standardisierte Unterrichtsmaterialien, wie programmierter Unterricht, Arbeitsbogen usw., in die die Motivation gleichsam ‹eingebaut› ist = Motivationstechnologie, und durch vorfabrizierte, permanente Erfolgskontrolle durch informelle oder standardisierte Tests.)

Für Rationalisierungsmaßnahmen bietet die Gesamtschule auf Grund ihrer besonderen Betriebsgröße, der Vielzahl unterschiedlich spezialisierter Lehrer und ökonomisch konzipierter Gebäude bessere Ansatzpunkte als das herkömmliche System. Heinrich sieht vermutlich deshalb eine der Hauptaufgaben der Gesamtschule gerade im Bereich der effizienzsteigernden Entwicklungsarbeit:

«Die Auswirkungen der politisch-ökonomischen Bedingungen der Reform des Bildungswesens für den Charakter der Gesamtschulprojekte liegen darin, daß sie in sehr viel stärkerem Maße die Funktion von Versuchsprojekten erhalten, deren objektive Aufgabe darin besteht, mögliche Reformen zur Leistungs- und Effizienzsteigerung unter dem Gesichtspunkt der Transponierbarkeit auf die bestehenden Schulformen und -organisationen des traditionellen Vierklassenschulsystems zu erproben» (Heinrich 1973, S. 36; vgl. auch S. 20).

Darüber hinaus versucht die staatliche Bildungsplanung dem Kostendruck durch Sparmaßnahmen entgegenzuwirken – was an fast allen Gesamtschulen, vor allem aber an denen in ländlichen Regionen der BRD zu beobachten ist.

- Vielen Schulen mangelt es an Lehrerstellen, so daß curriculare Entwicklungsarbeiten und zusätzliche Förderkurse kaum durchgeführt werden können;
- vor allem fehlt es an Stellen für Sozialpädagogen und -arbeiter, Schulpsychologen und Beratungsexperten, die nötig wären, wenn die Gesamtschule ihre Erziehungsaufgabe so wahrnehmen wollte, wie es die allgemeinen Reformziele verheißen (‹soziales Lernen›, ‹Erhöhung der sozialen Sensibilität› usw.);
- der Ganztagsbetrieb muß mit minimalem Aufwand an Flächen und Personal auskommen; Hessen verzichtet sogar völlig auf Ganztagsbetrieb.

Selbstverständlich sind Rationalisierungsmaßnahmen dann sinnvoll, wenn sie eine Verbesserung des Gesamtangebots intendieren. Aber die genannten Rationalisierungsmaßnahmen signalisieren eher das Gegenteil: Sie unterbinden notwendige Curriculumarbeit, sie schließen Förderkurse und außerunterrichtliches Lernen aus usw.

2.2.2 Chancengleichheit vs. individualistische Leistungsauslese

Die potentielle Verschärfung des zweiten Strukturwiderspruchs liegt darin begründet, daß eine Schulreform mit entschieden demokratischem Anspruch mehr Chancengleichheit als das bestehende Schulsystem versprechen muß, dieses Versprechen aber auf Grund der herrschenden Produktionsverhältnisse nicht einlösen kann. Die Gesamtschul-Reform hat das Chancengleichheitsversprechen durchaus ernster genommen als die bisherige Schulpolitik, indem sie die bestehenden Schulformen zu einer gemeinsamen Schulorganisation integrierte und durch ein differenziertes Kurssystem ersetzte. Das Kurssystem ist allerdings vielfach auf Leistungskurse verengt, die vor allem in den Haupt- und Schwerpunktfächern eingerichtet werden, die für die angestrebten Abschlüsse von Bedeutung sind. Der Wechsel von Kursniveau und Schullaufbahn bzw. Schwerpunkt wird dabei als prinzipiell möglich erklärt. Dieses

Kursystem vermag deutlich die Schichtenspezifität der Auslese etwas zu mindern und insofern die Chancengleichheit etwas zu vergrößern. Aufheben kann sie die Ungleichheit der Chancen jedoch nicht, solange es gesamtgesellschaftliche Widersprüche und in ihrer Folge Ungleichheiten gibt, die sich unter anderem äußern in unterschiedlichen Bedingungen am Arbeitsplatz, beruflichen Hierarchien oder laufbahnrechtlich geregelten Karrieren, die bestimmte Schulabschlüsse voraussetzen. So zeigen – was nicht überraschen kann – empirische Untersuchungen über die soziale Zusammensetzung der Leistungskurse, daß nach wie vor ein Trend zur Überrepräsentation von Angestellten- und Beamtenkindern in den oberen Kursen festzustellen ist (vgl. z. B. BERNHARDT u. a. 1973), der allerdings nicht ganz so eindeutig ist wie im bestehenden System.

Fraglos erhöht das Kurssystem das Erwartungsniveau von Eltern und Schülern, unterstützt von Werbebroschüren der Schulträger, die ‹Aufstieg für alle› versprechen. Diese steigenden Ansprüche von vielen, die aber nur für relativ wenige befriedigt werden können, haben eine Ausbreitung der individualistischen Leistungskonkurrenz zur Folge, wie sie Wellendorf unter dem Stichwort der «Pädagogik der Leistungsauslese» bisher allein für das Gymnasium diagnostiziert hat. Sie ist

«Quelle permanenter objektiver wie subjektiver Unsicherheit der Schüler darüber, ob sie das angestrebte Schulziel (und die Zwischenziele) erreichen werden, wobei ihnen die Möglichkeit des Scheiterns am Beispiel versagender Schüler handgreiflich vor Augen geführt wird» (WELLENDORF 1969, S. 36 f).

Daß die Gesamtschule den Widerspruch zwischen Chancengleichheitsversprechen und individualistischer Leistungsauslese verschärft, hat der derzeitige Bundesminister für Bildung und Wissenschaft offen ausgesprochen:

«Gerade deswegen müssen wir den Mut haben, offen zu sagen, daß schon am Ende der 10jährigen Schulzeit eine erste Leistungsauslese stattfinden wird, die sich in der Gesamtschule wahrscheinlich sogar verschärft. Denn wer die Chancen gleicher machen will und nicht mehr zusehen möchte, daß wenige privilegierte Kinder fast automatisch die Positionen ihrer Väter erben, der muß den Wettbewerb um hervorgehobene Positionen in der Gesellschaft wollen. Und mehr Wettbewerb heißt: schärferer Wettbewerb; heißt auch: Leistung und Leistungsmessung» (DOHNANYI 1971, S. 458).

Die Verschärfung der indiviudalistischen Leistungsauslese, die zudem den traditionellen Leistungskriterien verhaftet bleibt, ist an Gesamtschulen in ländlichen Regionen genauso zu beobachten wie an Gesamtschulen in Großstädten. Jeder Lehrer erfährt den Widerspruch zwischen Chancengleichheitsversprechen und individualistischer Leistungsauslese spätestens dann, wenn er im 10. Schuljahr entscheiden muß, welchen Schülern er die Qualifikation für den Übergang zur Oberstufe oder die Fachhochschulreife attestieren darf und welchen nicht. In Nordrhein-Westfalen zum Beispiel empfahl das Kultusministerium im Jahre 1973, daß möglichst alle Schüler den Hauptschulabschluß, aber nur 75 Prozent die Fachoberschulreife erreichen. Und jedem Lehrer wird dieses Problem bewußt, wenn er vom 5. oder 7. Schuljahr an zum Zwecke des ‹Abbaus des Leistungsdrucks› mit lernzielorientierter Beurteilung sowie mit Diagnosebogen und ‹Informationen zum Lernprozeß› statt mit Zeugnissen und Zensuren gearbeitet hat und nun spätestens im 10. Schuljahr doch wieder Zensuren in Abschlußzeugnisse eintragen muß.

2.2.3 Verbesserung der Qualifikationsstruktur vs. Atomisierung des Lernens

In Kapitel 1 wurde erörtert, daß die Entwicklung der Produktivkräfte eine entsprechend veränderte Qualifikationsstruktur des Arbeitsvermögens erfordert und die Schule das Arbeitsvermögen so qualifizieren muß, daß es auch bei veränderten Branchenstrukturen so mühelos wie möglich einsetzbar ist. Daraus resultiert ein struktureller Zwang zur ‹Überqualifikation›, der insgesamt auf eine Verbesserung der Qualifikationsstruktur hinausläuft. Hinzu kommt, daß unter den Bedingungen der ‹wissenschaftlich-technischen Revolution› immer mehr ‹prozeßunabhängige Qualifikationen› sowie Disponibilität und zunehmend ‹innovative Qualifikationen› vermittelt werden müssen. Als ‹innovative Qualifikationen› bezeichnet Masuch «wissenschaftliche Qualifikationen», die «der Entfaltung des Kapitalverhältnisses konstitutiv» (Masuch 1972, S. 60) sind. Zu solchen wissenschaftlichen Qualifikationen gehören beispielsweise Kreativität, Kritikfähigkeit und komplexe Interpretation umfassender Sinnzusammenhänge, die zunehmend eine ‹allseitige› oder – wie es im Grundgesetz heißt – «freie Entfaltung der Persönlichkeit» voraussetzen.

Diese Entwicklung, die auf realen Funktionsanforderungen beruht, birgt Momente in sich, die den dritten Widerspruch potentiell zuspitzen. Zwar müssen ‹innovative› oder ‹wissenschaftliche› Qualifikationen, die vornehmlich zur Verbesserung der Fachkompetenz erforderlich sind, nicht zwangsläufig einen Transfer für gesellschaftlich-politische Kompetenz beinhalten. Aber Heranwachsende, die kreativer, kritischer und komplexer zu denken gelernt haben, stellen zumindest ein Potential dar, das eher in der Lage ist, die kapitalistischen Verwertungsprozesse und deren soziale und psychische Konsequenzen in Frage zu stellen.

Die Gegentendenz, nämlich dieses Potential an Kreativität und Kritik dennoch zu kanalisieren, ist allerdings ebenso real: Sie wird in der Literatur unter dem Titel ‹*Atomisierung des Lernens*› (Bruder 1971; Heinrich 1973) diskutiert. Sie ist abzulesen am Trend zur Zerlegung von Lehr- und Lernprozessen in kleinste ‹handliche› Teile durch Zergliederung des Unterrichts in kurze Lehrgänge und Kurse, Aufteilung des Stoffes in Fächer, Aufstellen zunehmend verfeinerter Lernzieltaxonomien, permanente Lernerfolgsmessung durch Tests aller Art (im Extrem sogar in Fächern wie Sport oder Musik), immer differenziertere Bewertungssysteme, häufiges Wechseln von Unterrichtsfächern, Fachlehrern und Fachräumen usw.

Die Atomisierung

«macht das Lernen zum Anhäufen abstrakter Wissensbestände. Sie ermöglicht es weder, die Stoffe untereinander in Beziehung zu setzen, noch sich durch theoretische Aneignung der Wirklichkeit auf sie als gesellschaftliche Subjekte zu beziehen ...» (Dannwolf u. a. 1973, S. 7).

Die Perfektionierung der Unterrichtsplanung, Leistungserbringung und -messung in Gesamtschulen birgt die Gefahr in sich, daß sich dieser Prozeß noch verschärft: Lernziele werden auf kleiner und kleinster Ebene formuliert und später ‹abgetestet›. Der Unterricht vermittelt isoliert die für das Bestehen des Tests notwendigen Informationen. Die Lernmotivation des Schülers besteht im wesentlichen in dem Wissen, daß diese Kenntnisse ‹für den Test gebraucht werden›. Die mit einem solchen Verfahren einhergehende, immer stärker werdende Zergliederung des Lernstoffes «zerreißt den Zusammenhang, in dem dieser tatsächlich steht, und scheidet dadurch die Möglichkeit ab, den Lerninhalt wie auch die Lernsituation selbst überhaupt noch in Frage zu stellen» (Bruder 1971, S. 119).

Durch die Atomisierung des Lernens eignet sich der Schüler nicht Inhalte an, die Bezüge zu seiner gesellschaftlichen Praxis haben, sondern lexikalisches Wissen. Schon gar nicht erschließt er die Wirklichkeit in einer Weise, die ihre Veränderung ermöglicht; viel eher zwingt ihn ein solcher Lernkontext, sich der Wirklichkeit blind anzupassen. Atomisiertes Lernen macht es dem Schüler unmöglich, die Bedingungen gesellschaftlicher Produktion und damit seine Lage zu durchschauen. Es verschüttet die Möglichkeit, «den theoretisch-praktischen Bezug zwischen den Erfahrungen des Schülers außerhalb der Schule mit den in der Schule zu erlernenden Wissensbeständen herzustellen» (Dannwolf u. a. 1973, S. 7).

Perfekt atomisiertes Lernen, von seinen Apologeten häufig als ‹Individualisierung› mißverstanden, gewöhnt frühzeitig an die spätere Arbeitsplatzsituation, das heißt an

- Akkord und Stoppuhr,
- ständige formale Leistungsbereitschaft,
- «Gleichgültigkeit des Arbeiters gegen den Inhalt seiner Arbeit» (Marx).

Atomisiertes Lernen reduziert das Gelernte auf seinen Tauschwert und lenkt von seinem Gebrauchswert ab. Dennoch bleibt es fraglich, ob atomisiertes Lernen in der Gesamtschule den Widerspruch zwischen den beiden Hauptfunktionen der Schule zu kanalisieren vermag:

«denn wenn man die Unwissenheit gleichzeitig mit dem Wissen lehren will, die Abhängigkeit gleichzeitig mit einer eng begrenzten intellektuellen Autonomie, dann riskiert man, da eine so rigorose Trennung nicht möglich ist, die Rebellion gegen Unwissenheit und Unterdrückung» (GORZ 1967, S. 136).

2.3 Konfliktmanagement durch die soziale Organisation

Die knappe Analyse der Widerspiegelungen gesamtgesellschaftlich bedingter Widersprüche in den Lern- und Lehrprozessen der Gesamtschule hat eine potentielle Verschärfung der Widersprüchlichkeit von Schule im Kapitalismus erkennen lassen. Die entscheidende Frage lautet allerdings, ob und unter welchen Bedingungen diese Widersprüchlichkeit auch manifest werden kann – mit anderen Worten: ob dieses Widerspruchspotential tatsächlich für strategisches Handeln fruchtbar gemacht werden kann.

Zunächst könnte am zweiten Widerspruch gezeigt werden, daß eher das Gegenteil der Fall ist. Die ‹Pädagogik der Leistungsauslese› führt dazu, daß Erziehung zur Solidarität – eine unabdingbare Voraussetzung der Erkämpfung wirklicher Chancengleichheit – zwischen den Schülern äußerst gefährdet wird, weil jeder Schüler mit jedem anderen um die Abschlüsse konkurrieren muß. Was verschärfte Konkurrenz bedeutet, weiß jeder, der das Lernklima der Oberstufen im Zeichen der zentralen Regelung des Studienzugangs kennt: Es wird zum Beispiel davon berichtet, daß vor einer Abiturprüfung ein Schüler alle 15 einschlägigen Lehrbücher mit nach Hause genommen hatte, nur damit seine Konkurrenten eine schlechtere Chance erhielten, sich vorzubereiten. Zur Solidarität mit Mitschülern geben derartige strukturelle Bedingungen kaum Anlaß; schon gar nicht zur Solidarität mit Schülern, die den früheren Hauptschülern vergleichbar sind, und die in der Gesamtschule eine ‹Bedrohung› für manchen traditionellen Gymnasiasten, das heißt für deren Berufsperspektiven darstellen. Individualistische Leistungskonkurrenz übt zweifellos in die Verkehrsformen des Kapitalismus ein, vor allem, indem sie den Wettkampf aller gegen alle zur Gewohnheit werden läßt und jenen, die sich dabei nicht durchsetzen können, möglicherweise noch die Überzeugung vermittelt, die Ungleichheit beruhe wohl doch auf unterschiedlichem Leistungsvermögen.

Andererseits haben zunehmend mehr Gesamtschullehrer und -schüler die Erscheinungsformen der Widersprüchlichkeit von Schulreform im Kapitalismus erkannt und zeigen sich auch vielfach antikapitalistische Perspektiven: Auf Kongressen von Gesamtschullehrern werden zunehmend die Verbesserung der personellen und materiellen Ausstattung der Schulen, die Enthierarchisierung der Abschlüsse (einheitlicher Abschluß nach dem 10. Schuljahr) und die Überwindung der Atomisierung des

Lernens gefordert (vgl. z. B. GEMEINNÜTZIGE GESELLSCHAFT GESAMTSCHULE 1971).

Wenn sich dies real vorhandene antikapitalistische Potential jedoch als strategisches Handeln realisieren will, dann müssen die Mechanismen der systemkonformen Regelung der Widersprüchlichkeit (im Ableitungsschema [4]) genauer analysiert werden. Sie sind gleichsam die Randbedingungen konkreter Aktionen, die einzukalkulieren sind, um die Strategie vor Kurzatmigkeit zu bewahren.

Die systemkonforme Regelung zeigt sich in der Tendenz der staatlichen Bildungspolitik, die Strukturwidersprüche so zu lösen, daß die Unterrichtsrationalisierung, die individualistische Leistungsauslese und die Atomisierung des Lernens forciert werden. Aber diese ‹Regelung› kann die Widersprüche nicht zum Verschwinden bringen oder gar lösen, eben weil sie durch die nach wie vor unveränderten Produktionsverhältnisse bedingt sind. Die Folge dieser ‹Unauflöslichkeit› der Strukturwidersprüche sind Dysfunktionalitäten, die sich in *Konflikten* im Lern- und Lehrprozeß äußern, wie Instabilität der Interaktion zwischen den Schülern und zwischen Schülern und Lehrern, Zunahme der Cliquenbildung, Frustration und Aggression bei Lehrern und Schülern, Resignation, Schulflucht usw. Angesichts dieses immensen Konfliktpotentials ist zu fragen, wie es überhaupt möglich ist, daß der Unterrichtsablauf dennoch gewährleistet wird. Der Schlüssel zur Antwort liegt in der Analyse der sozialen Organisation der Schule, zu deren Funktion es schon immer gehörte, das Konfliktmanagement zu gewährleisten.

Soziale Organisation meint zunächst die wirksame bzw. für die Beteiligten verbindliche, das heißt handlungsanleitende und interaktionssteuernde Struktur des Sozialisationsprozesses. Diese Definition ist abstrakt und formal. Sie wird konkreter angesichts der Vielzahl von Gesetzen, Verordnungen und Verfügungen, die die soziale Organisation in einem Maße reglementieren, das keinen Zweifel daran läßt, daß sie die Machtverhältnisse der gegenwärtigen Gesellschaft widerspiegelt. Und sie wird inhaltlicher, wenn beachtet wird, daß die Interaktion zwischen Lehrern und Schülern (und indirekt auch die zwischen Lehrern bzw. zwischen Schülern untereinander) weitgehend über einen dritten Faktor zustande kommt: über die durch Curricula gesteuerten Lern- und Lehrprozesse, wobei ein ‹weiter› Curriculumbegriff zugrunde gelegt wird, der Lernziele, -inhalte und -verfahren umfaßt.

In der traditionellen Erziehungswissenschaft wird diese Dreierkonstellation als ‹didaktisches Dreieck› bezeichnet – mit den Ecken ‹Lehrer›, ‹Schüler› und ‹Gegenstände›. In den Begriffen der Sozialisations- und Organisationstheorie kann das Interaktionsgefüge innerhalb des ‹didaktischen Dreiecks› als *edukative soziale Organisation* aufgefaßt werden, also als strukturierter Interaktionszusammenhang, der über die ‹Gegenstände› unmittelbar auf den edukativen Zweck der Schule – auf Erziehung und Unterricht – bezogen ist. Der ‹Idealfall› einer repressionsfreien Schule könnte vorschnell dadurch definiert werden, daß die Verhaltenserwartungen von Schülern und Lehrern untereinander und gegeneinander übereinstimmen und sich zudem in Deckung mit dem Angebot an ‹Gegenständen› befinden. Diskrepanzen würden, sofern sie überhaupt auftreten, innerhalb dieser Dreierkonstellation geregelt, etwa durch dialogische Abstimmung der Erwartungsdiskrepanzen, durch Änderung der ‹Gegenstände› oder auch durch Gruppenwechsel. In diesem idealtypischen Sozialisationsprozeß geschehen Lehren und Lernen als Akte kollektiver Selbstbestimmung, nicht als fremdgesteuertes Rollenhandeln. Curriculumimplementation und Sozialisationsprozeß sind in diesem Falle kongruent: Curriculumimplementation ereignet sich im wesentlichen innerhalb des Sozialisationsfeldes zwischen Lehrern, Schülern und ‹Gegenständen›, wobei der curriculare Rahmen von den im System Interagierenden selbst gesetzt wird. Ebenso fallen Unterricht und Erziehung zuammen. Es existiert in der Schule gleichsam keinerlei Interaktion außerhalb des didaktischen Dreiecks. Dieser Idealfall wäre allerdings nur dann ideal und nicht eine Neuauflage der ‹pädagogischen Provinz›, wenn auch der gesamtgesellschaftliche Interaktionsprozeß herrschaftsfrei verliefe und die Trennung zwischen Lernen und Arbeit aufgehoben wäre.

Die heutige Gesamtschule ist – wie gezeigt wurde – von diesem ‹Idealzustand› weit entfernt. Um den Lern- und Lehrprozeß angesichts des dargestellten Konfliktpotentials dennoch aufrechtzuerhalten, wird die edukative soziale Organisation durch eine *administrative soziale Organisation* von außen her stabilisiert. Ein vermutlich nicht einmal systematisch geplantes, aber dennoch System erkennen lassendes Bündel von Gesetzen und Richtlinien, von Schulverfassungen und Schulordnungen, von Abschlußberechtigungen und Abschlußanforderungen, von Zeugnissen und Zensuren, von Strafen und Auszeichnungen, von Stundentafeln und Stundenplänen sichert administrativ den Ablauf des Lern- und Lehrbetriebes.

Die Funktion der sozialen Organisation der Gesamtschule muß im folgenden etwas differenzierter dargestellt werden. Die Darstellung kann auf Grund der gegenwärtigen Forschungslage nur thesenhaft erfolgen. Aber sie hätte ihren Zweck schon erfüllt, wenn sie einerseits die Mechanismen des systeminternen Konfliktmanagements etwas deutlicher werden und andererseits die harten ‹Realitäten› im systematischen Zusammenhang erkennen ließe, mit denen strategisches Handeln zu rechnen hat.

Thesenkatalog 1:

Je brüchiger die edukative soziale Organisation wird, desto stärker tritt die reglementierende Funktion der administrativen sozialen Organisation in Erscheinung.

a) Die edukative soziale Organisation wird um so brüchiger,

- je stärker sich eine betriebswirtschaftlich rationalisierte Unterrichtsdifferenzierung über das Bedürfnis der Schüler nach transparenten und relativ strukturierten Bezugsgruppen hinwegsetzt;
- je stärker die ‹Schulkultur› von den Normen der familiären Sozialisation abweicht;
- je weniger die ‹Gegenstände› auf die schichtenspezifischen sozialen Erfahrungen und Lebenssituationen der Schüler rekurrieren;
- je weniger die ‹Gegenstände› sich als nützlich für die Vorbereitung auf spätere Handlungssituationen legitimieren können;
- je weniger die ‹Gegenstände› den Erziehungs- und Unterrichtsintentionen der Lehrer entsprechen;
- je stärker sich die Grundintentionen und Verhaltenserwartungen der Lehrer untereinander unterscheiden;
- je stärker sich die Intentionen und Verhaltenserwartungen von Lehrern und Schülern unterscheiden.

b) Je brüchiger die edukative soziale Organisation ist, desto anomischer bzw. frustrierender wird die Situation der am Lern- und Lehrprozeß Beteiligten.

c) Je frustrierender die Situation wird, desto größer wird die Disposition zur Aggressivität, möglicherweise auch zur Regression und Resignation.

d) Je mehr die Aggressivität wächst, desto stärker wird die administrative soziale Organisation zur Reglementierung herausgefordert.

Für die Realisierung strategischen Handelns in der Gesamtschule folgt aus der Umkehrung dieses Thesenkatalogs:

Thesenkatalog 2:

Je stärker die administrative soziale Organisation ihre reglementierende Funktion verliert, desto günstiger werden die Voraussetzungen für strategisches Handeln.

Denn:

a) Je weniger die Lernmotivation durch die administrative soziale Organisation aufgezwungen wird, desto stärker müssen die ‹Lerngegenstände› ihre Sachmotivation erweisen.

b) Je weniger die Lernmotivation durch die administrative soziale Organisation aufgezwungen wird, desto stärker können die Diskrepanzen von Familienerziehung und ‹Schulkultur› pädagogisch ‹aufgearbeitet› werden.

c) Je stärker die am Lern- und Lehrprozeß Beteiligten gezwungen sind, die Auswahl der ‹Gegenstände› zu legitimieren, desto größer ist die Chance, daß sie mit ihren wirklichen Intentionen und Verhaltenserwartungen in Übereinstimmung gebracht werden können.

d) Je stärker die ‹Gegenstände› sowie die Intentionen und Verhaltenserwartungen der am Lern- und Lehrprozeß Beteiligten edukativ aufeinander abgestimmt werden können, desto mehr wird Fremdreglementierung durch Selbstreglementierung abgelöst.

Andererseits ist zu beachten:

Thesenkatalog 3:
Je stärker der Unterricht rationalisiert wird, um so mehr tritt die Erziehungsfunktion der Schule in den Hintergrund und desto geringer wird die Funktionsfähigkeit einer sich selbst regulierenden edukativen sozialen Organisation.

Denn:
a) Je stärker der Unterricht rationalisiert wird, um so geringer wird der Stellenwert der Erziehung, das heißt um so instrumentaler und um so unstrukturierter – und das heißt auch bewußtloser – vollzieht sich die Erziehung.
b) Je unstrukturierter sich Erziehung vollzieht, desto mehr stellt sie sich durch das ‹heimliche Curriculum› dar und desto größer wird die Neigung zu schichtenspezifischen und hierarchistischen Cliquenbildungen (Flucht in ein vertrautes Bezugssystem) und um so größer wird die Neigung zur Aggressivität, Vandalismus und Absentismus.
c) Je größer die Neigung zu Aggressivität, Vandalismus und Absentismus wird, desto stärker setzt die reglementierende Funktion der administrativen Organisation ein.

Wiederum aus der Umkehrung folgt daraus:

Thesenkatalog 4:
Je stärker Unterricht und Erziehung integriert werden, desto mehr Voraussetzungen entstehen für strategisches Handeln.

Denn:
a) Je stärker Unterricht und Erziehung integriert werden,
- desto wahrscheinlicher ist, daß Erziehungsschwierigkeiten nicht am Rande des schulischen Lernprozesses kuriert, sondern selbst Gegenstand des Lern- und Lehrprozesses werden (kollektives Aufarbeiten von Problemen, z. B. der individualistischen Leistungsauslese);
- desto wahrscheinlicher ist, daß Unterricht und Erziehung an relevante soziale Erfahrungen und an aktuelle Lebenssituationen anknüpfen;

- desto wahrscheinlicher ist die gleichwertige Berücksichtigung unterschiedlicher sozialer Erfahrungen;
- desto wahrscheinlicher ist, daß die intendierten Lernprozesse und die zugeordneten ‹Gegenstände› nicht atomisiert, sondern im umfassenden Sinnzusammenhang behandelt werden.

b) Je stärker Unterricht und Erziehung integriert werden, desto größer wird die Notwendigkeit zur situationsbezogenen Teamarbeit von Unterrichts- und Erziehungsexperten und -betroffenen in der Planung, Durchführung und Auswertung von Lern- und Lehrprozessen.

Das bedeutet schließlich für die curriculare Planung von Lern- und Lehrprozessen:

Thesenkatalog 5:

Je stärker Unterricht und Erziehung integriert werden, desto notwendiger wird das Arrangement von sozialisationsorientierten Curricula, die die Lernmotivation weniger als Ergebnis der administrativen sozialen Organisation oder der Unterrichtstechnologie auffassen, sondern vielmehr von den sozialen Erfahrungen, Intentionen und Verhaltenserwartungen der Beteiligten ableiten.

Je stärker Unterricht und Erziehung durch übergreifende Arrangements von sozialisationsorientierten Curricula strukturiert werden,

- desto bedürfnisorientierter muß die Unterrichtsplanung werden;
- desto stärker muß die Erziehungsfunktion bewußt und systematisch wahrgenommen werden;
- desto weniger können Interessen, Bedürfnisse und soziale Erfahrungen von Schülern vorausgesetzt werden und um so mehr müssen sie erst durch systematische Lernprozesse entfaltet werden;
- desto weniger ist die Erreichung von Lernzielen durch bloße Abweichungskontrolle und äußere Sanktionen gesichert;
- desto weniger werden Endergebnisse des Lernverhaltens allein bewertet und um so mehr wird adäquates ‹Prozeßverhalten› (wie die Auswahl situationsbezogener Ziele, kollektive Überwindung von Schwierigkeiten, richtige Abschätzung der Erfolgswahrscheinlichkeit u. ä.) gefordert;
- desto mehr nähert sich schulische Sozialisation selbstproduzierten Lernerfahrungen.

2.4 Strategisches Handeln im Ausbildungssektor

Dieser Thesenkatalog weist auf die Möglichkeit eines fatalen Kreisprozesses hin. Es darf nämlich nicht übersehen werden, daß auch ‹falsche› Bedürfnisse (vgl. Kapitel 3) und verfestigte Interessen von Lehrern wie

Schülern in die sozialisationsorientierten Curricula einfließen und diese steuern könnten. Dann wird ein Zirkel systemerhaltender schulischer Sozialisation sichtbar, der wegen der verbesserten Rückkoppelung noch perfekter verliefe als bisher. Dieser Gefahr ist auch das sogenannte ‹offene› Curriculum ausgesetzt (vgl. BRÜGELMANN 1972). Sozialisation durch die Gesamtschule hieße dann für Arbeiterkinder kompensatorische Sozialisation, die nun die nach wie vor herrschenden Normen und Motive ‹bürgerlicher Schulkultur› verinnerlichen würden – was bisher bei der Masse der über ‹äußere› Kontrollen disziplinierten Arbeiterkinder nicht der Fall ist.

Würden umgekehrt progressive Schulreformer ebenso progressive ‹Gegenstände› und Situationen in die Curricula voraussetzungslos hineinzwingen oder ‹subversiv› einbringen wollen, so erhielte der Ausgangsthesenkatalog 1 erneutes Gewicht, weil die soziale Organisation auf Grund der verschärften Normen- und Bedürfnisdiskrepanz vermutlich so brüchig würde, daß die administrative soziale Organisation (etwa auf Grund des Öffentlichkeitsdrucks) in bürokratischer Weise die Lern- und Lehrprozesse so stark reglementierte, bis von antikapitalistischen Perspektiven keine Rede mehr sein könnte. Das scheint das Dilemma zu sein, in dem sich engagierte, aber strategielose Schulreformer befinden.

Dieses Dilemma bezeichnet zugleich die Zwickmühle, in der sich gesamtschulfreundliche Politiker und Administratoren befinden. Denn je mehr Freiheit sie der edukativen sozialen Organisation – gemäß ihren eigenen Versprechungen – einräumen, desto größer ist die Gefahr, daß konservative und reaktionäre Gruppen Vorwände finden, die Öffentlichkeit gegen die Gesamtschule zu mobilisieren, was wiederum die Chancen auf Wiederwahl der Politiker mindert, mit der Aussicht, daß die neue politische Mehrheit jegliche antikapitalistische Perspektive nicht nur unterdrückt, sondern darüber hinaus bereits Erreichtes wieder rückgängig macht. Umgekehrt macht jeder ‹harte› administrative Zugriff wiederum deutlich, daß Reformversprechen, denen sich ja gerade fortschrittliche Politiker verpflichten, letztlich doch nicht eingelöst werden können, was nicht nur – wie in Kapitel 1 gezeigt – die Massenloyalität gefährdet, sondern ebenfalls die Chancen auf Wiederwahl verringert. Ein Beispiel für diese Zwickmühlensituation ist etwa die Einführung des Fachs Polytechnik in den hessischen Gesamtschulen: Hier wurde einerseits ein progressiver Anspruch gewissermaßen offiziell, andererseits aber konnte nichts geschehen, ihn auch wirklich einzulösen, unter anderem weil kaum Mittel für Lehrervorbereitung und Unterrichtsmaterial bewilligt wurden, vor allem aber, weil private Unternehmen nicht bereit sein können, ihre Betriebe für antikapitalistische Lernarbeit zu öffnen.

Strategisches Handeln im Ausbildungsbereich kann diese Zwickmühlensituation nur dann überwinden, wenn es die Interessenlage der Mehrheit der Betroffenen trifft. Das wird deutlich, wenn abschließend noch einmal daran erinnert wird, daß Solidarität zwischen früheren Gymnasiasten und früheren Hauptschülern schon allein deshalb nur sehr schwer herzustellen ist, weil sich ihre familiären Sozialisationserfahrungen wesentlich unterscheiden. Beamte und Angestellte sind zwar genau wie Arbeiter lohnabhängig, das heißt, sie müssen ihre Ware Arbeitskraft verkaufen. Aber Beamte und Angestellte stehen gleichzeitig in einem gewissen Gegensatz zur Arbeiterschaft (vgl. KELBER 1973). Zum einen produzieren sie selbst nicht unmittelbar Mehrwert, sondern beziehen genau wie Kapitalisten ihre Einkünfte aus dem Mehrprodukt. Zum anderen übt ein Teil der Beamten und Angestellten, zumindest die leitenden, selbst Kapitalfunktionen aus. Ein Teil der Beamten und Angestellten ist mithin sozialstrukturell nicht eindeutig einzuordnen. Zudem verfügen sie fast alle über das eine oder andere Privileg, das sie systemloyal macht, wie etwa die Befreiung von Handarbeit oder Gratifikationen, zum Beispiel Titel, Vorzimmer, Diensttelefone bis hin zu Dienstwagen. Deshalb muß davon ausgegangen werden, daß sie – und vermutlich auch ihre Kinder – so lange nicht an systemverändernden Reformen interessiert sind, wie dadurch entweder ihre relativen Privilegien verlorenzugehen drohen oder aber sie nicht sonstige, mindestens ebenso große, Vorteile gewinnen.

Andererseits ist auch bei Beamten und Angestellten auf gesamtgesellschaftlicher Ebene ein Interesse zu erwarten, die in der Einführung und in Kapitel 1 aufgewiesenen, durch kapitalistische Verwertungsprozesse bedingten Strukturdefekte zu beheben, etwa im Bereich der unzulänglichen kollektiven Dienstleistungen, regional unterversorgten Gebiete, verschmutzten Umwelt, verödeten Innenstädte usw. Auf der Ebene der Schulreform sind Beamten- und Angestelltenkinder genauso wie Arbeiterkinder von forcierter Unterrichtsrationalisierung, individualistischer Leistungsauslese und Atomisierung des Lernens betroffen. Strategisches Handeln müßte dieses Interesse zur breiten Artikulation verhelfen – auch wenn das bezüglich des Abbaus individualistischer Leistungskonkurrenz besonders schwierig sein dürfte, da es den kurzfristigen Interessen von bestimmten Angestellten- und Beamtengruppen zu widersprechen scheint. Langfristig dürften sich allerdings auch diese Gruppen für den Abbau individualistischer Konkurrenz interessieren, dann nämlich, wenn deutlich wird, daß dies die Voraussetzung für die Herstellung wirklich gleicher Lebenschancen ist, die durch unentfremdete Arbeit, Funktionsfähigkeit der Städte, Versorgung der ländlichen Regionen mit allen sozialen Diensten usw. definiert werden müssen. Hieran wird auch deutlich, wie borniert der häufig geäußerte Vorwurf ist, politisch engagierte Pädagogen trügen den Klassenkampf ins Klassenzimmer. Es geht ja nicht darum, Arbeiterkinder einerseits und Angestellten- und Beamtenkinder andererseits gegeneinander auszuspielen. Vielmehr ist es eher umgekehrt die Absicht, Klassensolidarität zu erreichen, das heißt die Solidarität zwischen allen lohnabhängigen Arbeitern, Angestellten und Beamten. Dieses wird durch das herkömmliche dreigliedrige Schulsystem verhindert, weil es die Schüler auseinanderdividiert. Hier liegt vermutlich eine wesentliche Begründung für die Notwendigkeit einer Gesamtschul-Reform.

Resümierend folgt aus diesen Überlegungen, daß eine antikapitalistische Perspektive im Ausbildungsbereich nur durch Lernarbeit an den Strukturkonflikten zu entwickeln ist, indem daran die Interessen aller Lohnabhängigen, das heißt auch fast aller Angestellten und Beamten, artikuliert werden. Denn gemeinsame Lernziele und Solidarität entstehen nicht unmittelbar aus der jeweiligen sozialen Lage, die ja unterschiedlich ist; gemeinsame Lernziele und Solidarität können nur aus politischem Engagement zur Überwindung der genannten Strukturkonflikte gewonnen werden.

Das aber bedeutet, daß antikapitalistisches Lernen notwendig konfliktorientiertes Lernen ist. Damit gerät die soziale Organisation der Schule wieder in den Blick. Die heutige administrative Organisation der Schule verhindert in der Regel durch frühzeitige Reglementierung das strategische Austragen von Konflikten. Deshalb muß strategisches Handeln vor allem darauf hinwirken, daß sich die Funktion der sozialen Organisation der Schule ändert. Eine Funktionsänderung der administrativen sozialen Organisation in ein Hilfsinstrument des edukativen Zwecks der Schule mit der Absicht, zu einer antikapitalistischen Auflösung der bezeichneten Strukturwidersprüche beizutragen, ist vermutlich nicht kurzfristig – und langfristig nur schrittweise – zu erreichen. Dennoch ist sie die unabdingbare Voraussetzung dafür, daß eine sozialisationsorientierte Curriculumentwicklung den zuvor thesenhaft beschriebenen Kreisprozeß nicht immer wieder am Anfang, sondern eine Stufe höher enden läßt, so daß ein gleichsam spiraliges Fortschreiten in Aussicht steht – wobei das Bild allerdings nur dann stimmig ist, wenn bedacht wird, daß die Spirale etliche Sprünge aufweisen muß.

3

Hans-G. Rolff – Klaus-Jürgen Tillmann

Strategisches Lernen durch gesellschaftsverändernde Praxis

In Anknüpfung an die voranstehenden Kapitel kann zunächst grob formuliert werden, daß eine antikapitalistische Gesamtschul-Reform an die Funktionswidersprüche der Schule im Kapitalismus und an deren innerschulischen Widerspiegelungen anknüpfend die Qualifikationen strategischen Handelns vermitteln muß. Mit anderen Worten: Die Gesamtschul-Reform leistet nur dann einen Beitrag zu antikapitalistischen Strukturreformen, wenn sie die Heranwachsenden zu strategischem Handeln befähigt.

Bevor versucht wird, dieses Konzept weiter auszuarbeiten, muß vor zwei Mißverständnissen gewarnt werden. Einmal darf nicht angenommen werden, daß die Vermittlung von Qualifikationen strategischen Handelns durch die Schule darauf hinauslaufen kann, die bezeichneten Strukturwidersprüche selbst aufzulösen. Diese Strukturwidersprüche sind gesamtgesellschaftlich bedingt und mithin nur durch die Änderung gesamtgesellschaftlicher Strukturen und nicht bloß durch veränderte Lernprozesse aufhebbar. Die Vermittlung von Qualifikationen strategischen Handelns soll vielmehr an diese Strukturwidersprüche anknüpfen, um dadurch Erkenntnisse über reale gesellschaftliche Prozesse und eine Handlungsperspektive entstehen lassen.

Ein zweites Mißverständnis wäre es, wenn man meinte, das Konzept, an Strukturwidersprüche anzuknüpfen, wolle die Schüler in Dauerkonflikte verwickeln, die sie lediglich affektiv aufladen und in eine psychisch unerträgliche Situation versetzen. Demgegenüber ist zu betonen, daß es nicht um eine Konfliktpädagogik an sich gehen kann, die alle möglichen Konflikte bei jeder sich bietenden Gelegenheit manifest werden läßt; vielmehr handelt es sich hier nur um solche Konflikte, die einsichtig auf die Strukturwidersprüche rückführbar sind, wobei peinlich genau eine Dosierung gewählt werden muß, die für Schüler, Lehrer und Eltern psychisch aushaltbar ist.

Nach diesen Vorklärungen muß schließlich noch illusionslos erkannt werden, daß der Handlungsspielraum einer Schulreform im Kapitalismus offenbar nicht zuletzt von der Zielbestimmung selbst abhängt: Er scheint um so größer zu sein, je systemimmanenter die Reformmaßnahme angelegt ist, und er wird um so geringer, je entschiedener eine antikapitalistische Perspektive zutage tritt. Mehr Klarheit über den Handlungsspielraum der Gesamtschul-Reform kann also nur eine Präzisierung und Konkretisierung der Qualifikationen strategischen Handelns einerseits und der Voraussetzungen ihrer Vermittlung andererseits bringen.

Welches sind diese Qualifikationen und wie können sie gelehrt und gelernt werden? Die Antwort auf diese Schlüsselfrage kann nur schrittweise entwickelt werden, wobei der erste Schritt in der Auseinandersetzung mit dem in jüngster Zeit populär gewordenen Konzept des sogenannten sozialen Lernens erfolgen muß, weil es den Anspruch erhebt, eine emanzipatorische Zielsetzung zu verfolgen.

3.1 Soziales Lernen als Leitziel der Gesamtschule?

In der Tat ist der methodische Ausgangspunkt sozialen Lernens überzeugend. Denn traditioneller Unterricht in der heutigen Schule wird die Qualifikationen strategischen Handelns vermutlich schon allein deshalb nicht vermitteln können, weil er die Schüler tendenziell als Objekte zu behandeln droht, das heißt als isolierte Individuen, die atomisierte Pensen von nicht auf seine Zwecke befragten Wissensstoffen konsumieren müssen. Curriculare Anstrengungen – wie die Aufstellung von Feinlernzielkatalogen, Operationalisierungen und Lernerfolgskontrollen – lassen für viele Gesamtschulen befürchten, daß der Lernprozeß noch stärker als in den herkömmlichen Schulen reglementiert wird. Auch eine Schulreform, die traditionelle Lerninhalte durch fortschrittliche, ja selbst antikapitalistische bloß austauscht, ansonsten aber den Lernkontext unverändert läßt, bietet den Schülern kaum Hilfe für strategisches Handeln. Denn die Unterrichtsorganisation in einer solchen Schule würde einem fortschrittlichen Lehrer ansinnen, den Schülern zum Beispiel polit-ökonomische Zusammenhänge genauso einzubleuen wie etwa mathematische Kenntnisse. Solche Informationen allein – die genau wie die herkömmlichen Inhalte vom Schüler nur auf Grund unterrichtlicher Zwangsmechanismen gelernt werden – erzeugen jedoch keine politische Handlungsfähigkeit. Curriculare Sisyphusarbeit, weiter und weiter verfeinerte Lernzieltaxonomien und testomanische Kraftanstrengungen führen mithin nur in die Sackgasse einer perfektionierten Unterrichtsanstalt, aber keineswegs zu einer neuen Schule, in der «anders und anderes gelernt wird» (BILDUNGSRAT 1969, S. 108). Eine solche, gegenwärtig feststellbare Entwicklung der Gesamtschule zu einer perfektionierten Unterrichtsanstalt widerspricht zudem deutlich den ursprünglichen Zielvorstellungen; denn Ziele wie Verbesserung der Qualifikation aller, größere Chancengleichheit oder allseitige Entfaltung der Persönlichkeit verlangen notwendig veränderte Lernarrangements, die über die kognitive Vermittlung von Informationen hinausgehen. In Abgrenzung zur reinen Lernschule wird deshalb in der Diskussion mehr und mehr gefordert, die Realisierung sozialen Lernens als zentrale Aufgabe der Gesamtschule zu betrachten.

So spricht G. U. Becker davon, daß die Schule das Problem des sozialen Lernens wiederentdeckt habe (vgl. BECKER 1971, S. 96), bezweifelt aber gleichzeitig, ob

«eine Pflichtschule, die Kinder und Jugendliche zwangsweise mit ein paar Instruktionsspezialisten von der gesellschaftlichen Wirklichkeit abschirmt und isoliert, tatsächlich der geeignete Rahmen für solches Lernen ist» (BECKER 1971, S. 113).

Bönsch postuliert, daß es für eine Gesamtschule in einer

«demokratischen oder sich als demokratisch verstehenden Gesellschaft ... viel wichtiger (sei), soziales Lernen zu ermöglichen als die Leistungen in den traditionell bedeutsamen Fächern zu steigern!» (BÖNSCH 1972, S. 362).

Holtkamp, der über seine Erfahrungen an der Gesamtschule Kamen berichtet, möchte einen Lernkontext schaffen, der Angst, Mißtrauen, Hilflosigkeit und psychische Verunsicherung der Schüler weitgehend ausschaltet (vgl. HOLTKAMP 1971, S. 80). Soziales Lernen soll möglich werden, indem die Gesamtschule sich «immer mehr zu einem entschulten sozialen Übungs- und Kooperationsfeld zwischen Lehrenden und Lernenden» (HOLTKAMP 1971, S. 78) entwickelt.

All diesen Aussagen ist das Bestreben gemeinsam, in der Gesamtschule weniger eine Erhöhung der Lernleistungen in den tradierten Unterrichtsfächern anzustreben, sondern unter weitgehendem Verzicht auf Leistungsdruck mehr reflektierte soziale Erfahrungen zu ermöglichen. Um die politische Perspektive dieser Forderung zu klären, ist zunächst zu untersuchen, wie soziales Lernen in der Literatur definiert wird. Nach G. U. Becker wird der Begriff des sozialen Lernens

«zur Bezeichnung der nicht-kognitiven und nicht psychomotorischen Lernvorgänge gebraucht. Dahinter steht die Einsicht, daß auch ‹Einstellungen›, ‹Werthaltungen›, ‹Wahrnehmungsfähigkeiten und -bereitschaften› ‹gelernt›, d. h. in komplizierten Aneignungsprozessen erworben werden. Die Psychoanalyse hat uns belehrt, daß auch Gefühle und Bindungen, Angst und Zuversicht ebenso wie Liebe oder Haß als Ergebnis biographischer Erfahrungen ‹gelernt› werden. All diese Lernvorgänge ereignen sich vorwiegend in einem sozialen Kontext. Die abkürzende Formel ‹soziales Lernen› bezeichnet also sowohl den Gegenstand als auch die Weise des Lernens. Die Lernvorgänge im Bereich der Gefühle sind damit ebenso gemeint wie die im Bereich der Werte» (BECKER 1971, S. 96 f).

Vor dem Hintergrund dieser Begriffsbestimmung erweist sich allerdings die Forderung Bönschs, soziales Lernen müsse im Unterricht möglich werden (vgl. BÖNSCH 1972, S. 365), als sinnentleert; denn soziales Lernen – also das Lernen von Werthaltungen, Gefühlen, Einstellungen usw. – findet *in jeder sozialen Interaktion* statt, also auch im Unterricht der traditionellen Schule. Es wäre ein naives Mißverständnis, zu meinen, im schulischen Unterricht fänden nur das intendierte, auf Kenntniserwerb ausgerichtete Lernen statt. Vielmehr ist die «alleinige Konzentration auf den Erwerb von Wissen und Fertigkeiten ... eine verkürzte Sicht der in der Schule ablaufenden Lernprozesse. Dadurch geraten die vielen *latenten Lernprozesse*, d. h. die Lernprozesse, die weder geplant noch den Beteiligten als Lernprozesse bewußt sind, aus dem Blickfeld» (FEND 1972 a, S. 20 f).

Bereits an dieser Stelle erweist sich der Begriff des sozialen Lernens als ambivalent: Er wird in der Diskussion einerseits im Sinne einer Forderung verwandt, Zwänge der bestehenden Schule abzubauen. Aber er umfaßt von der Definition her andererseits durchaus die in der traditionellen Lernschule ablaufenden latenten Lernprozesse, die – wie noch zu zeigen ist – affirmativen Charakter haben. Soziales Lernen als Forderung kann daher wohl nur verstanden werden als Anspruch, die in der gegenwärtigen Lernschule latent ablaufenden sozialen Lernprozesse nicht nur bewußt zu machen, sondern vor allem zu verändern: Nicht soziales Lernen an sich, sondern allenfalls eine andere Qualität der sozialen Lernprozesse muß gefordert werden. Um abzuklären, in welcher Weise sich die sozialen Lernprozesse verändern sollen, ist es zunächst notwendig, die latenten Lernprozesse im gegenwärtigen Unterricht näher zu beschreiben.

3.1.1 Latentes soziales Lernen

Ein ebenso alltägliches wie aufschlußreiches Beispiel latenten oder ‹heimlichen› sozialen Lernens im traditionellen Unterricht beschreibt Henry:

«Boris hatte Schwierigkeiten, $^{12}/_{16}$ so weit wie möglich zu kürzen und kam nur bis $^{6}/_{8}$. Die Lehrerin fragte ihn ruhig, ob das der kleinste Nenner sei. Sie schlug ihm vor, darüber ‹nachzudenken›. Viel Fingergeknipse und viele hochgereckte Arme bei den anderen Schülern. Alle begierig, ihn zu korrigieren. Boris ziemlich unglücklich. Vermutlich intellektuell gesperrt. Die Lehrerin, ruhig, geduldig, übersieht die anderen und richtet Blick und Stimme ganz auf Boris. Sie fragt: ‹Gibt es eine Zahl, die größer als zwei ist, mit der Du beide Seiten des Bruchs teilen kannst?› Nach ein oder zwei Minuten beginnt sie zu drängen, aber von Boris kommt nichts. Darauf wendet sie sich der Klasse zu und fragt: ‹Na gut, wer kann Boris sagen, welche Zahl es ist?› Fast alle melden sich. Die Lehrerin ruft Gretchen auf. Gretchen erklärt, daß vier die Zahl sei, durch die sich Zähler und Nenner teilen lassen» (HENRY 1973, S. 26).

Henry kommentiert diese Szene wie folgt:

«Das Versagen von Boris hat Gretchen also den Erfolg ermöglicht; seine Niedergeschlagenheit ist der Preis für ihre blendende Laune; sein Elend der Anlaß zu ihrer Freude ... Für Boris war der Alptraum an der Tafel vermutlich eine Schule der Selbstbeherrschung. Auch wenn man öffentlich bloßgestellt wird, darf man nicht schreiend aus dem Raum laufen. Solche Erfahrungen verankern in jedem Gesellschaftsmitglied unauslöschlich eine traumatische Angst vor dem

Scheitern. So daß die Menschen wieder und wieder, nachtein und nachtaus, selbst auf den Höhepunkten ihres Lebens, nicht von Erfolgen, sondern vom Scheitern träumen werden. Der erlebte Alptraum ist lebenslang verinnerlicht. Nicht zuletzt dieser Traum setzt die psychischen Energien frei, die die Leidenschaft für den technologischen Fortschritt benötigt. Boris hat also nicht so sehr Rechnen gelernt. Er hat sich einen gesellschaftlich notwendigen Alptraum angeeignet» (HENRY 1973, S. 26).

Aus diesem und nahezu beliebigen anderen Beispielen lassen sich einige Effekte latenten sozialen Lernens herauslesen, wie:

- Schüler lernen im Unterricht Strategien der Interaktion und des Verhaltens, zum Beispiel Verhalten der Unterordnung oder des partiellen Widerstands.
- Schüler bauen im Unterricht emotionale Beziehungen auf, sie entwickeln Sympathien und Antipathien, Stolz und Angst.
- Schüler lernen im Unterricht ein System von sozialen und politischen Normen und Werten, die nicht explizit Unterrichtsinhalte sind, zum Beispiel Leistungs- und Konkurrenzbewußtsein.
- Unterricht ist verbunden mit einem Prozeß der Selbsteinschätzung und der Antizipierung von Fremdeinschätzung. Somit bauen Schüler durch Unterricht ein Selbstbild auf.

Die skizzierten latenten Lernprozesse werden durch die Bedingungen schulischen Unterrichts in unserer Gesellschaft provoziert. Schulunterricht ist eine Zwangsveranstaltung, dahinter steht «zumindest in letzter Instanz – ein Arbeitszwang auf der Seite des Lehrers und ein Zwang zum Schulbesuch auf der Seite des Schülers» (FÜRSTENAU 1969, S. 11). Dabei fällt dem Lehrer zunächst die Aufgabe zu, den Schüler zu einem sozialen Verhalten zu führen, das Unterrichtsveranstaltungen überhaupt erst möglich macht. Zu diesem Zweck ist die Rolle des Lehrers mit Machtmitteln ausgestattet; notfalls kann er durch Anwendung von Zwang erwünschtes Verhalten herstellen. Somit lernt der Schüler vom ersten Schultag an neben Informationen und Fertigkeiten auch in einem Bereich, den Parsons den «moralischen» nennt und mit Begriffen wie Betragen, Respekt und Rücksichtnahme charakterisiert (vgl. PARSONS 1964, S. 171). Während Parsons beide Bereiche gleichberechtigt nebeneinander stellt, nimmt Fürstenau eine andere Zuordnung vor: Die Schule muß zunächst zu organisationskonformem Verhalten erziehen, damit die im Unterricht intendierten Lernprozesse überhaupt stattfinden können. Soziales Lernen wird also als Funktion von Stoffaneignung betrachtet; es wird von Lehrern nur soweit bewußt angeleitet, als es eine Anpassung des Schülers an die Unterrichtssituation bedeutet. Eine solche Anpassung geschieht unter anderem durch selektiv ausgeteilte Belohnungen und Bestrafungen, durch die sichergsetellt werden, daß das System von Kenntnissen und Fertigkeiten von den Schülern überhaupt angenommen wird (vgl. FÜRSTENAU 1969, S. 13, 17). Die konkrete unterrichtliche Situation kann demnach nur im Gesamtrahmen einer Schule gesehen werden, die durch Zwangsmechanismen Unterricht sichert, wobei der Zwangscharakter schulischen Lernens nicht als brutales Gewaltverhältnis mißverstanden werden darf, obwohl er auch in dieser Ausprägung vorkommt. Als Grundvoraussetzung latenter sozialer Lernprozesse im Unterricht ist somit anzusehen, daß der Schüler in ein Abhängigkeitsverhältnis gesetzt wird. Dieses gründet sowohl auf einer Monopolisierung der Bedürfnisbefriedigung als auch auf der Möglichkeit, Anpassung an institutionelle Erwartungen mit Zwang durchzusetzen. Gegenüber einer solchen institutionellen Anforderungsstruktur entwickeln Schüler tendenziell Konformitätsorientierungen, die nach Fend in drei charakteristischen Ausprägungen vorkommen:

- *Gehorsamkeitshaltung*
  Lernen und Anpassung geschieht aus Angst vor negativen Konsequenzen.
- *Kalkulatorische Haltung*
  Die eigenen Anstrengungen werden so angelegt, daß bei einem minimalen Aufwand ein Maximum an Belohnung durch das System erzielt wird.
- *Affirmative Konformitätsorientierung*
  Die schulischen Anforderungen werden generell als gut und richtig akzeptiert (vgl. FEND 1972 a, S. 14).

Zwar handelt es sich hier nur um eine grobe Skizzierung der latenten sozialen Lernprozesse im Unterricht, die zum Beispiel schichtenspezifische Modifizierungen unberücksichtigt läßt; dennoch wird vor diesem Hintergrund deutlich, was mit der Forderung nach sozialem Lernen in der Gesamtschule zunächst gemeint ist: Ein *intentionaler* Einbezug des in der herkömmlichen Schule latent als Anpassung und Unterdrückung ablaufenden sozialen Lernens in die pädagogische Reflexion.

3.1.2 Konzepte intentionalen sozialen Lernens

Die Forderung nach intentionalem sozialem Lernen in der Gesamtschule und die daraus folgende Forderung nach qualitativer Veränderung der sozialen Lernprozesse wird in letzter Zeit zwar häufiger erhoben, Konzepte zur Umsetzung dieser Forderung finden sich jedoch kaum. Am ehesten scheinen die Überlegungen v. Hentigs und G. U. Beckers zur Konkretisierung geeignet.

Im Kontext seiner Kritik an der *‹Verschulung der Schule›* beschreibt v. Hentig gegenwärtiges schulisches Lernen als ein von der Wirklichkeit abgesondertes Feld, das

«mit künstlichen Erfahrungsgegenständen ausgestattet (wird). Viele dieser Gegenstände werden als Vorstellungen vorgestellt. Aus vorgestellten Problemen und Lösungen werden Lehren – aus Präparaten Präzepte. Der Erfahrungsraum verwandelt sich in Schule – eine Schule, die nicht aus Versehen, sondern ...

womöglich aus Grundsatz und Vorsatz die Wirklichkeit verfehlt, auf die sie vorbereitet» (v. HENTIG 1972, S. 21).

In einer solchen Schule werden die Lernbedürfnisse des Kindes unterdrückt, weil Lernen nur als Belehrung vorkommt. Deshalb versteht v. Hentig konsequent ‹Erfahrung› als Gegenteil von Belehrung. Die Frage nach der Perspektive sozialen Lernens in der Schule muß sich mithin auf die Möglichkeiten beziehen, aus der Schule einen Erfahrungsraum zu machen. Als Antwort liefert v. Hentig keine umfassenden Konzepte, aber er weist immerhin die Richtung, indem er sich

- gegen eine Verabsolutierung bestimmter Curriculumverfahren einerseits und andererseits
- gegen die Weigerung der Schule, die wirklichen Probleme und Erlebnisse der Schüler zum Gegenstand schulischen Lernens zu machen,

wendet. Er betont, daß bisher die in der Schule vermittelte Theorie unnötig von den wirklichen Erfahrungen der Schüler abgeschottet wird; «umgekehrt bleiben die Erlebnisse, die in der Schule anfallen, auf eine erschreckende Weise ungenutzt und unreflektiert» (v. HENTIG 1972, S. 27).

Als eine Möglichkeit, zwischen ‹unwirklicher› Theorie und wirklichen Erlebnissen zu vermitteln und so reflektierte Erfahrungen zu ermöglichen, betrachtet v. Hentig Lernprozesse, die bei Hier-und-Jetzt-Problemen (*here-and-now-problems*) der Schüler ansetzen. Beispiele für solche Hier-und-Jetzt-Probleme sind

«klein zu sein, ohnmächtig, verliebt, pickelig, dick sein; oder kein Erwachsener, der rauchen, Auto fahren, aufbleiben, ‹richtige Sachen tun› darf; oder ein Gastarbeiterkind, kein Junge, kein guter Sportler . . .» (v. HENTIG 1972, S. 36).

Um die curriculare Füllung dieses Ansatzes haben sich insbesondere Lippitt u. a. bemüht:

«Es geht bei Lippitt um die schon so oft zitierten Hier-und-Jetzt-Probleme der Kinder; sie werden in einer Phase des Unterrichts, die value discussion heißt, erhoben und ernst genommen; den Kindern werden die Mittel zu ihrer Lösung im genauen Sinn des Wortes ‹erfahrbar› gemacht: die Kinder betreiben inquiry und problem solving und lernen es dadurch; dies wird verbunden mit und bestätigt in den klassischen Methoden der Sozialwissenschaften, deren große Entdeckungen und Experimente in elementarisierter Form von den Kindern nachvollzogen werden; der Unterricht führt sowohl zu eigenen Untersuchungen wie zu eigenen Verallgemeinerungen wie zu eigenen Handlungen; das ganze geht induktiv nach einem deduktiv (also vorgedachten), aber wandelbaren Plan vor sich» (v. HENTIG 1972, S. 44).

Welche Verhaltenseigenschaften und Qualifikationen der Schüler durch die beschriebenen arrangierten Erfahrungen erwerben soll, ist zentraler Punkt der Überlegungen von G. U. Becker. Auf dem Hintergrund seiner Wertentscheidung, es möge in der Welt weniger Angst, Feindseligkeit, Einsamkeit, Unglück geben, dafür aber mehr Freundlichkeit, Zuversicht, Freundschaft und Glück (vgl. BECKER 1971, S. 109), kommt er zu einem Lernzielkatalog, den er selbst lediglich als Diskussionsbeitrag verstanden wissen will:

«– Identität entwickeln und bewahren lernen ...
– kritische Distanz zu sich selbst gewinnen ...
– Perspektiven entwickeln lernen ...
– Werthierarchien aufbauen und sie kritisch hinterfragen lernen ...
– Freude am eigenen Körper zu empfinden ...
– Selbstgenuß lernen ...
– ‹Stilgefühl› entwickeln ...
– Achtung vor der Autonomie des anderen lernen ...
– Achtung vor dem Eigentum eines anderen ...
– den Sinn und die Bedeutung der Grundrechte erfahren haben und schätzen lernen ...
– mit Macht umgehen lernen ...
– ein entspanntes ... Verhältnis zu Institutionen und Bürokratie erwerben» (BECKER 1971, S. 123 ff).

Eine kritische Betrachtung dieses Zielkatalogs im Rahmen unserer Überlegungen muß von der Frage ausgehen, inwieweit damit Qualifikanen angestrebt werden, die den Heranwachsenden zum strategischen Handeln befähigen. In diesem Zusammenhang ist zunächst wichtig, darauf hinzuweisen, daß es Becker unterläßt, grundlegende gesellschaftliche Strukturen zu bezeichnen und die Lernziele vor deren Hintergrund zu interpretieren. Mit dem Wunsch nach weniger ‹Angst, Feindseligkeit, Einsamkeit und Unglück› wird nicht die Frage nach den gesellschaftlichen Ursachen dieser unerwünschten Erscheinungen verbunden.

Konsequenterweise bleiben die gesetzten Lernziele bemerkenswert formal: Perspektiven sollen entwickelt werden – es wird nicht gesagt, welche! Es wird auch nicht gefordert, Perspektiven zur Minderung von Angst, Feindseligkeit oder Unglück in der Gesellschaft zu entwickeln – obwohl das zuvor die formulierte Wertentscheidung war. Vielmehr wird das Lernziel ‹Perspektiven entwickeln› durch folgenden Zusatz erläutert:

«... sich auf etwas in der Zukunft liegendes freuen und es entschlossen wollen ...» (BECKER 1971, S. 123).

Wenn Lernziele so wenig konkret formuliert werden, ist nicht auszuschließen, daß sie als Anleitung zur bürgerlich-individualistischen Lebensplanung verstanden werden, die unpolitisch erscheint und gerade dadurch politische Wirksamkeit entwickelt. Die gleiche Struktur findet sich bei dem Lernziel «Werthierarchien aufbauen und sie kritisch hinterfragen lernen». Auch hier bleibt offen, welche Werthierarchien denn aufgebaut werden sollen. Es scheint indessen, daß es sich um eine liberal-formale Lernzielsetzung handelt, die dem Individuum die ‹autonome› Entscheidung lassen will. In einem seltsamen Kontrast zu diesen inhaltlich offensichtlich bewußt nicht gefüllten Lernzielen steht dann allerdings die Zielsetzung: «Achtung vor dem Eigentum eines anderen ... lernen.» Mag damit auch zunächst das Eigentum im täglichen Umgang zwischen Schülern gemeint sein. In dieser uneingeschränkten Formulierung wird mit diesem Lernziel jedoch auch das Eigentum an Produktionsmitteln nicht ausgeschlossen. Gerade dieses Beispiel macht deutlich, daß sich hinter diesem Lernzielkatalog eine zutiefst bürgerliche Anthropologie einnisten könnte, die unterstellt, daß Achtung vor dem Eigentum eine Verhaltensweise sei, mit der sich weniger Angst, Feindseligkeit, Einsamkeit und Unglück (vgl. BECKER 1971, S. 109) erreichen ließe. Lernziele, die sich selbst als pragmatisch und damit unideologisch verstehen, können zum heimlichen Schrittmacher bürgerlicher Ideologie werden. Das gilt in gleicher Weise für das Lernziel »die Bedeutung der Grundrechte erfahren haben und schätzen lernen ...»: Die politischen Grundpostulate des bürgerlichen Staates werden ohne jede kritische Rückfrage als schätzenswert hingestellt. Ihnen wird somit a priori unterstellt, sie seien geeignet, mehr ‹Zuversicht, Freundschaft und Glück› zu gewährleisten. Daß die Kombination der Grundrechte ‹Freiheit der Meinungsäußerung› und ‹Recht auf Eigentum› die Legitimation des Springer-Verlags ergibt, dringt nicht in den Bereich der Reflexion.

An dieser Stelle erweist sich der Begriff des ‹sozialen Lernens› in einer zweiten Weise als ambivalent:

- Soziales Lernen richtet sich gegen die traditionelle Lernschule, zielt damit auf den Abbau des repressiven heimlichen Curriculum.
- Aber soziales Lernen beschränkt sich weitgehend darauf, die Zielsetzung des autonomen Individuums zu beschreiben, ohne die gesellschaftlichen Zwänge zu benennen, die diese Autonomie verhindern. Dadurch gerät es in Verdacht, bürgerliche Ideologie zu transportieren und eine unkritische Integration in das bestehende System auf gleichsam ‹höherer Ebene› zu betreiben.

Während v. Hentig und Becker ihre Zielformulierungen emphatisch oder pragmatisch – und daher unsystematisch – bestimmen, werden von einem dritten Ansatz die Ziele des sozialen Lernens aus dem systematischen Zusammenhang der interaktionalistischen Rollentheorie abgeleitet. Als Ziele sozialen Lernens gelten dann:

- Ich-Identität,
- Rollendistanz,
- Empathie,
- Ambiguitätstoleranz bzw. Ambivalenztoleranz (vgl. KRAPPMANN 1971).

Dieser Ansatz ist für die Gesamtschulen von besonderer Relevanz, da in einigen Bundesländern (Hessen, Nordrhein-Westfalen) der sozialwissenschaftliche Unterricht bewußt diese Verhaltensqualifikationen anstrebt.

So werden im Lehrplan ‹Gesellschaft/Politik› für Gesamtschulen in Nordrhein-Westfalen folgende Lernziele genannt:

«die eigenen Einstellungen und Handlungsgrundlagen zu untersuchen mit dem Ziel einer kritischen Distanzierung oder reflektierten Zustimmung» (KULTUSMINISTER NORDRHEIN-WESTFALEN 1972 b, S. 64).

Es ist offensichtlich, daß hiermit auf die Schaffung von *Rollendistanz* gezielt wird.

Weiter wird angestrebt:

«lernen, für den Austrag von Rollenkonflikten kooperative Handlungsformen zu entwickeln; lernen, Verzichtanforderungen und Frustrationen produktiv zu verarbeiten» (KULTUSMINISTER NORDRHEIN-WESTFALEN 1972 b, S. 64).

Hier wird deutlich, daß der Schüler lernen soll, *Rollenambiguität* zu ertragen und dazu adäquate Verhaltensweisen zu entwickeln.

Schließlich wird *Empathie* gefordert, das heißt

«lernen, Meinungen anderer wahrzunehmen und auf sie zu reagieren ...
lernen, in Ansätzen nonverbale Formen der Meinungsäußerung (Gesten, Mimik) wahrzunehmen, zu entschlüsseln und auf sie zu reagieren» (KULTUSMINISTER NORDRHEIN-WESTFALEN 1972 b, S. 78).

Diese aus der interaktionistischen Rollentheorie abgeleiteten Ziele des sozialen Lernens sind ebenfalls nicht geeignet, die bereits analysierte politische Ambivalenz des sozialen Lernens zu überwinden, denn sie beschreiben lediglich Funktionsziele, die für jede Form sozialer Interaktion gelten. Begriffe wie ‹Ich-Identität›, ‹Rollendistanz› usw. bezeichnen im Rahmen der Theorie des symbolischen Interaktionismus keine spezifischen Erziehungsziele, sondern lediglich die funktionalen Bedingungen solchen Rollenhandelns, das nicht pathologisch ist. Ohne ein gewisses Maß an Ich-Identität oder Rollendistanz wäre kommunikativ vermittelte Interaktion angesichts der alltäglichen Situation nicht deckungsgleicher Rollenerwartungen überhaupt nicht möglich. Verfügt ein Individuum indes über die genannten Grundqualifikationen des Rollenhandelns, so ist über Richtung und Gegenstand seiner Handlungen noch gar nichts ausgesagt. So kann sich zum Beispiel Ambiguitätstoleranz bei einem Individuum durchaus als Fähigkeit äußern, alle gesellschaftlichen Widersprüche lediglich in der eigenen Psyche zu verarbeiten und erträglich zu machen, ohne nach den gesellschaftlichen Bedingungen dieser Konflikte zu fragen. Und Rollendistanz kann sich zum Beispiel äußern als Kompensation der frustrierenden Berufsrolle durch eine Freizeitrolle.

Die symbolisch-interaktionistische Analyse sozialen Lernens begründet allerdings, daß es unzulässig ist, soziales Lernen als nicht-kognitive Lernvorgänge (vgl. BECKER 1971, S. 96) zu bezeichnen. Der Erwerb von Verhaltensstrategien und der dafür relevanten Normen kann nicht als

Prozeß ausschließlich affektiver Identifikation gesehen werden. Kognitive Prozesse sind zumindest in gleicher Weise beteiligt. Denn es erweist sich als eine funktionale Notwendigkeit, daß das handelnde Individuum sich in den Interaktionsszenen einerseits sprachlich so darstellen muß, daß es auf die zum Teil kontroversen Erwartungen der Interaktionspartner eingeht – nur so kann es mit ihnen kommunizieren; und es muß andererseits seine eigene Besonderheit repräsentieren, um in den wechselnden Szenen für die anderen und sich selbst als jemand erkennbar zu sein, der unverwechselbar ist. Die Erfüllung beider Erwartungshaltungen gelingt nur, wenn die jeweilige Interaktionsszene vom Handelnden interpretiert, das heißt eben auch analysiert werden kann. Diese strukturelle Auf-sich-selbst-Bezogenheit oder auch Reflexivität symbolisch vermittelter Interaktion verweist mit Notwendigkeit auf die kognitive Dimension sozialen Handelns bzw. sozialen Lernens.

3.1.3 Lernerfahrung durch gesellschaftsverändernde Praxis

Die kritische Analyse der aktuellen Forderung nach mehr intentionalem sozialem Lernen zeigt insgesamt, daß dieses Konzept zwar die traditionelle Schule überwinden will, indem es an Stelle von ‹Belehrung› nun ‹Erfahrung› setzt; aber die Ziele, Inhalte und politischen Perspektiven sozialen Lernens bleiben im dunkeln, so daß die Wahrscheinlichkeit groß ist, daß es relativ bruchlos mit der Dominanz kapitalistischer Verwertungsinteressen in Einklang zu bringen ist. Die Forderung v. Hentigs, ‹Belehrung› durch ‹Erfahrung› zu ersetzen, ist zwar ebenso wichtig wie richtig; aber sie bleibt idealistisch, solange nicht substantiell erläutert wird, was denn eigentlich ‹Erfahrung› meint.

Der Erfahrungsbegriff in der Fassung v. Hentigs – und ebenso das zugrunde liegende Konzept der «progressive education» (Dewey) – fragt nicht, welches die materielle Grundlage der Vermittlung von Sozialerfahrungen ist, die erst durch eine Analyse der herrschenden Arbeits- und Verwertungsprozesse sichtbar wird. Diese Verkürzung der Begriffsbestimmung kann folglich auch nicht problematisieren, daß möglicherweise auch die vom Konzept des ‹sozialen Lernens› angestrebten ‹Erfahrungen› der Masse der Schüler lediglich unter dem Aspekt des Tauschwerts interessant erscheinen. Sie vernachlässigen, daß die herrschenden Verwertungsinteressen den Schülern ansinnen, lediglich solche Qualifikationen zu erwerben, die sich auf dem Arbeitsmarkt oder bei der Hochschulzulassung erfolgreich eintauschen lassen. Der Gebrauchswert von Lernerfahrungen liegt für die Schüler indes in der Chance, sie zu qualifizieren, ihre reale Lebenssituation und -perspektive selbst aufzuschließen. In der heutigen Schule tritt der Gebrauchswert von Lernerfahrungen hinter dem Tauschwert zurück. Die Lernerfahrungen, die an ihrem Tauschwert orientiert sind, spiegeln im wesentlichen die zuvor beschriebenen Formen von Gehorsamkeits- und Konformitätsorientierung wider, sie üben in individuelle Konkurrenz ein und schleifen insgesamt die Verkehrsformen des Kapitalismus ein. Damit produziert die Schule ‹falsches› Bewußtsein, das den immer auch vorhandenen Gebrauchswert des Gelernten nicht nur nicht realisieren kann, sondern darüber hinaus auch gar nicht erkennt.

‹Richtiges› Bewußtsein kann demgegenüber nur entstehen, wenn berücksichtigt wird, daß die

«Produktion der Ideen, Vorstellungen, des Bewußtseins ... zunächst unmittelbar verflochten (ist) in die materielle Tätigkeit und den materiellen Verkehr der Menschen» (MEW 3, S. 26).

‹Richtiges› Bewußtsein setzt also die didaktisch-materialistische Interpretation der eigenen sozialen Lage voraus. Diese Interpretation muß darüber hinaus – wie Lukács betont – auf das Ganze der Gesellschaft bezogen sein, denn erst dann

«werden jene Gedanken, Empfindungen usw. erkannt, die die Menschen in einer bestimmten Lebenslage haben *würden*, wenn sie diese Lage, die sich aus ihr heraus ergebenen Interessen sowohl in bezug auf das unmittelbare Handeln wie auf den – diesen Interessen gemäßen – Aufbau der ganzen Gesellschaft *vollkommen zu erfassen fähig* wären; die Gedanken usw. also, die ihrer objektiven Lage angemessen sind» (LUKÁCS 1923, S. 62).

‹Richtiges› Bewußtsein kann mithin nur entstehen, wenn das objektiv Mögliche erfahrbar gemacht wird. Wenn also den Schülern das richtige Bewußtsein, das heißt das Bewußtsein ihrer objektiven Lage und ihrer objektiven Möglichkeiten vermittelt werden soll, reicht es für die Schulreform nicht aus, ‹Belehrung› durch irgendwelche ‹Erfahrungsräume› zu ersetzen. Vielmehr kommt es darauf an, daß die Schüler eine gesellschaftliche Praxis entwickeln, die ihnen Erfahrungen zur Erschließung der Gesellschaft als Ganzem ermöglichen, und zwar sowohl in ihrer Wirklichkeit als auch in ihrer Möglichkeit. Denn:

«In der Praxis muß der Mensch die Wahrheit, i. l. die Wirklichkeit und Macht, Diesseitigkeit seines Denkens beweisen ... Die materialistische Lehre von der Veränderung der Umstände und der Erziehung vergißt, daß die Umstände von den Menschen verändert und der Erzieher selbst erzogen werden muß» (MEW 3, S. 5).

Vor diesem Hintergrund ist der Satz von Marx und Engels «wie die Individuen ihr Leben äußern, so sind sie» (MEW 3, S. 5) zu interpretieren. Er macht dann nicht nur deutlich, daß affirmative Erfahrung, die bloß in die Schule hineinholt, was ohnehin der Fall ist, auch nicht in der Lage ist, ‹falsches› Bewußtsein, unaufgeklärte Ideen oder manipulierte Bedürfnisse zu ändern, sondern daß es gerade darum gehen muß, Erfahrungen mit *gesellschaftsverändernder* Praxis zu machen. Denn:

«Das Zusammenfallen des Änderns der Umstände und der menschlichen Tätigkeit oder Selbstveränderung kann nur als *revolutionäre Praxis* gefaßt und rationell verstanden werden» (MEW 3, S. 6).

Erst gesellschaftsverändernde Praxis vermag das affirmative Bewußtsein, den Verblendungszusammenhang der herrschenden Ideen und manipulierten Bedürfnisse, zu durchbrechen, indem sie zumindest Teile des objektiv Möglichen überhaupt erst erfahrbar macht und indem sie lehrt, daß sich die Handelnden angesichts neuer Erfahrungen verändern.

Die Idee, an den Hier-und-Jetzt-Problemen anzuknüpfen, ist soweit richtig, wie sie motivationstheoretisch verstanden wird. Lernen durch praktische Erfahrungen ist möglicherweise überhaupt erst realisierbar, zumindest aber leichter durchführbar, wenn es an das aktuelle Alltags-Problembewußtsein anknüpfen kann. Sofern das Bewußtsein allerdings dem Bestehenden verhaftet bleibt und die augenblickliche Lage nicht in bezug auf das Ganze der Gesellschaft deutet, erzeugt auch eine Pädagogik der Hier-und-Jetzt-Probleme ein ‹falsches› Bewußtsein. Gerade deshalb muß versucht werden, gesellschaftsverändernde Praxiserfahrungen zu initiieren, die das Bewußtsein verändern, indem sie erfahrbar machen, daß es andere Möglichkeiten gibt, die eher geeignet sind, individuelle und kollektive Bedürfnisse zu befriedigen. Das läuft auf selbstproduzierte Erfahrungen hinaus. Lernen durch gesellschaftsverändernde Praxis muß, da ein einzelner nichts ändern kann, notwendig im Kollektiv geschehen, wobei der Schüler jederzeit Subjekt und Objekt der Praxis zugleich ist. Erst dann wird der Heranwachsende zum Subjekt seiner praktischen Lernarbeit, durch die er sich selbst verändert.

3.2 Leitziele strategischen Lernens

Soziales Lernen ist – wie der vorige Abschnitt ergab – zumindest ambivalent und deshalb in seiner gesamtgesellschaftlichen Funktion differenziert einzuschätzen: Sowohl die Konzepte von G. U. Becker und v. Hentig als auch der Bezugsrahmen des symbolischen Interaktionismus geben lediglich ein formales Konzept für ein bewußt zu organisierendes Lernen ab; denn diese Modelle berücksichtigen nur ungenügend die Dimension der gesamtgesellschaftlichen Repression und die Perspektive objektiver Möglichkeiten. Andererseits können antikapitalistische Lernprozesse nicht mit den Mitteln der traditionellen Lernschule realisiert werden. Lernen durch soziale Erfahrungen ist notwendige, aber nicht hinreichende Voraussetzung für Lernprozesse, die einen Beitrag zur antikapitalistischen Strukturreform leisten wollen. Hinzu kommen muß eine inhaltliche Orientierung an der in Kapitel 1 skizzierten Strategie antikapitalistischer Strukturreformen.

Eine Lernpraxis, die inhaltlich an der Strategie antikapitalistischer

Strukturreformen orientiert ist, soll der Klarheit wegen im folgenden kurz *strategisches Lernen* heißen.

Strategisches Lernen zielt darauf ab, Qualifikationen strategischen Handelns zu vermitteln. Strategisches Handeln im hier gemeinten und im Kapitel 1 ausgeführten Sinn ist nicht zweckrationales Handeln, auch kein Grenzfall des von Habermas sogenannten «kommunikativen Handelns» (HABERMAS 1968, S. 9 ff). Strategisches Handeln soll vielmehr Arbeit an der Veränderung der repressiven Bedingungen freier Entfaltung aller menschlichen Fähigkeiten, das heißt antikapitalistisches Handeln, bezeichnen. Strategisch ist es deshalb, weil es die Tagesarbeit ständig an das nur langfristig zu erreichende Ziel rückzubinden, Zwischenziele zu setzen und Schritt für Schritt Machtpositionen zu erobern versucht.

Die Bestimmung der konkreten Qualifikationen strategischen Handelns ist aus mehrerlei Gründen schwierig und kann nur höchst vorläufig geschehen. So fehlt einerseits eine ausformulierte und an der Realität erprobte Strategie antikapitalistischer Strukturreformen. Andererseits gehört es zum Anspruch von Lernprozessen, die Selbstverwirklichung intendieren, so daß die Lernziele nicht vollends vorweg definiert werden dürfen, wenn die Chance auf Selbstbestimmung des Lehr- und Lernprozesses nicht ad absurdum geführt werden soll. Schließlich hängt die konkrete Ausformulierung einer Strategie von der jeweiligen, sich ändernden historischen Situation ab. Dennoch sollen hier auf Grund der bisherigen Überlegungen einige Leitziele und Beispiele für strategisches Handeln aufgeführt werden, um zumindest die Richtung zu verdeutlichen, die auch von den übrigen Beiträgen dieses Bandes verfolgt wird. Die Leitziele strategischen Lernens müssen zweifellos noch globaler bleiben als allgemeine oder gar spezielle Lernziele. Sie werden durch die folgenden Beiträge allerdings etwas konkretisiert. Eine präzise Ausformulierung können sie ohnehin erst im Prozeß der Durchführung einer umfassenden antikapitalistischen Strategie selbst erfahren.

3.2.1 Ebenen strategischen Lernens

Aus dem bisher Entwickelten läßt sich jedoch – in aller Vorläufigkeit – eine Dimensionsanalyse strategischen Lernens ableiten. Sie unterscheidet zwischen den Zielen bzw. Inhalten einerseits und den Verfahren der Aneignung bzw. der Methodik des strategischen Lernens andererseits. Diese Unterscheidung ist selbstverständlich nur analytisch. Sie nimmt den Nachteil eines künstlichen Auseinanderreißens von untrennbaren Zusammenhängen in Kauf, um dadurch zu schärferen Begriffsbestimmungen zu gelangen. Hinsichtlich der *Ziele* strategischen Lernens können drei Ebenen unterschieden werden:

1. Vermittlung von Erkenntnissen über die eigene Lage und Inter-

pretation im Zusammenhang gesamtgesellschaftlicher Strukturwidersprüche.

2. Umsetzung von Erkenntnissen in Handlungsstrategien.
3. Stabilisierung der sozialen Identität.

Zu 1. Hierbei wäre von den genannten Hier-und-Jetzt-Problemen der Schüler auszugehen; allein schon deshalb, um die jeweils aktuelle Motivationslage zu treffen – auch wenn sie nur ‹falsches Bewußtsein› widerspiegelt. Allerdings kann dies nur den Anfang, nicht das Ende eines Lernprozesses bezeichnen. Gastarbeiterprobleme in Klassen mit ausländischen Schülern zu behandeln – um ein Beispiel v. Hentigs aufzugreifen – dürfte kein Selbstzweck sein, sondern müßte Anlaß werden, zu den dahinterstehenden gesamtgesellschaftlichen Strukturzusammenhängen und -konflikten durchzustoßen – möglicherweise vermittelt über die innerschulischen Strukturwidersprüche, die jeweils bewußt gemacht werden müßten. Gastarbeiterprobleme könnten vermutlich an Hand des gesamtschulspezifischen Strukturwiderspruchs zwischen Chancengleichheitsversprechen und Leistungskonkurrenz interpretiert und auf den dahinterstehenden Widerspruch zwischen optimaler Qualifikation von Arbeitsvermögen einerseits und Reduzierung der Ausbildungskosten andererseits zurückgeführt werden, wobei letzterer wiederum auf gesamtgesellschaftliche Strukturwidersprüche verweist.

Insgesamt müßte die objektive Lage der Schüler deutlich werden, was voraussetzt, daß die Verwertungsinteressen des Kapitals und ihr prägender Einfluß auf die Produktions- und damit auch auf die Lebensverhältnisse erkannt werden. ‹Richtiges Bewußtsein› kann bei den Schülern erst entstehen, wenn sie gelernt haben, die Erscheinungsweisen des Kapitalismus auf das Wesen der kapitalistischen Produktion zurückzuführen und sie gleichzeitig wissen, welche objektiven Möglichkeiten menschlicher Entfaltung bestehen. Strategisches Lernen müßte insgesamt zu bewußtem gesellschaftsveränderndem Handeln führen, das antikapitalistische Reformen anstrebt.

Bezüglich der Auswahl der Bildungsinhalte hat Negt für die Arbeiterbildung drei generelle Kriterien genannt, die ebenfalls für strategisches Lernen gelten:

- die Nähe zu den individuellen Interessen;
- der Bezug zu allgemeinen gesellschaftlichen Zusammenhängen;
- die Bedeutung des Bildungsgehalts für die Emanzipation der Betroffenen, also für bessere Qualifikation, reale Chancengleichheit und allseitige Entfaltung.

Negt weist zugleich auf die Interdependenz aller drei Kriterien hin:

«Würde der Bildungswert der Themenbereiche ausschließlich nach *einem* dieser drei Gesichtspunkte beurteilt, so müßte die Arbeiterbildung ihren Anspruch auf

Erziehung der Arbeiter aufgeben. Während z. B. Berechnungen von Renten ... zu stark an unmittelbare Interessen gebunden sind, ist die politische Ideengeschichte zu weit von ihnen entfernt ...» (NEGT 1971, S. 97).

Zu 2. Lehr- und Lernprozesse, die nicht nur Erkenntnisse vermitteln, also nicht nur kritisches Bewußtsein schaffen, sondern die Heranwachsenden auch Handlungskompetenz geben wollen, müssen darüber hinaus die Schüler mit möglichst konkreten Strategien vertraut machen. Dabei ist ein inhaltlicher und ein formaler Aspekt zu unterscheiden.

Der inhaltliche Aspekt ergibt sich aus den Ausführungen der beiden ersten Kapitel. Demgemäß muß strategisches Lernen gegen die analysierten Strukturwidersprüche in antikapitalistischer Weise anzugehen versuchen, was – global ausgedrückt – hinsichtlich der gesamtgesellschaftlichen Funktion von Schule bedeutet, die Qualifikation von Arbeitsvermögen im Sinne einer allseitigen Entfaltung zu maximieren und gegen die Verkehrsformen des Kapitalismus zu immunisieren – unter anderem durch Aufdeckung der Mechanismen zur Sicherung der Massenloyalität. Bezüglich der innerschulischen Widersprüche läuft die antikapitalistische Strategie – verkürzt gesprochen – darauf hinaus, eine umfassende Ausbildung, eine kollektive Realisierung der Chancengleichheit und Abbau atomisierter Lernprozesse zu fordern.

Der formale Aspekt läßt sich aus Gorz' allgemeinen Überlegungen für strategisches Handeln ableiten und möglicherweise so detaillieren, daß die Schüler lernen müssen:

- Ziele aufzustellen, das heißt, sich Vorstellungen von den gewünschten Resultaten von Handlungen zu machen;
- zwischen langfristigen und kurzfristigen Zielen zu unterscheiden;
- Endziele in Zwischen- und Teilziele zerlegen zu können;
- Prioritätenentscheidungen treffen zu können;
- die richtigen einzuschlagenden Wege zu finden bzw. die richtigen Mittel einzusetzen;
- die Nebenfolgen abzuschätzen und darauf mit flankierenden Maßnahmen reagieren zu können;
- zwischen strategischen Perspektiven und konkreter Tagesarbeit ständig zu vermitteln;
- sich über Ziele, Mittel und Nebenfolgen untereinander zu verständigen;
- zwischen Kritik an Personen und objektiven Strukturzwängen zu unterscheiden;
- kollektiv zu arbeiten;
- Verbündete zu gewinnen;
- Hindernisse in ihrer Bedeutsamkeit einzuschätzen;
- Risiken einzuschätzen;
- Fehlschläge zu verkraften;

- phasengerecht zu handeln, das heißt, nur dann zu handeln, wenn die Erfolgsaussichten kalkulierbar gut erscheinen.

Zu 3. Der Erwerb von Handlungskompetenz setzt nicht nur voraus, kritisches Bewußtsein in antikapitalistische Strategien umsetzen zu können, sondern verlangt darüber hinaus, daß die Heranwachsenden in ihrer psychischen Struktur stabilisiert werden. Was Negt für die Arbeiterbildung betont, gilt auch für strategisches Lernen im Rahmen der Schule:

«Wenn Arbeiterbildung von den wirklichen Konflikten der Individuen ausgehen will, um sie bewußt zu machen und soziologisch zu interpretieren, so kann sie sich nicht auf die Feststellung der empirischen Regelmäßigkeiten von manifesten Interessen, Meinungsäußerungen und Neigungen beschränken; sie muß vielmehr gleichzeitig stets deren spezifische Funktion in der Aufrechterhaltung des kognitiven und psychodynamischen Gleichgewichtes des einzelnen berücksichtigen» (NEGT 1971, S. 46).

Schüler werden beispielsweise erst dann konkret strategisch handeln können, wenn sie in der Lage sind, vor großen Gruppen frei zu sprechen, auch wenn die überwiegende Mehrheit andere Interessen und Meinungen vertritt, die Auseinandersetzung aggressiv verläuft und die Mehrheit einen anderen Sprachstil bevorzugt. Sie müssen eine gewisse Frustrationstoleranz entwickeln und zwischen persönlichen Animositäten und Sachkonflikten unterscheiden können. Wichtiger noch ist, daß Schüler lernen, Niederlagen und Fehlschläge zu überwinden und spontane Reaktionen zurückzustellen, wenn sie sozusagen nicht ‹phasengerecht› sind, sondern nur zu Rückschlägen führen.

Diese im augenblicklichen Stadium unverzichtbaren psychischen und taktischen Dispositionen können sich Schüler nur aneignen, wenn sie ihre emotionale Sicherheit, ihr ‹psychodynamisches Gleichgewicht› in solidarischen Bezugsgruppen finden. Denn es kann im Sinne antikapitalistischen Handelns nicht darum gehen, bloß der ‹Individualität› oder ‹Autonomie› der Schüler zur Entfaltung zu verhelfen; vielmehr ist zu beachten, daß der einzelne nicht isoliert bleibt, sondern Orientierung, Hilfe, Anregungen und auch, wenn es nötig ist, Trost und Zuspruch im Kollektiv findet, das eben nicht durch Konkurrenz, sondern durch Solidarität gekennzeichnet sein muß.

Hinsichtlich der Verfahren der Aneignung bzw. der Methodik sind wiederum drei Ebenen strategischen Lernens zu unterscheiden:

1. Rezeption von Informationen;
2. vermittelte Erfahrung;
3. gesellschaftsverändernde Praxis.

Zu 1. Das Wissen und die Erkenntnisse, die zur Vermittlung des ‹richtigen Bewußtseins›, das heißt gesamtgesellschaftlich bezogener Interpretationsrahmen nötig sind, können zum Teil durch Rezeption von Informationen erworben werden. Die möglichen Verfahren sind die bekannten: Unterricht, Selbststudium, Einsatz programmierter oder teilprogrammierter Lehrgänge usw. Eine Motivation gerade für rezeptives Lernen darf allerdings weder vorausgesetzt noch erzwungen werden. Sie kann nur gestiftet werden, wenn zum Beispiel an die Hier-und-Jetzt-Probleme oder an aktuelle Schulkonflikte angeknüpft wird, wenn also rezeptives Lernen im Zusammenhang mit vermittelter Erfahrung oder gesellschaftsverändernder Praxis geschieht.

Zu 2. Es ist bereits mehrfach betont worden, daß es nicht allein oder doch nicht überwiegend darum gehen kann, einfach nur anderes (‹progressives›) Wissen zu vermitteln. Strategisches Lernen erfaßt vielmehr in umfangreicherer Weise die gesamte Persönlichkeitsstruktur des Subjekts: Es geht sowohl um den Erwerb eines Interpretationsrahmens zur Erkenntnis der eigenen sozialen Lage des Schülers als auch um die Entwicklung von Handlungsqualifikationen, die zur politischen Veränderung befähigen sollen. Eine Reformschule, die das allein oder überwiegend durch Instruktion vermitteln will, muß aus hauptsächlich zwei Gründen Schiffbruch erleiden: Zum einen, weil sich für die Schüler der Zwangscharakter des unterrichtlichen Lernens bei den neuen Inhalten genauso äußern wird wie bei den bisherigen. Zum anderen, weil politisches Handeln nicht ohne jeden tatsächlichen Vollzug zu erlernen ist.

Ein einfacher und deshalb auch hinkender Vergleich möge das veranschaulichen: Genausowenig wie es möglich ist, das Autofahren allein durch noch so intensive Informationsaufnahme zu erlernen, können die Grundqualifikationen strategischen Handelns durch Rezeption von Tatsachen und Erkenntnissen über polit-ökonomische Zusammenhänge erworben werden. Es geht eben nicht nur darum, daß gelernt werden muß, *wie* man ein Auto bedient, sondern daß das Autofahren selbst eingeübt werden muß.

Dieses Beispiel hinkt insofern, als es auf Qualifikationen individuellen, isolierten Handelns abzielt und damit das wesentliche Moment der Kollektivität strategischen Handelns aussperrt. Solche Qualifikationen kollektiven strategischen Handelns könnten in der Schule eingeübt werden vor allem durch Rollen- oder Planspiele oder durch Betriebs- bzw. Sozialpraktika. Bei Rollen- und Planspielen handelt es sich zweifellos um ‹simulierte› Wirklichkeit und bei Praktika um ‹arrangierten› Wirklichkeitsbezug, dem der ‹Ernstcharakter› fehlt: in beiden Fällen also um vermittelte, nicht um unmittelbare Erfahrungen.

Zu 3. Unmittelbare Erfahrungen sind nicht durch formalisierte Unterrichtsprozesse anzueignen, sondern nur durch gesellschaftsverändernde Praxis selbst. Gesellschaftsverändernde Praxis zielt direkt auf die Veränderung der Strukturen des Subsystems ab, in dem gehandelt wird, also der Schule und der organisierten Lehr- und Lernprozesse. Sofern die Einschätzung geteilt wird, daß der Staat antikapitalistische Strukturreformen nicht von sich aus initiieren kann, muß gefolgert werden, daß gesellschaftsverändernde Praxis im Bereich der Schule von den Schülern und Lehrern getragen werden muß, gesellschaftsverändernde Praxis also auf selbstproduzierte Erfahrungen hinausläuft. Das wiederum bedeutet, daß die Handelnden auch die etwaigen Konsequenzen selbst verantworten müssen, was den ‹Ernstcharakter› von gesellschaftsverändernder Praxis ausmacht.

3.2.2 Versuch einer Begriffsbestimmung

Der Umstand, daß die Organisationsstruktur von Erfahrung die Einstellungen, Interessen, Bedürfnisse und das Bewußtsein festlegt, verweist auf den zentralen gesellschaftspolitischen Stellenwert der Bereitstellung ‹praktischer› Erfahrungsbereiche. Was die Erfahrungsbereiche strategischen Lernens von anderen unterscheidet, geht aus der nachfolgenden Definitionsmatrix hervor: Strategisches Lernen differenziert sich deutlich von sozialem Lernen und erst recht vom Lernen im sozialen Kontext. Lernen im sozialen Kontext geschieht überall, im traditionellen Unterricht oder letztlich auch durch programmierte Instruktion. Soziales Lernen im engeren, etwa von G. U. Becker definierten Sinn, wird in begrifflich reiner Form durch das Feld 2.3 bezeichnet; allerdings gehören auch die Felder 1.3 und 2.1 zum Umfeld sozialen Lernens. Strategisches

	Definitionsmatrix ‹Strategisches Lernen›		
Ziele / Verfahren der Aneignung	Erkenntnisse über die eigene Lage und Interpretation im Zusammenhang gesamtgesellschaftlicher Strukturwidersprüche	Umsetzung von Erkenntnissen in Handlungsstrategien	Stabilisierung der sozialen Identität
Rezeption von Informationen	1.1	1.2	1.3
vermittelte Erfahrung	2.1	2.2	2.3
gesellschaftsverändernde Praxis	3.1	3.2	3.3

Lernen indessen wird nur durch die Gesamtheit der Matrix markiert: Vermittlung der Qualifikationen strategischen Handelns durch Rezeption von Informationen, vermittelte Erfahrung und gesellschaftsverändernde Praxis.

Das anspruchsvollste Leitziel ist zweifellos die Ermöglichung gesellschaftsverändernder Praxis durch die Schule. Wenn dieses Leitziel für die Schule überhaupt Sinn haben soll, kann im folgenden natürlich nicht vorausgesetzt werden, daß gesellschaftsverändernde Praxis nur im Bereich der gesellschaftlichen Produktion materieller Güter, also bei der Arbeit im engeren Sinn stattfindet. Vielmehr muß das Leitziel so gefaßt werden, daß es auch für die Lernarbeit zutrifft. Und in der Tat vermag die Schule durchaus Erfahrungsfelder bereitzustellen, die den oben beschriebenen Kriterien von gesellschaftsverändernder Praxis zumindest nahe kommen, wie zum Beispiel Schulkämpfe oder Projekte, die im folgenden zu beschreiben sind. Das Konzept strategischen Lernens durch gesellschaftsverändernde Praxis verlangt allerdings, daß der bisherige schulische Lernkontext – der auf Anpassung des Subjekts ausgerichtet ist – genau wie die Inhalte radikal verändert werden müssen. Denn in und an der Schule müssen Erlebnisse und Erfahrungen möglich werden, die zu den beschriebenen Qualifikationen strategischen Handelns führen. Um das zu erreichen, kommt es zunächst darauf an, aus der ‹Belehrungs-Institution› Gesamtschule ein Feld für bewußte gesellschaftliche Praxis und politische Aktivitäten zu machen.

Wie bereits einleitend geklärt wurde, bedeutet strategisches Lernen durch gesellschaftsverändernde Praxis, den Schülern die Strukturwidersprüche vor dem Hintergrund der gesamtgesellschaftlichen Bedingungen erfahrbar und durchschaubar zu machen; es bedeutet gleichzeitig, daß sowohl Lehrer als auch Schüler diese Widersprüche zum Ausgangspunkt politischer Arbeit machen, um zu einer Auflösung im antikapitalistischen Sinne beizutragen. Wenn Lehrer und Schüler auf diese Weise versuchen, das gesellschaftliche Subsystem Schule im antikapitalistischen Sinne zu verändern, wird für sie aus der Belehrungsinstanz Schule ein Feld gesellschaftsverändernder Praxis.

Will man jedoch nicht neue Reformillusionen nähren, darf man nicht in den Fehler verfallen, nun einfach die Strukturen einer solchen Schule zu skizzieren und deren Verwirklichung den Lehrern und Schülern als Aufgabe zu überantworten; das hätte möglicherweise nur – ähnlich wie das unkritische Chancengleichheits-Versprechen – zusätzliche Resignation zur Folge. Vielmehr kommt es darauf an, die Veränderung der Gesamtschule zu einem Feld strategischen Lernens als Beitrag zu antikapitalistischen Strukturreformen selbst zu verstehen. Solche Reformen unterliegen aber immer den Bedingungen gesellschaftlicher Auseinandersetzung; im Sinne der skizzierten Strategie sind sie in Teilziele zu gliedern, die unter bestimmten Umständen erreichbar sind und auf denen aufgebaut werden muß.

3.3 Möglichkeiten und Voraussetzungen strategischen Lernens

Um Lehrern und Schülern Handlungsperspektiven für diesen Prozeß zu geben, müssen die gesellschaftlichen Bedingungen konkretisiert werden, die dazu führen, daß einige Erfahrungsfelder für strategisches Lernen *kurzfristig* geschaffen werden können; die übrigen müssen zumindest in einer *längerfristigen* Perspektive als erreichbar erscheinen.

Dabei darf nicht erneut der Fehler gemacht werden, Schule isoliert von anderen Lebensbereichen zu sehen. Besonders für die späteren Lohnabhängigen ist es von zentraler Bedeutung, daß die Erfahrungen im Raum der Schule strategisches Lernen für ihre spätere Situation im Produktionsbereich bedeuten. Die zu erwerbenden Qualifikationen sollen sich nicht nur bei Auseinandersetzungen im Betrieb, sondern auch bei der Arbeit in Parteien, Gewerkschaften und Basisgruppen bewähren.

In realistischer Einschätzung der Möglichkeiten von Schule und Schulreform kann man voraussetzen, daß längst nicht alle zum strategischen Lernen notwendigen Erfahrungsfelder in der Schule bereitgestellt werden können – und ganz gewiß nicht kurzfristig. Es gilt daher zu überlegen, welche Erfahrungsbereiche innerhalb der Schule nicht oder kaum herstellbar sind und daher in *außerschulischen* Bereichen zugänglich gemacht werden sollten (vgl. Kapitel 8).

Bei all diesen Überlegungen ist zu berücksichtigen, daß die Umwandlung der Schule von einer Belehrungsinstanz in ein Feld strategischen Lernens selbst gesellschaftsverändernde Praxis und Teil der antikapitalistischen Strukturreform ist, sie ist daher nur schrittweise und nur gegen massive gesellschaftliche Widerstände durchzusetzen. Unter Einbeziehung der gesellschaftlichen Bedingungen im entwickelten Kapitalismus gilt es daher zunächst zu unterscheiden zwischen

- Erfahrungsbereichen, die in der Gesamtschule kurzfristig herstellbar sind, und
- Erfahrungsbereichen, die nicht kurzfristig herstellbar sind.

3.3.1 Erfahrungsbereiche, die kurzfristig herstellbar sind

Eine kurzfristige Umgestaltung der Belehrungsinstanz Schule in ein Feld für strategisches Lernen und Handeln stößt auf deutliche Grenzen. In diesen Grenzen manifestiert sich die gegenwärtige gesellschaftliche Machtverteilung, die bei aktuellen Überlegungen zur Umgestaltung der Schule einzukalkulieren ist. Kurzfristig herstellbar erscheinen in der Gesamtschule daher nur solche Erfahrungsbereiche, die die folgenden vier Voraussetzungen erfüllen.

- Sie dürfen nicht gegen bestehende Gesetze, Verordnungen, Lehrpläne usw. in einer Weise verstoßen, die die Schulaufsicht zu so starken Gegenmaßnahmen provoziert, daß selbst Ansätze strategischen Lernens administrativ unterdrückt werden.

- Sie müssen realisierbar sein, ohne daß die wesentlichen Organisationsstrukturen der bestehenden Gesamtschule bereits jetzt verändert werden müssen.
- Sie müssen so angelegt sein, daß sie auf Unterstützung – zumindest aber Tolerierung – eines Kollegiums stoßen, indem nur eine Minderheit eine antikapitalistische Position vertritt.
- Solche Erfahrungsbereiche müssen das gegenwärtige Bewußtsein der Eltern einkalkulieren und ihre möglichen Reaktionen antizipieren, jedoch die Eltern auch in die Lernprozesse einzubeziehen versuchen.

Zu fragen wäre nun, ob und in welcher Weise trotz dieser Einschränkungen die im Kapitel 2 aufgezeigten Widersprüchlichkeiten im Lern- und Lehrprozeß der Gesamtschulen

1. Erhöhung der Ausbildungskosten vs. Unterrichtsrationalisierung,
2. Chancengleichheit vs. individualistische Leistungsauslese,
3. Verbesserung der Qualifikationsstruktur vs. Atomisierung des Lernens

bereits kurzfristig zum Ausgangspunkt einer antikapitalistischen Praxis gemacht werden können. Diese Strukturwidersprüche bestimmen die tägliche Arbeit des Gesamtschullehrers, verlangen aber von ihm gleichzeitig, die Widersprüchlichkeit in seiner Person und in seinem Verhalten zu überbrücken, um Lernprozesse in der Schule aufrechtzuerhalten.

Zu 1. Dies wird besonders deutlich in der Forderung an die Lehrer, die hochgesteckten Reformansprüche zu realisieren, wobei ihnen gleichzeitig durch Maßnahmen der Unterrichtsrationalisierung und der Kosteneinsparungen die materiellen Möglichkeiten zur Erreichung dieser Zielsetzung vorenthalten werden. So ist der Gesamtschulversuch, der gleichzeitig mit einer umfangreichen Curriculumreform und in einigen Bundesländern mit der Einführung des Ganztagsbetriebs verbunden ist, personell völlig unzulänglich ausgestattet:

«Den Gesamtschullehrern wird die Last einer Curriculum-Revision aufgebürdet, die über inhaltliche Bedenken hinaus auch noch ihre Arbeitskraft übersteigt, da sie außerdem mit den organisatorischen und verwaltungstechnischen Folgen der Gesamtschule belastet sind. In einer Umfrage der Fachgruppe Gesamtschulen in der GEW Berlin (1969) hielten unter den Gesamtschullehrern ... fast $^3/_4$ ... ihre Arbeitsbelastung auf die Dauer (für) nicht tragbar ... und 86 % waren der Ansicht, die Reform funktioniere nur auf Kosten der Lehrer» (COMBE/RIESS 1971, S. 29 f).

Diese Situation hat unmittelbare Folgen für die Schüler: Der Ganztagsbetrieb – ursprünglich als unverzichtbarer Bestandteil der Gesamtschule betrachtet – wird mehr und mehr eingeschränkt. Auf Grund der

Kompressionstendenzen kapitalistischer Schulreform gibt es für den Ganztagsbetrieb bisher weder ein pädagogisches Konzept noch gar pädagogisches Personal in ausreichender Zahl, so daß die Realität gegenwärtiger Gesamtschulen selbst weit hinter die Ansprüche zurückfällt, die der Bildungsrat 1968 für die *Ganztags*schulen gefordert hat (vgl. Kapitel 7).

Wahldifferenzierungsmodelle, die auf Grund der formulierten Zielsetzung der Gesamtschule sinnvoll und notwendig sind, können nicht realisiert werden, weil die notwendigen Mittel für Lehrerplanstellen nicht vorhanden sind. Statt dessen werden kostensparende Modelle eingeführt, die das dreigliedrige Schulwesen und die soziale Auslese tendenziell reproduzieren (vgl. KULTUSMINISTER NORDRHEIN-WESTFALEN 1973 a). Weiter wäre die Streichung öffentlicher Zuschüsse zum Mittagessen zu nennen. Dadurch kosten in einigen Gesamtschulen Nordrhein-Westfalens die Mittagsmahlzeiten inzwischen über DM 2, so daß sich zum Teil weniger als 20 Prozent der Schüler daran beteiligen. Ähnliche Verhältnisse finden sich in West-Berlin. Mit solchen Maßnahmen der Unterrichtsrationalisierung und Kosteneinsparung werden nach und nach die Versprechungen zurückgenommen, die Politiker und Verwaltung den Eltern bei der Einrichtung der Versuchsschulen gaben.

Gegenüber diesen Kompressionstendenzen kapitalistischer Schulreform kommt es darauf an, daß Lehrer, Eltern und Schüler ihre Interessen auf Einlösung der ursprünglichen Versprechungen formulieren und durchzusetzen versuchen. Hier sind kurzfristige politische Aktivitäten – also antikapitalistische gesellschaftsverändernde Praxis – möglich und notwendig. So führte zum Beispiel die nordrhein-westfälische Gesamtschullehrerschaft 1972 eine solidarische Aktion zur Abwehr solcher Kompressionstendenzen durch. Sowohl die Lehrerorganisationen (GEW, Arbeitskreis Gesamtschule, Landeslehrerrat) als auch Schulträger und Elternvertreter schlossen sich den Aktivitäten an. Diese Aktion fand ihren Höhepunkt in einer Delegiertenkonferenz aller nordrhein-westfälischen Gesamtschullehrer am 10. Juni 1972 in Bochum, die Forderungen in bezug auf

- personelle und sachliche Ausstattung sowie
- Mitbestimmung bei der curricularen Entwicklung

direkt an die Adresse des Ministers richtete. Nachfolgende Verhandlungen mit dem Minister führten zumindest zu Teilerfolgen und machten gleichzeitig der Ministerialbürokratie deutlich, daß die Basis in den Schulen in der Lage ist, ihre solidarische Macht zu organisieren und einzusetzen. Grundsätzlich ist es notwendig und möglich, Schüler in solche Formen praktischer politischer Arbeit miteinzubeziehen. Daß dies bei der beschriebenen Aktion noch nicht geschah, findet seinen Grund vermutlich in der Tatsache, daß die Gesamtschulen in Nordrhein-Westfalen bisher weitgehend nur jüngere Schülerjahrgänge (1972 bis Jahrgang 8) umfassen. Wenn auch bei diesen Schülern eine direkte Beteiligung an der politischen Auseinandersetzung nur schwierig möglich erscheint, so ist es doch zumindest realisierbar, ihnen die Zusammenhänge durchschaubar zu machen und die Beziehungen zu ihrem unmittelbaren Interesse herzustellen. Eine erste Einbeziehung auch unterer Schülerjahrgänge in eine solche gesellschaftsverändernde Praxis ist zum Beispiel möglich, wenn Eltern aus Protest gegen die mangelhafte Ausstattung des Gesamtschulversuchs in den Schulstreik treten – wie 1973 an der Gesamtschule Leverkusen geschehen. Bei älteren Schülern hingegen dürften selbstorganisierte Aktionen einen erheblichen Beitrag zum strategischen Lernen liefern.

Zu 2. Von großer Bedeutung für die tägliche Situation im Unterricht ist für die Schüler der Strukturwiderspruch zwischen dem Versprechen auf Chancengleichheit einerseits und dem Zwang zur individualistischen Leistungsauslese und Konkurrenz andererseits.

Dabei erweist sich der Übergang von der Sekundarstufe I zur Sekundarstufe II als Nahtstelle, an der der Konflikt am allerdeutlichsten aufbricht; denn hier wird auch in der Gesamtschule versucht, eine erste Regelung des Hochschulzugangs vorzunehmen. Während in der Sekundarstufe I vorgegeben wird, den Schüler «bis zum höchsten Maß seiner Leistungsfähigkeit» (Mastmann 1970, S. 134) zu fördern, werden zu Ende der Klasse 10 jedermann offensichtliche Auslesehürden aufgebaut. So mußten Berliner Gesamtschüler 1973 einen Zensurendurchschnitt von etwa 2,7 erreichen, um in die Oberstufe überwechseln zu können. Erreicht ein Schüler diesen Zensurendurchschnitt nicht, muß er die Schule verlassen, um (in aller Regel) in eine Berufslehre zu gehen. Der geforderte Zensurendurchschnitt wiederum ist durch kein pädagogisches Argument zu rechtfertigen, er ist vielmehr beliebig manipulierbar. Dies wird deutlich durch die jährliche Anhebung des Zensurendurchschnitts – das heißt die Verschärfung der Auslese. Solche Auslesebedingungen haben immense Auswirkungen auf das Lernklima in der Gesamtschule: Schüler werden in individuelle Konkurrenz eingeübt, Lernen wird zum Kampf der Schüler untereinander. Diese Verhaltensweisen werden verschärft durch Formen äußerer Leistungsdifferenzierung, die – verbunden mit Methoden ‹objektivierter Leistungsmessung› – den Schüler das System sogar noch als gerecht und unangreifbar erscheinen lassen. Dabei werden besonders Arbeiterkinder in kaum durchschaubarer Weise diskriminiert:

«Die gymnasialspezifischen Leistungsanforderungen erzeugen bei den Schülern *kollektive Minderwertigkeitsgefühle* und ihre exzessive Abtestung (bis zu vier Tests täglich!) ... (führt) ... zu einem *permanenten Leistungsstreß*» (Gesamtschule Dortmund 1973, S. 5).

Dieser Strukturwiderspruch bietet – auch kurzfristig – Ansatzpunkte für eine antikapitalistische Praxis in zweifacher Weise: Zunächst einmal muß die Tätigkeit der Lehrer darauf ausgerichtet sein, Leistungskonkurrenz zu minimieren und Formen solidarischen Lernklimas zu fördern. Das ist zwar im gegebenen Gesamtschulsystem nur sehr begrenzt möglich, dennoch sind gewisse Ansätze zu erkennen, wie

- Verringerung der Anzahl individueller Tests und Leistungsbewertungen zugunsten von Gruppenarbeit und Gruppenzensuren;
- partielle Verweigerung der Auslesefunktion, etwa indem keine schlechten Bewertungen erteilt werden.

Die in diesem Zusammenhang relevanten schulorganisatorischen Forderungen sind von Dortmunder Gesamtschullehrern formuliert worden:

- Abschaffung der Niveaudifferenzierung;
- Kernunterricht unter Beibehaltung der Stammgruppe;
- Stützunterricht für lernschwache Schüler parallel zum Kernunterricht (vgl. GESAMTSCHULE DORTMUND 1973, S. 6).

Der zweite Ansatzpunkt muß auf Bewußtseinsprozesse der Schüler ausgerichtet sein. Ihnen muß die Struktur einer Schule im Kapitalismus, die sie zu individualistischer Leistungskonkurrenz zwingt, durchschaubar gemacht werden. Das kann zum Teil im Unterricht selbst geschehen, indem die sich aus der Leistungskonkurrenz ergebenden Konflikte im gesamtgesellschaftlichen Zusammenhang interpretiert werden. Diese Erkenntnisprozesse müssen jedoch übergeleitet werden in politische Aktivitäten von Schülern, die sich gegen Leistungsdruck und Auslesezwang richten. Hierzu geben die Aktionen der Gymnasiasten gegen den Numerus clausus (z. B. Januar 1973 in Frankfurt) ein Beispiel. Selbst wenn man darin Aktivitäten ohnehin Privilegierter sieht, zeigen sie deutlich, daß Schüler in der Lage sind, in eigener Initiative elementare Interessen zu vertreten, zu organisieren und in politische Aktionen umzusetzen.

Es kann nicht Aufgabe der Lehrer sein, solche Aktionen vorzubereiten; es muß jedoch ihre Aufgabe sein, den Schülern zu ermöglichen, ihre Probleme im gesamtgesellschaftlichen Zusammenhang zu interpretieren und daraus eine entsprechende Praxis zu entwickeln.

Zu 3. Eine Verbesserung der Qualifikationsstruktur der Schüler, die über eine technokratische ‹Andersqualifizierung› hinaus auch Einsichten in gesamtgesellschaftliche Zusammenhänge ermöglicht, wird durch die Atomisierung des Lernstoffs in immer kleinere Informationshäppchen verhindert. Eine solche Vermittlung zersplitterter Kenntnisse macht es dem Schüler unmöglich, sein Wissen zur Interpretation seiner eigenen Lage heranzuziehen.

Um diesen Strukturkonflikt der schulischen Sozialisation einer antikapitalistischen Auflösung zuzuführen, ist es notwendig, Lernverfahren zu finden,

- die diese Zersplitterung zugunsten eines Durchschaubarmachens gesamtgesellschaftlicher Zusammenhänge aufheben
- und die es dem Schüler ermöglichen, ausgehend von seiner gesellschaftlichen Praxis, Einfluß und Ziele und Inhalte des Lernens zu nehmen.

Hier scheint ein Projektverfahren, wie es von Rademacker beschrieben wird, sinnvolle Ansätze zu bieten:

In der Projektarbeit «geht es ... darum, alle für das Erreichen des gesetzten Projektzieles (nicht: Lernzieles!) notwendigen Kompetenzen, Kenntnisse und Fertigkeiten zu erwerben. Diese Kompetenzen können in einem solchen Projekt weitgehend im Zusammenhang von Aktivitäten erworben werden, deren Ergebnisse auch für den Schüler als Beiträge zum Projektziel beurteilbar sind ... Setzt der Kursunterricht von seiner gesamten Konzeption her voraus, daß es möglich sei, unabhängig von konkreten praktischen Bezügen festzulegen, was an Kenntnissen und Fertigkeiten für einen Schüler zu beherrschen nützlich oder vielleicht gar zu einem glücklichen Leben in dieser Gesellschaft notwendig sei, so wird hier der Schüler selbst als die nicht nur über Lernziele, sondern über Handlungszwecke entscheidende Instanz akzeptiert und mit dieser Funktion in die Entscheidungsprozesse in der Schule eingeplant» (RADEMACKER 1971, S. 177).

Daß solche Projekte durchaus kurzfristig in Gesamtschulen realisierbar sind, kann am Beispiel eines an der Gesamtschule Kamen durchgeführten Unterrichtsprojekts aufgezeigt werden[1]. Das Projekt begann im Rahmen des Fachunterrichts Gesellschaft/Politik als Unterrichtseinheit ‹Wir leben in einer Stadt›. Zunächst befragten Schüler mit Kassettenrecordern Passanten zu lokalpolitischen Angelegenheiten. Dabei kam auch das in Kamen-Heeren besonders drängende Problem der Gastarbeiter zur Sprache. Bei einer Auswertung der Interviews und in einer abschließenden Abstimmung entschieden sich die Kinder dafür, dieses Problem näher zu untersuchen. Schülergruppen sammelten daraufhin auf verschiedene Weise Informationen (Einwohnermeldeamt, Besuch von Gastarbeitern, Befragung von Geschäftsinhabern). Die Auswertung der Informationen machte den Kindern deutlich, daß die Gastarbeiter in erschreckender Weise benachteiligt werden. Sowohl ihre unzulänglichen Wohnverhältnisse als auch die Diskriminierung in den öffentlichen Schulen konnte von den Kindern belegt werden. Bei den Überlegungen, was man gegen solche Zustände tun könne, machte ein Schüler den Vorschlag, durch eine Demonstration auf diese Mißstände aufmerksam zu machen. Dieser Vorschlag wurde allgemein akzeptiert und die Demonstration von den Schülern vorbereitet und durchgeführt. Mit Transparenten, auf denen sie unter anderem ‹Gerechte Behandlung, bessere Unterrichtsräume, mehr Lehrer für Gastarbeiter› forderten, zogen die

1 Für Informationen hierüber bedanken wir uns bei Ortwin Musall.

Schüler während der Unterrichtszeit auf die Straße. Dabei verteilten sie das folgende selbstverfaßte Flugblatt:

«Das ist auch Ihr Problem
Gastarbeiter in Heeren!

Was sie wissen sollten:

- In Kamen leben über 1000 Ausländer.
- In Heeren werden 30 ausländische Kinder vom 1. bis zum 4. Schuljahr zusammen in der Schulküche unterrichtet.
- Ausländerwohnungen haben oft kein WC!
- Die Sprachschwierigkeiten sind sehr groß, wie werden sie behoben?

Wir fordern:

- Gleichberechtigung für die Ausländer!
- Helft ihnen, indem Sie den Kontakt suchen!
- Zwingen Sie die Politiker der Stadt, die Probleme der Ausländer zu lösen.

Schreiben Sie uns! Teilen Sie uns Mißstände mit!

.....

Ist das richtig:

Die Klöckner-Werke vermieten eine Wohnung an Ausländer, die für die Deutschen als unbewohnbar erklärt wurde!?»

Im folgenden Unterricht wurden sowohl die Reaktionen der Passanten als auch die der Lokalpresse analysiert und mit den tatsächlichen und selbst miterlebten Vorgängen verglichen. Dabei konnten die Schüler unmittelbar an einer politischen Auseinandersetzung teilnehmen, da ihrem Lehrer in der Lokalpresse Indoktrination der Schüler vorgeworfen wurde:

«Seit ich als Gymnasiast im thüringischen Apolda so jeden Monat einmal von kommunistisch orientierten Lehrern zu Demonstrationen auf die Straße getrieben wurde, habe ich wohl ein gestörtes Verhältnis zu solchen Veranstaltungen ... Demonstrationen nach Stundenplan, Zwölfjährige als wandelnde Litfaßsäulen, mit den politischen Auffassungen ihrer Lehrer versehen, das hätte man uns ersparen sollen» (HEIMBOLD 1971).

Neben der Auswertung der Reaktionen setzten die Schüler ihre Bemühungen für eine Verbesserung der Situation der Gastarbeiter fort, indem sie mit dem Bürgermeister sowie Vertretern des Arbeitsamtes und der Industrie eine Podiumsdiskussion durchführten.

Dieses Beispiel zeigt, daß es auch in der gegenwärtigen Gesamtschule möglich ist, der Atomisierung des Unterrichts durch praxisbezogene Projekte entgegenzutreten.

Projektunterricht ist zwar prinzipiell auch im traditionellen Schulwesen möglich, er würde sich dort jedoch jeweils an bereits selektierte Schülergruppen wenden. In der Gesamtschule mit ihrer sozial heterogenen Schülerschaft hingegen können Projekte zu einer umfassenden Solidarisierung der Kinder aus verschiedenen Schichten führen; denn hier bleiben gemeinsame soziale Erfahrungen nicht nur Programm, sie werden vielmehr systematisch herbeigeführt und weitgehend selbst produziert. Dabei vermag sich solidarisches Handeln aus der Auseinandersetzung mit dem Projektinhalt zu entwickeln, wie das Kamener Beispiel zeigt. Voraussetzung dafür ist allerdings, daß Projektinhalte so gewählt werden, daß Arbeiterkinder und Mittelschichtkinder gleichwertige Beiträge zur Erreichung des Projektziels erbringen können.

Die bisherigen Überlegungen haben gezeigt, daß auch kurzfristig die Strukturwidersprüche der Gesamtschule für antikapitalistische Lernprozesse genutzt werden können. Dabei besteht ein erster Schritt darin, die im Zuge der Aneignung von Wissen und Fertigkeiten innerhalb der Schule anfallenden sozialen Situationen und Konflikte zu nutzen, das heißt zunächst zu diskutieren und zu reflektieren. Ein solcher Unterricht stößt jedoch noch nicht in den Bereich gesellschaftsverändernder Praxis vor; vielmehr werden hier durch Rezeption und Diskussion von Informationen dem Schüler Erkenntnisse über seine gesellschaftliche Lage vermittelt. Diese Erkenntnisse dienen günstigstenfalls der Stabilisierung der sozialen Identität, eine Umsetzung in Handlungsstrategien und Handlungsfähigkeiten wird auf dieser Ebene jedoch nicht erreicht. Daher wäre als nächster Schritt der Versuch anzusehen, über rein verbalisierende Unterrichtsformen hinaus den Schülern gemeinsame soziale Erfahrungen zu vermitteln. Dieser Schritt wird zum Beispiel vollzogen, wenn man im Unterricht in Projektform arbeitet. Solche Projekte müssen einen konkreten gesellschaftlichen Bereich zum Gegenstand haben: Lernerfahrung geschieht hier nicht mehr überwiegend durch Instruktion, sondern durch Aktionen der Schüler und deren Reflexion. Das referierte Beispiel macht jedoch nicht nur die Möglichkeiten, sondern auch gleichzeitig die Begrenztheit der durch Unterrichtsprojekte initiierten Lernprozesse deutlich. War es für den Lehrer noch ungefährlich, im Rahmen des Unterrichts eine Demonstration *für* Gastarbeiter zuzulassen, so würden darüber hinausgehende politische Aktivitäten der Schüler, die unter der offiziellen Verantwortung eines Lehrers stattfinden, für diesen vermutlich dienstrechtliche Konsequenzen haben. Schüleraktivitäten, die in gleicher Weise viel elementarere Bedürfnisse der Schüler aufnehmen, indem sie sich zum Beispiel gegen den Leistungs- und Auslesedruck in der Schule oder gegen die Unterdrückung ihrer Sexualität wehren, sind im Rahmen unterrichtlicher Lernarrangements viel schwerer durchführbar.

Erfahrungsfelder für strategisches Lernen sind demnach nicht schon durch Veränderung unterrichtlicher Arrangements, sondern vielmehr durch Aktivierung politischer Tätigkeiten der Schüler selbst aufzuschließen. Wenn also Schüler ihr kollektives Interesse formulieren und durch Auseinandersetzungen mit etablierten Machtpositionen in der Schule

Veränderungen durchsetzen und damit Gegenmachtpositionen begründen, so ist das gesellschaftsverändernde Praxis, in deren Vollzug strategisches Handeln unmittelbar gelernt wird.

Diese Überlegungen verweisen auf die hohe Bedeutung von Schülerorganisationen und Schülervertretungen für die Prozesse strategischen Lernens. Hier bietet die Schule ein Erfahrungsfeld an, das konsequent genutzt und ausgebaut werden muß. Neben einer Arbeit in der Schülervertretung (SV), die sich als Aufbau von Gegenmacht versteht, stellen politische Schülergruppen vermutlich das effektivste Feld für strategisches Lernen bereit. Diese Einschätzung läßt sich mit Hilfe der Lernprozesse illustrieren, die aktive Schüler in der gymnasialen Schülerbewegung durchlaufen haben. So heißt es in einem von Gymnasiasten verfaßten Papier über ‹*Probleme der Strategie und Organisation*›:

«Wenn wir zu einer Strategie kommen wollen, die zum Ziel hat, den Herrschenden die Institution Schule und damit auch deren Träger, die Schüler, zu entziehen, dann müssen wir durch systematischen Gebrauch dieser Institution auf eine revolutionäre Umgestaltung der Gesellschaft hinarbeiten. Ein Teilziel in dieser Richtung (und zugleich ein Beispiel für eine nichtreformistische Forderung) ist die Abschaffung der Prüfungen (die Schule muß so organisiert werden, daß die Schüler sich selbst überprüfen können).»

Und weiter heißt es im gleichen Text:

«Die unmittelbaren Auseinandersetzungen in die Schule zu tragen, ist die Aufgabe der Basisgruppen ... Aufgabe der Basisgruppen wäre die Koordination von Lerntätigkeit und politischer Tätigkeit ... Die Basisgruppen sind die Kader für Aktionen außerhalb und innerhalb der Schule. Sie erleichtern bislang unpolitischen Schülern den Übergang ... (Ansatzpunkte: Unterricht: besonders Geschichte, Religion und Musik; Schulfeierstunden; Kirchenbesuch; sexuelle Fragen; Bundeswehr; Stoffetischismus; Zensuren; Strafen; Belobigungen; Schülerselbstmorde; Organisationsprinzip der Schule; Jahrgangsklassen; Fächerkanon; Schülerzeitungen.) (Zit. nach LIEBEL/WELLENDORF 1971, S. 169 ff.)

Hier wird offensichtlich, daß Schüler strategisches Handeln im unmittelbaren Vollzug von Aktionen in der Schule gelernt haben. Die Fähigkeiten, Ziele zu setzen, Teilziele zu formulieren, Methoden zu finden, Widerstände einzuschätzen und Verbündete zu gewinnen, lassen sich demnach auch unmittelbar in der Schule einüben: Durch Selbstorganisation der Schüler und Durchsetzung ihrer Interessen gegen die Institution. Es sind dies genau die Lernprozesse, die hier strategisches Lernen genannt werden.

Allerdings sind die Modelle der gymnasialen Schülerbewegung nicht ohne weiteres auf die heutige Gesamtschule übertragbar; denn schulische Hierarchie und Leistungsdruck stellen sich in der Gesamtschule anders dar als im Gymnasium. Zudem verlaufen die politischen Fronten in der Gesamtschule weniger als im herkömmlichen System zwischen den Schülern und Lehrern, sondern gehen vermutlich eher quer durch beide Gruppen. Diese unterschiedlichen Bedingungen müßte eine Schülerbewegung in der Gesamtschule reflektieren und in ihre politische Arbeit einfließen lassen. Aufgabe der Lehrer in der gegenwärtigen Situation müßte es sein, einer solchen Schülerbewegung – soweit das möglich ist – Starthilfe zu geben, bis sie zu einer eigenen Handlungspotenz gefunden hat.

Bei diesen Überlegungen zu einer antikapitalistischen Praxis von Schülergruppen darf jedoch nicht übersehen werden, daß gesellschaftsverändernde Praxis in der Schule allein nicht ausreicht, um die notwendigen Qualifikationen strategischen Handelns zu erwerben: Zum einen stehen *alle* Aktivitäten in der Schule – auch die von politischen Schülergruppen – unter der Anordnungs- und Disziplinierungsgewalt der Schulhierarchie. Zum anderen sehen allein auf die Schule bezogene Aktivitäten den Jugendlichen nur in seiner Schülerrolle und isolieren ihn damit vom gesamtgesellschaftlichen Zusammenhang. Damit wird auf die große Bedeutung außerschulischer Erfahrungsbereiche wie Lehrlings-, Jugend- und Basisgruppen, Stadtteilarbeit oder Bürgerinitiativen für das strategische Lernen hingewiesen (vgl. hierzu Kapitel 8). Nur durch Ergänzung und Rückkoppelung beider Erfahrungsbereiche lassen sich strategische Qualifikationen hinreichend erwerben.

3.3.2 Erfahrungsbereiche, die nicht kurzfristig herstellbar sind

Die Frage, welche Erfahrungsfelder die Schule im Rahmen einer antikapitalistischen Strategie nicht kurz-, sondern nur längerfristig bereitstellen kann, ist von höchster theoretischer Komplexität. Sie verlangt zunächst eine Einschätzung, welche antikapitalistischen Lernprozesse bis zu welcher Intensität Schule im Kapitalismus zuläßt. Damit unlösbar verbunden ist eine Einschätzung des gesamtgesellschaftlichen Kräfteverhältnisses, so daß diese Frage im Grunde eine vorwegnehmende Beschreibung künftiger historischer Prozesse in ihrer differenzierten Auswirkung auf die Schule verlangt. Zum zweiten ist damit letztlich eine Grundfrage der Erziehungswissenschaft angesprochen: Welche Erfahrungsfelder kann die Schule als Institution überhaupt zur Verfügung stellen – unabhängig zum Beispiel vom Entwicklungsstand des Kapitalismus und der damit verbundenen gesellschaftlichen Kämpfe? Diese Frage nach den Grenzen und Möglichkeiten der Schule ist die Kernfrage einer bisher nicht entwickelten Theorie der Schule. Zunächst liegt dazu die Vermutung nahe, daß Schule sich generell durch Merkmale wie Dominanz des Kognitiven, Notwendigkeit des Vorratslernens und Primat vermittelter Erfahrungen kennzeichnet, so daß sich bereits hieraus eine generelle Einengung schulischer Erfahrungsmöglichkeiten ergibt. Eine präzisere Beurteilung dieses Fragenkomplexes ist erst im Zuge des Fortschreitens der Schul- und Gesellschaftsreform möglich. Deshalb mag es ausreichen, zu einer mehr pragmatisch-politischen Einschätzung im Rahmen der in Kapitel 1 skizzierten Strategie zu kommen. Dabei gehen wir davon aus, daß langfristig durch eine antikapitalistische Strategie weitere Erfahrungsfelder geschaffen werden können. Dies soll an zwei Beispielen konkretisiert werden:

1. Schule – auch Gesamtschule – ist bis heute eine Institution der Zensierung und Auslese; ganz besonders in dieser Funktion macht sie die Widersprüche der kapitalistischen Gesellschaft deutlich: Auf der einen Seite verspricht sie Chancengleichheit, auf der anderen Seite muß sie den zukünftigen Arbeitern das Bewußtsein vermitteln, ‹gerechterweise› ausgelesen worden zu sein.

Eine auf strategisches Lernen ausgerichtete Gesamtschule muß es indes darauf anlegen, diesen Widerspruch in der Schule zu artikulieren und zu interpretieren. Statt einer Konkurrenz- und Karriereorientierung und einer damit verbundenen negativen Selbstbewertung der Gescheiterten muß für den Unterricht ein soziales Feld gefordert werden, das auf solidarischen Lernfortschritt aller und Bewertung der Lernergebnisse durch die Gruppe ausgerichtet ist.

Im Grunde müßte ein Lernklima entstehen, wie es die im öffentlichen Schulwesen ‹durchgefallenen› Schüler des italienischen Bauerndorfes Barbiana errichtet haben, indem sie ohne Zensuren und Zeugnisse – ja selbst ohne Lehrer – arbeiteten. Was mit solidarischem Lernklima gemeint ist, drückt sich am besten in den Worten eines der Bauernjungen von Barbiana aus, der in der Schule gleichzeitig Schüler und Lehrer war:

«Außerdem lernte ich viel beim Unterrichten. Zum Beispiel habe ich gelernt, daß das Problem der anderen auch meins ist. Wenn wir es gemeinsam lösen, so ist das Politik. Löst man es für sich selbst, allein, so ist das Geiz. Gegen den Geiz war ich beileibe nicht gefeit. Während der Tage unmittelbar vor den Prüfungen an der öffentlichen Schule hatte ich Lust, die Kleinen zum Teufel zu schicken und für mich selbst zu lernen. Ich war ein Junge wie die Euren, aber dort oben konnte ich das weder vor den anderen noch vor mir selbst zugeben. Ich mußte großherzig sein, auch wenn ich es gerade nicht war. Das wird Euch wenig scheinen. Aber mit Euren Jungen tut ihr noch weniger. Ihr verlangt nichts von ihnen. Ihr fordert sie nur auf, Karriere zu machen» (Scuola di Barbiana 1970, S. 30 f).

Nicht um die spezifischen Bedingungen dieser Schule auf deutsche Gesamtschulen zu übertragen, wurde das Beispiel zitiert, sondern um folgendes zu verdeutlichen:

Ausleseprinzip, Konkurrenz- und Karriereorientierungen stehen im unübersehbaren Widerspruch zu solidarischen Lernprozessen. Sie abzubauen ist nur möglich, wenn das herkömmliche Zensierungs- und Prüfungssystem abgeschafft wird. Der Versuch, dies zu erreichen, kann als konkretes Teilziel im Prozeß antikapitalistischer Reformen aufgefaßt werden; eine solche Reform ist nicht reformistisch, weil sie eine zentrale Funktion der Schule im Kapitalismus angreift. Zudem werden dem Schüler damit im Unterricht selbst Erfahrungsräume angeboten, die zur Kollektiv- statt zur Konkurrenzorientierung führen. Nicht zufällig ist die Diskussion um Leistung, Leistungsbewertung oder ‹objektivierte Leistungsmessung› in Gesamtschulen so kontrovers. Politische Instanzen und Kultusbürokratie sind bisher zu keinerlei Konzessionen bereit gewesen. Im Gegenteil: Objektivierung der Leistungsmessung und Angleichung der Leistungen von Gesamtschulen und herkömmlichem Schulwesen sind die bevorzugten Methoden der staatlichen Instanzen, um die Gesamtschulreform an der Leine des Systems zu halten (vgl. Neander 1973). Diese Tatsache zeigt jedoch ebenfalls, daß Lehrer und Schüler gemeinsam durch Schaffung von Basismacht das Benotungs- und Zensierungssystem angreifen müssen. Ein erster Schritt dazu könnte zum Beispiel sein, daß Lehrer eines bestimmten Fachs sich massenhaft weigern, Noten zu erteilen, weil Zensuren den spezifischen Intentionen gerade ihres Fachs (etwa Gesellschaft/Politik oder Kunst) völlig widersprechen würden. Dieser Schritt kann in der ersten Phase nicht schon dazu führen, die individuelle Zensierung abzuschaffen, aber er kann ihre Funktion deutlich machen. Die als langfristig anzusehende Perspektive, den Schülern in Gesamtschulen einen angstfreien Lernraum durch Abbau von Auslese, Zensierungen und Leistungsdruck zu ermöglichen, dürfte primär durch Aktionen von Schülern und Lehrern an der Basis selbst befördert werden.

2. Als wichtigste langfristige Perspektive muß eine Strategie entwickelt werden, die auf tendenzielle Aufhebung der Trennung von Arbeit und Lernen hinausläuft. Wie weiter oben ausgeführt wurde, ist dies die Voraussetzung dafür, daß die Schüler praktische Erfahrungen im grundlegenden Sozialisationsbereich der Arbeit machen. Diese Forderung bedeutet in letzter Konsequenz, daß die private Verfügungsgewalt über die Produktionsmittel aufgehoben wird und die Trennung von Kopfarbeit und Handarbeit entfällt. Polytechnische Erziehung in dieser Form ist im Kapitalismus nicht möglich, sondern setzt gerade die Überwindung privater Verfügungsgewalt über Produktionsmittel voraus. Deshalb kann es unter kapitalistischen Produktionsverhältnissen übergangsweise nur darum gehen, die Trennung von sogenannter allgemeiner und beruflicher Bildung und damit auch das duale Ausbildungssystem zu bekämpfen. Baethge weist darauf hin, daß die Trennung von ‹allgemeiner› und ‹beruflicher Bildung› zwei Aspekte aufweist: Die Praxisferne der allgemeinen Bildung und die ‹Bildungslosigkeit› der beruflichen Bildung (vgl. Baethge 1970, S. 93 ff).

Bildung als praxisabgewandte Beschäftigung mit klassischen Kulturgütern entstand als Privileg eines aufstrebenden, aber politisch unmündigen Bürgertums. Das bürgerlich-neuhumanistische Bildungsideal, das seinen deutlichsten Ausdruck im traditionellen Gymnasium fand, dient bis heute – zumindest latent – als Rechtfertigung für die Verbannung der Praxis aus dem Bildungsbereich. Mit seiner Hilfe werden die Beziehungen, die zwischen den Qualifikationsanforderungen des Produktionsbereichs und dem allgemeinbildenden Schulwesen bestehen, verschleiert und geleugnet. Jedoch gerade die Trennung zwischen ‹allgemeiner Bildung› und materieller Produktion ergibt sich aus den Anforderungen kapitalistischer Produktionsweise. Diese Trennung macht es zunächst unmöglich, eine Beziehung zwischen Lernen und Produktion direkt herzustellen.

Die Bildungslosigkeit der Berufsausbildung entstand, indem die Berufsausbildung aus der staatlichen Kulturhoheit ausgeklammert und damit je privaten Zielsetzungen überlassen wurde. Dadurch wurde es den einzelnen Wirtschaftszweigen (Handwerk, Handel, Industrie) möglich, ihren Rekrutierungsprozeß selbständig vorzunehmen (vgl. BAETHGE 1970, S. 95). Diese 1819 in Preußen zum Gesetz gewordene Regelung manifestiert sich noch heute in dem ‹dualen System› der Lehrlingsausbildung. Die Berufsausbildung weitester Kreise der Bevölkerung unterliegt dadurch den direkten Profitinteressen der privaten Wirtschaft. Die überwiegende Mehrheit der abhängig Beschäftigten erhält somit

«ihre berufliche Qualifikation, ihre gesellschaftlichen Mobilitätschancen und ihre soziale Organisation in einem Bereich . . ., der nicht von ihr und ihren individuellen Bildungs- und Entfaltungsmöglichkeiten ausgeht, sondern von ökonomischen Motiven und Zielsetzungen einer Privatwirtschaft» (BAETHGE 1970, S. 99).

Im Zuge der direkten Einwirkungen kapitalistischer Interessen konnte sich eine solche produktionsgebundene Ausbildung zu nichts anderem als zur ‹Bildungslosigkeit› entwickeln: Inhalte des Unterrichts sind bis heute vorwiegend Vermittlung elementarer technischer Kenntnisse und Fertigkeiten, die direkt ökonomisch verwertbar erscheinen. Dieses Problem wird verschärft dadurch, daß die Hauptschule als ‹Zubringer› der dualen Berufsausbildung selbst weitgehend nur rudimentäres Wissen und einfache Fertigkeiten vermitteln kann. Belegen lassen sich diese notwendigerweise vereinfacht skizzierten Zusammenhänge nicht zuletzt durch den katastrophalen Zustand der Berufsschulen, der seit Jahren beklagt wird, an dem sich aber bisher wenig geändert hat:

«. . . zu niedrige Stundenzahl, unausgebildete Lehrkräfte, zu geringe thematische Reichweite. Trotz aller pädagogischer Programmatik konnte sie weder politische Bildung noch körperliche Erziehung, noch gar Vertiefung der Allgemeinbildung bewirken» (BAETHGE 1970, S. 99).

Die bisherigen Überlegungen haben deutlich gemacht, daß die Trennung von Bildung und Ausbildung auch eine spezifisch ideologische Funktion hat: Sie soll verhindern, daß der Mensch mit Hilfe seiner intellektuellen Fähigkeiten die Strukturen der kapitalistischen Produktion durchschaut. Das geschieht zum einen, indem theoretische Bildung von jedem Praxisfeld abgeschnitten wird, zum anderen dadurch, daß den im Produktionsprozeß stehenden Menschen die Möglichkeit genommen wird, durch Reflexion zur Erkenntnis ihrer Lage zu kommen. Daraus ergibt sich die Forderung nach einer Aufhebung der Trennung zwischen ‹allgemeiner› und ‹beruflicher› Bildung. Eine solche Forderung wiederum ist als Teilziel auf dem Weg zu einem System gesellschaftlich organisierter Lernprozesse zu verstehen, das seit Marx als Zusammenfassung von gesellschaftlicher Produktion und Lernen, als ‹polytechnische Erziehung› bezeichnet wird:

«Es ist aber nicht so, daß die von Marx geforderte Verbindung zwischen Unterricht und produktiver Arbeit durch einen polytechnischen Unterricht theoretischer und praktischer Art verwirklicht werden kann, sondern so, daß die polytechnische Bildung ... die Verbindung des Unterrichts mit produktiver Arbeit zum unentbehrlichen Bestandteil haben muß. Und diese Verbindung wird *nicht* durch technologischen Unterricht, *nicht* durch Vermittlung polytechnischer Kenntnisse in den Naturwissenschaften ... und *auch nicht* durch die praktische Arbeit der Schüler in den Schulwerkstätten hergestellt, *sondern einzig und allein durch Teilnahme der Kinder am gesellschaftlichen Produktionsprozeß*» (KARRAS 1958, S. 119).

Ist also die Zusammenführung von Arbeit und Lernen unter den Bedingungen einer überwundenen kapitalistischen Produktionsweise als zentrales Ziel der Veränderungen im Bildungsbereich anzusehen, so sind Veränderungen auf dem Wege dorthin als Teilziel im Prozeß nichtreformistischer Reformen anzusehen.

3.3.3 Flankierende Maßnahmen

Bei einer Umgestaltung der Schule in ein Feld für strategisches Lernen müssen realistisch die gegebenen Machtverhältnisse einkalkuliert werden. Diese ergeben sich zunächst aus der Einbindung der Schule in die staatliche Verwaltungshierarchie, aus dem Beamtenstatus der Lehrer und der damit verbundenen Anweisungs- und Disziplinarbefugnis von Schulverwaltung und Ministerialbürokratie. Eine erfolgreiche antikapitalistische Arbeit von Lehrern muß daher stets mit einer Absicherung gegen mögliche Disziplinierungen verbunden sein. Dabei hat die bisherige Praxis schulischer Auseinandersetzung gezeigt, daß Solidarisierungen an der Basis und Schaffung von Gegenmacht als bevorzugte Mittel anzusehen sind, um ein Eingreifen der Bürokratie zu erschweren oder gar unmöglich zu machen: Denn je breiter von Lehrern, Eltern, Schülern und der Öffentlichkeit eine konkrete schulische Veränderung unterstützt wird, desto schwieriger wird es für die Verwaltung und politische Instanzen, daran beteiligte Lehrer und Schüler zu reglementieren. Daraus ergibt sich ein Zusammenhang zwischen der Realisierungsmöglichkeit antikapitalistischer Reformen und dem Maß der Solidarisierung an der Basis. Daraus läßt sich aber auch folgern, daß sowohl kurzatmig aktionistische Tätigkeiten als auch individualistische Einzelkämpfe keinen Beitrag zu einer erfolgreichen antikapitalistischen Arbeit zu leisten vermögen. Die Schulaufsicht – zur Zeit sicher noch im Einklang mit einer großen Mehrheit von Lehrern und Eltern – würde solche Ansätze umgehend beseitigen.

Eine konsequente Umwandlung der Schule in ein Feld gesellschaftsverändernder Praxis ist jedoch erst dann möglich, wenn Repressalien der Kultusbürokratie gegen progressive Lehrer den weitgehend einmütigen Widerstand von Lehrern, Schülern und Eltern hervorrufen. Hier muß man nüchtern sehen, daß gegenwärtige Gesamtschulen von diesem Zustand weit entfernt sind. In aller Regel befinden sich Lehrer mit antikapitalistischen Intentionen deutlich in der Minderheit; ihnen stehen häufig verblendet – leistungsfixierte Eltern – insbesondere Elternvertreter – gegenüber, die sehr leicht zum Gegner jeder konsequenten Reform werden können. Gerade aus dieser Situation ergibt sich jedoch die Notwendigkeit, antikapitalistische Aktivitäten in der Schule stets mit flankierenden Maßnahmen zu verknüpfen, die geeignet sind, sowohl eine breite Mehrheit des Kollegiums als auch der Eltern zu Bündnispartern zu gewinnen; denn die Intensität antikapitalistischer Arbeit kann nur in dem Maße steigen, in dem die Absicherung und Solidarisierung an der Basis erhöht wird.

1. Zunächst soll die Frage betrachtet werden, wie eine breite Mehrheit der Gesamtschullehrer zu Bündnispartnern einer antikapitalistischen Strategie gewonnen werden kann. Dabei muß man davon ausgehen, daß – genau wie im herkömmlichen Schulwesen – antikapitalistisch orientierte Lehrer im Kollegium eine Minderheit bilden. Während im traditionellen Schulwesen dieser Minderheit (sofern vorhanden) meist eine konservativ-autoritäre Mehrheit gegenübersteht, stellt sich die Situation in der Gesamtschule anders dar: Die meisten der hier unterrichtenden Lehrer haben sich auf eigenen Wunsch zur Gesamtschule gemeldet: Dahinter steht meist eine schulreformerische Motivation, die entweder auf ‹Verbesserung› eines bestimmten Fachunterrichts oder auf Schaffung von ‹mehr Chancengleichheit› innerhalb der bestehenden Gesellschaft ausgerichtet ist. Diese Lehrer arbeiten vielfach mit hoher Motivation und unter starker Arbeitsbelastung für eine Schulreform, deren technokratischen Charakter sie nicht problematisieren; antikapitalistische Ansätze der Kollegiumsminderheit werden von ihnen häufig als Gefährdung der Schulreform betrachtet, weil damit –

wie sie meinen – den konservativen Gegnern der Gesamtschule ‹Munition geliefert› werde. Gesamtschulkollegien bestehen somit in der Regel aus einer deutlichen Mehrheit liberal-reformistisch orientierter Lehrer, denen meist eine kleine Gruppe mit antikapitalistischem Ansatz gegenübersteht. Versucht diese Minderheit nun, den Status quo zu überwinden und ihre Basis zu verbreitern, so steht sie vor einem spezifischen Dilemma:

«... einerseits muß es gelingen, Schritt für Schritt aus der Isolation einer kleinen, bestenfalls geduldeten Gruppe zu einer im Kollegium anerkannten und daher politisch wirkungsvollen Stellung zu kommen; andererseits wird das unvermeidbare Hervortreten schulpolitischer Gegensätze zwischen der Mehrheit ... und der fortschrittlichen Minderheit meist deren Isolation verschärfen. Es gilt dabei, sowohl die Anpassung wie die Isolation als zwei Extreme einer unpolitischen Haltung zu vermeiden» (Krause-Vilmar/Schmitt 1973, S. 71).

Kaum Erfolg in dieser Situation verspricht vermutlich die Methode, durch provokative Diskussion radikaler und von der konkreten Schulsituation losgelöster Thesen die Trennung zwischen den Gruppen zu vertiefen und eine Spaltung herbeizuführen. Setzt man hingegen voraus, daß die allermeisten Gesamtschullehrer bereit sind, sowohl die eigene Praxis als auch gesellschaftliche Strukturen kritisch zu betrachten, so bietet sich viel eher die Form gezielter Kooperation mit aufgeschlossenen Kollegen an. Gerade hierzu bietet die Gesamtschule relativ günstige Bedingungen; denn die institutionalisierten Formen der gemeinsamen Unterrichtsvorbereitung (Fachkonferenzen) und -durchführung (*team-teaching*) bieten ausreichend Gelegenheit, um an konkreten Problemen des schulischen Alltags die Widerspiegelung kapitalistischer Widersprüche zu verdeutlichen. Im Rahmen alltäglicher Kooperation kommt es also darauf an, die für alle Gesamtschullehrer weitgehend ähnlich auftretenden Probleme auf die Widersprüche kapitalistischer Schulreform zurückzuführen. Dabei dürfte das Hauptproblem gutwillig-reformistischer Lehrer in ihrer tagtäglichen Erfahrung liegen, daß sie die verfolgte Zielsetzung nicht zu realisieren imstande sind (vgl. hierzu Kapitel 9). Wie Lehrer in einer solchen Bewußtseinslage ‹richtig› angesprochen werden können, zeigt unseres Erachtens das folgende Arbeitspapier, das an der Gesamtschule Dortmund (GSDO) entstand:

«Das hohe Maß an Schwierigkeiten, denen wir Lehrer der GSDO ausgesetzt sind, führt bei uns allen zu kaum erträglichen Frustrationen. Jeder hat dafür seine Erklärungsversuche und versucht, auf seine Art damit fertig zu werden. Am schwersten haben es wohl diejenigen von uns, die die Ursachen dafür bei sich persönlich suchen. Am einfachsten machen es sich aber diejenigen, die die Einstellung, daß es an uns liege, als die Lösung unserer Probleme verkaufen wollen. Der Spielraum für individuelle Verbesserungen auf der Basis der bestehenden Bedingungen für unser pädagogisches Tun wäre selbst dann noch sehr gering, wenn wir alle Pädagogen von den Ausmaßen eines Pestalozzi wären» (Gesamtschule Dortmund 1973, S. 2).

Dieses Papier – das als Grundlage für eine pädagogische Konferenz diente – führt über die gesellschaftlich-strukturelle Analyse zu kurz- und mittelfristigen Änderungsvorschlägen mit tendenziell antikapitalistischer Ausrichtung wie

- Abschaffung der Niveaudifferenzierung;
- Kernunterricht unter Beibehaltung der Stammgruppen;
- Begrenzung der Leistungstests.

Auf solche Art vorbereitete und verabschiedete Konferenzbeschlüsse, die von einer möglichst breiten Mehrheit getragen werden sollten, bieten sowohl die Chance, Veränderungen gegenüber der Ministerialbürokratie durchzusetzen und zu verteidigen als auch die Wahrscheinlichkeit, daß in diesem Prozeß die antikapitalistische Basis in der Lehrerschaft verbreitert wird. Auf der Grundlage einer solchen Arbeit im Kollegium dürfte es dann auch schwerfallen, einzelne Kollegen wegen ihres demokratischen Unterrichts von oben oder auch von außen (Lokalpresse) anzugreifen. Vielmehr kann man dann auf eine umfassende Stützung des betreffenden Lehrers im Kollegium rechnen. Sie ist besonders wirkungsvoll, wenn sie von Lehrer- und Personalräten mitgetragen und durch eine breite Palette von Gegenaktivitäten (etwa: Leserbriefe anerkannter Persönlichkeiten, Anforderung wissenschaftlicher Gutachten, Unterstützung von Gewerkschaften u. ä.) ergänzt wird. Die bisherige Praxis hat gezeigt, daß solche Soldarisierungskampagnen besonders hohe Erfolgsaussichten haben, wenn die angegriffenen Unterrichtsinhalte und -methoden sowohl durch geltende Richtlinien als auch erziehungs- und fachwissenschaftlich legitimiert sind.

2. Nicht zuletzt einige jüngere Konfliktfälle an Gesamtschulen – zum Beispiel die Auseinandersetzung um die Unterrichtseinheit ‹Arbeit› an der Gesamtschule Fröndenberg (vgl. v. Koerber/Kühn 1972) – haben sehr deutlich gemacht, daß konsequente Ansätze zur Umgestaltung der Schule nicht gegen den Willen von Teilen oder gar der gesamten Elternschaft durchsetzbar sind. Es kommt darauf an, nicht Konflikte mit der Elternschaft zu produzieren, sondern Veränderungen mit ihrer Unterstützung durchzusetzen. Allerdings ist gerade bei Gesamtschulen mit Ansätzen zu antikapitalistischer Arbeit die Gefahr groß, mit Eltern in Auseinandersetzungen zu geraten. Solche Konflikte entstehen hauptsächlich, weil

- Schulleistungen bei antikapitalistischer Arbeit einen anderen Stellenwert haben als im Bewußtsein der Eltern;
- die zu selbstbewußtem Verhalten ermunterten Kinder nicht mehr den familiären Gehorsams- und Ordnungsvorstellungen entsprechen;
- antikapitalistische Unterrichtsinhalte den politischen Einstellungen vieler Eltern widersprechen.

Solche Konflikte, insbesondere wenn sie verbunden sind mit einer Mobilisierung mittelständisch-konservativer Eltern und der Lokalpresse, können für eine konsequente Reformarbeit in der Schule zu schwerwiegenden Rückschlägen führen:

- Lehrer werden gemaßregelt, versetzt, entlassen.
- Das Kollegium spaltet sich, die Gruppen paralysieren sich gegenseitig, die Reformer werden entmutigt.
- Die Schüler werden in Schule und Familie unterschiedlichsten Einflüssen, Ansprüchen, zum Teil auch daraus resultierenden Repressionen ausgesetzt.

Um einer solchen Gefahr zu begegnen, ist es unabdingbar, als flankierende Maßnahme zu konsequenten schulischen Veränderungen eine intensive Elternarbeit zu betreiben. Sie muß den Eltern deutlich machen, daß sich strategisches Lernen nicht gegen sie richtet, sondern sich gerade für die Interessen der überwiegenden Mehrheit einsetzt. Einige Anregungen für flankierende Elternarbeit hat Frohn gegeben. Sie darf allerdings nicht als Anleitung zum Einzelkampf mißverstanden werden, sondern muß ebenfalls im Zusammenhang einer kollektiven Praxis gesehen werden.

Frohn geht davon aus, daß es verantwortungslos und für den Lehrer selbst gefährlich sei,

> «Schüler gegen ihr Elternhaus zu erziehen ... Sozialwirksame Erziehung hat Schüler, Lehrer und Eltern zur Verhaltensänderung durch gegenseitiges Verständnis und zur reflektierten solidarischen Aktion zu motivieren» (Frohn 1972, S. 39).

Allerdings sollte auch die Möglichkeit, Eltern über die Schule zu politisieren und zu *aktiven* Bündnispartnern zu machen, nicht überschätzt werden. Für eine antikapitalistische Arbeit in der Gesamtschule ist es jedoch zumindest notwendig, bei den Eltern so viel Verständnis für die pädagogischen Intentionen und Maßnahmen zu wecken, daß sie den Lehrern einen ausreichenden Handlungsspielraum zugestehen und so wenigstens zu *passiven* Bündnispartnern werden. Das läßt sich nur erreichen, wenn zwei Grundvoraussetzungen gegeben sind:

- Die Eltern müssen merken, daß die für sie ungewohnten Inhalte und Verfahren den Kindern Spaß machen und sie insbesondere bei progressiven Lehrern gern Unterricht haben.
- Die Lehrer dürfen den Eltern gegenüber nicht provokativ auftreten; sie müssen vielmehr ständig bereit sein, alle an sie herangetragenen Fragen, Einwände und Vorschläge ernsthaft mit den Eltern zu besprechen.

Es ist notwendig, auf dieser Grundlage eine Elternarbeit aufzubauen, die einerseits auf einer schulpolitischen Ebene Informationen über Ziele, Vorstellungen und Probleme der Gesamtschule den Eltern näher bringt, die sich aber andererseits auch auf die konkreten unterrichtlichen Vollzüge des jeweiligen Schülers beziehen muß.

Zu dieser Arbeit auf schulpolitischer Ebene gehört zunächst die weitgehende Einbindung der Eltern – besonders der Elternvertreter – in das

Informations- und Entscheidungsnetz der Schule. Schulische Maßnahmen von einiger Bedeutung sollten grundsätzlich mit den Eltern frühzeitig diskutiert werden (z. B. Einführung einer Wahldifferenzierung), dabei sind die Positionen des Kollegiums nicht als letzte Weisheit der Pädagogik, sondern als *eine mögliche* und begründbare Position darzustellen. Insbesondere ist bei solchen Sachproblemen immer wieder klarzumachen, daß die gesamtgesellschaftlichen Bedingungen (etwa geringe Lehrermeßzahlen) es gar nicht erlauben, die versprochenen Gesamtschulziele (‹Chancengleichheit›) in konkrete unterrichtliche Vollzüge umzusetzen. Solche Einsichten lassen sich bei Eltern insbesondere unter Hinweis auf die Kompressionstendenzen und die damit notwendigen innerschulischen Rationalisierungen erreichen; das kann durchaus dazu führen, daß Eltern gegen eine Reduzierung des Ganztagsbetriebs und ein unzulängliches Differenzierungsmodell zu Aktionen schreiten – wie zum Beispiel 1973 an der Gesamtschule Leverkusen. In solchen Aktionen kann die Solidarisierung von Eltern, Lehrern und Schülern gegen eine kapitalistische Schulreform zur konkreten gesellschaftsverändernden Praxis werden.

Bei der zweiten – auf den Unterricht bezogenen – Ebene der Elternarbeit geht es darum, den Eltern neue Unterrichtsinhalte und -verfahren verständlicher zu machen. Insbesondere bei Unterrichtseinheiten aus dem gesellschaftlich-politischen Bereich sollten die Eltern daher einen schriftlichen Unterrichtsplan erhalten, auf dessen Basis die Lehrer ständig bereit sein müssen, mit den Eltern zu diskutieren. Dabei sollten sich auch antikapitalistisch arbeitende Lehrerteams davor hüten, die Veränderungsfähigkeit der Eltern zu sehr zu strapazieren. Das verlangt häufig ein hohes Maß an Kompromißbereitschaft und taktischem Geschick, verhindert jedoch unproduktive Konflikte und frühzeitige Resignation.

3.4 Strategisches Lernen als Propädeutik antikapitalistischer Reformen

Gerade die Erörterung des wichtigsten Reformziels – Verbindung zwischen Unterricht und produktiver Arbeit – zeigt, daß die in der Schule herstellbaren unmittelbaren Erfahrungsbereiche für Reformen und strategisches Handeln eng begrenzt und nur dann relevant sind, wenn sie durch entsprechende Erfahrungen in außerschulischen Bereichen ergänzt werden. Das wiederum verweist auf die Komplexität strategischen Lernens: Kurz- und langfristig realisierbare Maßnahmen müssen ständig aufeinander bezogen werden; langfristig erreichbare Maßnahmen müssen frühzeitig gefordert werden, damit kurzfristig überhaupt etwas verwirklicht werden kann. Schulische Lernprozesse müssen außerschulisch vorbereitet und in der Schule reflektiert werden. Geht diese Verflochtenheit und der gegenseitige Bezug verloren, so ist die antikapitalistische Strategie als Ganzes gefährdet.

Abschließend muß noch einmal darauf hingewiesen werden, daß das Konzept des strategischen Lernens nicht dem Trugschluß unterliegen darf, als könnten mit Mitteln der Schulpolitik antikapitalistische Reformen direkt verwirklicht werden. Vielmehr kann es realistischerweise nur darum gehen, durch strategisches Lernen unter den Heranwachsenden ein Potential von Veränderungsbereitschaft und -fähigkeit zu schaffen, das sich im wesentlichen erst außerhalb der Schule, im Betrieb, in der Gewerkschaft oder in der Stadtteilarbeit verwirklichen kann.

Auch Schmiederer hat sehr deutlich darauf hingewiesen, daß die Schule weder Klassenbewußtsein schaffen noch gar von sich aus eine Gesellschaftsumwandlung leisten kann. Das bleibt Angelegenheit des «politischen Kampfes» (Schmiederer 1971, S. 35), den im gesellschaftlichen Rahmen vornehmlich die Arbeiterklasse führen muß.

«Was der politische Unterricht in der Schule leisten kann, ist die Schaffung von politischem Bewußtsein», denn «zum Klassenbewußtsein gehört die Klassensituation» (Schmiederer 1971, S. 75).

Ob sich jedoch der

«emanzipative Anspruch der Bildungsarbeit in massenhafte, emanzipative Praxis umsetzt, und wenn sich das ... Klassenbewußtsein entwickelt, hängt letztlich von der historischen Ausprägung der gesellschaftlichen Widersprüche und von der bewußten, politischen Organisation der Arbeiterklasse ab» (Deppe-Wolfinger 1971, S. 311).

Aus diesen Überlegungen folgt, daß schulische Erfahrungen im wesentlichen nur propädeutisch sein können für gesellschaftliche Auseinandersetzungen. Antikapitalistisches Bewußtsein – und das heißt letztlich Klassenbewußtsein – bildet sich erst in Klassenkämpfen. Es bildet sich jedoch nur dann, wenn diese Kampferfahrungen von den Beteiligten im gesamtgesellschaftlichen Zusammenhang interpretiert werden; auch wenn es nur gelänge, durch gesellschaftsverändernde Praxis in der Schule ein politisches Bewußtsein zu schaffen, das eine solche Interpretationsfähigkeit vorbereitet, wäre viel gewonnen. Strategisches Lernen liefe dann gleichsam auf eine Propädeutik für antikapitalistische Strukturreform hinaus.

Non vitae ...

. . . sed scholae discimus, klagte Seneca im 106. Brief an Lucilius: Nicht fürs Leben, sondern für die Schule lernen wir. Erst spätere Generationen haben diesen Satz schulgemäß umgestellt und ihn zum Sinnspruch über Gymnasiums-Pforten entstellt.

Wie aber wird der Lernende fürs Leben gerüstet? «Er muß seinen Geist füllen, nicht seine Geldtruhe», schrieb Seneca im 92. Brief an Lucilius. Nun ja, seine Geldtruhe war von Geburt an wohlgefüllt. So blieb ihm die Erfahrung erspart, daß ein volles Hirn allein einen Magen nicht beruhigt.

4

Heidrun Lotz

«Disziplinschwierigkeiten» und schulische Verhaltensauffälligkeiten

‹Disziplinschwierigkeiten› bei Schülern sind ein Problem, das heute in der Bundesrepublik Deutschland nicht nur Pädagogen, sondern die gesamte Öffentlichkeit stark diskutiert. Dabei entzündet sich die Diskussion an bestimmten Erscheinungsformen, die als ‹auffälliges› Verhalten bezeichnet werden. Im Mittelpunkt stehen hier Verhaltenstendenzen, die in der Schülerschaft der BRD neuerdings verstärkt auftreten. So stellt das Wochenmagazin *Der Spiegel* in einer Reportage fest, daß Aggression und Vandalismus in steigendem Maße ein Problem aller Schulen in der BRD sind (SPIEGEL 1972, S. 52 ff).

Im Gegensatz zum *Spiegel*-Artikel wird nicht selten behauptet, daß ‹Disziplinschwierigkeiten› an Gesamtschulen, verglichen mit anderen Schulen, in wesentlich stärkerem Maße auftreten. Dies mag seinen Grund darin haben, daß die veränderte unterrichtliche und soziale Organisation der Gesamtschule schulische Verhaltensauffälligkeiten offener zutage treten läßt. Die Größe der Schule, die oft längere tägliche Schulzeit, der häufigere Gruppen- und Lehrerwechsel und damit verbunden die ständige Konfrontation mit anderen Lehrererwartungen an das Schülerverhalten, lassen eine größere Spannbreite an möglichen und beobachtbaren Verhaltensweisen zu. Hinzu kommt, daß durch die stärkere Kooperation der Lehrer untereinander auf der Ebene der Fachgruppen und der stärkeren Zusammenarbeit zwischen Lehrer- und Elternschaft ‹Disziplinprobleme› öffentlicher ausgetragen werden, während sie in herkömmlichen Schulen oft unterschlagen werden.

Schließlich geht die Bewertung, ob schulische Verhaltensauffälligkeiten als ‹Disziplinschwierigkeiten› aufgefaßt werden, davon aus, welche Verhaltensqualitäten erwartet werden.

Ein ‹Streik› von Schülern einer Klasse gegen die zu häufige ‹Abtestung› ihrer Leistungen wird in der Regel vom Gesamtschulkollegium nicht als Disziplinverstoß gewertet, ebenso andere Formen organisierten Protestes. An einer Hauptschule oder einem Gymnasium wäre dies schon in den allermeisten Fällen Anlaß genug zur Einleitung von Disziplinarmaßnahmen.

Solche Formen organisierten Protestes sind an Gesamtschulen relativ häufig. Würde man dieses Schülerverhalten zu den Disziplinschwierigkeiten rechnen, könnte man mit Sicherheit sagen, daß Gesamtschulen mit Disziplinarproblemen häufiger konfrontiert werden. Allerdings kann man auch umgekehrt zu dem Schluß kommen, daß es schlecht um die Disziplin von Schülern bestellt ist an Schulen, in denen kollektive

Formen des Protestes nie vorkommen. Denn diszipliniertes Verhalten äußert sich weniger in Unterordnung und Anpassung an erwartete Verhaltensnormen. Gerade der Protest kann wesentliche Aspekte des disziplinierten Verhaltens hervor.

4.1 Typische an Gesamtschulen auftretende «Disziplinschwierigkeiten»

Schulische Verhaltensweisen, die von Gesamtschulkollegien am allerhäufigsten beklagt werden, sind Formen individueller und kollektiver Aggression, die es dem Lehrer oft unmöglich machen, die geplanten Unterrichtsziele zu erreichen oder ihn in Konflikte mit der Elternschaft oder dem Kollegium bringen.

Zwar haben sich auch hier die Erwartungen an das Verhalten des Schülers gegenüber dem traditionellen Lehrer zum Teil geändert, weil die pädagogische Praxis in einigen Bereichen auf andere Ziele gerichtet ist. So gilt ‹Abschreiben› und ‹Reden mit dem Nachbarn› beispielsweise nicht mehr unbedingt als störendes Verhalten, sondern könnte in bestimmten Unterrichtssituationen im Sinn strategischen Lernens – die Verwirklichung kollektiver Arbeit – durchaus eine legitime Verhaltensweise sein. Doch gibt es andere schulische Verhaltensweisen, die die Toleranzgrenze des Lehrers überschreiten. Es kommt in manchen Unterrichtsstunden vor, daß der Lärm, das Geschrei und die motorische Unruhe in der Klasse solche Ausmaße erreichen, daß die Durchführung von Unterricht ausgeschlossen wird. In einigen Klassen oder bei manchen Lehrern herrscht im Unterricht ständig ein so hoher Lärmpegel, daß die Worte des Lehrers oder der Schüler nur mit äußerster Anstrengung verstanden werden können. Ein anderes Problem ist das häufige Desinteresse der Mehrheit der Schüler am dargebotenen Unterrichtsstoff, so daß der Lehrer gezwungen ist, nur mit einigen wenigen Schülern den Unterricht durchzuführen.

Doch nicht nur in der Unterrichtssituation wird der Konflikt zwischen tatsächlichem und vom Lehrer erwarteten Schülerverhalten deutlich. Die zu beobachtende Tendenz zur offenen Aggression einzelner Schüler oder Schülergruppen gibt dem Kollegium der Gesamtschule häufig Anlaß zu ernsthafter Besorgnis. Einige willkürlich herausgegriffene Beispiele aus einer Akte ‹Schülervorfälle› seien hier zur Veranschaulichung herausgegriffen:

- Der Schüler X hat auf eine Ermahnung der Lehrerin hin dieser ins Gesicht geschlagen.
- Der Schüler Y hat während einer Auseinandersetzung zu einer Glasscherbe gegriffen und seinem Mitschüler damit die Hand zerschnitten.
- Der Schüler Z hat zusammen mit anderen den Feuerlöscher von der

Wand gerissen und damit in Flur und Treppenhaus herumgespritzt.
- Der Schüler U hat das Lehrerpult zertrümmert.

Zu Tendenzen aggressiven Verhaltens kommen Erscheinungsformen tendenziell kriminellen Handelns:

Diebstähle in der Klasse, im Schullandheim oder im nahe gelegenen Warenhaus kommen gelegentlich vor. Auffällig ist hierbei allerdings, daß der Erlös der gestohlenen Ware in den meisten Fällen untereinander verteilt wird.

Gruppen oder Banden terrorisieren einzelne Mitschüler durch organisierte Prügeleien. Es werden geplante Diebstähle durchgeführt, wie Ausplünderung der Schulklasse, organisierter Verkauf von gestohlenen Fahrrädern und ähnliches mehr. Manche Schüler verstehen es auch, sich Einkünfte zu verschaffen: Einzelne Schüler bleiben nur dann von tätlichen Angriffen verschont, wenn sie regelmäßig an diese Schüler Abgaben machen.

Einschränkend muß gesagt werden, daß diese Verhaltenserscheinungen vorwiegend in solchen Gesamtschulen auftreten, die in Satellitenstädten stehen, während Gesamtschulen in ländlicher Gegenden solche Erscheinungsformen tendenziell kriminellen Verhaltens weniger häufig beklagen. Dies führt zu der Vermutung, daß solche Verhaltensweisen primär durch die Wohnstruktur solcher Satellitenstädte gefördert werden.

4.1.1 Formen des organisierten Protestes

Aus der Schilderung schulischer Verhaltensauffälligkeiten wurde deutlich, daß die Frage, ob es sich bei dem diskutierten Verhalten der Schüler um ‹Disziplinschwierigkeiten› handelt, nicht ohne weiteres beantwortbar ist.

An dem Beispiel der kollektiven Weigerung der Schüler gegen zu häufiges ‹Abtesten› werden zweierlei Einschätzungen zum ‹Disziplinproblem› deutlich: Zum einen kann die kollektive Verweigerung als ein Disziplinverstoß gewertet werden. Sie wird dann betrachtet als ein Versuch, den Schulfrieden zu stören oder als ein Vergehen gegen ein vorgebliches Gemeininteresse. Auf der anderen Seite kann die kollektive Verweigerung als eine berechtigte Aktion angesehen werden, das heißt als eine Form der Wahrnehmung demokratischer Interessen.

In beiden Fällen sind die Verhaltenserwartungen orientiert an einer bestimmten gesellschaftlichen Zielvorstellung, an der sich richtiges Verhalten auszurichten habe. Der ersten Einschätzung liegt die Vorstellung zugrunde, daß die kapitalistische Gesellschaftsordnung die bestmögliche Gesellschaftsform ist, die ihrem Wesen nach als unveränderlich betrachtet wird. Die andere Einschätzung geht davon aus, daß die gesellschaftliche Entwicklung bestimmt wird durch den Grundwiderspruch zwischen

Lohnarbeit und Kapital, dadurch in Klassen aufgespalten ist, deren Interessen antagonistisch zueinander stehen.

Aus der Gegenüberstellung dieser beiden Einstellungen wird deutlich, daß auch in die Bewertung schulischer Verhaltensweisen und in die Erwartung an bestimmte Verhaltensqualitäten gesellschaftliche Normen eingehen. Welche Normen zum Maßstab genommen werden, hängt davon ab, inwieweit sich der einzelne mit den bestehenden gesellschaftlichen Verhältnissen und deren herrschenden Verhaltensidealen identifiziert. Bezieht sich sein Verhaltensideal auf gesellschaftlich konformes Verhalten, so sind all jene Verhaltensweisen ‹diszipliniert›, die diesem gesellschaftskonformen Verhaltensideal entsprechen. Stehen die Verhaltensintentionen der einzelnen im Gegensatz zum gesellschaftskonformen Verhaltensideal, so kann das von dieser Einschätzung her nur als ‹Disziplinschwierigkeit› gedeutet werden. Die meisten ‹Disziplinschwierigkeiten› werden also dort verzeichnet, wo die größte Diskrepanz zwischen aufgeherrschtem Verhaltensideal und Verhaltensintention des einzelnen besteht. So können ‹Disziplinschwierigkeiten› ein Maßstab dafür sein, wieweit ein gesellschaftlich gesetztes Verhaltensideal von den tatsächlichen Bedürfnissen der Bevölkerung entfernt ist.

Wie in Kapitel 1 ausführlicher dargestellt wird, ist die kapitalistische Gesellschaftsordnung nicht in der Lage, die Bedürfnisse der Mehrheit der Bevölkerung zu befriedigen. Um den Widerspruch der antagonistisch zueinanderstehenden Interessenlagen in der Bevölkerung nicht aufbrechen zu lassen, setzt die herrschende Klasse alle Mittel zur Verschleierung dieser Widersprüche ein. Sie erfindet Theorien, die über die wahren Strukturen der kapitalistischen Gesellschaft hinwegtäuschen, und sie setzt Verhaltensideale, die ein aktives Eintreten der Bevölkerung für ihre Interessen lähmen sollen.

Der Disziplinbegriff, der davon ausgeht, Verhaltensweisen dem aufgeherrschten Verhaltensideal anzupassen, berücksichtigt nicht die Bedürfnisse der Mehrheit der Bevölkerung. Die Versuche einer Lösung von ‹Disziplinschwierigkeiten› durch Anpassung werden scheitern müssen an der Verschärfung der Widersprüche zwischen gesellschaftlich aufgeherrschtem Verhaltensideal und Verhaltensintentionen der einzelnen. Eine Anhäufung von Verhaltensweisen, die den gesetzten Verhaltensnormen widersprechen, können nicht mehr als ‹Disziplinschwierigkeiten› oder Fehlverhalten betrachtet werden. Sie sind Symptom der Widersprüche in der Bedürfnisstruktur der kapitalistischen Gesellschaft. In kollektiver Form und auf ein bestimmtes Ziel gerichtet sind diese Verhaltensweisen eine Form von Protest gegen bestehende gesellschaftliche Strukturen. Im Sinne einer Angleichung der gesellschaftlichen Bedingungen an die Bedürfnisse der Mehrheit der Bevölkerung ist der Disziplinbegriff, der auf die Einhaltung und Kontrolle der herrschenden Normen bezogen ist, falsch. Der Begriff ‹Disziplin› muß wieder auf die Füße gestellt werden: Unter Disziplin seien all jene Verhaltensqualitäten zu verstehen, die dazu befähigen, die herrschenden gesellschaftlichen Widersprüche zu überwinden. Insofern beinhaltet Disziplin als Verhaltensqualität einen gesellschaftsverändernden Aspekt. Der Auffassung ‹disziplinierten Verhaltens›, das an den Verwertungsbedingungen des Kapitals orientiert ist, muß eine andere Form von Disziplin entgegengesetzt werden, die am Kampf um Durchsetzung der Interessen der Mehrheit der Bevölkerung gegenüber einer herrschenden Minderheit orientiert ist.

Makarenko hat diese Art von Disziplin als eine aktive und bewußte charakterisiert und gleichzeitig betont, daß diese Form disziplinierten Handelns an die Erkenntnisse der objektiven Klassenlage gebunden ist.

«Der aktive Charakter der Disziplin ... verlangt auf der einen Seite eine auf Kampf und Überwindung von Schwierigkeiten ausgerichtete Disziplin, die Beharrlichkeit, Entschlossenheit und Hartnäckigkeit bei der Erreichung eines gesteckten Zieles ... auf der anderen Seite die bewußte Unterordnung, Zurückhaltung, Standfestigkeit und Selbstbeherrschung!» (MAKARENKO 1971, S. XLV).

Disziplin kann also definiert werden als bewußtes, kollektives Handeln, das an der Durchsetzung eines gemeinsamen Ziels orientiert ist.

Die angestrebten gemeinsamen Ziele können immer nur Teilziele sein innerhalb der allgemeinen Orientierung auf eine Veränderung der Gesellschaft im Interesse der Mehrheit. Daraus ergeben sich Anforderungen an diszipliniertes Verhalten wie

- Entwicklung von Eigeninitiative;
- Zurückstellen momentaner individueller Bedürfnisse zugunsten des angestrebten Ziels;
- Einordnung von eigenen Bedürfnissen in das kollektive Interesse und die kollektiv angestrebten Ziele.

Kollektives Interesse und kollektiv angestrebte Ziele ergeben sich aus der objektiven Interessenlage des Schülers. Die Interessen der Gesamtschüler, die in der überwiegenden Mehrheit aus Arbeiter- und Angestelltenfamilien kommen, sind gebettet in die Interessen ihrer gesellschaftlichen Klasse. Dabei mögen sich oft Diskrepanzen zwischen den Orientierungen von Mittelschichtkindern und Arbeiterkindern zeigen. Diese Unterschiede ergeben sich jedoch nicht aus der objektiven gesellschaftlichen Stellung, sondern auf Grund der subjektiven Auffassung ihrer Lage. Eine aktive, bewußte Disziplin, die gesellschaftsverändernd wirken soll, muß voraussetzen: dem Schüler die Erkenntnis seiner gesellschaftlichen Position zu vermitteln und von ihm Verhaltensweisen erwarten und solche fördern, die seine Fähigkeiten zeigen, eigene Interessen wirkungsvoll durchzusetzen.

Wie in Kapitel 2 erläutert wird, sind die objektiven Interessen des Gesamtschülers die Durchsetzung der

- Erhöhung der Ausbildungskosten gegen Unterrichtsrationalisierung;
- Chancengleichheit gegen individualistische Leistungsauslese;

- Verbesserung der Qualifikationsstruktur gegen Atomisierung des Lernens.

Da das Individuum niemals alleine existiert, sondern stets innerhalb eines gesellschaftlichen Gefüges und in diesem Gefüge einer Gruppe zugehört, die unter gleichen ökonomischen und politischen Bedingungen lebt, steht es als Interessenträger dieser Gruppe einer anderen Gruppe von Interessenträgern gegenüber. Der Schüler kann seine Bedürfnisse gegenüber der wesentlich vom Kapital-Interesse getragenen Institution Schule nur in und mit seinem Schülerkollektiv durchsetzen. Voraussetzungen zur wirkungsvollen Durchsetzung der Interessen des Schülers auf der Erkenntnisebene sind das

- Erkennen der individuellen Interessen;
- Erkennen der Widerstände, die sich der Verwirklichung seiner Interessen entgegenstellen;
- Erkennen der Zugehörigkeit zu der Gruppe gleichgearteter Interessen (Identitätsbewußtsein).

Die Anforderungen, die sich demnach an die Handlungsweisen der Schüler stellen, ergeben sich aus den Zielen strategischen Lernens:

- Erkenntnisse über die eigene Lage und Interpretation im Zusammenhang gesellschaftlicher Widersprüche;
- Umsetzung von Erkenntnissen in Handlungsstrategien;
- Stabilisierung der sozialen Identität (vgl. Kapitel 3).

Um in diesem Sinne Handlungsstrategien umzusetzen, braucht der Schüler bestimmte Verhaltensqualitäten, die als diszipliniertes Verhalten charakterisiert werden können. Makarenko hat Verhaltensqualitäten angesprochen, wie zum Beispiel Hartnäckigkeit, Zurückhaltung, Standfestigkeit, Selbstbeherrschung und auch andere Disziplin umfassende schulische Verhaltensweisen, wie zum Beispiel Ordnung, Pünktlichkeit, Ruhe in der Klasse. Sie können eingesetzt werden, wenn sie mit den durchzusetzenden Zielen in Einklang stehen. Der Lehrer, der im Sinne strategischen Lernens handeln will, muß den Schüler dazu anleiten und ihm selbst auch Vorbild dazu sein, auf konkrete Situationen mit adäquaten Verhaltensformen zu reagieren. In erster Linie wird der Schüler jedoch Verhaltensqualitäten, die zu diszipliniertem Vorgehen erforderlich sind, durch den Kampf in und mit dem Schülerkollektiv erlernen. Eine kollektive Verweigerung kann daher dem hier dargelegten Verständnis nach nicht als undiszipliniertes Verhalten bezeichnet werden. Im Gegenteil: Im Verlaufe dieser Aktivitäten werden die gewünschten Verhaltensweisen erst erzeugt. Das dort gelernte disziplinierte Verhalten wird vermutlich auch auf die unterrichtliche Situation Auswirkung haben, wenn die inhaltlichen und organisatorischen Strukturen des Unterrichts nach den Bedürfnissen der Gesamtschüler verändert werden.

4.1.2 Formen der Rebellion

Die geschilderten schulischen Verhaltensauffälligkeiten – Desinteresse, Abwesenheit, aggressives Verhalten – werden oft als Protest aufgefaßt. Die Verhaltensweisen können tatsächlich eine Art Rebellion gegen aufgezwungene Bedingungen darstellen, sind jedoch kein Protest, sondern ohnmächtige Reaktion.

Sie sind nur Reaktion, weil

- keine bewußte Einsicht in die individuelle Interessenlage gegeben ist;
- die Erkenntnis der Verbindung der eigenen Interessenlage zu gemeinsamen Interessen der Gruppe versperrt bleibt;
- die Personen oder Institutionen, die den eigenen Bedürfnissen Widerstände entgegensetzen, unbekannt bleiben.

Ohnmächtig bleiben alle Formen spontan-aggressiven Verhaltens, weil

- die Handlungen nur individuell vollzogen werden können;
- den Handlungen aus Mangel an Erkenntnis kein Ziel entgegengesetzt werden kann;
- ohne Ziel keine Strategie entwickelt werden kann.

In ihrer extremen Ausprägung können diese Verhaltensweisen nur unterdrückt werden, denn sie sind gegen die Interessen des Schülerkollektivs gerichtet, in dem sie auftreten, und verhindern dort die Identitätsfindung. Dabei besteht die tagtägliche Schwierigkeit für Lehrer darin, dafür die adäquaten Erziehungsmittel zu finden. Als bloße Verhaltenstendenz müssen diese Verhaltensweisen weiterentwickelt werden und zu organisiertem, an gemeinsamen Interessen orientiertem Handeln geführt werden. Um eine Strategie zu entwickeln, diese schulischen Verhaltensauffälligkeiten zu diszipliniertem Verhalten zu führen, ist eine Betrachtung ihrer möglichen Ursachen notwendig.

4.2. Mögliche Ursachen für die Entstehung schulischer Verhaltensauffälligkeiten

Aggressives Verhalten kann durch Imitation gelernt werden. Dabei ist eine Beschränkung auf ein elterliches Vorbild unzulässig, denn Imitation betrifft den ganzen Bereich gesellschaftlicher Erscheinungen mit Vorbildfunktion. Bandura schreibt, daß Gesellschaften, die sozial gebilligte, aggressive Modelle liefern, wahrscheinlich aggressive Kinder hervorbringen (vgl. BANDURA 1963, S. 364 ff). Der Vater aus der Arbeiterschaft, der häufig aus seinen Frustrationserfahrungen im Beruf ein stärkeres Aggressionspotential gegenüber dem Kind manifestiert (vgl. MCKINLEY 1964) trägt insofern nur zu einem geringen Teil zu dem aggressiven Verhalten seines Kindes bei.

Geht man von dem bedingungsanalytischen Modell von Kaufmann

aus, so ist aggressives Verhalten, wie anderes menschliches Verhalten, in eine bestimmte Hierarchie von Verhaltensgewohnheiten einzuordnen (vgl. Kaufmann 1965).

Aggressives Verhalten manifestiert sich in Situationen, die vom Individuum nach bestimmten Bedingungsklassen als ‹bedrohlich›, ‹zerstörerisch› oder ‹feindlich› eingestuft worden sind. Die Wahrscheinlichkeit oder Häufigkeit des Auftretens einer aggressiven Reaktion bestimmt sich durch das Ausmaß der individuellen Gewohnheitsstärke für aggressives Verhalten.

Wenn ein Individuum starke Tendenzen hat, aggressiv zu reagieren, dann mag auch in einer relativ neutralen Situation aggressives Verhalten in Gang gesetzt werden.

Schließlich ist das gewohnheitsmäßige Hemmungspotential eine Bedingung, die bestimmt, ob eine aggressive oder nicht-aggressive Reaktion erscheint. Ein starkes Hemmungspotential schiebt die gewohnheitsmäßige Tendenz zurück, aggressiv zu reagieren, so daß eine alternative Reaktion gewählt wird.

Für die Einschätzung schulischer Verhaltensweisen ist das Modell von Kaufmann wichtig, da hier die Aggression als eine unter Umständen in der Verhaltenshierarchie oben stehende, das heißt gewohnte Verhaltensweise, dargestellt wird. In diesem Sinne ist aggressives Verhalten eine Form undifferenzierten Verhaltens, weil die Umwelt von den betreffenden Individuen nur undifferenziert und einseitig interpretiert werden kann.

Um aggressives Verhalten abzubauen, müssen den Kindern zunächst Hilfen geboten werden, damit sie ihre Umwelt besser verstehen und einschätzen lernen. Sie müssen dann dazu angeleitet werden, eine möglichst große Variationsbreite an Verhaltensformen zu entwickeln. Nur so ist es möglich, auf die Bedingungen der Umwelt effektiver einzuwirken als mit stumpfsinniger Aggression.

Um die Entstehung schulischer Verhaltensauffälligkeiten analysieren zu können, müssen die Komponenten genauer betrachtet werden, die zur Herausbildung geschilderter Verhaltensweisen bei Gesamtschülern führen. Das sind

- die Gewohnheitsstärke, das heißt die Ausgeprägtheit der Verhaltensdisposition, die der Gesamtschüler aus außerschulischer Sozialisation mitbringt;
- die Situationsbewertung, das heißt der Grad an ‹Feindlichkeit›, den die Gesamtschule für den Schüler besitzt;
- das gewohnheitsmäßige Hemmungspotential, das heißt die eigenen verinnerlichten Erwartungshaltungen an sein soziales Verhalten und die erwartete schulische Reaktion auf sein Verhalten.

4.2.1 Außerschulische Faktoren, die schulische Verhaltensauffälligkeiten beeinflussen

Soll die Gewohnheitsstärke, das heißt die Ausgeprägtheit der Verhaltensdispositionen, die der Gesamtschüler aus außerschulischer Sozialisation mitbringt, betrachtet werden, muß zunächst die Rolle der familiaren Sozialisation geklärt werden. Dabei sollen die unterschiedlichen Erziehungstechniken, die schichtenspezifisch innerhalb der Arbeiterklasse bestehen und sich in Formen der direkten Bestrafung oder in Form des Liebesentzugs äußern, untersucht werden.

«Aber wie sollen die proletarischen Elternmassen – wohlgemerkt wir reden nicht von einzelnen fortgeschrittenen Ausnahmen – auf ihre Autorität, auf ihr Recht zu befehlen und zu züchtigen verzichten, solange ihnen keine anderen besseren und erfolgreicheren Erziehungsmittel zur Verfügung stehen? Wie können sie überhaupt auf die Züchtigung und das Kommandieren der Kinder verzichten, solange sie gezwungen sind, in der engen Wohnung, unter den ständigen Bedrohungen des Hauswirts und der nörgelnden Nachbarn, gefoltert durch die eigenen Pfennigsorgen, erschöpft durch die Hetze ihrer Erwerbsarbeit mit der Schar ihrer beweglichen, lauten, stets mit Ruhe und Ordnung ihrer Mietskaserne in Kollision geratenden, immer neue Kosten verursachenden Kinder fertig werden?» (HOERNLE 1969, S. 62).

Beide Erziehungstechniken – direkte Bestrafung und Liebesentzug – wirken aggressionshemmend (im Sinn von Bildung von Hemmungspotentialen), jedoch legen sie bei der Herausbildung von aggressiven Tendenzen unterschiedliche Äußerungsformen fest.

Caesar setzt verschiedene Formen des Ausdrucks von Aggressivität in Beziehung zu den Sozialisationsbedingungen verschiedener Schichten innerhalb der Arbeiterklasse:

- Die offene Aggressivität ist ein Verhaltensmuster, das eher Arbeiterkindern zugesprochen wird;
- gehemmte Aggressivität ein Verhaltensmuster, das bei Kindern aus Angestelltenfamilien und Mittelschichtkindern ausgeprägter sein soll (vgl. CAESAR 1972).

Die offen aggressive Disposition hängt mit der als extern bezeichneten Form moralischer Orientierung zusammen, die dadurch charakterisiert ist, daß das aktuelle Verhalten des Individuums von den von ihm erwarteten äußeren positiven oder negativen Sanktionen abhängig ist.

Insofern ist anzunehmen, daß Schüler mit einer solchen moralischen Orientierung aggressive Tendenzen nur dann unterdrücken, wenn sie Bestrafung für ihr aggressives Verhalten erwarten. Dies ist bei vielen Gesamtschullehrern nicht anzunehmen.

Das Verhaltensmuster der gehemmten Aggressivität ist durch das Fehlen offen aggressiver Äußerungen und durch einen ängstlichen Konformismus gekennzeichnet. An Stelle der offenen aggressiven Äußerungen treten oft Formen der psychischen Aggression.

Während im alten dreigliedrigen Schulsystem, das von vornherein nach Schichten selektiert, eine Konfrontation dieser beiden Verhaltenstypen erspart bleibt, wird diese Konfrontation in der Gesamtschule bestimmend für häufig auftretende Gruppenstrukturen. Das Kind aus der Mittelschicht ist, von seiner familialen Sozialisation her, mehr auf Stabilisierung sozialer Beziehungen ausgerichtet, es verhält sich in Konfliktsituationen eher ängstlich und konformistisch. Weil es ebenso wie das Arbeiterkind nicht mit einer Breite von möglichen Reaktionen auf Konflikte ausgestattet ist, ordnet es sich dem Vertreter des Typs der ‹offenen Aggression› unter. Entweder duldet es diese Aggression, womit es sie unterstützt, oder es versucht diese Form des aggressiven Verhaltens sich selbst anzueignen, um in dominante Positionen in der Gruppe zu gelangen. Dies bestätigen zahlreiche Soziogramme aus Gesamtschulklassen. Der offen Aggressive ist derjenige, der als der Einflußreichste gilt, dennoch ist er oft nicht der Beliebteste, vielmehr wird er hauptsächlich von denjenigen gewählt, die in der Beliebtheitsrangfolge an letzter Stelle stehen. Es herrscht in den Klassen meistens eine Führer- und Gefolgschaftsstruktur, die von den Schülern selbst nicht selten als unterdrükkend, quälend und untragbar empfunden wird, die sie jedoch nicht selbst zu verändern wissen.

Der Trend zur Führer-Gefolgschafts-Beziehung in den Gruppen wird noch entscheidend beeinflußt und unterstützt durch die mangelnden Möglichkeiten der Freizeitbetätigung. Dies ist ein Mangel, der hauptsächlich in den Großstadtvorstädten, in denen Gesamtschulen besonders häufig errichtet werden, gravierende Konsequenzen in sich birgt. So werden die aggressiven Tendenzen außerhalb des familiären Bereichs auf der ‹Straße› verstärkt und geprägt. Vor allen Dingen bei dem Arbeiterkind zwingen die engen Wohnverhältnisse, die Berufstätigkeit der Mutter und die Schichtarbeit des Vaters in der Familie selbst die Einhaltung einer starren, äußeren Ordnung. Mobilität und Bewegungsdrang der Kinder innerhalb der Familie sind deshalb von vornherein eingeschränkt und können sich nur außerhalb der Wohnung auf der Straße entfalten.

In den eintönigen Trabantenstädten gibt es in den seltensten Fällen Einrichtungen, die die Kommunikation unter den Jugendlichen fördern, und wenig Möglichkeiten zu kultureller und sportlicher Betätigung. Dadurch werden Ansätze zur Differenzierung der Verhaltensstrukturen blockiert. An Stelle der aktiven Auseinandersetzung in einer Gemeinschaft, an Stelle der schöpferischen Betätigung an einer Sache bieten diese Wohnverhältnisse den Kindern nur den Konsum. Die einzige Haltung, die gefördert wird, ist also die Konsumhaltung. Um der Vereinzelung, zu der sie so verurteilt sind, zu entgehen, schließen sie sich immer häufiger in Banden zusammen, die rigide-autoritäre Strukturen zeigen. Einzige Beschäftigung dieser Banden ist die ziellose Aggression. Diese hat zwei Ursachen: Einmal die sträfliche Unterforderung der geistigen Fähigkeiten, zum anderen der Widerspruch zwischen den strengen Verhaltensregeln und -normen im Elternhaus und der Regellosigkeit der Freizeit. In einem solchen Raum werden die vorherrschenden Ideale der kapitalistischen Gesellschaft – der Starke, der Männliche, der Aggressive, der Einsame – notwendigerweise zu Verhaltensvorbildern im Sinne der Wirkung der ‹aggressiven Modelle›, von denen Bandura sprach.

4.2.2 Die Struktur der Gesamtschule und ihre Auswirkung auf das Verhalten der Schüler

Um die Auswirkungen der Gesamtschule auf das Verhalten der Schüler zu analysieren, muß gefragt werden,

- welchen spezifischen Charakter die heutige Gesamtschule hat und welche Formen des Verhaltens sie bei dem Gesamtschüler hervorbringt, und
- auf welche Weise die Gesamtschule vorhandene Verhaltenstendenzen ‹diszipliniert› und welche Verhaltensqualitäten gefördert werden.

Die Gesamtschule kann trotz ihrer postulierten Zielsetzung nicht als ‹Schule des Schülers› bezeichnet werden. Die Realität hat längst andere Zielorientierungen gesetzt. Die Schule wird vom Schüler nach wie vor eher als Zwangsinstitution empfunden. Die Schülerfeindlichkeit der Gesamtschule zeigt sich sowohl in der inhaltlichen Seite des Unterrichts als auch in der Struktur der Unterrichtsorganisation.

Der Unterricht selbst ist methodisch und inhaltlich nicht auf die spezifische Art des Lernens der Mehrheit der Gesamtschüler ausgerichtet. Die sprachlichen Leistungsanforderungen überwiegen. Ein breites Angebot an technischen Fächern fehlt. Methodisch ist der Unterricht vorwiegend kognitiv ausgerichtet, und in den seltensten Fällen werden Lehrinhalte vermittelt, die dazu dienen, dem Arbeiterkind die Umwelt und seine Stellung innerhalb der Gesellschaft erklärbar zu machen.

Die Lernmotivation ist aber abhängig von den für die Person erfahrbaren, relevanten Inhalten, demnach abhängig von den gesellschaftlichen Verhältnissen, die dieses oder jenes als erlernbar relevant erscheinen lassen. Dabei geht es weniger darum, wie der Lehrende seinen Stoff interessant macht, sondern wie interessant im Sinne von personaler Valenz der Stoff selbst ist (vgl. Rosenfeld 1971).

Insofern lassen die angebotenen Unterrichtsinhalte kaum Identifikation des Schülers mit seiner sozialen Klasse zu, sondern lenken ihn eher davon ab und führen bei den Schülern aus der Arbeiterschaft zu Identifikationsverlust (vgl. Butschkau/Tillmann 1972, S. 153 ff). Es kommt so zu Erscheinungen der kollektiven Unlust.

Das System der Leistungsdifferenzierung und des Wahlpflichtunterrichts erscheint dem Schüler undurchschaubar. Dies gibt ihm das Gefühl, einer perfekten Institution gegenüberzustehen, die auf Grund ihrer Undurchschaubarkeit keinen Raum zur Mitwirkung läßt.

Eine Auswirkung der Differenzierungssysteme, insbesondere der Fachleistungskurse, ist auch die Aufsplitterung der Stammgruppen.

«Für die Schüler ist die Fahrt durch den Stundenplan eine schwindelnde Karussellfahrt, die sie permanent sozial instabilisiert, und der sie durch Ausflippen (Fernbleiben vom Unterricht) zu entrinnen versuchen» (GESAMTSCHULE DORTMUND 1973, S. 4).

Der ständige Wechsel der Bezugsgruppen und Räume erschwert die Entstehung von Schülerkollektiven und die Identitätsfindung des Schülers. Kann er in einer festen Gruppe sein Verhalten ständig an der Reaktion seiner Mitschüler prüfen und korrigieren und auf diese Weise auch Strategien entwickeln, längerfristig soziale Anerkennung zu erringen, ist er beim permanenten Wechsel seines sozialen Kontakts auf eine kurzfristige Strategie angewiesen: Durchsetzung durch Aggression, Einkaufen von sozialer Anerkennung durch irgendwelche materiellen (manchmal gestohlenen) Güter. Die an manchen Gesamtschulen durchgeführte Leistungsdifferenzierung diskriminiert die leistungsschwachen Schüler und schafft somit Minderwertigkeitsgefühle und verschärft den Konkurrenzdruck.

Als letztes schließlich kommt der völlig unstrukturierte Freizeitbereich hinzu, der weder den Schülern Möglichkeiten zur Rekreation bietet noch zu ‹außerunterrichtlichem Lernen› anhält. Unter den bisher bestehenden Verhältnissen an den Gesamtschulen lernt er in diesem Bereich – pointiert gesagt – nichts anderes, als daß es außer leistungsorientierter Tätigkeit keine sinnvolle Beschäftigung gibt.

Zusammenfassend bedeutet dies, daß die gesamte pädagogische Organisation der Gesamtschule auf Individualisierung des Schülers ausgerichtet ist. Der Schüler steht so als Individuum der ‹feindlichen› Institution Schule gegenüber, und er kann nur als Individuum mit seinen gewohnten Verhaltensweisen reagieren. Insofern verstärkt die Gesamtschule durch ihre inhaltliche und organisatorische Struktur die vorhandenen aggressiven Verhaltensdispositionen. Aggressive Reaktionen sind die einzige Form der Auflehnung, die der Gesamtschüler meist gegenüber der ihm verfremdeten Schule kennt.

Dennoch sind andererseits in der pädagogischen Organisation der Gesamtschule repressive Maßnahmen enthalten, die bestimmte Verhaltensqualitäten anstreben, mit dem Ziel der Anpassung an die Bedingungen der Arbeit in der kapitalistischen Produktion, wie zum Beispiel folgende:

- Das Ertragen undurchschaubarer Strukturen (technisch rationalisierte Differenzierungssysteme);

- Mobilität, Flexibilität, Verhinderung von Gruppensolidarität (ständiger Raum-, Gruppen- und Bezugspersonenwechsel);
- Mitspracherecht ohne Kompetenz (Schülermitverwaltung, Tutorensystem);
- Initiative, die nur im vorgegebenen Raum stattfinden darf (Wahldifferenzierung);
- ständige, individuelle Leistungsbereitschaft unter Konkurrenzdruck (Abschlüsse);
- Gewöhnung an ständige Leistungskontrollen (Leistungstests);
- Gewöhnung an entfremdete Arbeit (Unterrichtsinhalte, die keine Identifikation des Schülers zulassen);
- Erziehung zur Konsumhaltung (Freizeitbereich ohne pädagogische Strukturierung) (vgl. Kapitel 7).

4.2.3 Die Erwartungshaltungen der Lehrer an schulisches Verhalten und ihre Reaktion auf schulisches Fehlverhalten

Die Erwartungshaltungen der Lehrer an schulisches Verhalten und ihre Einstellung zur Disziplin sind sehr unterschiedlich und können nur idealtypisch stilisiert dargestellt werden.

Die nachfolgende Darstellung der Erwartungshaltungen soll zeigen, inwiefern die vom Lehrer eingeleiteten schulischen Maßnahmen geeignet sind, Verhaltensauffälligkeiten zu hemmen oder zu fördern. Zu diesem Zweck werden zwei Typen beschrieben, die Pole einer Skala darstellen, auf der die Einstellung der einzelnen Lehrer jeweils anzusiedeln ist.

Typ 1: Die pädagogische Zielstellung dieses Lehrertyps ist es, dem Gesamtschüler ein möglichst umfangreiches Wissen in den einzelnen Sachgebieten zu vermitteln. Dabei bleibt eine Wertung dessen unreflektiert, welches Wissen, gemessen an der sozialen Lage der Gesamtschüler und ihrer späteren Stellung im Produktionsprozeß, notwendig ist. Ausgangspunkt ist bestenfalls das Ideal der Chancengleichheit und damit das Bestreben, allen Kindern der Gesamtschule, auch den Arbeiterkindern, mittelständisch-kleinbürgerliche Bildungsinhalte zu vermitteln, also dem Gesamtschulkind den Aufstieg in eine andere gesellschaftliche Schicht zu ermöglichen. Es ist einleuchtend, daß dieser Typ von Lehrer die Ursachen von auftretenden ‹Disziplinschwierigkeiten› nicht in ihrer inhaltlichen und unterrichtsorganisatorischen Bedingtheit erkennen kann. In nur eingeschränktem und verzerrtem Maße sieht er die Auswirkungen der Struktur der Gesamtschule. Er deutet die auftretenden ‹Disziplinschwierigkeiten› allein aus der Verhaltensdisposition des Schülers. Zeigt der Schüler sich in seinem Unterricht nicht leistungsmotiviert, ist das auf seine apathische Haltung zurückzuführen; bleibt der Schüler dem Unterricht fern, liegen die Ursachen in seiner mangelnden Schul- und Bildungsfähigkeit; stört der Schüler häufig den Unterricht, ist seine aggressive Verhaltensdisposition schuld. Da der Lehrer die Gesamtschule und sein pädagogisches Verhalten nicht in Zweifel zieht und dieses Gegebene gleichzeitig seine Zielorientierung ist, kann ihm auch konsequenterweise nichts übrig bleiben, als lediglich Erscheinungsformen der Verhaltensabweichungen zu bekämpfen.

Fragt man diesen Typ von Lehrer, was Disziplin ist, so gibt er die alte Antwort: Disziplin ist, wenn man dieses nicht tut und jenes nicht tut. Seiner Auffassung nach ist Disziplinierung das Erziehungsziel schlechthin. Es bedeutet ihm Anpassungsfähigkeit an das unkritisch hingenommene Bestehende. Disziplin läßt sich für ihn nur in ihrer Negativform fassen und ist nur durchzusetzen in der Bekämpfung dieser Negativform. Die Vorstellungen über Lösungsmöglichkeiten von Disziplinschwierigkeiten gehen bei diesem Lehrertyp, vereinfacht formuliert, einmal davon aus, den möglichen Handlungsspielraum des Schülers weitgehendst einzuschränken bzw. rigide Verhaltensschemata festzulegen. Es werden Kataloge von Verbotshandlungen aufgestellt, die je nach der Liberalität des Lehrer variieren in Länge und Sinnhaftigkeit der Forderungen. Mittel zur Durchsetzung dieser Forderungen sind Lob und Strafe, die sich durchaus im traditionellen Rahmen bewegen: Strafarbeiten, Vor-die-Tür-Stellen, Nachsitzen, Anschreien und anderes mehr.

In bezug auf die Gruppenstruktur geht der Lehrer von der Rädelsführer-Theorie aus: Undiszipliniertes Verhalten ist auffälliges Verhalten; der Auffälligste, der Störer, ist der Hauptverantwortliche für die Disziplinschwierigkeiten in der Klasse, gegen ihn richten sich in erster Linie die Sanktionen. Der traditionelle Lehrer straft den Rädelsführer häufig hart, der liberale Lehrer versucht, ihn im Klassenverband zu isolieren oder fordert für ihn die Eingliederung in eine Therapiegruppe.

Typ 2: Der Lehrer dieses Typs hat ein kritisches Verhältnis zur Gesellschaft, zur Gesamtschule, zu sich selbst. Seine pädagogische Zielsetzung ist es, dem Schüler nicht nur ein möglichst umfangreiches Fachwissen zu vermitteln, sondern ihn mit Fähigkeiten auszustatten, die ihn zum ‹kritischen Bürger in einer demokratischen Gesellschaft› erziehen. Er möchte ihnen ein kritisches Bewußtsein vermitteln gegenüber bestehenden gesellschaftlichen Institutionen und gesellschaftlicher Ideologie.

Ziel seiner Arbeit ist es, auch dem Arbeiterkind ein Bewußtsein seiner Identität, seiner zukünftigen Stellung im Produktionsprozeß zu vermitteln. Er erkennt die bürgerlichen Bildungsinhalte und sucht nach neuen Inhalten und Formen der Vermittlung, die an der Sozialisation von Arbeiterkindern ausgerichtet sind.

Die Disziplinschwierigkeiten sieht er durchaus in den organisatorischen und inhaltlichen Strukturen der Gesamtschule begründet. Für ihn sind Disziplinverletzungen der Schüler häufig Ausdruck der Rebellion des Gesamtschülers gegen dieses Schulsystem. Er akzeptiert diese Undiszipliniertheiten als unstrukturierten, undifferenzierten Protest. Zwar hindert ihn das Verhalten der Schüler an der Durchsetzung eines Teils seiner pädagogischen Ziele, andererseits betrachtet er aber auch die Überschreitungen von gesetzten Verhaltensnormen bei Schülern als Ansatzpunkt, um kritisches Bewußtsein und eigenständiges Handeln durchzusetzen. Sein Problem ist also herauszufinden, welches ‹undisziplinierte› Verhalten seiner pädagogischen Zielsetzung förderlich ist.

Fragt man diesen Lehrertyp danach, was Disziplin ist, so antwortet er etwa: Disziplin ist Anpassung und Unterordnung unter die bestehenden Verhältnisse. Da er aber der Gesellschaft kritisch gegenübersteht, kann Anpassung und Unterordnung unter gegebenen Verhältnissen kein Erziehungsziel sein.

Von dieser Einschätzung her ist es äußerst kompliziert, ja geradezu unmöglich, Wege zur Lösung von ‹Disziplinschwierigkeiten› zu finden. Selbstverständlich ist aus dieser Einschätzung heraus, daß die zahlreichen Quellen für ‹Disziplinschwierigkeiten› erforscht und kritisiert werden. Dieser Lehrertyp ringt, je nach dem Grad seiner bewußten Einsicht und dem Grad seiner Bereitschaft, in dem ihm verbleibenden Rahmen um Veränderung: Modifizierung des Differenzierungsmodells, Anpassung der Curricula an die spezifischen Sozialisationsbedingungen von Gesamtschülern, Ansätze zur Organisierung des außerunterrichtlichen Bereichs, Elternarbeit. Die Wirkung seiner Bemühungen bleibt auf Grund der objektiven und subjektiven Bedingungen in der Gesamtschule zwangsläufig gering. Der Gesamtschullehrer erkennt dies in der Regel auch. Durch beharrlichen Kampf um bessere organisatorische und technische Bedingungen sucht er eine optimale sachorientierte Motivation des Schülers zu erreichen. Er hofft, damit Voraussetzungen zur Einsicht in Verhaltensnotwendigkeiten zu schaffen, oder er hofft, daß an den Widersprüchen, mit denen der Gesamtschüler konfrontiert wird, sich sein Protest entzündet. Diesen beiden Einschätzungen ist gemeinsam, daß der Lehrer selbst als derjenige sich versteht, der dem Schüler hilft, die Widersprüche zu erkennen. Seine pädagogischen Erwartungen zielen auf die Erweiterung der Einsichtsfähigkeit der Schüler ab. Darin allein sieht er die Lösung von ‹Disziplinschwierigkeiten›; seiner Einschätzung nach kommt es nur darauf an, wie tiefgreifend es gelingt, diese Einsichten zu vermitteln. Was er nicht vermitteln kann, sind Fertigkeiten, mit denen der Schüler auf Grund seiner gewonnenen Einsichten handeln kann. Der geduldige Appell an die Einsicht des Schülers, das beharrliche Analysieren von Problemen und Widersprüchen könnte die Schüler jedoch in noch größere Konflikte stürzen und somit die Disziplinschwierigkeiten verschärfen. Der Konflikt besteht in der Diskrepanz zwischen den hohen

Erwartungen der Lehrer an die Einsichtsfähigkeit der Schüler und dem Fehlen jeglicher Anleitung zum Handeln.

Zusammenfassend läßt sich zur Einschätzung des Disziplinproblems und den möglicherweise daraus folgenden Strategien zur Lösung von ‹Disziplinschwierigkeiten› sagen:

‹Disziplin› wird einmal aufgefaßt als Erziehungsziel, das Unterordnung und Anpassung an vorgegebene Verhaltensnormen bedeutet. Hier ist Disziplin also Erziehungsmittel und Erziehungsziel zugleich (Typ 1). Zum anderen wurde als Erziehungsziel gerade die Negation der ‹Disziplin› gesehen (Typ 2). ‹Disziplinlosigkeit› wurde aufgefaßt als undifferenzierte Protesthaltung, die es galt, mittels fördernder und hindernder Maßnahmen zu gezieltem Protest zu führen. Der Irrtum dieser Auffassung ist, daß Disziplinlosigkeit eben nicht in jedem Fall eine Vorform des Protests ist, sondern im Gegenteil, daß Protest ein Höchstmaß an Disziplin erfordert. Rebelliert zum Beispiel eine Klasse gegen eine langweilige Unterrichtsstunde, so nutzt es wenig, ihnen nur die Berechtigung ihres Handelns zu bestätigen und damit das Handeln zu bestärken. Die darauffolgende Diskussion über die Ursachen der Langweiligkeit des Unterrichts erreicht nur das pädagogische Ziel, daß die Schüler das Erfolgserlebnis haben, eine Unterrichtsstunde nach ihrem Willen beeinflussen zu können. In der Erkenntnis ihrer Interessen und Möglichkeiten der Durchsetzung sind sie keinen Schritt weiter gekommen. Zwar haben sie das Gefühl der Macht durch gemeinsames Vorgehen erfahren. Doch dies allein genügt nicht, wenn die Schüler nicht wissen, was sie mit ihrem Erfolg weiter anfangen sollen. Der pädagogische Ansatz des Lehrers muß darauf gerichtet sein, die Gruppe dazu zu befähigen, an konkreten Ansätzen gemäß ihren eigenen Interessen verändernd einzugreifen.

Zu solchem Handeln ist ein diszipliniertes Vorgehen des ganzen Schülerkollektivs notwendig. Diszipliniertes Vorgehen heißt hier, daß die Schüler Einsichten in bestimmte notwendige Handlungen gewinnen und lernen müssen, gemäß dieser erkannten Notwendigkeiten gemeinsam zu handeln. Um das dem Schüler zu vermitteln, muß der Lehrer ein System von pädagogischen Maßnahmen entwickeln, die den Schülern die Fähigkeit zum Handeln überhaupt erst vermitteln.

4.3 Schritte zur Lösung von Disziplinschwierigkeiten

Die bisherige Diskussion ergab eine Definition von Disziplin, die in der Kurzform lautet: Disziplin ist bewußtes, kollektives Handeln, orientiert an der Durchsetzung eines gemeinsamen Ziels. Sie ergab ferner, daß die bestehenden Auffassungen von Disziplin und die daraus folgenden Maßnahmen zur Lösung von Disziplinschwierigkeiten daran kranken,

- daß entweder die bestehenden Verhältnisse bzw. die praktizierte inhaltliche und organisatorische Struktur als unveränderlich angesehen wurden und das Verhalten von Schülern in diese Bedingungen entsprechend eingepaßt werden muß, oder
- daß die bestehenden inhaltlichen und organisatorischen Strukturen bloß kritisiert werden, wobei eine Strategie zur Veränderung und Weiterentwicklung schulischen Verhaltens und Fehlverhaltens fehlt.

Wege zur Lösung von Disziplinschwierigkeiten müssen indes auf zweierlei hinauslaufen. Auf

- den Kampf um Veränderung bestehender inhaltlicher und organisatorischer pädagogischer Strukturen, orientiert an den Zielen strategischen Lernens, und
- die Entwicklung von Strategien zur Herausbildung von Verhaltensqualitäten, die zu diszipliniertem Schülerverhalten führen.

4.3.1 Maßnahmen zur Veränderung der pädagogischen Organisation der Gesamtschule

Die inhaltliche und organisatorische Struktur der Gesamtschule ist gegenwärtig nicht so gestaltet, daß sie strategisches Lernen fördert. Die wichtigste Voraussetzung, die der Schüler benötigt, um seine eigene Lage zu erkennen und sie im Zusammenhang gesellschaftlicher Widersprüche zu interpretieren, ist eine umfassende allseitige Information. Denn

«derzeitig bedeutet ein Minimum an Information für den größtmöglichen Teil der Arbeiter die effektivste Verwertbarkeit der Arbeitskraft, da leicht erlernbare, jedoch häufig wechselnde Arbeit verrichtet werden muß. Die Gesamtschule bietet hierfür die beste Ausbildung: Wechsel der Gruppen, Leistungsorientierung, Flexibilität, Erwerb sozialer Tugenden, schnelle Integration, Aufhebung antagonistischer (sichtbarer) Klassengegensätze. Will die Gesamtschule aber wirklich dieser Zulieferer sein?» (Dahle 1972, S. 86).

Einer Verbesserung der Qualifikationsstruktur stehen die in den Gesamtschulen durchgeführten Differenzierungsformen entgegen. Die Leistungsdifferenzierung zerreißt die Gruppen und schafft Konkurrenzdruck innerhalb der Schülerschaft. Damit entfallen wichtige Voraussetzungen für die Entwicklung solidarischen Handelns. Der Wahlpflichtunterricht, der an Gesamtschulen im 7. Jahrgang beginnt, entwickelt zu früh spezielle Fähigkeiten auf Kosten einer umfassenden Bildung.

«In der Gesamtschule wird ein optimaler Sortierungsprozeß nach speziellen Neigungen und Talenten, wie er der hochdifferenzierten Industrie- und Dienstleistungsgesellschaft entspricht, arrangiert werden können, verbunden damit, daß junge Menschen, das zukünftige Leben vorwegnehmend, immer wieder in verschiedenen Subgruppen zusammenkommen, nach Leistungen gestuft und gefördert werden und doch zu einer allgemeinen Verträglichkeit um des umfassenden Systems willen angehalten werden» (FISCHER 1972, S. 7).

Kienitz stellt in seinem Aufsatz die Gesamtschule in der BRD die sozialistische Einheitsschule gegenüber. Er sieht den Vorteil der sozialistischen Einheitsschule in der Auffassung von der «Dialektik von Einheitlichkeit und Differenzierung» begründet. Er unterscheidet Differenzierungen, die den Weg zur Einheitlichkeit verriegeln, einer hohen Bildung für alle entgegenstehen und somit das ‹Bildungsmonopol› stützen, von Differenzierungen, die der Förderung der verschiedenen Talente und Spitzenleistungen und der Verwirklichung gleicher Bildungsmöglichkeiten dienlich sind. In diesem Sinne fordert Kienitz,

- daß der didaktischen Differenzierung im gemeinsamen Unterricht erhöhte Aufmerksamkeit geschenkt wird;
- daß didaktische Differenzierung stets darauf gerichtet ist, alle Schüler an das Ziel der Schule heranzuführen;
- daß keine Wahlfachalternativen geboten werden, sondern eine systematische Entwicklung der Arbeitsgemeinschaften und des fakultativen Unterrichts;
- daß differenziertes Lernen erst im Rahmen der Oberstufe an Bedeutung gewinnt (vgl. KIENITZ 1972, S. 9 ff).

Kienitz kritisiert die gegenwärtigen Bestrebungen an Gesamtschulen:

«Es geht also nicht um allgemeine Erhöhung des Bildungsniveaus, sondern lediglich um verbesserte, elastischere Selektionsmechanismen, vorwiegend durch streaming und setting» (KIENITZ 1972, S. 11).

Den Forderungen Kienitz' kann die Gesamtschule auf Grund der bestehenden gesellschaftlichen Widersprüche noch nicht nachkommen. Der systembedingten Benachteiligung von Arbeiterkindern in der Entfaltung ihrer Fähigkeiten kann die Gesamtschule nur teilweise entgegenwirken. Dabei muß sie vorerst Kompromisse an ihre prinzipielle Zielstellung machen. Prinzipielle Zielstellung ist, die diskriminierende Form der äußeren Differenzierung abzuschaffen und stabile, heterogene Stammgruppen zu bilden. Als Übergangslösung müssen besondere Kurse eingerichtet werden, die entstandene schulische Lernschwierigkeiten auszugleichen suchen. Diese Kurse dürfen nur für kurze Zeiträume angelegt sein und eine schnelle Reintegration in die Stammgruppe garantieren.

Um bessere Voraussetzungen für die pädagogische Praxis des Lehrers zu schaffen, ist es notwendig, daß die unterschiedlichen Erziehungsstile und -praktiken einander angenähert werden. In einer regelmäßig stattfindenden Pädagogischen Konferenz sollten Fragen der Erziehungsziele und Erziehungspraktiken permanenter Diskussionspunkt sein. Von der praktischen Seite her sollte von institutionalisierten gegenseitigen Hospitationen im Unterricht stärker Gebrauch gemacht werden. Möglichkeiten des *micro-teaching* müßten eingeführt werden; Ziel ist hierbei die Verbreiterung des pädagogischen Verhaltensspielraumes des einzelnen Lehrers durch das Beispiel des Kollegen. Schließlich wäre auch *team-teaching* eine Möglichkeit zur gegenseitigen Abstimmung der pädagogischen Praxis des Gesamtschullehrers.

Wenn zu Anfang festgestellt wurde, daß die unterschiedlichen Erziehungstechniken von Elternhaus und Schule vor allem bei Arbeiterkindern zu Verhaltensauffälligkeiten führen können, ist es vonnöten, gerade auch Arbeitereltern für Probleme der Schule zu aktivieren. Dabei bieten sich Veranstaltungen an, die von der Thematik her an aktuellen Problemen der Schule anknüpfen, um von dort aus die sich ergebenden Verhaltenskonsequenzen zu diskutieren und die Rolle dieser Verhaltensqualitäten im gesellschaftlichen Rahmen zu betrachten.

Beispiele für eine solche Thematik sind
- das Problem der Differenzierung;
- die Darstellung einer Unterrichtseinheit Sexualkunde.

4.3.2 Strategien zur Veränderung schulischen Verhaltens bei Gesamtschülern

Zielstellung einer solchen Strategie muß es sein, Möglichkeiten zum Abbau bestimmter Verhaltensqualitäten – etwa aggressiver Tendenzen – zu finden, andere Verhaltensweisen hingegen zu unterstützen und weiterzuentwickeln.

Wenig Lösungen für Disziplinprobleme bieten die Therapiegruppen. Eine Einweisung in eine Therapiegruppe dürfte nur bei extremen Fällen von Verhaltensauffälligkeiten geschehen. Aber gerade in der Beurteilung dessen liegt die Gefahr. Viele Gesamtschullehrer sehen in der Therapiegruppe das Allheilmittel der Disziplinschwierigkeiten. Dabei sollen all jene Kinder, die ihrem subjektiven Eindruck nach ‹Verhaltensauffälligkeiten› zeigen, in Therapiegruppen zusammengefaßt werden. Die Therapiegruppe als allgemein angewandtes Disziplinierungsmittel ist ebenso fraglich, wie alle anderen bloßen Disziplinierungsmittel auch. Vor allen Dingen geht ja auch die Zielsetzung der Therapie von den in der kapitalistischen Gesellschaft aufgeherrschten Verhaltensidealen aus, und setzt somit die herrschenden Normen als Maßstab. In diesem Sinne kann die Therapiegruppe eine der schändlichsten Diskriminierungsmaßnahmen sein, indem sie Schülern, die nicht gesellschaftskonformes Verhalten zeigen, den Stempel des Abnormen aufsetzt.

Disziplinschwierigkeiten müssen vielmehr in systematischer Weise, unter Einbeziehung aller Beteiligten, vor allem der Bezugsgruppe der Schüler und dem Lehrer, angegangen werden. Kern des Problems ist dabei, wie ein möglichst reichhaltiges Verhaltensrepertoire gelernt werden kann. Denn Aggression abzubauen heißt, andere Verhaltensweisen kennenzulernen. Es müssen dabei gerade solche Verhaltensweisen entwickelt werden, die im Sinne strategischen Handelns angewendet werden können.

Dazu muß ein Ansatz gefunden werden, durch den immer wieder Situationen geschaffen werden, die

- einmal den Schüler mit schulischen Problemen konfrontieren, damit er seine Stellung in der Schule und seine Interessen kennenlernt;
- zum anderen den Schüler zum Handeln auffordern, im Verlaufe dessen er Verhaltensqualitäten lernt, die ihn zu diszipliniertem Handeln befähigen.

Dies kann auf verschiedenen Ebenen geschehen:

1. Die erste Ebene ist die Form des Spiels. Hier wird der Schüler an Hand des ihm gegebenen Themas oder Spielplans zum Handeln gezwungen und gelangt durch die ihm zugedachte Rolle zu sozialer Identität.

«Im Rollenspiel werden folgende Fähigkeiten und Haltungen ausgebildet:
Nachahmung gesellschaftlichen Verhaltens;
Erfassung komplexer sozialer Beziehungen;
Erlernen von Werten.
So hilft das Rollenspiel dem Kind, seine Kenntnisse und früheren Erfahrungen zu gliedern und zu analysieren» (BAUMGARTNER 1972, S. 45).

Die Thematik für die Spiele kommt aus dem Problemfeld des Schülers; sie kann aktuelle Vorkommnisse aus der Klasse oder der Familie beinhalten.

Das folgende Rollenspiel, das an der Gesamtschule Dortmund zu dem Thema «Der Diebstahl in der Klasse» durchgeführt wurde, hat gezeigt, wie Schüler in die Lage versetzt werden können, das Verhalten eines Schülers in bezug auf das Interesse des Klassenkollektivs richtig einzuschätzen. Es wurden Formen gefunden, einem solchen Verhalten entgegenzutreten, ohne den Schüler zu diskriminieren.

Das Resultat war: Der Diebstahl wurde nicht dem Klassenlehrer mitgeteilt, der Schüler hatte das gestohlene Geld zurückzuzahlen und zusätzlich eine Spende für ein Kinderkrankenhaus in Vietnam zu entrichten.

Andere Thematiken können aktuelle Probleme aus dem Bereich der Wohngemeinde oder aktuell politische Ereignisse sein. So können etwa folgende Themen für Planspiele vorgeschlagen werden:
Die fristlose Entlassung;
Kampf um höheren Lohn;
Ladendiebstahl;
Unser Stadtteil braucht einen Kinderspielplatz.

2. Eine andere Ebene ist die Stärkung der Schülerkollektive und die Stärkung der effektiven Interessenvertretung der Schüler innerhalb des schulischen Bereichs. Dabei soll die Stammgruppe in der Gesamtschule

für den Schüler die Bezugsgruppe bilden, an der und in der er sein kollektives, solidarisches Bewußtsein stärken kann.

Zu diesem Zweck muß die Struktur der Stammgruppe grundlegend verändert werden. Die bisherige Organisation der Stammgruppe in der Gesamtschule ist völlig unstrukturiert. Es herrscht oft eine repressive Ordnung, in der meist der aggressivste Schüler tonangebend ist und die anderen Schüler sich ihm mehr oder weniger gezwungen unterordnen. Der Klassensprecher, der eigentlich die Interessen der Schüler wahrnehmen sollte, wird in dieser Funktion nicht gesehen oder anerkannt. Er ist herabgemindert zum Organisator irgendwelcher Klassendienste.

Um die Stammgruppen in ein weitgehendst selbstverwaltetes Organ umzuwandeln, muß ein verantwortliches Kollektiv für die Interessenvertretung der ganzen Gruppe gewählt werden. Die einzelnen Verantwortlichen decken mit ihren Funktionsbereichen die Felder schulischer Konfliktmöglichkeiten ab, um zu gewährleisten, daß die Schüler auf diese Weise die Art der Widerstände kennenlernen, die sich ihren Interessen entgegenstellen, um in Rückkoppelung mit der Klasse Formen der Aktion zu finden. Geht man dabei von den Interessen der Gesamtschüler aus, so bringen diese immer wieder zum Ausdruck, daß sie unter Disziplinschwierigkeiten in der Schule sehr leiden. Im Unterricht fühlen sich die Schüler zum einen nicht genügend gefordert. Der Stoff erscheint ihnen uninteressant, nutzlos, später im Leben nicht verwendbar; zum anderen fühlen sie sich überfordert – sie wissen nicht, worauf der Lehrer hinauswill. Sie bemühen sich zwar um Mitarbeit im Unterricht, jedoch der allgemeine Lärm, die motorische Unruhe stören sie an einer längeren Konzentration auf den Unterrichtsstoff. Am meisten beklagen sich die Gesamtschüler über die mangelnde Strukturierung ihres Freizeitbereiches. Das Angebot ist so gering, daß sie in ihrer Freizeit meist nur ‹herumgammeln›. Orientiert an dieser Kritik ließen sich Funktionsbereiche für gewählte Schülervertreter, für ‹Vertrauensschüler› aufstellen: Ein Funktionsbereich

- für die Behandlung von Gruppenproblemen und Problemen einzelner Schüler. (Der oder die mit dieser Funktion betrauten Schüler ist/sind verantwortlich für die Behandlung von Disziplinschwierigkeiten in der Klasse und für die Organisation von Hilfen für einzelne Schüler.)
- Für die Unterrichtsgestaltung in den einzelnen Fächern. Die mit dieser Funktion betrauten Schüler haben einen Überblick über Interesse und Motivation der Klasse in bestimmten Unterrichtsfächern. Sie vertreten die Klasse in den Fachkonferenzen und kämpfen um Verbesserungen von Unterrichtsinhalt und -organisation.
- Für die Aktivitäten der Klasse im außerunterrichtlichen Bereich. Diese Schüler sorgen für die Entwicklung von Initiativen zur Freizeit der Klasse und pflegen Kontakt zu verschiedenen Jugendorganisationen.

Ein wichtiger Aspekt ist, daß die Klasse, im Kampf um größere Einflußmöglichkeiten ihres Vertreterkollektivs, wertvolle Erfahrungen strategischen Handelns macht.

Die Selbstverwaltung der Schüler in Bereichen schulischer Verhaltensauffälligkeiten wirft allerdings große Probleme auf. Denn viele Gesamtschüler möchten dem von ihnen selbst als chaotisch empfundenen Zustand eine rigide Ordnung entgegensetzen. Disziplin ist für sie gleichgesetzt mit Ordnung, Sauberkeit, streng gesetzten Verhaltensregeln. Ihre persönliche Freiheit sehen sie nur gewährleistet durch die Einschränkung des Freiraums der anderen. Dementsprechend verlangen sie von dem Lehrer ein strenges Durchgreifen bei Übertretungen von gesetzten Verhaltensnormen. Fragt man diese Gesamtschüler nach Möglichkeiten zur Lösung von Disziplinschwierigkeiten, stellen sie sofort einen Katalog von Sanktionen auf, der aus dem Repertoire des alten autoritären Dorfschullehrers her kommt: von Schlägen, Elternbriefen bis hin zu Strafarbeiten. Soll die Gruppe selbst Maßnahmen zur Veränderung schulischen Fehlverhaltens treffen, so muß sie lernen, einzuschätzen, in welchem Maß das Fehlverhalten den kollektiven Zielen schadet, und welches angemessene Mittel zur Veränderung des betreffenden Verhaltens einzusetzen ist. Zu diesem Zweck muß der Lehrer eng mit den für diesen Bereich verantwortlichen Schülern zusammenarbeiten. Dabei sollte der Lehrer es weitgehendst vermeiden, selbst aktiv zu werden, sondern nur Anleitung zum Handeln geben.

Eine gut organisierte Selbstverwaltung der Stammgruppe stärkt auch die kompetente Interessenvertretung der Schüler im gesamten schulischen Bereich. So schreiben Schaeffer/Lambrou, die in dieser Richtung einen Versuch an einer Hauptschule durchgeführt haben: Die Selbstverwaltung in einer Klasse bewirkt immerhin,

«daß die SMV heute, nach fast drei Jahren, ein wirkungsvolles Organ geworden ist ... und daß die Schülervertreter mit größerem Selbstbewußtsein und besseren Kenntnissen ihrer Rechte dem Lehrerkollegium entgegentreten» (SCHAEFFER/LAMBROU 1972, S. 34).

Um solche und ähnliche Modelle verwirklichen zu können, ist für die Gesamtschule die Erhaltung der Stammgruppe wichtigste Forderung, um wenigstens einen relativ festen Bezugsrahmen der Schüler zu sichern.

Eine wichtige Rolle, den Schüler zu einem bewußten, kollektiven Handeln zu erziehen, hat die Schülerzeitung. Sie kann

- die Interessen der Schüler formulieren und so die Schüler in ihrer Erkenntnis über ihre eigene Situation weiterführen;
- über Handlungen und erfolgreiche Aktivitäten der einzelnen Klassen permanent berichten und Vorbild und Anleitung zum Handeln bieten;
- Aktivitäten der Schüler koordinieren.

Zusammenfassend läßt sich sagen, daß schulische Verhaltensauffälligkeiten in bezug auf strategisches Lernen nur dann weniger störend wirken, wenn auf der einen Seite die inhaltlichen und organisatorischen Strukturen der Gesamtschule wie beschrieben wesentlich geändert werden und die Schüler zu einer Selbstorganisation der Konfliktregelung angehalten werden.

5

Elke Nyssen

Curriculare Perspektiven für den Deutschunterricht

Bevor der Versuch gemacht wird, das Konzept strategischen Lernens, wie es in Kapitel 3 entwickelt wurde, in curriculare Perspektiven für den Deutschunterricht umzusetzen, ist es notwendig, die Ausgangssituation, das heißt einige Elemente des Curriculum des Fachs Deutsch kurz zu analysieren. Denn es ist zu vermuten, daß die allgemeinen Lernziele und die methodische Aufbereitung, wie sie in den Rahmenlehrplänen für die Gesamtschule formuliert sind, die bisherige Unterrichtspraxis weitgehend mitbestimmt haben. Lernziele und methodische Vermittlung sind also als bedeutende Faktoren dafür anzusehen, welche sozialen Lernprozesse, welche schulischen Erfahrungen und welche Informationen an die Schüler vermittelt wurden bzw. werden.

5.1 Die allgemeinen Lernziele des Deutsch- und Sprachunterrichts in der Gesamtschule

Die Ergebnisse der sozio-linguistischen Forschung haben in den letzten Jahren dazu geführt, daß alle an der Reform der herkömmlichen Schule Interessierten erkannten, welche Bedeutung der Ausprägung schichtenspezifischer Sprachcodes für den Schulerfolg zuzusprechen ist. Konsequenterweise steht im Mittelpunkt der Überlegungen zum Deutsch- und Sprachunterricht an der Gesamtschule die Frage, wie schichtenspezifisch bedingte ‹Sprachdefizite› von Arbeiterkindern ausgeglichen werden können. Edelstein/Schäfer haben den Versuch gemacht, die allgemeinen Ziele der Gesamtschule, vor allem die Realisierung von Chancengleichheit, für den Sprachunterricht zu konkretisieren. Dieser Versuch hat zwar nicht den Charakter eines verbindlichen Lehrplans, er hat jedoch, wie weiter unten zu zeigen sein wird, die Rahmenrichtlinien für den Deutsch- und Sprachunterricht in einigen Bundesländern stark beeinflußt. Die allgemeinen Lernziele des Sprachunterrichts lassen sich nach Edelstein und Schäfer folgendermaßen zusammenfassen:

«a) Kommunikationsfähigkeit, Fähigkeit zu symbolischer Interaktion im Medium der Sprache ...
b) Begreifen der Sprache selbst als Struktur und System (...)
c) Beherrschung von sprachlichen Medien einer fremden Kultur (...)
d) Ausgleich der sprachlich vermittelten Ungleichheit der Bildungschancen durch differenzierte und gezielte Förderung des sprachlichen Verständnisbereichs» (Edelstein/Schäfer 1969, S. 47).

Die allgemeine Kritik an den Neukonzeptionen des Deutschunterrichts, wie sie von Hoffacker und Lecke artikuliert wurde, trifft weitgehend auch für den von Edelstein/Schäfer formulierten Lernzielkatalog zu: Denn auch hier wird «noch einmal ... die Form zum Fetisch gemacht, damit über Inhalte geschwiegen werden kann» (HOFFACKER/LECKE 1970, S. 38).

Stichpunktartig läßt sich diese Kritik wie folgt konkretisieren:

- Das als letztes genannte Ziel des Sprachunterrichts – die sprachlich vermittelte Ungleichheit der Bildungschancen von Arbeiterkindern einerseits, Beamten- und Angestelltenkindern andererseits auszugleichen – führt in dieser Form zu einer Anpassung der Sprache des Arbeiterkindes an diejenige der Mittelschicht, wobei die Gefahr besteht, daß sich auch Wertvorstellungen, Interessen usw. angleichen und dadurch das Arbeiterkind seiner Klasse entfremdet wird.[1]
- Das Lernziel, Sprache als Struktur und System zu begreifen, könnte in dieser undifferenzierten Forderung zu einer verstärkten Diskriminierung von Arbeiterkindern führen.
- Edelstein/Schäfer abstrahieren, ebenso wie Essen, Ulshöfer u. a. von den Inhalten, die durch Sprache vermittelt werden. Die Propagierung des Lernziels Kommunikationsfähigkeit an sich unterscheidet nicht zwischen der Kommunikationsfähigkeit von zum Beispiel Springer-Redakteuren und Löwenthal (ZDF) und derjenigen eines streikenden Arbeiters.
- Das Begreifen der Sprache als Struktur kann, solange eine politische Zielvorstellung fehlt, den Herrschaftscharakter von Sprache nicht vermitteln.

Im folgenden sollen kurz die allgemeinen Lernziele, wie sie im Rahmenlehrplan für den Lernbereich Deutsch/ESU an den Gesamtschulen in Nordrhein-Westfalen, 5. und 6. Jahrgang, formuliert sind, analysiert werden. Der Rahmenlehrplan besitzt für Lehrer und Schüler größere Verbindlichkeit als die Formulierungen Edelsteins und Schäfers und läßt deshalb eher Rückschlüsse auf die im Unterricht vermittelten Inhalte zu. Wie bereits in Kapitel 3 ausgeführt wurde, hat der Ansatz, Ziele sozialen Lernens aus dem systematischen Zusammenhang der interaktionistischen Rollentheorie heraus zu formulieren, für Gesamtschulen besondere Relevanz. Ebenso wie im Gesellschaft/Politik-Unterricht sollen auch im Deutschunterricht die von der interaktionistischen Rollentheorie formulierten Ziele Ich-Identität, Rollendistanz, Empathie und Ambiguitätstoleranz angestrebt werden. Der Bezug stellt sich allerdings für den Deutschunterricht nicht so linear dar wie für den Gesellschaft/Poli-

1 Dabei soll nicht geleugnet werden, daß Edelstein das Problem des einseitigen Anpassungsdruckes erkannt hat, wie sein Aufsatz ‹*Chancengleichheit ohne Schulreform*› (EDELSTEIN 1966, S. 627 ff) erkennen läßt. Es ist ihm jedoch in dieser Formulierung von Lernzielen für den ESU nicht gelungen, seine Erkenntnisse konsequent in Curriculumüberlegungen umzusetzen.

tik-Unterricht: Denn im Deutschunterricht soll vorrangig die allgemeine Kommunikations- und Artikulationsfähigkeit der Schüler gefördert werden, das heißt, sie sollen die sprachlichen Voraussetzungen erwerben, um Ich-Identität, Rollendistanz, Empathie und Ambiguitätstoleranz zu entwickeln. Im Deutschunterricht soll der Schüler befähigt werden

- «die eigenen Bedürfnisse und Interessen und deren Übereinstimmung mit den Bedürfnissen anderer zu erkennen und zu verbalisieren sowie die Voraussetzungen für ihre Durchsetzung in bestimmten Situationen zu schaffen» (Kultusminister Nordrhein-Westfalen 1972 a, S. 4 f).

Die Artikulation eigener Bedürfnisse und Interessen ist zweifellos notwendige Voraussetzung für die Entwicklung der sozialen und personalen Ich-Identität der Schüler und notwendige Voraussetzung, um die hier entwickelten Ziele strategischen Lernens zu realisieren. Solange jedoch inhaltlich nicht problematisiert wird, in welchen Situationen die eigenen Bedürfnisse mit denen der anderen übereinstimmen und in welchen sie nicht übereinstimmen können, können die Ziele strategischen Lernens im Deutschunterricht nicht erreicht werden. Mag zunächst mit der Erkenntnis, daß die eigenen Interessen mit denen der anderen übereinstimmen, die Erkenntnis gemeinsamer Interessen aller Schüler gemeint sein, so kann durch diese unspezifische Formulierung doch nicht ausgeschlossen werden, daß die Erkenntnis einer prinzipiellen Interessenübereinstimmung aller gesellschaftlichen Klassen und Gruppen angestrebt wird. Weiterhin soll der Schüler befähigt werden,

- «gesellschaftliche Situationen in ihrer Bedingtheit zu durchschauen und Konsequenzen für das eigene Verhalten zu artikulieren» (Kultusminister Nordrhein-Westfalen 1972 a, S. 5).

Zweifellos ist die Erkenntnis der gesellschaftlichen Situation Vorbedingung dafür, daß der Schüler Rollendistanz entwickelt. Da jedoch offenbleibt, welche Konsequenzen er aus der Erkenntnis der gesellschaftlichen Situation ziehen kann, und da über die Zielrichtung seiner Handlungen nichts gesagt wird, kann der Schüler sowohl zu totaler Anpassung oder aktionistischer Revolte, aber auch zu strategischem Handeln ‹erzogen› werden. Die in Kapitel 3 formulierte Kritik an den aus der interaktionistischen Theorie abgeleiteten Zielen sozialen Lernens, die die allgemeinen Lernziele des Gesellschaft/Politik-Unterrichts beeinflußt haben, trifft auch für die allgemeinen Lernziele des Deutsch- und Sprachunterrichts zu.

Ein Unterschied zwischen den Rahmenlehrplänen in den Fächern Deutsch/ESU und Gesellschaft/Politik muß jedoch hervorgehoben werden: Während, wie noch zu zeigen sein wird, die im weiteren formulierten Lernziele für den Deutschunterricht inhaltlich nicht präzisiert werden und deshalb die in Kapitel 3 aufgewiesene Ambivalenz sozialen Lernens nicht überwinden können, werden im Rahmenlehrplan Gesellschaft und Politik (GuP) die Lernziele inhaltlich konkretisiert. So heißt es im Rahmenlehrplan GuP:

«Oberste Zielsetzung für eine demokratische Gesellschaft ist die Befähigung zur *Selbst-* und *Mitbestimmung*. Diese optimale Teilhabe des einzelnen an gesellschaftlichen Entscheidungsprozessen ist an die Aufhebung ungleicher Lebenschancen geknüpft.

Welche Inhalte sich mit dieser Zielsetzung verbinden, wird erst dann deutlich, wenn man es auf *Anwendungssituationen* bezieht. Es muß daher aufgezeigt werden

- welches Verhalten in einer bestimmten Situation ein Kennzeichen für Selbst- und Mitbestimmung ist
- welche Widerstände sich in diesem Fall ihrer Verwirklichung entgegenstellen
- unter welchen Bedingungen und für wen diese Widerstände aufhebbar sind
- welchen Einfluß auf das Maß an Selbst- und Mitbestimmung jeweils die Zugehörigkeit zu einer bestimmten Schicht/Interessengruppe hat» (KULTUSMINISTER NORDRHEIN-WESTFALEN 1972 b, S. 1 f).

Dabei geht der Rahmenlehrplan zu Recht davon aus, daß die Förderung von Selbst- und Mitbestimmung nicht allein durch – wenn auch kritische – Informationsverarbeitung erreicht werden kann. Darüber hinaus muß Unterricht «auch für strategisches und taktisches *Handeln* qualifizieren» (KULTUSMINISTER NORDRHEIN-WESTFALEN 1972b, S. 3).

Beim Vergleich der allgemeinen Lernziele des Deutschunterrichts einerseits, des Gesellschaft/Politik-Unterrichts andererseits drängt sich der Verdacht auf, daß die ehemals emanzipatorischen Zielsetzungen der Gesamtschule in das weniger leistungsbezogene Fach Gesellschaft und Politik abgedrängt werden, das somit zu einer Spielwiese für Demokratie wird und zudem noch eine Alibifunktion erfüllt. Dieser Verdacht wird erhärtet durch die Analyse der allgemeinen Lernziele im Fach Deutsch/ESU und Mathematik (vgl. Kapitel 6).

Die Ziele des Deutschunterrichts, die aus der allgemeinen Bedeutung des Kommunikationsprozesses abgeleitet werden, lauten folgendermaßen:

1. «Die Schüler sollen in der Lage sein, Kommunikationssituationen wahrzunehmen und zu beschreiben.
2. Die Schüler sollen lernen, Texte zu dekodieren.
3. Die Schüler sollen lernen, sich Informationen zu beschaffen und sie zu speichern.
4. Die Schüler sollen lernen, Texte zu kodieren» (KULTUSMINISTER NORDRHEIN-WESTFALEN 1972 b, S. 9 ff).

Die Realisierung der genannten Lernziele ist zweifellos eine notwendige, jedoch keineswegs hinreichende Bedingung, um das hier entwickelte Konzept strategischen Lernens im Deutschunterricht zu unterstützen. Denn solange offenbleibt, welche Kommunikationssituationen Schüler wahrnehmen und mit welcher Zielrichtung sie sie beschreiben sollen, solange offenbleibt, welche Informationen Schüler speichern sollen und zu welchem Zweck, so lange besteht auch im Deutschunterricht der Gesamtschule die Gefahr, daß Schüler nur effektiver weil verschleierter als im herkömmlichen Deutschunterricht auf die Verwertungsinteressen des Kapitals vorbereitet werden. Sammlung von Informationen kann sowohl Sammlung von technischen Daten zur Effektivierung des Arbeitsprozesses als auch Sammlung von Informationen über die Betriebshierarchie oder die ‹arbeitsfeindliche Politik› des Betriebes heißen. Die Kritik, die Rumpf meines Erachtens zu Unrecht an den hessischen Rahmenrichtlinien zum Fach Deutsch geübt hat[2], trifft jedoch voll für den Rahmenlehrplan für die Gesamtschulen Nordrhein-Westfalens zu:

«Wenn Sprache als soziales Handeln ... nur dort gelernt werden kann, wo sie in kommunikativen Verwendungssituationen ernsthaft gebraucht wird, dann ist schwer einzusehen, warum nicht diese problematischen Inhalte und Ernstfälle das konstituierende Prinzip abgeben sollen» (Rumpf 1973, S. 34).

Sprachunterricht, der dem Konzept strategischen Lernens zumindest nicht zuwiderläuft, muß von der folgenden Forderung ausgehen, wie sie ein Berliner Unterrichtskollektiv formuliert hat. Diese Forderung entspricht den von Negt artikulierten generellen Kriterien für die Auswahl von Bildungsinhalten für die Arbeiterbildung (vgl. Kapitel 3).

«Statt eines formalen Sprachtrainings sollte die *inhaltliche Diskussion* dazu beitragen, daß ‹strukturelle Zusammenhänge zwischen individueller Lebensgeschichte, unmittelbaren Interessen und geschichtlichen Ereignissen erkannt werden›» (Berliner Unterrichtskollektiv 1972, S. 8, Binnenzitat von Negt).

5.2 Perspektiven strategischen Lernens im Deutschunterricht

Will man die Leitziele strategischen Lernens,

- Vermittlung von Erkenntnissen über die Situation der Schüler und deren Interpretation im Zusammenhang gesamtgesellschaftlicher Strukturkonflikte;
- Umsetzung von Erkenntnissen in Handlungsstrategien und
- Stabilisierung der sozialen Identität (vgl. Kapitel 3)

in curriculare Perspektiven für den Unterricht umsetzen, ist es notwendig, von den Hier-und-Jetzt-Problemen der Schüler auszugehen, das heißt von den Bedürfnissen und Interessen der Schüler, die weitgehend durch die primäre Sozialisation bedingt sind.

2 So formulieren die Hessischen Rahmenrichtlinien ausdrücklich: «Öffentliche und private Konflikte drücken sich in der Regel auch in Sprache aus. Das Sprachverhalten der Schüler ist darum nur im Zusammenhang mit diesen Konflikten zu verstehen» (Hessische Rahmenrichtlinien Deutsch 1973, S. 172).

5.2.1 Ergebnisse der primären Sozialisation als Voraussetzungen strategischen Lernens im Deutschunterricht: politische Wertorientierungen und Sprachverhalten der Schüler

Die Darstellung von Sozialisationsbedingungen, an die strategisches Lernen in der Schule anknüpfen könnte, sieht sich dem Dilemma gegenüber, sich fast ausschließlich auf die Ergebnisse positivistischer Sozialisationsforscher stützen zu müssen. Diesen fehlt, wie Preuß-Lausitz kürzlich nachgewiesen hat,

«ein Verständnis davon, daß die amerikanische Gesellschaft [und die bundesrepublikanische; E. N.] eine Klassengesellschaft ist und daß daher eine *herrschende* Klasse *ihre* Normen und Rollenerwartungen *anderen* Gruppen und Klassen durch *ihre* Sozialisationsagenturen und Sanktionen aufzuzwingen versucht, andererseits die Arbeiterklasse in Produktion und Reproduktion Erfahrungen macht, die diesen Normen widersprechen» (PREUSS-LAUSITZ 1973, S. 20).

Als wichtigster Indikator für die Schichtzugehörigkeit dient der positivistischen Sozialisationsforschung der Beruf. Sie abstrahiert völlig davon, daß die Arbeitsplatzsituation sowohl der Arbeiter als auch der Beamten und Angestellten durch den Zweck der Produktion bestimmt wird: durch die Mehrwertproduktion und -realisation. Der kapitalistische Produktionsprozeß hat die Klasse der Lohnabhängigen aufgespaltet in Arbeiter, Angestellte und Beamte. Auf Grund ihrer objektiven Funktion – Wahrnehmung der Aufgaben des Kapitals und Bezahlung aus der von den Arbeitern erarbeiteten Mehrwertmasse – befinden sich ein Teil der Angestellten und Beamten in gewisser Hinsicht im Widerspruch zur Arbeiterschaft. Dieser Widerspruch, der ihren Interessen als Lohnabhängigen widerspricht, spiegelt sich in der Sozialisationsforschung wider. So ist es evident, daß die Bewertung ‹schichten›-spezifischer Sozialisationsprozesse in den etablierten Veröffentlichungen ‹mittelschichtspezifisch› orientiert ist. Darüber hinaus sind, wie Preuß-Lausitz an amerikanischen Untersuchungen zur politischen Sozialisation nachgewiesen hat, die Interessen der positivistischen Sozialisationsforschung bereits in die Untersuchungsmethoden eingegangen, so daß die Ergebnisse von vornherein verfälscht sind (vgl. PREUSS-LAUSITZ 1973, S. 19 ff).

Wenn trotz des genannten Dilemmas dennoch der Versuch unternommen wird, einige der vorliegenden Untersuchungsergebnisse im Bereich ‹schichtenspezifischer› Sozialisation daraufhin zu untersuchen, ob sie Ansätze für strategisches Handeln im Sinn antikapitalistischer Strukturveränderungen erkennen lassen, so kann dieser Versuch allenfalls Plausibilitätscharakter haben. In Anknüpfung an Kapitel 2, das untersucht hat, welche Schwierigkeiten sich aus den unterschiedlichen Sozialisationsvoraussetzungen für die Unterrichtspraxis der Gesamtschule ergeben, soll hier gefragt werden, welche Notwendigkeiten sich aus ihnen für die Entwicklung curricularer Perspektiven ergeben. Im Sinne strategischen Lernens müssen die Sozialisationsvoraussetzungen vor allem daraufhin untersucht werden, inwieweit sie Ansatzpunkte zu einer Selbstidentifikation des Arbeiterkindes mit seiner Klasse bieten, ohne jedoch das Arbeiterkind von Angestellten- und Beamtenkindern zu separieren (vgl. Butschkau/Tillmann 1972, S. 160 f).

Andererseits muß – wenn auch nur ansatzweise – untersucht werden, welche Sozialisationsvoraussetzungen bei Angestellten- und Beamtenkindern vorhanden sind, die zur Erkenntnis gemeinsamer Interessen von Arbeiter-, Angestellten- und Beamtenkindern führen könnten bzw. welche Sozialisationsvoraussetzungen diese Erkenntnis notwendig verhindern und deshalb konterkariert werden müssen.

Zwar ist es mißlich, einzelne Momente des Sozialisationsprozesses unabhängig voneinander zu betrachten. Zudem sind die Sozialisationsvoraussetzungen für die curriculare Entwicklung in allen Fächern relevant. Berücksichtigt man jedoch die fachimmanenten Ansprüche des Deutschunterrichts einerseits, die Zielvorstellungen strategischen Lernens andererseits, so sind die unterschiedlichen politischen Wertorientierungen und das unterschiedliche Sprachverhalten der Schüler von besonderer Wichtigkeit.

1. *Die politischen Wertorientierungen der Schüler*

Eine umfassende Darstellung der empirischen Untersuchungen zum politischen Bewußtsein von Arbeitern und Mittelschichtangehörigen und von Schülern haben Butschkau/Tillmann gegeben (Butschkau/Tillmann 1972). Nach allen vorliegenden Untersuchungen haben Arbeiter zumeist ein dichotomisches Bewußtsein, das heißt, sie sehen die Gesellschaft getrennt in ‹die da oben› und ‹wir hier unten›.

Diese Sichtweise ist als latentes politisches Bewußtsein, das die gesellschaftlichen Widersprüche prinzipiell erfaßt, aufzufassen. Andererseits verhindert das dichotomische Bewußtsein die Analyse der Veränderungen der spätkapitalistischen Gesellschaft und die Analyse differenzierter gesellschaftlicher Strukturen, zum Beispiel die Erkenntnis, daß sich Beamte und Angestellte in einem prinzipiellen Gegensatz zum Kapitel befinden, wenngleich ein Teil der Angestellten und Beamten auch vom durch Arbeiter erarbeiteten Mehrwert leben, das heißt eben doch auf Kosten der Arbeiter. Angestellten und Beamten wird dagegen ein hierarchisches Gesellschaftsbild zugesprochen, das heißt, sie sehen die Gesellschaft gestuft in eine Vielzahl von Positionen, die mit unterschiedlichem Prestige, Einkommen usw. verbunden sind. Entscheidend ist, daß sie ein starkes Aufstiegsbewußtsein haben und meinen, sie oder zumindest ihre Kinder hätten prinzipiell die Möglichkeit, Berufe mit dem höchsten Prestige und dem höchsten Einkommen zu erreichen. Dieses Gesellschaftsbild verhindert notwendig, daß der Klassencharakter der Gesellschaft erkannt wird und daß Angestellte und Beamte ihre objektive Lage und Interessen erkennen. Grebe kommt nach einer Analyse der unterschiedlichen Gesellschaftsbilder von Arbeitern einerseits, Beamten und Angestellten andererseits zu folgendem Schluß, der hier übernommen wird:

«Zwar manifestieren sich schichtspezifische Erfahrungen aus dem Arbeitsprozeß in schichtspezifischen Verhaltensweisen. Dieser Vorgang wird aber anscheinend nicht von der gesamten abhängigen Klasse realisiert, so daß sie zum größten Teil verbal die herrschenden Ideologien der herrschenden Klasse vertreten. In dieser Diskrepanz scheint ein wesentliches Moment der Entfremdung institutionalisiert. Solange es nicht gelingt, durch politische Bildung die Erkenntnis der objektiven Interessen und der objektiven Klassenlage zu ermöglichen, so daß sie individuell zur subjektiven gemacht werden können, werden voraussichtlich politisch bewußte Demokraten die solidarische Basis für den Klassenkampf nicht initiieren können» (GREBE 1972, S. 26).

Dieser Prozeß wird auch durch die individualistischen Wertorientierungen, die individuelle Aufstiegsmotivation und das Konkurrenzverhalten von Schülern aus Angestellten- und Beamtenfamilien stark behindert werden. Demgegenüber kann man die mangelnde individuelle Leistungs- und Aufstiegsorientierung von Arbeiterkindern, die allerdings geschlechtsspezifisch variiert, als *Ansätze* solidarischen Verhaltens interpretieren, das notwendige Voraussetzung für strategisches Handeln ist. Dagegen könnte allerdings eingewandt werden, daß auf der Gesamtschule auch Arbeiterkinder und vor allem ihre Eltern der durch die Gesamtschule propagierten Aufstiegsideologie aufgesessen sind.

Das ist auf den ersten Blick zweifellos richtig und trifft vor allem für Mädchen zu. Eine Erfahrung, die ein Lehrerteam an der Gesamtschule Bruchköbel (Hessen) machte, läßt jedoch zumindest vermuten, daß bei Arbeiterkindern nach wie vor die resignative Einstellung bezüglich ihrer realen Aufstiegschancen überwiegt. Bei einem Planspiel über Lehrlingsausbeutung im Betrieb, auf das im weiteren Verlauf dieser Ausführungen noch näher einzugehen ist, ergab sich folgendes Ergebnis der Gruppenzusammensetzung, die von den Schülern selbst gewählt wurde:

«In allen Klassen, in denen das Planspiel durchgeführt wurde, war auffällig, daß die Besetzung von zwei Gruppen schichtenspezifisch erfolgte: Lehrlinge (Schüler aus der Unterschicht) und Ausbilder (Schüler aus der Mittelschicht)» (LEHRLINGSAUSBILDUNG 1972, S. 30).

Zwar machten auch die Lehrer zu Anfang der Unterrichtsreihe die Erfahrung, daß

«ein großer Teil von Unterschichtschülern, auch solche, die in den leistungsschwachen Kursen sind ... sich Illusionen über die erreichbaren Schulabschlüsse (machten)» (LEHRLINGSAUSBILDUNG 1972, S. 10).

Dennoch führt die bevorzugte *spontane* Wahl von Arbeiterkindern für die Gruppe der ausgebeuteten Lehrlinge doch zu der Frage, ob sie die Aufstiegsideologie in drei Jahren Gesamtschulbesuch bereits verinnerlicht haben oder ob nicht nach wie vor die durch die familiäre Sozialisation bedingte realistische resignative ‹Aufstiegsperspektive› überwiegt. Zusammenfassend läßt sich nach der knappen Analyse der unterschiedlichen politischen Orientierungen schlußfolgern, daß das dichotomische Bewußtsein des Arbeiterkindes tendenziell eher Ansatzpunkte für strategisches Lernen bietet als das hierarchische des Angestellten- und Beamtenkindes. Das dichotomische Bewußtsein erkennt die grundlegenden Strukturen der spätkapitalistischen Gesellschaft und kann deshalb als Voraussetzung dafür angesehen werden, daß das Arbeiterkind seine Situation im Zusammenhang gesamtgesellschaftlicher Strukturen interpretieren kann.

2. *Sprachverhalten*

Die Unterschiede zwischen dem ‹restringierten› Code des Arbeiterkindes und dem ‹elaborierten› des Mittelschichtkindes und ihre Auswirkungen auf den Schulerfolg sind von uns an anderer Stelle ausführlich analysiert worden (ROLFF/NYSSEN 1972, S. 97 ff).

Schwieriger und weitaus umstrittener ist aber die Bewertung der sozialen Implikationen, die mit dem Gebrauch der unterschiedlichen Sprachcodes verbunden sind. Diese Bewertung ist jedoch um so entscheidender, da sich Inhalte und Durchführung von Unterrichtseinheiten zur Aufhebung sprachlicher Defizite danach unterscheiden werden, welchen Vor- bzw. Nachteil man den unterschiedlichen Sprachcodes zuspricht. Einig sind sich nahezu alle Autoren darin, daß der ‹restringierte› Code eher als der ‹elaborierte› Momente enthält, die die Solidarität der Sprecher betonen. Gleichzeitig spricht Oevermann jedoch dem Sprecher des ‹restringierten› Codes die Fähigkeit zu emotionaler und kognitiver Differenzierung ab. Er wertet die im Gebrauch des ‹restringierten› Codes zum Ausdruck kommende Solidarität als ‹mechanistisch›, ‹konformistisch›, ‹traditionalistisch› und ‹entpersönlichend› ab (vgl. EHLICH u. a. 1971, S. 44). Demgegenüber betonen Ehlich u. a., die die linguistischen Untersuchungen ausführlich kritisiert haben, daß die im ‹restringierten› Code zum Ausdruck kommenden

«verfestigten sozialen Erfahrungen der Arbeiterklasse ... eher geeignet sind, die Widersprüche des Systems auf den Begriff zu bringen als die blasse, leere Abstraktion und nur kalkulatorische Rationalität bürgerlicher Individuen» (EHLICH u. a. 1971, S. 49).

Als einen Beleg für ihre These führen die Autoren aus:

«Es gehört sicher mehr als nur die Verfügung über elaborierte Sprache dazu, diese fragmentarische Erfahrung der Realität zur ‹Ontogenese einer kategorial abstrakten Weltauffassung› zusammenzufügen. Gerade die Möglichkeit der Entstehung des Faschismus in einer Schicht, die nach Oevermann über den elaborierten Code verfügt, sollte zur Skepsis und Differenzierung anhalten, damit nicht gerade hier das Potential dafür geschaffen wird, was Oevermann eigentlich den restringierten Codesprechern reserviert, nämlich, daß sie ‹als Objekt passiv den Mächten (unterworfen werden), die den Handlungskontext, an (dem sie) teilnehmen, steuern›» (Ehlich u. a. 1971, S. 49, Binnenzitate von Oevermann).

Zum gleichen Ergebnis kommt Lethen, der die «Strategien der verbalen Planung der Putzfrau Maria B.» (Tonbandprotokoll von Erika Runge, aufgenommen zur Zeit der Zechenstillegungen im Ruhrgebiet) untersuchte (Lethen 1972). Einen weiteren Aspekt des ‹restringierten› Codes, der das Gesagte weithin bestätigt, betont Negt: den Gebrauch sozialer Topoi.

Negt verweist auf zwei – auch für den Unterricht bedeutsame – Implikationen, die mit dem Gebrauch sozialer Topoi verbunden sind. Einmal bedient sich der Arbeiter der sozialen Topik als «Schutz gegen die Integration in eine Ideologie egalitärer Konsumenten» (Negt 1971, S. 65), gegen die Ideologie der Partnerschaft und der Klassenharmonie, andererseits enthält der Gebrauch der sozialen Topik jedoch «ein Element, das der Verdinglichung des Denkens entgegenkommt und das Bewußtsein der eigenen Klassenlage blockiert» (Negt 1971, S. 67). Negt fährt fort:

«Gerade weil das Denken der Arbeiter so sehr an Topoi gebunden ist, besteht die Möglichkeit, daß ‹Idole›, Warenfetische der spätkapitalistischen Klassengesellschaft ihre Funktion übernehmen . . .» (Negt 1971, S. 67 f).

Die Bewertung der unterschiedlichen Sprachcodes im Hinblick auf die Realisierung strategischen Lernens stellt sich bei weitem schwieriger dar als die Bewertung der unterschiedlichen politischen Orientierungen der Schüler. Die Analyse der Sprachcodes und des Gebrauchs von Topoi hat zwar ergeben, daß das Arbeiterkind tendenziell in der Lage ist, die grundlegende Struktur der Gesellschaft zu erfassen. Andererseits werden diese Strukturen jedoch in der Regel nicht in ihrer Differenziertheit und Veränderbarkeit erkannt, so daß es zumindest fraglich bleibt, ob das Arbeiterkind die Nebenwidersprüche der spätkapitalistischen Gesellschaft, die seine Situation kennzeichnen, auf den Hauptwiderspruch zwischen Kapital und Arbeit zurückführen kann. Angestellten- und Beamtenkinder scheinen zwar prinzipiell in der Lage, einzelne Phänomene differenziert zu analysieren, es bleibt jedoch fraglich, ob sie auf Grund der individualistischen Ausrichtung, die der Gebrauch des ‹elaborierten› Codes impliziert, fähig sind, solidarisches Verhalten als Ziel strategischen Lernens und als Voraussetzung strategischen Handelns zu entwickeln.

Bevor – ansatzweise – der Versuch gemacht wird, curriculare Perspektiven, die vor dem Hintergrund der Sozialisationsbedingungen das Konzept strategischen Lernens im Deutschunterricht umsetzen wollen, zu entwickeln, muß noch kurz an den typischen Lernstil von Arbeiterkindern erinnert werden, da er die Überlegungen zur Lockerung der traditionellen Unterrichtsorganisation weitgehend bestimmt. In Anschluß an Riessmann lassen sich die Merkmale, die den typischen Lernstil von Arbeiterkindern charakterisieren, folgendermaßen zusammenfassen:

- Arbeiterkinder lernen in der Regel besser durch konkrete Aktivität als durch formale, das heißt abstrakt-verbale Kommunikation.
- Arbeiterkinder lernen durchschnittlich langsamer, wenn der Bezug zu ihrer konkreten Situation fehlt.
- Arbeiterkinder brauchen zumeist mehr Beispiele, um zu einer Schlußfolgerung zu kommen.
- Arbeiterkinder verallgemeinern eher durch induktive als durch deduktive Prozesse.
- Der Inhalt eines Problems ist oft wichtiger als seine formale Struktur. (Was wiederum beweist, daß die formale Anwendung linguistisch-strukturalistischer Methoden Arbeiterkinder diskriminiert.)
- Arbeiterkinder begreifen Lernen eher als soziale Erfahrung, während Mittelschichtkinder eher unabhängig von der sozialen Umwelt lernen (RIESSMANN 1962, S. 65 f).

5.2.2 Überlegungen zur Entwicklung allgemeiner curricularer Perspektiven

Die Überlegungen zur Entwicklung strategischer Perspektiven im Fach Deutsch (wie in jedem anderen Fach) müssen prinzipiell drei Momente berücksichtigen: die fachimmanenten Ansprüche des Deutschunterrichts, die Sozialisationsvoraussetzungen der Schüler und die Leitziele strategischen Lernens. Traditionell werden dem Deutschunterricht zwei Aufgaben zugesprochen: Er soll die Kommunikation fördern, und er soll Kenntnisse über Literatur vermitteln. Beide Ansprüche interessieren im folgenden nur, insoweit sie zur Realisierung der Ziele strategischen Lernens dienen. Es interessiert also nicht Förderung der Kommunikation an sich, sondern nur die Förderung solcher Kommunikation, durch die die Schüler zum Beispiel in die Lage versetzt werden, sich über Ziele, Mittel und Nebenfolgen strategischen Handelns miteinander zu verständigen. Ebenso hat die Vermittlung von Literaturkenntnissen in diesem Zusammenhang nur dann einen Stellenwert, wenn sie zum Beispiel den Schüler befähigt, seine eigene Situation im Zusammenhang gesamtgesellschaftlicher Strukturen zu interpretieren und ihm Veränderungsperspektiven aufweist. Die Sozialisationsbedingungen müssen deshalb berücksichtigt werden, weil jedes Curriculum, das nicht an die Voraussetzungen der Schüler anknüpft, auf Desinteresse und Langeweile und somit auf Abwehr stößt.

Die folgenden Überlegungen können nur sehr vorläufig und allgemein sein. Keineswegs kann der Anspruch erhoben werden, gleichsam Rahmenrichtlinien für den Deutschunterricht, durch die strategisches Lernen initiiert werden soll, zu entwickeln. Von allen ‹offiziellen› Rahmenrichtlinien sind die Hessischen zweifellos am ehesten geeignet, das hier entwickelte Konzept strategischen Lernens im Deutschunterricht umzusetzen. Da bisher jede Vorarbeit zur Umsetzung des Konzepts strategischen Lernens im Deutschunterricht fehlt, können auch die folgenden Ausführungen dem Lehrer allenfalls einige Hinweise geben und Materialien nennen. Auf Grund der genannten Einschränkungen müssen diese Ausführungen eine Vielzahl von Problemen unberücksichtigt lassen. So kann die Frage, inwieweit klassische oder humanistische Literatur im Unterricht behandelt werden soll, ebenso wenig berücksichtigt werden wie die Frage nach den Vorteilen heterogener oder homogener Gruppierung im Deutschunterricht und des Angebots von Interessengruppen.

Die folgenden Überlegungen beziehen sich keineswegs allein auf den Deutschunterricht. Da jedoch kurzfristig die Aufhebung der Fächertrennung nicht zu realisieren ist, finden sie am ehesten ihre Durchführung im Deutschunterricht. Erstrebenswert wäre jedoch, daß Lehrer mehrerer Fächer gemeinsam Unterrichtseinheiten entwickeln bzw. durchführen. Darin besteht eine reale Chance, den in der Gesamtschule angelegten Strukturkonflikt zwischen Verbesserung der Qualifikationsstruktur vs. Atomisierung des Lernens (vgl. Kapitel 2) im Sinn strategischen Lernens aufzulösen.

Die in Kapitel 3 vorgenommene analytische Trennung zwischen Inhalten und Methoden strategischen Lernens soll auch hier aufrechterhalten werden. Es ist also zu unterscheiden zwischen Überlegungen zur inhaltlichen Veränderung des Curriculum und Überlegungen zur methodischen Veränderung des Unterrichts.

1. *Überlegungen zur inhaltlichen Veränderung des Curriculum*

Von den genannten Leitzielen strategischen Lernens

- Vermittlung von Erkenntnissen über die Situation der Schüler und deren Interpretation im Zusammenhang gesamtgesellschaftlicher Strukturkonflikte,
- Umsetzung von Erkenntnissen in Handlungsstrategien und
- Stabilisierung der sozialen Identität

kann der Deutschunterricht, der wie jeder andere Unterricht Zwangsveranstaltung ist, vorrangig nur das erste Ziel realisieren. Zwar ist nicht ausgeschlossen, daß im Deutschunterricht auch strategisches Handeln initiiert und die soziale Identität stabilisiert wird. Auf Grund der prinzipiell eingeschränkten Möglichkeiten von Schule im Spätkapitalismus muß jedoch davon ausgegangen werden, daß strategisches Handeln im Unterricht kurzfristig nicht zu realisieren ist. Ebenso muß davon ausgegangen werden, daß die soziale Identität nur bedingt stabilisiert werden kann, solange zum Beispiel Lehrer gezwungen sind, auch *kollektiv* erbrachte Leistungen *individuell* zu beurteilen. Es würde jedoch dem Konzept strategischen Lernens widersprechen, wenn die folgenden Überlegungen die langfristige Perspektive, Abschaffung des Zwangscharakters von Unterricht und Aufhebung der Trennung von Lernen und Arbeit, nicht berücksichtigten.

Curriculare Perspektiven, die das Konzept strategischen Lernens im Deutschunterricht realisieren wollen, müssen hinsichtlich der Inhaltsebene unter anderem folgende Momente enthalten:

- Anknüpfung an die Hier-und-Jetzt-Probleme der Schüler;
- Abbau ideologischer Vorstellungen (z. B. Partnerschaftsideologie, Leistungsideologie);
- Erkenntnis des Herrschafts- und Manipulationscharakters von Sprache;
- Interpretation der Situation der Schüler im Rahmen gesamtgesellschaftlicher Widersprüche;
- Aufweis von Perspektiven zur Veränderung der Situation der Schüler und gesamtgesellschaftlicher Strukturen;
- Förderung der Kommunikationsfähigkeit der Schüler als Voraussetzung für strategisches Handeln.
- Anfertigung von Reportagen unter dem Gesichtspunkt der Veränderung der schulischen und der gesamtgesellschaftlichen Situation.

2. *Überlegungen zur methodischen Veränderung des Deutschunterrichts*

Die folgenden Überlegungen unterscheiden zwischen kurzfristig und längerfristig zu realisierenden Änderungen der Unterrichtsorganisation. Vorab muß festgehalten werden, daß, wie immer die Unterrichtsorganisation verändert wird, jede Form der Leistungsdifferenzierung abzulehnen ist. Denn diese verlangt vom Schüler notwendig Konkurrenz- und Leistungsorientierung und verhindert zwangsläufig strategisches Lernen. Dahingegen läßt das Konzept strategischen Lernens und die Darstellung des typischen Lernstils von Arbeiterkindern die Anwendung folgender Unterrichtsmethoden sinnvoll erscheinen:

- Arbeit in Projekten

  Dabei muß davon ausgegangen werden, daß auch die teilweise Umstellung des traditionellen Unterrichts auf Projektarbeit nur längerfristig zu realisieren ist; denn Projektarbeit erfordert die vollständige Umstellung der Unterrichtsorganisation und der Stundentafel. Im Sinn strategischen Handelns muß jedoch von Lehrern und Schülern die Durchführung von Projekten gefordert werden, da Projektarbeit geeignet ist, den Widerspruch zwischen Verbesserung der Qualifikationsstruktur und Atomisierung des Lernens aufzulösen. Darüber hinaus ermöglicht die Arbeit in Projekten es den Schülern, die Themenstellung und die Arbeitsformen des Unterrichts mitzubestimmen und gewährleistet deshalb, daß die Schüler ihre Interessen artikulieren müssen. Projektarbeit sollte, wenn möglich, fächerübergreifend angelegt sein, so daß die Chance besteht, die Atomisierung des Unterrichts aufzuheben. Zugleich ermöglicht Projektarbeit «den Lerngruppen in manchen Fällen gemeinsame Untersuchungen außerhalb der Schule» (KULTUSMINISTER 1972 b, S. 32).

Dadurch ist den Schülern die Möglichkeit gegeben, auch außerhalb der Unterrichtszeit gemeinsame Erfahrungen zu machen, die im Unterricht aufbereitet werden können.

Die im folgenden aufgezählten Möglichkeiten zur Änderung der Unterrichtsorganisation sind dagegen kurzfristig realisierbar und an vielen Schulen schon erprobt worden. Hier interessieren sie vor allem unter dem Gesichtspunkt, inwieweit durch sie Ziele strategischen Lernens erreicht werden können.

- Rollenspiel
  Im Rollenspiel kann der typische Kommunikationsstil von Arbeiterkindern eher berücksichtigt werden als im traditionellen Unterricht, denn im Rollenspiel ist die Kommunikation durch Gesten, Bewegungen usw. ebenso wichtig wie die rein verbale Kommunikation.
- Planspiele
  Hinsichtlich der Realisierung strategischen Lernens bietet das Planspiel folgende Vorteile:
  Die Schüler lernen, ihre Ziele in Zwischen- und Teilziele zu zerlegen. Sie lernen, zum Beispiel durch Anwendung von Gesetzestexten oder die simulierte Mobilisierung der Öffentlichkeit, die richtigen Mittel einzusetzen. Sie lernen, sich über Mittel und die Reaktion der anderen Gruppen ständig auseinanderzusetzen, wobei durch die schriftliche Fixierung die formale Kommunikationsfähigkeit der Schüler gefördert wird. Sie lernen, kollektiv zu arbeiten, wodurch gleichzeitig die soziale Identität stabilisiert werden kann.
  Das im folgenden geschilderte Planspiel ‹Lehrlingsmißhandlungen im Betrieb – Konflikt zwischen Lehrlingen und Ausbildern› wurde innerhalb einer Unterrichtsreihe ‹Lehrlingsausbildung in der Bundesrepublik› 1972 in einer 8. Klasse an der Gesamtschule Bruchköbel/Hessen durchgeführt. Dabei interessieren im Rahmen dieser Ausführungen weniger die inhaltlichen Probleme des Planspiels als die prinzipiellen Möglichkeiten, die ein in der Schule durchgeführtes Planspiel zur Initiierung von strategischem Lernen bietet. Den Schülern, die sich bereits seit mehreren Unterrichtsstunden mit der Problematik der Lehrlingsausbildung beschäftigt hatten, wurde der Vorschlag gemacht, die erarbeiteten Probleme in einem Planspiel durchzuspielen.

«Das Vorhaben stieß bei den Schülern auf so große Zustimmung, daß fast alle spontan bereit waren, das Planspiel, das wegen seiner Länge (Dauer mindestens drei Zeitstunden) nicht im normalen Unterrichtsbetrieb durchgeführt werden konnte, nachmittags zu veranstalten» (LEHRLINGSAUSBILDUNG 1972, S. 30).

In Gesamtschulen mit Ganztagscharakter bietet sich die Möglichkeit an, das Planspiel im schulischen Freizeitbereich durchzuführen.
In der Auswertungsdiskussion antworteten die Schüler auf die Frage, ob das Planspiel nur unterhaltsam oder auch lehrreich gewesen sei, das Planspiel sei in folgenden Punkten lernrelevant gewesen:

«– ‹Briefe aufsetzen› – ‹mit einer Schreibmaschine umzugehen› – ‹ohne Aufsichtsperson (Lehrer) zu arbeiten› – ‹Gesetzestexte zu lesen und zu deuten› – ‹zu sehen, was einem passieren kann und zu überlegen, wie man sich in einer ähnlichen Lage im wirklichen Leben zu verhalten hat›» (LEHRLINGSAUSBILDUNG 1972, S. 30).

- Erstellung von Fragebogen, Durchführung von Befragungen und Auswertung
  Dabei sollten vor allem Themenkomplexe aus dem Erfahrungsbereich der Arbeiterkinder gewählt werden. Die Erstellung von Fragebogen scheint vor allem deshalb motivierend für die Lernbereitschaft der Schüler zu sein, weil die Informationen, die gesammelt werden müssen, später an der Realität überprüft werden können.
- Kollektive Anfertigung von Reportagen
  Die Anfertigung von Reportagen erfordert eine kollektive sprachliche und strukturierte Interessenartikulation. Als Themenbereiche bieten sich Schulkonflikte bzw. -probleme (Atomisierung des Unterrichts, Leistungsauslese, Unterrichtsrationalisierung) und des Reproduktionsbereichs an (fehlende Jugendfreizeitzentren, zu kleine Wohnungen usw.), von denen Schüler unterschiedlicher sozialer Schichten zwar nicht in gleicher Heftigkeit, aber doch prinzipiell betroffen sind. Dabei könnte die Arbeitsweise des Düsseldorfer Werkkreises richtungweisend für die Anfertigung von Schülerreportagen sein:

«Der einzelne sammelt grob sein Erfahrungsmaterial und sichtet es, soweit er kann und Zeit dazu hat. Gemeinsam werden Gesichtspunkte besprochen, die bestimmte Aspekte detaillieren. Gegensätzliche Auffassungen werden nicht unbedingt wegdiskutiert, sondern sollen sich im Bericht wiederfinden in einer Anordnung, die der intensiven und didaktisch nützlichen Argumentation über ein Thema gerecht wird: so daß Etappen, die gesellschaftliches Bewußtsein nimmt, sichtbar werden» (zitiert nach KÜHNE 1972, S. 202).

5.3 Konkretisierung der curricularen Perspektiven und Vorschläge zur Unterrichtsdurchführung

Die Situation des Schülers, die er im Zusammenhang gesamtgesellschaftlicher Widersprüche interpretieren lernen soll, wird prinzipiell durch drei Bereiche bestimmt:

1. durch die Familiensituation;
2. durch die Freizeitsituation außerhalb von Familie und Schule;
3. durch die Schulsituation.

Die Anknüpfung an die Hier-und-Jetzt-Probleme der Schüler im Unterricht als notwendige Voraussetzung für die Initiierung strategischen Lernens im Unterricht muß sich – wenn möglich – auf alle drei Bereiche beziehen, wenn sie die Atomisierung von Erkenntnissen verhindern und dem Schüler den Zusammenhang seiner Probleme mit gesamtgesellschaftlichen Widersprüchen verdeutlichen will. Das heißt: der Schüler soll tendenziell erkennen können, daß so unterschiedliche Phänomene wie beispielsweise Arbeitsteilung zwischen Mann und Frau in der Familie, enge Wohnungen, niedriger Lohn, fehlende Möglichkeiten einer sinnvollen Freizeitgestaltung (vgl. Kapitel 7), Maßnahmen zur Unterrichtsrationalisierung, verstärkter Einsatz von Tests, verschärfte Auslesemechanismen letztlich auf die Verwertungsinteressen des Kapitals zurückzuführen sind.

Bei der Anknüpfung an die ‹Hier-und-Jetzt-Probleme› der Schüler ist allerdings davon auszugehen, daß auch Gesamtschüler auf Grund des allgemeinen Zwangscharakters von Unterricht und auf Grund ihrer Erfahrungen in der Grundschule nicht bereit bzw. fähig sein werden, *spontan* und ohne Hemmungen ihre Erfahrungen und Erlebnisse, mögen sie sich auf Familie, Freizeit oder Schule beziehen, zu verbalisieren.

Zudem besteht bei der Sammlung spontaner Erlebnisberichte oder bei der Durchführung spontaner Rollenspiele die Gefahr, daß sich Schüler aus der Mittelschicht ungehemmter und häufiger äußern als Arbeiterkinder. So berichteten zum Beispiel Studenten, die ein Praktikum an der Gesamtschule Dortmund absolvierten und dort eine Unterrichtseinheit ‹Arbeit› durchführten, daß auf die Frage nach dem Beruf des Vaters vor allem die ungehemmteren Schüler aus der Mittelschicht antworteten und es zu Äußerungen kam wie «Dein Vater ist ja nur Hoesch-Arbeiter, dein Vater ist ja nur bei der Müllabfuhr». Nicht zuletzt dieses Beispiel zeigt, daß bei spontanen Erlebnisberichten aus Familie oder Freizeit Schüler aus der Mittelschicht die Normen und Bewertungskategorien setzen, so daß Arbeiterkinder oder auch Schüler aus defekten Familien kaum mehr den Mut haben, ihre Erfahrungen zu artikulieren. Außerdem ist zu vermuten, daß Schüler – auch bei einem demokratischen Lehrer – Hemmungen haben werden, spontan und ohne Angst über aktuelle Schulprobleme wie Langweiligkeit der Inhalte, Zensuren- oder Testsystem, Einsatz von Arbeitsbogen, Unterrichtsmethoden und Disziplinierungsmaßnahmen zu reden. Um diesen Schwierigkeiten zu entgehen, scheint es sinnvoll, zu Anfang dem Schüler Material zur Verfügung zu stellen, das die Hier-und-Jetzt-Probleme der Schüler in Familie, Freizeit und Schule thematisiert. Dadurch kann dem Schüler ein *Anstoß* gegeben werden, im Anschluß an die dargestellten Probleme seine eigenen Probleme – und sei es zuerst verallgemeinernd und somit verschleiernd – zu diskutieren.

Ein weiterer Gesichtspunkt bei der Bereitstellung von Materialien muß beachtet werden: Wie bereits in Kapitel 3 ausgeführt wurde, bezieht sich strategisches Lernen nicht auf beliebige Erfahrungen und Erlebnisse der Schüler, sondern soll an die in der Schule, in der Familie und in der Freizeit offenbar werdenden Strukturwidersprüche anknüpfen. Deshalb muß bei der Behandlung der Hier-und-Jetzt-Probleme der Schüler solches Material bevorzugt zur Anwendung kommen, das zumindest die folgenden drei Bedingungen erfüllt:

- Die dargestellten Themen- und Problemkomplexe müssen auf die Erfahrungen möglichst vieler Schüler zutreffen und in einer Sprache verfaßt sein, die vielen Schülern verständlich ist.
- Die dargestellten Probleme müssen sich – zumindest ansatzweise – auf die Widersprüche der spätkapitalistischen Gesellschaft zurückführen lassen.
- Das Material bzw. die Texte sollten Perspektiven zur Veränderung enthalten.

Die erste Bedingung muß deshalb erfüllt sein, damit Schülern unterschiedlicher sozialer Schichten die Möglichkeit gegeben wird, die prinzipielle Gleichheit ihrer Probleme und Interessen zu erkennen. Sind die beiden letztgenannten Bedingungen nicht erfüllt, so besteht die Gefahr, daß jeder spätere Versuch, die Probleme der Schüler im Zusammenhang gesamtgesellschaftlicher Strukturwidersprüche zu interpretieren, aufgesetzt wirkt und für den Schüler nicht nachvollziehbar ist. Fehlt die Perspektive zur Veränderung, so kann der Schüler zwar die Faktoren, die seine Probleme verursachen, erkennen. Es besteht aber die Gefahr, daß er diese als unveränderbar hinnimmt.

5.3.1 Interpretation der Situation des Schülers

Im folgenden sei auf einige konkrete Materialien, die im Unterricht behandelt werden können, verwiesen.

1. *Vermittlung von Erkenntnissen über die familiäre Situation der Schüler*

Ein Stück, das die oben genannten drei Kriterien weitgehend erfüllt, ist ‹*Mannomann*› vom Berliner GRIPS-Theater für Kinder. Dieses Stück wurde am 27./28. Juni in der Kinderstunde des Deutschen Fernsehens gesendet. Da es aber auch eine Plattenaufnahme des Stücks (Wagenbachs Quartplatte 9) gibt, können Lehrer, die nicht die Möglichkeit hatten oder haben, das Stück auf Video-Recorder aufzunehmen, den Schülern zumindest die Platte vorspielen. Das Stück scheint aus folgenden Gründen besonders geeignet, den Schülern Erkenntnisse über ihre eigene Lage zu vermitteln.

- Es ist lustig und enthält viele Kalauer, so daß die Gefahr, daß die Schüler sich langweilen, ziemlich gering ist.
- Das Stück verarbeitet Erfahrungen und Probleme, die für Schüler aller Schichten zutreffen.
- Das Stück zeigt ansatzweise, daß das Verhalten von Vater und Mutter in der Familie weitgehend durch die Arbeitsplatzsituation determiniert wird.
- Das Stück macht die Bedeutung solidarischen Verhaltens für die Veränderung stereotypisierten Handelns erfahrbar.
- Das im Stück von den Kindern gespielte Rollenspiel könnte die Schüler zur Nachahmung anregen.

Folgende Probleme der familiären Situation werden in ‹*Mannomann*› thematisiert:

- Die geschlechtsspezifische Erziehung. Wenn sich auch, wie empirische Untersuchungen nachgewiesen haben (vgl. ‹*Sozialisation und kompensatorische Erziehung*›, 1969, S. 109), die geschlechtsspezifische Erziehung in Familien der Arbeiterschaft und der Mittelschicht in einigen Punkten unterscheidet, so ist doch in beiden Schichten prinzipiell nach wie vor von einer relativ rigiden Arbeitsteilung zwischen Mann und Frau auszugehen. Indem in ‹*Mannomann*› Themen wie ‹Ein Mädchen spielt mit Puppen, ein Mädchen schlägt sich nicht, die Mutter versorgt den Haushalt, die Mutter liest Frauenzeitschriften, die ihr zeigen, wie sie dem Mann gefallen kann, Männer schminken sich nicht› usw. problematisiert werden, knüpft das Stück an Erfahrungen der meisten Schüler an.
- Wohnprobleme. Die Nachbarn beschweren sich, daß die Kinder zu laut spielen. Das Haus soll abgebrochen werden, die Mietwohnung im Neubau ist doppelt so teuer. Familien mit Kindern haben weniger Chancen, eine neue Wohnung zu finden.
- Autoritäres Verhalten des Vaters, das durch seine Berufssituation bedingt ist. Der Vater ist zwar Arbeiter, so daß eingewandt werden könnte, diese Erfahrung beträfe nur Arbeiterkinder. Die Ursache für sein autoritäres Verhalten liegt jedoch weniger darin, daß er zu wenig Geld verdient oder nur mit Sachen umgeht usw., sondern in der Befehlshierarchie im Betrieb, die prinzipiell auch auf Angestelltenberufe zutrifft.

- Widerstand der Kinder gegen das autoritäre Verhalten des Vaters. ‹Abhauen› wird eindeutig als falsche Lösung des Problems dargestellt, vielmehr zwingt das solidarische Verhalten der Mutter und der beiden Kinder den Vater dazu, seine eigene Rolle als ‹Familienoberhaupt› zu überdenken.

Die Lösung ist zweifellos illusionistisch: der Vater läßt sich im Betrieb nicht mehr anschreien, sondern schreit zurück und verunsichert so seinen Vorgesetzten, der daraufhin auch seine eigene Situation als Abhängiger erkennt. Die Arbeitsteilung zwischen Mutter, Vater und den Kindern in der Familie wird aufgehoben. Dennoch könnte das Stück die Schüler dazu motivieren, ihre eigene Familiensituation, die sich prinzipiell kaum von der in ‹*Mannomann*› dargestellten unterscheiden dürfte, zu überdenken und zu diskutieren. Durch das Rollenspiel ‹Vater-Mutter-Kind›, das die Kinder im Stück spielen, könnten auch die Schüler ihre eigene Situation im Rollenspiel artikulieren. Der illusionistische Schluß müßte im Unterricht diskutiert werden.

Eine ähnliche Problematik wie ‹*Mannomann*› thematisiert auch das Stück ‹*Balle, Malle, Hupe und Artur*›, das ebenfalls vom GRIPS-Ensemble gespielt wird und von dem es eine Schallplattenaufnahme (Wagenbachs Quartplatte 8) gibt. In diesem Stück wird die Bedeutung solidarischen Verhaltens von Kindern gegenüber der staatlichen Bürokratie (Polizei) verdeutlicht. Beide Stücke haben ihren Stellenwert als Motivationsanreiz für die Schüler, ihre eigene Situation zu reflektieren. Der Zusammenhang zwischen der familiären (und zum Teil Freizeit-)Situation der Schüler und gesamtgesellschaftlichen Widersprüchen wird zwar angedeutet, muß aber im weiteren Verlauf vertieft werden.

Besonders notwendig erscheint die Aufarbeitung der geschlechtsspezifischen Sozialisation, sollen Ziele strategischen Lernens im Deutschunterricht realisiert werden. Erfahrungen aus einem Schulpraktikum an der GS Dortmund machen deutlich, daß die meisten Schüler ihre geschlechtsspezifische Rolle rigide verinnerlicht haben. Auf die Frage nach ihren Berufswünschen antworteten die Schüler wie erwartet: die Jungen nannten vorwiegend technische Berufe, wobei auffiel, daß sie ihre Berufschancen relativ realistisch einschätzten, während die Mädchen – wenn sie nicht überhaupt studieren wollten – überwiegend ‹soziale› Berufe nannten und dabei ihre Möglichkeiten grotesk überschätzten. (Diese Erfahrung ist von Butschkau/Tillmann empirisch auch für Hauptschüler nachgewiesen, vgl. Butschkau/Tillmann 1972, S. 138 f.) Die Mädchen hatten offenbar die Ideologie von der Möglichkeit individuellen Aufstiegs durch die Gesamtschule viel stärker verinnerlicht als die Jungen, was dazu führte, daß sie im Unterricht stärker mitarbeiteten, eben um gute Leistungen – als Voraussetzung für individuellen Aufstieg – zu erbringen.

Eine Möglichkeit, die rigide Rollenfixierung zu problematisieren und ihre Ursachen ansatzweise aufzudecken, schildert der ‹*Bericht über das proletarische Kindertheater›*, der von einem Arbeitskollektiv verfaßt worden ist.

«Wir gaben (den Kindern) Fotoapparate, mit denen sie ... auf der Straße Szenen festhalten sollten, die ‹die Frau› in verschiedenen, ‹typischen› Situationen zeigt. Danach sollten die Kinder Bilder aus Zeitschriften und Illustrierten ausschneiden, etwa nach dem Motto: ‹Wie muß eine Frau sein?› Wir wollten hiermit Aufschluß über ihr Bild von Frauen bekommen. Das Material, das zustande kam, wurde geordnet, zu Mappen und mit Text versehenen Bilderserien zusammengestellt, auf Wandtafeln montiert und anschließend besprochen» (ARBEITSKOLLEKTIV PROLETARISCHES KINDERTHEATER 1972, S. 20).

Nach der Diskussion bildeten sich kleine Gruppen, die sich jeweils einen Aspekt des Themas auswählten und diesen pantomimisch darstellten. Die anderen Kinder mußten das Gemeinte erraten und dazu Stellung nehmen.

Um die rigide Rollenfixierung und – damit verbunden – die bei Mädchen stark ausgeprägte individuelle Aufstiegsmotivation abzubauen, genügt es nicht, die Erscheinungsweisen der Geschlechtsrollenfixierung zu analysieren. In der Vorstellung der Mädchen stellen sich ‹soziale› und Angestelltenberufe zweifellos als Aufstiegsberufe dar. Um die individuelle Aufstiegsmotivation abzubauen, wäre es jedoch nicht richtig, den Mädchen einzureden, sie sollten keine Angestelltenberufe anstreben. Vielmehr müssen ihnen – im Sinn strategischen Handelns als der kollektiven Arbeit an den repressiven Bedingungen im Spätkapitalismus – die gemeinsamen Interessen von Arbeitern und Angestellten bewußt gemacht werden. Das könnte durch einen Vergleich der Reportagen ‹Chefsekretärin› von Tillen (vgl. *‹Ihr aber tragt das Risiko›*, 1971), ‹Altersheim-Report› von Bosch (vgl. *‹Für eine andere Deutschstunde›*, 1972) und ‹Vorweihnachtszeit bei Findus› von Korn (vgl. *‹Für eine andere Deutschstunde›*, 1972) geschehen. Um die gemeinsamen Interessen von Arbeitern und Angestellten zu verdeutlichen, sollten die genannten Reportagen verglichen werden unter den Kriterien Abhängigkeit, Arbeitsbelastung, Selbstverwirklichung in der Arbeit, Leistungsdruck, Sicherheit usw.

In den Diskussionen und Rollenspielen, die im Anschluß an das Stück *‹Mannomann›* durchgeführt werden können, können die Schüler zwar ihre prinzipiell gleichen Probleme wie zum Beispiel geschlechtsspezifische Erziehung, Abhängigkeit von den Eltern, Abhängigkeit der Eltern von Hausbesitzern und Vorgesetzten im Betrieb erkennen. Das unterschiedliche Verhalten der einzelnen Schüler hinsichtlich ihrer Verhaltensorientierungen, ihres Sprachgebrauchs, ihrer schulischen Leistungen und ihres schulischen Interesses usw. wird jedoch nicht erklärt. Deshalb scheint es notwendig, nachdem die Schüler ihre prinzipiell gleichen Interessen zumindest ansatzweise erkannt haben, die schichtspezifisch variierende Sozialisation der Schüler, die als Ursache für das unterschiedliche schulische Verhalten anzusehen ist, zu analysieren.

Wie Erkenntnisse über schichtenspezifische Sozialisationsprozesse vermittelt werden können, zeigt der Unterrichtsversuch von Pfütze *‹Haben wir alle die gleichen Chancen?›* (vgl. Pfütze, 1971). Dieser Unterrichtsversuch wurde zwar in einer Hauptschule, zudem in einer Entlassungsklasse, durchgeführt (die Schüler erhalten kein Abschluß-, sondern nur ein Abgangszeugnis). Die Thematik, die Erklärung unterschiedlicher schulischer Chancen durch die unterschiedlichen Sozialisationsvoraussetzungen, trifft jedoch auch für die Schülerschaft der Gesamtschule zu. Vor allem der Vergleich zweier exemplarischer, von der Lehrerin entworfener Lebensläufe eines Arbeiterkindes und des Kindes eines Abteilungsleiters könnte modifiziert auch in der Gesamtschule zur Anwendung kommen.

Über ihre Intention schreibt Pfütze:

«Der Lebenslauf-Vergleich sollte zeigen, wie die durch Elternhaus und Herkunft gegebenen Voraussetzungen durch scheinbar ganz individuelle Dinge sich zur ‹Schicksalsbestimmung› ausweiten. Die Lebensläufe wurden daraufhin verglichen, wann und wieso Uwe P., der Arbeitersohn, unverschuldet Nachteile erleidet und nicht die gleichen Chancen hat wie Joachim S., der Sohn eines Abteilungsleiters» (Pfütze 1971, S. 42).

Der Vergleich zweier exemplarischer Lebensläufe könnte in der Gesamtschule dazu führen, daß Arbeiterkinder ihr Versagen in der Schule nicht als individuelles Verschulden oder ‹Dümmersein› interpretieren, sondern gesamtgesellschaftliche Strukturzusammenhänge als Ursachen für unterschiedliche individuelle Sozialisationsbedingungen erkennen. Gleichzeitig ist damit eine notwendige Voraussetzung für den Aufbau eines positiven Selbstbildes gegeben. Zudem besteht durch den Vergleich zweier exemplarischer Lebensläufe die Chance, daß Angestellten- und Beamtenkinder einerseits, Arbeiterkinder andererseits, ihre unterschiedlichen Verhaltensorientierungen als Folgen unterschiedlicher Sozialisationsbedingungen erkennen und gegenseitig akzeptieren.

2. *Vermittlung von Erkenntnissen über die Freizeitsituation der Schüler*

Ebenso wie die familiäre Situation der Schüler im Zusammenhang gesamtgesellschaftlicher Widersprüche analysiert werden muß, sind auch die Freizeitprobleme vor dem allgemeinen Hintergrund des Widerspruchs zwischen gesellschaftlicher Arbeit und privater Aneignung zu interpretieren (vgl. Kapitel 1). Die Freizeitprobleme sind jedoch zu umfassend, als daß sie hier detailliert ausgeführt werden könnten. Sie betreffen die Situation des Schülers in den Cliquen oder Banden ebenso wie seinen Fernsehkonsum oder den Einfluß von Werbung auf das Konsumverhalten der Schüler.

Neben der allgemeinen Einsicht über die Funktion der Freizeit im

Kapitalismus (vgl. Kapitel 7) müßte die Vermittlung über die Freizeitsituation des Schülers prinzipiell zwei Momente umfassen:

- Rückführung allgemeiner Freizeitprobleme des Schülers, wie fehlende Spielplätze, fehlende Jugendfreizeitzentren, fehlende sportliche Einrichtungen und Möglichkeiten zu sinnvoller und motivierender kultureller Beschäftigung usw. auf allgemeine Reproduktionsprobleme im Spätkapitalismus, das heißt auf die Unfähigkeit des kapitalistischen Systems, kollektive Bedürfnisse zu befriedigen (vgl. Kapitel 1). Die Schüler müßten also erkennen, daß der Bereich der Freizeit für das Kapital nur insofern relevant ist, als er der physischen und psychischen Reproduktion der Arbeitskraft dient.
- Ideologiekritische Aufarbeitung von Freizeitverhalten, wie Fernsehen, Lektüre von unkritischen Jugendzeitschriften, Hören gängiger Schlager oder auch von Werbungstexten, politischen Reden usw.

Als Möglichkeit, Freizeitprobleme im Zusammenhang gesamtgesellschaftlicher Widersprüche zu interpretieren, bietet sich die Lektüre und Analyse einer Vielzahl von Arbeitersongs an, die im Band *‹Arbeitersongbuch›* (Bergmann u. a., 1973) abgedruckt sind. Hier sollten vor allem solche Texte zur Anwendung kommen, die neben der Analyse auch Möglichkeiten zur Veränderung der Freizeitsituation oder allgemeiner ‹Mißstände› des Reproduktionsbereichs darstellen. Die aufgewiesenen Möglichkeiten müßten von den Schülern diskutiert und auf ihre Übertragbarkeit für die konkrete Situation der Schüler geprüft werden.

Möglichkeiten, das Freizeitverhalten vieler Schüler ideologiekritisch aufzuarbeiten, enthalten die im *‹Projekt Deutschunterricht 5 – massenmedien und trivialliteratur›* (*‹Projekt Deutschunterricht›* 5, 1973) abgedruckten Unterrichtseinheiten zu den folgenden Themen:

- *‹Fernsehen und Wirklichkeit›* (Wenzel);
- *‹Gesellschaftliche Identifikationsangebote – zum Beispiel Bravo›* (Gutte);
- *‹Wer weiß, vielleicht erklärt mir eines Tages ein Lied, woran ich litt: Hits für Millionen›* (Peters) und
- *‹Ein Kurs in Trivialliteratur* (Giesenfeld) (*‹Projekt Deutschunterricht›* 5, 1973, S. 1 ff, 42 ff, 76 ff, 177 ff).

Zur Aufklärung über den ideologischen und Herrschaftscharakter von Sprache sei auf die folgenden Unterrichtseinheiten verwiesen, die wiederum im *‹Projekt Deutschunterricht 2 – sozialisation und manipulation durch sprache›* abgedruckt sind:

- *‹Die Sprache der Parteienreklame. Die Sprache der Artikelwerbung – Forschungsprojekte für Schüler›* (Heller);
- *‹Herrschaftstendenzen in der politischen Rede – Aggressivität als Sprachmerkmal›* (Rauch);
- *‹Überredungstechniken – Zum Sprachgebrauch in politischen, journalistischen und ökonomischen Texten›* (Eigenwald) und

- ‹*Erfolg, ein Bildungsweg – Analysen von Anpassungstexten*› (Eigenwald) (‹*Projekt Deutschunterricht*› 2, S. 60 ff, 81 ff, 101 ff, 127 ff).

3. Vermittlung von Erkenntnissen über die schulische Situation der Schüler

Folgt man Stubenrauch, so macht der Schüler tagtäglich in der Schule, auch in der Gesamtschule, folgende sinnliche Realitätserfahrungen:

- «Kommunikationsbarrieren»;
- «dumpfe Aggressionen gegen die Pauker (als Repräsentanten des Systems Schule)»;
- «Isolierung der einzelnen»;
- «Angst vor den Zensuren»;
- «ohnmächtige und unsolidarische Mogel-, Auflehnungs- und Überlebensversuche»;
- «Rationalisierungen der Lehrer»;
- «sogenannte Sachzwänge, die fast immer synonym mit Kapitalzwängen sind»;
- «latente Gewalttätigkeit» und
- «pausenlose Repression» (STUBENRAUCH 1972, S. 23).

Diese Realitätserfahrungen müssen, soll dem Schüler der Zusammenhang seiner schulischen Situation mit gesamtgesellschaftlichen Widersprüchen bewußt werden, auf die in Kapitel 1 und 2 analysierten Widersprüche zurückgeführt werden, vor allem auf die Widersprüche zwischen

- dem Anspruch, die Schüler besser zu qualifizieren, und der Atomisierung des Lernens;
- dem Chancengleichheitsversprechen und der verschärften individualistischen Leistungsauslese.

So wichtig es wäre, dem Schüler gerade hinsichtlich seiner schulischen Situation Materialien als Artikulationshilfe zur Verfügung zu stellen, so läßt sich doch feststellen, daß es so gut wie keine Texte gibt, die die konkreten schulischen Hier-und-Jetzt-Probleme der Schüler im Sinne einer parteilichen Stellungnahme für die Interessen der Schüler darstellen. Um diesem Dilemma zu entgehen, könnte allerdings auf Erfahrungen des ‹Schulkampfes› der Weimarer Zeit, der, wie der allgemeine Klassenkampf, weitaus entwickelter war als heute, zurückgegriffen werden. Einige Auszüge aus den ‹Schülerkorrespondenzen› der Weimarer Republik sind wieder abgedruckt in dem Band ‹*Das politische Kinderbuch*› (vgl. RICHTER 1973, S. 169 ff).

Sie können allerdings nicht unverändert in den heutigen Deutschunterricht übernommen werden, da die Diskrepanz zwischen den Erfahrungen und dem Bewußtsein der sozialistischen Schüler der Weimarer Zeit und den heutigen Gesamtschülern allzu groß ist. Sie können jedoch dem Lehrer als Vorlage dienen, Berichte über die heutige Situation zu entwerfen, um den Schülern mögliche Hemmungen beim Reflektieren und Artikulieren ihrer Probleme zu nehmen. Zudem verweisen die Schülerkorrespondenzen auf Möglichkeiten, die schulischen Probleme öffentlich zu machen, wodurch eine Voraussetzung zu ihrer Veränderung geschaffen wird. Weitere Erfahrungsberichte über Ansätze zur Veränderung der schulischen Situation wie Schülerdemonstrationen, Schulstreiks usw. sind im Band ‹*Schulkampf*› (vgl. v. WERDER/WOLFF 1970) abgedruckt. Diese könnten mit den heutigen Initiativen zur Veränderung der Schule verglichen werden und auf ihre Übertragbarkeit für die heutige Situation hin überprüft werden.

Der Widerspruch zwischen Chancengleichheitsversprechen und individualistischer Leistungsauslese äußert sich im Deutschunterricht unter anderem in der *formalen* Anwendung der strukturalistisch-linguistischen Methode, durch die die Benachteiligung von Arbeiterkindern entgegen dem gesamtschulspezifischen Anspruch, die Chancenungleichheit aufzuheben, nicht beseitigt wird. Um den Schülern diesen Widerspruch bewußt zu machen, bietet sich die Analyse der Methoden und Inhalte des Deutschunterrichts selbst an, das heißt, der Deutschunterricht wird zum Thema des Deutschunterrichts. Die unterschiedlichen Sozialisationsvoraussetzungen der Schüler werden im Deutschunterricht offenbar, wenn unterschiedliche Interessenkurse angeboten werden. In diesem Fall wird deutlich, daß sich Schüler unterschiedlicher Schichten auch für unterschiedliche Themen interessieren. Die Aufarbeitung der unterschiedlichen Interessen der Schüler im Deutschunterricht kann den Schülern die gesamtgesellschaftlichen Ursachen ihrer eigenen Verhaltensorientierungen und der ihrer Mitschüler bewußt machen.

5.3.2 Zur Anwendung von Arbeiterliteratur im Unterricht

Das Phänomen der Arbeiterliteratur ist zu komplex und vielschichtig, aber auch zu umstritten, als daß es hier auch nur ansatzweise umfassend dargestellt werden könnte. Deshalb mögen einige Hinweise für den Einsatz von Arbeiterliteratur im Deutschunterricht hinreichen. Die Problematik der Anwendung von Arbeiterliteratur ist, soweit die Literatur zu diesem Komplex zu übersehen ist, bisher erst dreimal thematisiert worden: in einigen der im ‹*Projekt Deutschunterricht*› 3 und 4 abgedruckten Unterrichtseinheiten, in einer demnächst in der Reihe ‹Roter Pauker› erscheinenden Staatsarbeit von Hensel ‹*Im Mittelpunkt steht der Mensch – Proletarische Literatur im Politischen Unterricht der Hauptschule*› (HENSEL 1973) und von Dahle in ‹*Deutschunterricht und Arbeitswelt: Modelle kritischen Lernens*› (DAHLE 1972). Bevor einige Hinweise zum Einsatz von Arbeiterliteratur im Unterricht gegeben werden, soll der Versuch gemacht werden, *idealtypisch* einige prinzipielle Unterschiede zwischen ‹bürgerlicher› Literatur, wie sie nach wie vor zumeist im Unterricht vermittelt wird, und Arbeiterliteratur aufzuweisen. Diese Unterschiede wurden in einem Seminar ‹Curriculumrevision und Arbeiterliteratur›, das im Wintersemester 1972/73 und im Sommersemester 1973 an der Pädagogischen Hochschule Dortmund durchgeführt wurde, erarbeitet.

- Während der Autor und der Rezipient ‹bürgerlicher Literatur› meist aus dem Bildungsbürgertum kommt, entstammt der Autor der Arbeiterliteratur der Klasse der Lohnabhängigen, oftmals dem Industrieproletariat. Zudem werden Texte der Arbeiterliteratur in vielen Fällen *kollektiv* hergestellt (vgl. Arbeitersonggruppen).
- Während in der ‹bürgerlichen Literatur› zumeist eine erfundene Handlung dargestellt wird, schildert Arbeiterliteratur konkrete, reale Vorgänge, so daß die Zeit, der Ort usw. der Handlung für den Leser identifizierbar ist. (So könnte z. B. der Leser einer Wallraffschen Reportage nachprüfen, ob die Darstellung eines Betriebes der Realität entspricht.)
- Während ‹bürgerliche Literatur› zumeist Probleme der Reproduktionssphäre thematisiert, schildert Arbeiterliteratur vorrangig die Produktionssphäre.
- Während ‹bürgerliche Literatur› zumeist individuell und privat rezipiert wird, intendiert Arbeiterliteratur die kollektive und öffentliche Rezeption (z. B. durch Verteilen von Flugblättern, öffentliches Auftreten von Songgruppen vor Betrieben usw.).

Bei der Verwendung von Arbeiterliteratur im Deutschunterricht muß vor allem zwischen solchen Texten unterschieden werden, die konkret an die Erfahrungen der Arbeiterkinder anknüpfen, und solchen, in denen die Probleme aller Lohnabhängigen thematisiert werden, das heißt, die auch die Interessensituation von Angestellten- und Beamtenkindern treffen.

Folgende Momente scheinen den Einsatz von Arbeiterliteratur im Deutschunterricht, der die Ziele strategischen Lernens realisieren will, zu begründen:

- Arbeiterliteratur knüpft an die sozialen Erfahrungen der Arbeiterkinder an.

Das dichotomische Gesellschaftsbild des Arbeiterkindes kann durch den Einsatz von Arbeiterliteratur sowohl bestätigt als auch differenziert werden. Durch die Verwendung von Arbeiterliteratur als Unterrichtsmaterial ist der Deutschunterricht in der Lage,

> «sowohl die durch die Klassenlage determinierten, sprachlich nicht qualifizierten Erfahrungsgehalte als auch die in den kollektiven Symbolen der Arbeiterschaft gebundene Gesellschaftskritik als Potential weiterführender Aufklärung auf(zu)nehmen und bewußt (zu) machen» (NEGT 1971, S. 80).

Zudem bezieht Arbeiterliteratur die Erfahrungen der Arbeitereltern in die Unterrichtspraxis mit ein, was zum Aufbau eines positiven Selbstbildes und zur Stärkung der sozialen Identität von Arbeiterkindern führen kann.

- Arbeiterliteratur verweist – zumindest tendenziell – auf die gesamtgesellschaftlichen Strukturwidersprüche, in denen der Schüler seine eigene soziale Situation interpretieren lernen soll. Die Sphäre des Betriebes, die durch die kapitalistische Organisation der Produktion bestimmt ist, wird dem Schüler für soziale Verhaltensweisen der Eltern und somit indirekt für seine eigenen Verhaltensweisen anschaulich gemacht.
- Arbeiterliteratur vermittelt in der Regel realistische Information über den Produktionsprozeß und die Arbeit und dient damit dem Abbau falscher Ideologien.
- Arbeiterliteratur kann Kenntnis über die spätere Situation der Schüler als Lohnabhängige vermitteln und bereitet deshalb die Schüler auf die Erkenntnis ihrer Klassenlage vor.
- Vor allem die Arbeiterliteratur der Weimarer Republik, aber auch einige neuere Arbeitertexte der BRD (vgl. Neuneiner, Soffka) stellen – unter anderem durch Betonung von Solidarität – Handlungsmöglichkeiten zur Änderung der repressiven Bedingungen menschlicher Entfaltung im Spätkapitalismus dar und vermitteln dem Schüler Einsicht über die Notwendigkeiten und Möglichkeiten strategischen Handelns.

Um strategisches Lernen im Deutschunterricht zu initiieren, reicht es jedoch nicht hin, die Texte der Arbeiterliteratur nur als Texte, das heißt rezeptiv zu behandeln. Darüber hinaus müssen Entstehungsursachen und -bedingungen und die Wirkung der Texte in den Deutschunterricht miteinbezogen werden.

- Arbeiterliteratur versteht sich als bewußte gesellschaftliche Praxis zur Selbstemanzipation der Arbeiterklasse.

Die Erfahrungsberichte von Arbeiterschriftstellern der Weimarer Republik (vgl. ‹*Die Linkskurve*›, 1929 ff) oder von Arbeitersonggruppen (vgl. ‹*Arbeitersongbuch*›, 1973), zu denen häufig auch Schüler gehören und die zumeist schichtenheterogen zusammengesetzt sind, können exemplarisch die Entwicklung einer proletarischen Gegenkultur zeigen und die Schüler zur Nachahmung auffordern. Zugleich bieten sie ein Beispiel für die Entstehung von politischen Kollektiven, die schichtenheterogen zusammengesetzt sind und die durch bewußtes kritisches und praxisorientiertes Schreiben die eigene und die gesamtgesellschaftliche Situation verändern wollen. Die Wirkung von Arbeiterliteratur und die Reaktion der Öffentlichkeit belegt die Marxsche These, daß die kapitalistischen Produktionsverhältnisse weitgehend die gesellschaftlichen Herrschaftsverhältnisse bestimmen.

- Arbeiterliteratur vermittelt die Einsicht, daß die Folgen der kapitalistischen Herrschaft sich auch in den Formen gesellschaftlicher Kommunikation manifestieren.

Die Untersuchung der Reaktion der betroffenen Unternehmen, der Justiz, der Massenmedien usw. auf Arbeiterliteratur könnte dem Schüler die enge Verbindung zwischen ökonomischer und kultureller Macht und den Klassencharakter der Justiz erkennbar machen. Kühne hat die Reaktion von Unternehmensleitungen detailliert dargestellt. Er kommt zu dem Schluß, daß Unternehmer und Unternehmerverbände, wenn möglich, vorerst präventiv reagieren, das heißt, sie bieten dem Arbeiterautor um den Preis seines Wohlverhaltens Aufstiegsmöglichkeiten an oder aber bedrohen ihn mit Entlassung.

«Kommen sie präventiv nicht zum Zuge, bedienen sie sich massiver Sanktionen. Der Autor wird fristlos entlassen und unter Umständen in unternehmerischer Solidarität nicht wieder eingestellt. Seine persönliche, moralische und politische Integrität wird öffentlich in Zweifel gezogen. Seine schriftstellerische Tätigkeit wird – schließlich – kriminalisiert. Vermittelnde Personen/Institutionen werden kommerziell bestraft ... und mit einstweiligen Verfügungen bedroht ...» (KÜHNE 1972, S. 160).

Die Analyse der Reaktion der betroffenen Öffentlichkeit, der Unternehmen und zum Teil auch der Gewerkschaften einerseits, die Reaktion von Arbeitern, Angestellten und Arbeiterautoren, zum Teil auch von Lehrern, andererseits, wird vor allem dann wichtig, wenn Schüler selbst Reportagen anfertigen. Sie müssen die flankierenden Maßnahmen von Anfang an mitberücksichtigen, um nicht gleich von der Schule verwiesen zu werden.

Der Einsatz von Arbeiterliteratur, durch den strategisches Lernen initiiert werden soll, sollte erst nach der Interpretation der sozialen Situation der Schüler erfolgen, damit der Bezug zu den konkreten Erfahrungsbereichen der Schüler gegeben ist und Erkenntnisse über den Produktionsprozeß, die Entstehungsbedingungen von Literatur und den Zusammenhang von ökonomischer und kultureller Herrschaft nicht atomisiert werden. Um Arbeiterliteratur im Unterricht adäquat vermitteln zu können, scheint mir folgende Anordnung der Texte sinnvoll:

1. Texte, die Bereiche der Existenz der Klasse der Lohnabhängigen thematisieren:

- Darstellung der familiären Situation;
- Darstellung von anderen Komplexen des Reproduktionsbereichs (Gefängnis, Wohnviertel, Jugendfreizeitzentren).
- Darstellung der schulischen Situation;

Bei der Analyse der Texte muß dabei zwischen nur beschreibenden Texten, kritischen Texten und der Darstellung von Widerstandsaktionen unterschieden werden (vgl. 5.3.1).

2. Texte, die Wissen über den kapitalistischen Produktionsprozeß vermitteln und geeignet sind, die Situation des Schülers im Zusammenhang gesamtgesellschaftlicher Widersprüche zu interpretieren:

- Texte, die sich auf die Beschreibung der Arbeitsplatzstruktur beschränken;
- Texte, die die Situation der Arbeiter im Betrieb bzw. der Angestellten im Büro kritisch analysieren und dadurch – zumindest indirekt – die kapitalistische Produktionsweise durchsichtig machen und kritisieren;
- Texte, die Widerstandsaktionen gegen das kapitalistische Produktionsverhältnis darstellen;
  Aktionen von einzelnen;
  kollektive Aktionen.
  (Hier muß vor allem gezeigt werden, wie Arbeiter und Angestellte gemeinsam gegen kapitalistische Produktionsverhältnisse kämpfen.)
- Texte, die individuelles Aufstiegsstreben kritisch darstellen und dadurch zu einer Solidarisierung von Arbeitern und Angestellten führen können.

3. Texte zur Selbst- und Fremddarstellung von Arbeiterautoren und -gruppen.
4. Texte zu Reaktionen der betroffenen Betriebe und der Öffentlichkeit.
5. Weiterführende Texte: Statistiken, Zeitungsartikel, theoretische Analysen.

Folgende Textsammlungen von Arbeiterliteratur können im Unterricht verwendet werden, wobei diese Aufzählung weder vollständig ist noch eine Wertung enthält:

‹*Arbeitersongbuch*› (Bergmann u. a. 1973);
‹*Für eine andere Deutschstunde*› (Arbeitskreis progressive Kunst 1972);
‹*Lehrlinge messen Unternehmerinteressen*› 1 und 2 (Arbeitskreis progressive Kunst 1970);
‹*Akkord ist Mord! Neuer Roter Roman*› (Neuneiner 1972);
‹*Rationalisierung*› (1972);
‹*Bottroper Protokolle*› (Runge 1968);
‹*Linkes Lesebuch*› (Schütt 1971);
‹*Industriereportagen. Als Arbeiter in Deutschen Großbetrieben*› (Wallraff 1970);
‹*Von einem der auszog und das Fürchten lernte*› (Wallraff);
‹*Bericht-Umfrage-Aktion*› (Wallraff 1970);
‹*Ein Baukran stürzt um – Berichte aus der Arbeitswelt*› (Werkkreis Literatur der Arbeitswelt 1971);
‹*Ihr aber tragt das Risiko*› (Werkkreis Literatur der Arbeitswelt 1971).

Zweifellos eignen sich die Texte der Arbeiterliteratur der Weimarer Zeit eher als die meisten Texte, die nach 1945 in der BRD entstanden sind, dazu, strategisches Lernen zu initiieren; denn diese artikulieren den Widerspruch zwischen Lohnarbeit und Kapital, die Funktion des Staates (vgl. Kapitel 1) und der verschiedenen Parteien (NSDAP, SPD, KPD usw.) schärfer und detaillierter als die Texte der Arbeiterliteratur der BRD. Die Texte der Arbeiterliteratur der Weimarer Zeit haben zwar nur einen vermittelten Bezug zu den konkreten Erfahrungen der Schüler, sie sollten jedoch, um die historische Dimension der Arbeiterbewegung und die Kontinuität des Widerstandes der Arbeiterschaft zu verdeutlichen, in den Unterricht einbezogen werden. Hierzu sei auf zwei Textsammlungen verwiesen:

‹Vorwärts und nicht vergessen. Ein Lesebuch› (Boehncke 1973)

‹Klassenbuch 3 – Ein Lesebuch zu den Klassenkämpfen in Deutschland 1920–1971› (Enzensberger u. a. 1972).

5.4 Deutschunterricht als Initiierung strategischen Handelns

Die Möglichkeiten des Deutschunterrichts als Feld strategischen Handelns und gesellschaftsverändernder Praxis dürften äußerst gering sein. Hier sei auf einen Bereich, in dem der Deutschunterricht zum Erwerb von Qualifikationen strategischen Handelns, wie sie in Kapitel 3 entwickelt wurden, verwiesen:

- Die kollektive Anfertigung von Schülerreportagen, die durch Herstellung von Öffentlichkeit auf die Auflösung der innerschulischen Widersprüche im Sinne von Verbesserung der Qualifikationsstruktur, der Herstellung von Chancengleichheit und der allseitigen Entfaltung zielen.
- Die Veröffentlichung schulinterner Mißstände, wie fehlende Freizeitangebote, fehlende oder unzumutbare Stundentafeln, langweilige Unterrichtsmaterialien, überfüllte Klassen usw.
- Die Darstellung politischer Repression der Schüler und Lehrer durch die Schulbürokratie, verschärfte Leistungsbewertung usw.

Diese Veröffentlichungen können ebenso zu einer breiteren Mobilisierung der Schüler und ihrer Eltern führen wie der Aufweis, daß Chancengleichheit trotz Verfassungsanspruch nicht gegeben ist, daß die verstärkte Rationalisierung des Unterrichts zu einer Minderqualifikation führt und daß die Atomisierung des Unterrichts die Einsicht in allgemeine gesellschaftliche Zusammenhänge bewußt verhindert. Die Schweigepflicht, an die Lehrer zum Teil gebunden sind, kann durch Schülerreportagen durchbrochen werden.

Damit Schüler jedoch nicht von Anfang an mit der Schulbürokratie und mit einem Teil des Lehrerkollegiums und der Elternschaft in Konflikt geraten und Gefahr laufen, daß sie von der Schule verwiesen werden, ist es notwendig, daß sie taktisch handeln. Konkret: Progressive Lehrer und Schüler müssen Koalitionen bilden. Die Reaktion der Schulbürokratie muß antizipiert werden. Notwendigkeiten und Möglichkeiten der Zusammenarbeit mit Schülern anderer Schulen und außerschulischen Gruppen müssen abgewogen werden. Reportagen sollten erst dann schulöffentlich verteilt werden, wenn zumindest einige Aussichten auf eine Behebung der Mißstände bestehen.

Zielt die Veröffentlichung von Reportagen auf eine Veränderung der Schulstruktur und damit des Deutschunterrichts ab, so sind ihre Herstellung und ihre Veröffentlichung selbst als Beitrag zu einer antikapitalistischen Strukturreform der Schule und als Aufbau von Gegenmacht der Schüler zu begreifen.

6

Joachim Neander

Curriculare Perspektiven für den Mathematikunterricht

Wer irgendwo ankommen will, muß wissen, von wo er losgeht, denn nur dann kann er einen Weg (oder auch eine Strategie) entwerfen. Wer curriculare Perspektiven für einen Mathematikunterricht aufzeigen will mit dem Ziel, eine Möglichkeit für antikapitalistische Reformen im Bereich der Gesamtschule darzustellen, muß wissen, wieso überhaupt Mathematikunterricht an der Gesamtschule stattfindet, was Mathematikunterricht an der Gesamtschule ist, was er leistet, was er leisten soll, welche allgemeinen und speziellen Lernziele durch Mathematikunterricht an der Gesamtschule erreicht werden (bzw. erreicht werden sollen), usw.

6.1 Zur Geschichte des mathematischen Unterrichts

Bei einer solchen Analyse des Ist-Zustands ist es nicht uninteressant – wenn nicht vielleicht sogar notwendig – zu fragen: Seit wann gibt es Mathematikunterricht überhaupt? Welche Gründe führten zur Einführung von Schule und von Mathematikunterricht? Wie haben sich die Inhalte des Mathematikunterrichts bzw. auch wie hat sich der Stellenwert von Mathematikunterricht in der Schule verändert? Es läßt sich zeigen[1], daß die Einführung von Mathematikunterricht in der Schule bestimmte geschichtlich lokalisierbare Gründe gehabt hat, daß auch heute der Mathematikunterricht einen ganz bestimmten Stellenwert im gesellschaftlichen Beziehungsgefüge besitzt und – das ist das Entscheidende – daß es eine historische Kontinuität des Mathematikunterrichts gibt, der damals wie heute seine Begründung außerhalb seiner selbst hat.

Der Methode des historischen Materialismus verpflichtete Bildungsforscher (z. B. Altvater, Huisken usw.) haben nachgewiesen, daß das verselbständigte (d. h. vom familialen Sozialisations- und betrieblichen Produktionsprozeß losgelöste), durch Allgemeinverbindlichkeit, Zwang und Formalismus gekennzeichnete Ausbildungssystem, also die Art von ‹Schule›, wie wir sie heute kennen, nicht von Beginn der Menschheitsgeschichte an vorhanden war, sondern erst im Zusammenhang mit der Herausbildung der kapitalistischen *Produktions*weise entstanden ist. Aufgabe der Schule – und damit auch des Mathematik-

1 Der Verfasser hofft, eine umfangreichere Arbeit hierzu in Kürze zu veröffentlichen.

unterrichts – ist von Anbeginn eine doppelte:

- Das *Arbeitsvermögen* für den kapitalistischen Arbeitsprozeß zu *qualifizieren;*
- die «Individuen in den Rahmen der Verkehrsformen des Kapitalismus ... einzuüben» (MÜNCHNER KOLLEKTIV 1971, S. 71), wozu insbesondere gehört, «den Nachwuchs – unterschiedlich nach den jeweiligen Klassen – zur *ideologischen Identifikation* mit dem jeweiligen System zu erziehen» (ALTVATER/HUISKEN 1971, S. 408).

Die Geschichte des Mathematikunterrichts zeigt: Mathematik und Mathematikunterricht begleiten das Kapital von seinen Anfängen als Handels- und Wucherkapital an, tragen seit dem Aufkommen des Schulwesens zur Ideologiebildung bei, helfen bei der Erziehung des Proletariats zu Disziplin und später zu Zuverlässigkeit und werden nicht zuletzt mit dem Siegeszug der Maschinerie unmittelbar produktionsrelevant. Mit Einführung benoteter Schulzeugnisse im 19. Jahrhundert und der Erhebung der Mathematik zum Hauptfach an allen Schulen wächst die subjektive Bedeutung des Mathematikunterrichts für die Schüler.

Eine zusätzliche, besondere Bedeutung erhält der Mathematikunterricht durch die verbindliche Einführung der ‹Neuen› oder ‹Strukturmathematik› in den sechziger Jahren: Die unmittelbar praktisch verwertbaren Kenntnisse (Rechnen) werden zugunsten des Einübens von Formalismen zurückgedrängt, das Formale erhält Vorrang vor dem Inhaltlichen, die Vermittlung von Ideologie vor der Qualifizierung.

6.2 Zur Lage des Mathematikunterrichts an der Gesamtschule[2]

Nicht zufällig trifft die Gesamtschulbewegung zeitlich mit der Bewegung für eine ‹Neue Mathematik in der Schule› zusammen. Fordert jene (mit den Worten des Deutschen Bildungsrates) die Gesamtschule, um

- «eine wissenschaftliche Schule für alle;
- Individualisierung des Lernens;
- bessere Förderung;
- größere Chancengleichheit;
- soziale Erfahrung in der Gesamtschule»

zu verwirklichen (BILDUNGSRAT 1970, S. 21–30), so tritt – unabhängig hiervon – die ‹Neue Mathematik› mit dem Anspruch auf, diese Forderungen (ganz oder teilweise) einzulösen (BAUERSFELD, DIENES, MÜNZINGER).

2 Außer der im Text gesondert angegebenen wurde für diesen Abschnitt folgende Literatur benutzt: DAHL 1973, DAMEROW/KEITEL 1970, FREUND 1972, JUNG 1969, KEITEL/DAMEROW 1969, LANGE 1972, WINTER/ZIEGLER 1970, 1971.

Es nimmt daher nicht wunder, daß der Mathematikunterricht an allen Gesamtschulen von vornherein inhaltlich an der Strukturmathematik ausgerichtet ist, zum Teil schon lange bevor diese für alle Schulen verbindlich wurde (1972/73).

Mögen sich auch Gesamtschulen in Hessen, West-Berlin, Nordrhein-Westfalen oder anderswo in ihren grundsätzlichen Zielvorstellungen (auf dem *Papier*) voneinander erheblich unterscheiden, so fällt doch auf, daß sich der an ihnen erteilte Mathematikunterricht (in der *Praxis*) dermaßen ähnelt, daß es gerechtfertigt erscheint, von *dem* Mathematikunterricht bzw. *dem* Mathematikcurriculum der Gesamtschule zu sprechen.

Die Ähnlichkeit beginnt schon damit, daß die Existenz eines eigenständigen *Fachs* Mathematik nirgendwo hinterfragt wird. Gegenvorschläge zum herkömmlichen gefächerten Unterricht werden zwar ab und zu in Grundsatzpapieren angesprochen (z. B. BILDUNGSRAT 1970, S. 53), die Schulpraxis sieht aber anders aus. Fragt man Schulleiter, Fachleiter oder Ministerialbeamte, so hört man als Begründungen für den gefächerten Unterricht an den Gesamtschulen vor allem, daß folgenden ‹Sachzwängen› Rechnung zu tragen sei:

- Der Forderung nach ‹Vergleichbarkeit› der Gesamtschulen mit den Schulen des herkömmlichen Schulwesens;
- der fachgebundenen Ausbildung der Lehrer, jetzt auch im Hauptschulbereich und mit dem Zug zum Ein-Fach-Lehrer;
- der wirtschaftlichen Auslastung der Schulräume, die allein durch ein durchgängiges Fachraumprinzip gewährleistet sei;
- schulorganisatorischen Schwierigkeiten (Stundenplangestaltung).

Versuche zur Einbeziehung von Mathematik in Unterrichtsprojekte (im Sinne der ‹Hessischen Rahmenrichtlinien›) sind anscheinend bisher noch nirgendwo praktisch durchgeführt worden; Mathematik wird an allen Gesamtschulen als *isoliertes* Fach unterrichtet. Diese Tatsache hat unmittelbare Folgen für das soziale Lernen der Schüler: Sie erfahren nichts über die gesellschaftlich-historische Bedingtheit der Entstehung von mathematischem Fachunterricht, sie erleben im Fach-Lehrer einen auf die alleinige Vermittlung von Fach-Kenntnissen beschränkten Menschen, vor allem aber gewöhnen sie sich durch das unvermittelte Nebeneinander der Schulfächer an die Verrichtung von (aus ihrer Sicht!) untereinander zusammenhanglosen Tätigkeiten. Daß das hierdurch Erlernte ein späteres Sich-Einfügen des Schülers in eine fremdbestimmt-arbeitsteilige Gesellschaft begünstigt, dürfte auf der Hand liegen.

Was lernen nun die Schüler *inhaltlich* im Mathematikunterricht der Gesamtschule, präziser: Was von dem an mathematischen Inhalten Gelernten überdauert bei der *Mehrzahl* der Schüler den nächsten Test? Mangels empirischer Untersuchungen[3] kann hier nur auf eigene Unter-

3 Empirische Untersuchungen zum Thema dieses Beitrags fehlen so gut wie durchgängig. Vom Standpunkt eines strengen Empirikers aus bleiben daher fast alle Aussagen dieses Abschnitts ‹Hypothesen›. Dem Verfasser erscheint es aber für das Ziel

richtserfahrungen und -beobachtungen sowie Gespräche mit Schülern und unterrichtenden Kollegen zurückgegriffen werden.

Daraus ergibt sich das Bild, daß vor allem ‹Kulturtechniken› bleibend vermittelt werden, wie zum Beispiel die vier Grundrechnungsarten, Bruchrechnung, Dreisatz, Flächenberechnungen, Stabrechnen usw. Der Erwerb derartiger intellektueller Fertigkeiten war schon ein Ziel der ‹traditionellen› Richtung der Mathematikdidaktik; sie verbleiben auf den beiden untersten Stufen der Bloomschen Taxonomie («Kenntnis konkreter Einzelheiten» bzw. «Kenntnis über Verfahrensweisen beim Umgang mit konkreten Einzelheiten»). Was diejenigen intellektuellen Fertigkeiten anbetrifft, die im besonderen durch die ‹Neue› (Struktur-) Mathematik vermittelt werden und wobei höhere Stufen der Bloomschen Taxonomie erreicht werden sollen, so scheint die Analyse von Unterricht und Unterrichtsmaterialien (Arbeitsbogen, Testblätter) aus der Gesamtschulpraxis darauf hinzudeuten, daß das, was behalten wird, im wesentlichen nicht über die ‹Wissensebene› der Bloomschen Taxonomie hinausführt.

Die Unterrichtsinhalte des Fachs Mathematik werden den Schülern in Form eines *Lehrgangs* vorgesetzt, der – trotz aller ‹Wahlpflichtangebote› und ‹Spiralcurricula› – in den Jahrgängen 5 bis 8 sehr strikt ist, in den Jahrgängen 9 und 10 zwar etwas aufgelockert erscheint, jedoch nur in einer Hinsicht: Bezüglich eines jeweils angestrebten Abschlusses bleibt der Lehrgangscharakter erhalten; neu an der Gesamtschule gegenüber herkömmlichen weiterführenden Schulen ist nur das gleichzeitige Nebeneinanderstehen unterschiedlicher Lehrgänge. Mathematik-*Didaktik* – auch an der Gesamtschule – ist weitgehend ‹Abbilddidaktik› des an den Universitäten gelehrten *Systems* der Mathematik. Dieses System – geschichtlich gewachsen und durchaus stetig in Änderung begriffen – ist nur für den Lehrer, nicht aber für den Schüler durchschaubar. Dem Schüler wird es als ein vorgeblich Absolutes regelrecht übergestülpt. Hier scheinen zwei Sozialisationsaspekte besonders bedeutsam: Zum einen Gewöhnung an die Verrichtung von Tätigkeiten, deren Sinnzusammenhang – auch innerhalb eines verhältnismäßig engbegrenzten Gegenstandsbereichs wie Mathematik – nur vom sozial Höherstehenden durchschaut wird; zum anderen die Ausübung ständigen psychischen Drucks auf den Schüler, da ja alles, was irgendwann gelehrt wurde, (angeblich) später wieder gebraucht wird und daher keine ‹Lücke› bleiben darf. Die der *Systematik* der Mathematik (nicht notwendig der Mathematik selbst!) innewohnende Hierarchie der Stoffe (bzw. Lernziele) scheint geeignet, über das Curriculum hierarchisch ausgerichtete Einstellungen und Verhaltensweisen beim Schüler zu erzeugen, so daß diese

der Arbeit ausreichend, Tendenzen aufzuzeigen bzw. offenkundige (wenn auch nicht immer offen ausgesprochene) Dinge zu benennen; ihm erscheint es übertrieben, stets «mindestens eine Verifizierung mit Hilfe eines Chi-Quadrat-Tests zu benötigen, um Banalitäten empirisch exakt zu beweisen» (STUBENRAUCH 1973, S. 78).

ihm als etwas außerhalb des Menschen, der menschlichen Gesellschaft und der gesamten Natur, sozusagen absolut Existierendes, erscheinen – nicht nur bei den Grundschuldidaktikern Junker und Sczyrba ist die ‹Ordnung› der Mathematik Musterbeispiel für die ‹Ordnung› der Gesellschaft (JUNKER/SCZYRBA 1968, S. 78 f).

Eine (nicht auf die Gesamtschule beschränkte) Folge des Lehrgangscharakters des Mathematikunterrichts ist das schon von Wagenschein eingehend beschriebene und kritisierte ‹Vorratslernen›: Es wird im Mathematikunterricht nicht auf die aktuellen Bedürfnisse und Interessen des Schülers Rücksicht genommen (dies gilt vor allem für den Unterricht in den Jahrgängen 5 bis 9), sondern es werden überwiegend Dinge darum gelernt, weil sie später einmal im *Mathematikunterricht* benötigt werden. Hier erscheinen wiederum zwei Gesichtspunkte besonders interessant: Zum einen wird von den Schülern in hohem Maße die Fähigkeit zum Befriedigungsaufschub verlangt, einem schon in der familialen Sozialisation der Mittelschicht-, nicht aber der Arbeiterkinder angelegten Verhaltensmuster; ‹Vorratslernen› begünstigt also die Mittelschichtkinder. Zum anderen bewirkt ständiges ‹Vorratslernen›, daß der Schüler bald nur noch auf den zur jeweiligen Unterrichtseinheit gehörigen Test (bzw. die Klassenarbeit) hin lernt, weil er erfährt, daß er nach einigen weiteren Unterrichtseinheiten das Gelernte getrost vergessen haben kann, ohne für ihn nachteilige Folgen befürchten zu müssen. Er kann sich nämlich darauf verlassen, daß der Mathematiklehrer vor Beginn einer Unterrichtseinheit alles das, was er aus vorangegangenen Unterrichtseinheiten benötigt, wiederholt, da der Lehrer längst die Erfahrung gemacht hat, daß er zwar bei einzelnen Schülern, nie aber bei der ganzen Klasse früher Durchgenommenes als gegenwärtig voraussetzen kann. Hier spielt sich – in Form eines Rückkoppelungsvorgangs zwischen Lehrer und Schüler – eine gegenseitige Anpassung der Erwartungshaltungen ab: Der Schüler glaubt dem Lehrer nicht mehr die Notwendigkeit, auf Vorrat lernen zu müssen, und der Lehrer setzt nicht mehr voraus, daß der Schüler auf Vorrat gelernt hat. Das Mathematikcurriculum verlangt aber vom Schüler, auf Vorrat zu lernen, und vom Lehrer, daß er sich so verhält, *als ob* er glaube, der Schüler habe auf Vorrat gelernt. Diese Unstimmigkeit wird üblicherweise nicht zur Sprache gebracht, sondern durch Disziplinierung und Leistungsdruck verschleiert.

Die von der ganzen Anlage des Unterrichts herrührende Bevorzugung des (bürgerlichen) Mittelschichtkindes gegenüber dem Arbeiterkind, zum Beispiel durch das ‹Vorratslernen›, läßt die Vermutung aufkommen, daß Mathematikunterricht an der Gesamtschule eine *schichtenbezogene Auslese* bewirken kann. Belege hierfür finden sich zum Beispiel bei Teschner (1971), der für das von ihm vertretene Differenzierungsmodell mit Fachleistungskursen (FEGA) ausgerechnet im Fach Mathematik diese schichtenbezogene Auslese zugeben muß, ferner in einer umfangreichen empirischen Untersuchung an hessischen Gesamtschulen mit ABC-Fachleistungskursen (Horn/Stark 1972). Daß diese Auslesewirkung nicht an die Form der Differenzierung gebunden ist, zeigt eine (bisher unveröffentlichte) Untersuchung an der mit ‹flexibler Differenzierung› arbeitenden Gesamtschule Fröndenberg (Krämer 1972). Mögen auch methodische Einwände gegen die eine oder andere dieser Untersuchungen erhoben werden, und mag auch der eine oder andere Lehrer in seiner Klasse etwas Gegenteiliges erfahren haben, so muß doch im Auge behalten werden, daß das Fach Mathematik als ‹Selektionsrampe› zu dienen vermag, deren ‹Steigung› von außen, zum Beispiel vom Kultusministerium durch Richtlinien für Stoffe und Leistungsbewertung, vorgegeben werden kann.

Mathematik wird als Auslesefach für die Gesamtschule gerade deswegen besonders wichtig, weil von den beiden anderen herkömmlichen Auslesefächern der Sekundarstufe I das Latein völlig aus dem Pflichtbereich herausgenommen worden ist und sich Deutsch infolge der Soziolinguistik-Diskussion der letzten Jahre in einer didaktischen Neuausrichtung befindet mit dem Ziel, die schichtenbezogene Auslesewirkung dieses Fachs tunlichst zu vermeiden. Daß Mathematik selbst eine, und zwar in höchstem Grade ‹elaborierte› *Sprache* ist, scheint bisher noch nicht allgemein in das Blickfeld von Fachdidaktikern und Lehrern gerückt zu sein.[4] Dies gilt besonders für die ‹Neue› Mathematik. Da hilft es dem Arbeiterkind wenig, wenn professorale Didaktiker das handelnde Umgehen mit ‹strukturiertem Material› (z. B. Mengenlehre-Plättchen) als ‹vollwertige› Mathematik, die auf der ‹enaktiven Stufe› verwirklicht werde, bezeichnen (Winter 1972, S. 88; sinngemäß auch Bauersfeld 1970, S. 12–14). Die mittelschichtlastige Sprache des Lehrers und der Arbeitsbogen, die dort und in den Tests vorgegebenen Anweisungen lassen denjenigen Schüler hoffnungslos zum ‹Versager› werden, der zum Beispiel als Arbeiterkind nicht frühzeitig intellektuell gefördert, die verlangten Formalisierungen nur schwer bewältigt, die Arbeitsaufforderungen nur mühsam versteht und kaum in der Lage ist, das, was er dann tut, mit im Sinne des Lehrers ‹angemessenen› Worten zu beschreiben.

Zeigt der Mathematikunterricht der Gesamtschule von seiner Didaktik und Methodik her schon einen deutlichen bürgerlichen Klassencharakter, so gilt dies auch für viele der vermittelten Inhalte, besonders im Bereich des ‹Sachrechnens›, das heißt der ‹eingekleideten Aufgaben›. Nicht nur daß verwendete Lehrbücher und Arbeitsbogen immer noch Aufgaben vom Typ ‹Eine Marktfrau kauft 30 1/3 kg Äpfel ...› enthalten, auch in den ‹modernisierten› Textaufgaben sind die *handelnden* Personen im allgemeinen Angehörige des ‹Mittelstandes›: Kaufleute, Handwerker, Fuhrunternehmer, Landwirte usw. Großbetriebe, Konzerne, Monopole

4 Immerhin suchte die Universität Bielefeld Anfang 1973 in Zeitungsinseraten Mathematiker und Linguisten für ein Forschungsprojekt ‹Mathematik als Sprache›.

oder auch Gewerkschaften gibt es in der Welt des Sachrechnens nicht, überhaupt ist der ganze Bereich der industriellen Produktion ausgespart. Arbeiter sägen schon einmal ein rechteckiges Brett zurecht oder heben zu zwölft in drei Tagen eine Grube aus, manchmal bekommen sie sogar Lohn, dann aber immer streng proportional zur Arbeitszeit. Auch die (zahlenmäßig weitaus überwiegenden) Aufgaben aus dem Bereich der Zirkulation bringen den Schüler – mangels gegenteiliger Beispiele – dazu, zu folgern, daß Preise stets proportional zu Warenmengen sind.[5] ‹Gewinn› entsteht offenbar nur dadurch, daß einer eine Ware teurer verkauft als einkauft. Wer Geld hat, läßt dieses Zinsen bringen (‹arbeiten›!) usw. Ein Kapitel für sich stellen die Aufgaben aus dem Bereich der ‹Vermögens›-Bildung und des Sparens dar. Zusammenhänge, Hintergründe, Interessenlagen werden im Sachrechnen grundsätzlich nicht hinterfragt. So geraten aus didaktischen Gründen scheinbar notwendige Vereinfachungen der wirklichen Sachverhalte unter der Hand zu Schrittmachern falschen gesellschaftlichen Bewußtseins.

Trotz aller ‹eingekleideten› Aufgaben bleibt das Mathematikcurriculum der Gesamtschule für den Schüler weitgehend ohne eigentlichen Lebensbezug. Die Interessen- und Erfahrungswelt des Schülers wird höchstens als ‹Einstieg› benutzt, um den Schüler für etwas Mathematisches zu ‹motivieren›. Der Schüler befindet sich hier durchaus in einer dem Käufer (‹Konsument›) gegenüber einem lohnabhängigen Verkäufer (z. B. im Warenhaus) vergleichbaren Lage. Der Schüler ($\triangleq$ Käufer) wird durch ‹geschickte Motivation› ($\triangleq$ Gebrauchswertversprechen) seitens des Lehrers ($\triangleq$ Verkäufer) zum Erwerb mathematischer Kenntnisse ($\triangleq$ Ware) veranlaßt – den Lehrer (Verkäufer) interessiert hierbei überhaupt nicht, welchen tatsächlichen Gebrauchswert seine ‹Ware› für den Schüler (Käufer) besitzt, für ihn ist nur sein ‹Verkaufsumsatz› wichtig.

Die Praxisferne des Mathematikunterrichts hat aber noch einen anderen, für die Ideologiebildung wichtigen Wert: Die Welt der Mathematik – wenigstens wie sie im Unterricht dargestellt wird – ist eine ‹heile Welt›: Jedes (mathematische) Problem ist objektiv und rational lösbar, notfalls auf einer ‹höheren› Ebene, zum Beispiel durch eine Erweiterung des Zahlenbereichs oder eine Abänderung des Axiomensystems. Der ‹rationale Dialog› (WINTER 1972, S. 74) in der Mathematik ist aber nur dadurch möglich, daß in der Mathematik eben von allen den Menschen existenziell berührenden Problemen abgesehen wird. So kann man diese leicht als ‹Ideologien› anschwärzen (WINTER 1972, S. 69; MESCHKOWSKI 1973 passim) und den an der Strukturmathematik ausgerichteten Mathematikunterricht als ‹Grundlage› eines ‹rationalen Bildungskonzepts› gerade für die Gesamtschule anpreisen (MESCHKOWSKI 1973, S. 182), denn:

5 Die Zeit/Lohn- bzw. Menge/Preis-Relation dient zum Beispiel Winter (1972, S. 77 f) als Musterbeispiel für Proportionalität schlechthin.

«die *moderne Lebensordnung* und die *Arbeitswelt* erfordern das Denken in Strukturen» (ECKHARDT 1969, S. 6, Hervorhebungen im Original).

Der Delegierte der ‹Ständigen Konferenz der Kultusminister› bei der OECD drückt dies etwas genauer aus:

«Die wirtschaftlichen und sozialen Verhältnisse verlangen heute von der Schule weniger die Heranbildung einer geistigen Elite – die gibt es immer –, sondern vielmehr eine Hebung des Bildungsniveaus der breiten Massen, ohne deren Einsicht in das technische, wirtschaftliche und soziale Gefüge der modernen Arbeitswelt eine Steigerung des Sozialprodukts nicht möglich ist» (OECD 1964, S. VI).

Welcher Art diese ‹Einsichten› sind, und wie diese ‹den breiten Massen› durch Mathematikunterricht vermittelt werden sollen, kann man zum Beispiel näher ausgeführt bei Meschkowski lesen. Sein ‹rationales Bildungskonzept› soll dazu dienen, die Schüler zu ‹Objektivität›, ‹Rationalität›, ‹Verzicht auf Ideologien›, ‹Toleranz› (bei Meschkowski im Sinne des ‹Pluralismus›-Begriffs gebraucht) und ‹Leistung› erziehen. Ferner sollen sie lernen, daß ‹Begabung› im wesentlichen ‹angeboren› ist und nur durch frühzeitige ‹Auslese› ‹gefördert› werden kann, «gleiche Bildung für alle» demnach «Barbarei» ist (MESCHKOWSKI 1973, S. 183). Schließlich sind ja auch

«die Aufgaben in unserer industriellen Gesellschaft ... sehr unterschiedlich. Wer auf das Aufleuchten einer Kontrollampe wartet, hat andere Aufgaben als ein leitender Ingenieur. Und ein Schüler, der trotz aller Bemühungen des Lehrers das elementare Rechnen nicht sicher lernt, hat kaum Aussichten, in die Planungsabteilung eines Werkes zu kommen» (MESCHKOWSKI 1973, S. 181).

denn:

«Die Wirtschaft funktioniert nur dann gut, wenn wir fähige Forscher und Ingenieure haben. Und der Mann, der im 21. Jahrhundert die Aufgabe hat, das Aufleuchten der Kontrollampen zu überwachen oder den Schnee zu beseitigen, wird nur dann ein gutes Einkommen haben, wenn sein begabterer Klassenkamerad die Möglichkeit bekommt, ein ausgezeichneter Wissenschaftler zu werden» (MESCHKOWSKI 1973, S. 183).

Der moderne Mathematikunterricht soll also die ‹breiten Massen› zur ‹Einsicht› bringen, die derzeitige spätbürgerlich-kapitalistische Gesellschaftsordnung der BRD mit ihren Schlüsselbegriffen ‹Rationalität›, ‹Objektivität›, ‹Pluralismus›, ‹Arbeitsteilung›, ‹Leistung› usw. hinzunehmen und zu billigen, grundsätzliche Kritik daran aber als ‹ideologisch› und ‹unwissenschaftlich› abzulehnen.

Es nimmt daher auch nicht wunder, daß im Mathematikunterricht das ‹Leistungsprinzip› (bisher) unangefochten geblieben ist. ‹Leistung›, definiert als der an einer Außennorm – vom Schüler her gesehen – gemessene Lernerfolg pro Lernzeit, dient zum alleinigen Differenzierungskriterium im Mathematikunterricht.[6] Zwei Grundformen von Leistungsdifferenzierung stehen im Mathematikunterricht der Gesamtschulen einander gegenüber: Die ‹Differenzierung nach Fachleistungskursen› (‹Setting›), und die ‹didaktische Differenzierung mit flexiblen Gruppierungen›. ‹Setting› ist der Normalfall, ‹flexible Gruppierungen› werden in einigen Gesamtschulen im 5. und 6. Jahrgang eingesetzt, nur ganz wenige, zum Beispiel Fröndenberg, versuchen (noch), sie auch in den höheren Jahrgängen durchzuhalten.

Beide Grundformen unterscheiden sich nicht nur in der Länge der Zeitspanne, während derer die Lerngruppen ihre Zusammensetzung nicht verändern (bei ‹Setting› meist ein halbes Jahr, bei flexiblen Gruppierungen im Mittel drei bis vier Wochen), sondern vor allem im pädagogisch-psychologischen Ansatz. Das ‹Setting›-Modell setzt (im allgemeinen unausgesprochen) voraus, daß die Höhe der in der Vergangenheit erbrachten Leistungen eine zuverlässige *Prognose* der zukünftig zu erwartenden Leistungshöhe eines Schülers ermögliche. Im Grunde genommen halten seine Befürworter an der Vorstellung fest, daß es nun einmal ‹gute›, ‹mittelmäßige› und ‹schlechte› Schüler gebe. (Wobei sie, als Fortschritt gegenüber der geläufigen Vulgärpädagogik, diese Eigenschaften fachbezogen zuteilen). Daher verwundert es auch nicht, daß bei ‹Setting›-Differenzierung sich selbst erfüllende Prophezeiungen und Schichtbevorzugungen in den einzelnen Niveaukursen auftreten. ‹Setting›-Differenzierung bewirkt – trotz gegenteiliger Behauptung ihrer Verfechter – im wesentlichen Auslese, nicht Förderung. Kritiker wie zum Beispiel Hurrelmann nehmen an, daß dies nicht daran liegt, daß ‹Setting›-Differenzierung noch nicht ‹richtig› (d. h. mit ‹besseren› Tests und höherem Medieneinsatz) gemacht wird, wie zum Beispiel Teschner vermutet, sondern daß das Verfahren, «eine nach einem einzelnen lernrelevanten Kriterium homogene Gruppe zusammen(zu)setzen» (HURRELMANN 1971, S. 25), zwangsläufig soziale Auslese bewirkt.

Der andere Ansatz der ‹didaktischen Differenzierung mit flexiblen Gruppierungen› lehnt Prognosen jeder Art ab, schaltet dafür aber in den Unterrichtsgang in verhältnismäßig kurzen Zeitabständen Tests zur individuellen *Diagnose* von ‹Lernausfällen› ein. Schüler mit gleichen oder ähnlichen Lernausfällen werden im Anschluß an den Test zu Gruppen zusammengefaßt, in denen durch geeignete Formen des *Wiederholens* die ‹Lücken ausgebessert› werden sollen, während die Schüler ohne nennenswerte Lernausfälle Zusatzlernziele erarbeiten.

Bei ‹didaktischer Differenzierung› wechseln also für den Schüler ständig Abschnitte des Unterrichts in einer Gruppe mit ziemlich gleich-

6 Der Deutsche Bildungsrat empfiehlt übrigens Leistungsdifferenzierung nur für die Fächer Mathematik, Fremdsprachen und Deutsch (BILDUNGSRAT 1970, S. 37).

mäßigen Schülerleistungen mit solchen des Unterrichts in einer Gruppe mit stark unterschiedlichen Schülerleistungen ab (nach dem nordrhein-westfälischen Rahmenlehrplan für Mathematik für den 5. und 6. Jahrgang z. B. etwa 16mal [!] pro Schuljahr).

Der ständige Lerngruppenwechsel (der sich ja nicht nur auf das Fach Mathematik beschränkt) führt zu erheblicher sozialer Unsicherheit für den Schüler, die mit eine Ursache für Konflikte zwischen Schülern untereinander und zwischen Lehrern und Schülern sein kann. Auf eine weitere Schwierigkeit sei noch hingewiesen: Der Lehrgangscharakter des Mathematikcurriculums verträgt sich in der Praxis nur schwer mit dem Grundsatz der ‹didaktischen Differenzierung› – auf jeden Fall läßt sich Mathematik wesentlich einfacher bei ‹Setting›-Differenzierung lehrgangsmäßig unterrichten als bei einer Unterrichtsform, bei der ständige Unterbrechungen einen ‹stetigen› Fluß verhindern.

Außerdem wäre im einzelnen zu untersuchen, wieweit sich ungünstige schulische ‹Randbedingungen›, wie unzureichende Ausbildung und ständige Überbelastung der Lehrer, Mangel an geeigneten Räumen und Medien, Mangel an Lehrkräften zur Bildung hinreichend kleiner Unterrichtsgruppen, zusätzlich ungünstig auf die Verwirklichung der Ziele von ‹didaktischer Differenzierung› auswirken. Gerechterweise sollte man aber den unter diesen Bedingungen arbeitenden Gesamtschullehrern nicht persönlich anlasten, daß sie auch bei gutem Willen zu nicht viel mehr kommen als Auslese, damit wenigstens die ‹Begabten› das ‹Gymnasialniveau› erreichen. Für die ‹Leistungsschwachen› bleibt der ‹Wiederholerkurs› – die schon einmal erfolglos gewesene Methode wird noch ein zweites Mal auf den Schüler angewendet. Immerhin bekommt er noch eine – wenn auch etwas fragwürdige – Chance.

Differenzierung nach dem Kriterium ‹Leistung› setzt unter anderem voraus, daß diese ‹gemessen› wird. Der Mathematikunterricht der Gesamtschulen ist daher ein beliebtes Arbeitsfeld für die ‹objektivierte Lernerfolgsmessung›. Sie geschieht im Mathematikunterricht meist über informelle, zum Teil aber auch über standardisierte Tests. Daß die verwendeten ‹Meß›-Verfahren schon von einem wissenschaftsimmanenten Ansatz her höchst fragwürdig sind, wird auch in der pädagogischen Fachliteratur erörtert (Bloom 1970, Horn 1973). Selbst wenn es aber gelingen sollte, für die Schule verwendungsreife Testverfahren zu entwickeln, deren ‹Objektivität› in mehr besteht als in einer formalen Eindeutigkeit der Durchführung und Auswertung, bleibt immer noch die Tatsache bestehen, daß diese Tests zu ihrem Einsatz im *System* der ‹objektivierten Lernerfolgsmessung› zwangsläufig ein bestimmtes schulisches Arrangement benötigen, das unter anderem durch folgende Eigenschaften gekennzeichnet ist:

- Um die ‹Objektivität› zu sichern, müssen die vom ‹System› *subjektiv* Betroffenen, also die Schüler und Lehrer an der unterrichtlichen

Basis, von der Mitwirkung an Zielsetzungen und Festlegungen der Methoden ausgeschlossen werden.

- Der Lernerfolg wird individuell ermittelt – die ‹Objektivität› gebietet es, daß die gemessene Lernleistung ‹ohne fremde Hilfe› erbracht wurde. In der schulisch allein bedeutsamen Situation, im Test nämlich, muß der Schüler *isoliert* arbeiten. Kollektives und solidarisches Verhalten ist in diesem ‹System› störend und damit unerwünscht, Konkurrenzverhalten wird tendenziell gefördert.
- Das gesamte Curriculum muß ‹operationalisiert›, das heißt erst einmal in kleine Portionen aufgeteilt werden, die jeweils für sich weiterverarbeitet (gelernt, geübt, abgetestet usw.) werden können. Damit wird die in der Fächergliederung angelegte, durch das Vorratslernen verstärkte Aufsplitterung der Wirklichkeit auf die Spitze getrieben.[7]

Es bleibt unerfindlich, wie ein derartig gestalteter Mathematikunterricht junge Menschen dazu erziehen soll, kritisch und in Zusammenhängen zu denken und zu handeln.

Dafür lernen die Schüler aber im Mathematikunterricht, vor allen Dingen in den ‹traditionellen›, notwendigerweise mit viel Übungsarbeit verbundenen Stoffgebieten wie zum Beispiel Geometrie, Bruchrechnen, schriftliche Rechenverfahren, Stab- und Tafelrechnen, Algebra, die ‹klassischen› Arbeitstugenden wie Ordnung, Fleiß, Beharrlichkeit, Sauberkeit, Genauigkeit, Konzentrationsfähigkeit usw. Zwar stehen diese an manchen Gesamtschulen nicht mehr so hoch im Ansehen, wie dies an herkömmlichen Schulen der Fall war und meist noch ist (die Schüler dürfen z. B. in Geometrie mit Filzschreiber anstatt mit hartem Bleistift zeichnen), auch scheuen sich neuere Lehrpläne und Sekundarstufendidaktiken meistens, derartige ‹Tugenden› als Normen und Werthaltungen ausdrücklich mit Namen zu nennen. Es wäre jedoch verfrüht, anzunehmen, daß jene im Mathematikunterricht der Gesamtschule bedeutungslos geworden seien. Schließlich fordern nicht nur die genannten Stoffe, sondern auch Eltern und vor allem die vielzitierten ‹Abnehmer› das Erlernen dieser Arbeitshaltungen.

«Ob die Erwartungen seitens der Abnehmer gerechtfertigt oder überhaupt sinnvoll sind – man kann sie nicht schlicht ignorieren» (Winter 1972, S. 85).

denn:

«Die Rolle der Mathematik als Unterrichtsfach an der Gesamtschule wird mitbestimmt durch Forderungen, die von außen angetragen werden. Lehrherren, Berufsschulen, Hochschulen und Universitäten verlangen von Schulabgängern gewisse Kenntnisse und Fertigkeiten» (Borchers/Krämer 1971, S. 181).

Daß es den einen ‹Abnehmern›, den Lehrherrn, aber nicht nur um «die geringen Rechenfertigkeiten der Schulabgänger» (Bauersfeld o. J.,

7 Vgl. auch Neander 1973.

S. 8) geht, zeigt eine Balkenüberschrift des Fröndenberger Lokalblattes *Hellweger Anzeiger* vom 9./10. Dezember 1972:

«Zeugnisse für zwölf Praktikanten: Fleißig, ordentlich, pünktlich. Sonderschüler sind eben doch besser als ihr Ruf – Unternehmer zufrieden.»

Und daß die ‹Abnehmer› im Hochschulbereich vom Mathematikunterricht nicht nur die Vermittlung von Fachkenntnissen erwarten, sondern auch, daß der «Lehrgang der Schulmathematik ... eine Schulung zweckfreien Lernverhaltens erzeugt (das, was die Engländer *deferred gratification pattern* nennen)» (KLINGEN 1973, S. 133), kann man in einem angesehenen Fachblatt nachlesen.

Gesamtschul-Lehrpläne und -Didaktiken setzen – meist an hervorragender Stelle in der Form von ‹Allgemeinen Lernzielen für den Mathematikunterricht› – aber ganz andere Bildungsziele: Fähigkeit zum Problemlösen, Argumentationsfähigkeit, Fähigkeit zu logischem Denken und Mathematisieren, Kreativität, Fähigkeit zu kooperativem Arbeiten (Teamfähigkeit) usw. Es fehlt auch nicht der Hinweis darauf, daß durch die Vermittlung dieser Fähigkeiten der Mathematikunterricht seinen Beitrag leiste zum obersten Ziel von Gesamtschule, wie ‹Hilfe zur Emanzipation› (Hessen) oder ‹Chancengleichheit› (Nordrhein-Westfalen).

Es ist nun auffällig, daß dieser Katalog ‹Allgemeiner Lernziele› nur Präambelcharakter besitzt, das heißt, daß so gut wie keine durchgängige Beziehung zwischen den ‹Allgemeinen› und den fachbezogenen Lernzielen festzustellen ist (KULTUSMINISTER NORDRHEIN-WESTFALEN 1973, WENGEL 1972). Das läßt vermuten, hier sollten in Wirklichkeit gar keine ‹emanzipatorischen› (was auch immer darunter verstanden sei) Qualifikationen vermittelt werden. Dieser Verdacht wird nicht nur durch eine ideologiekritische Analyse der Begründungsschriften (z. B. WINTER 1972) erhärtet, sondern auch durch Beobachtungen aus der Unterrichtspraxis, die zeigen, daß die ‹Probleme›, die durch Argumentieren, Mathematisieren, in Teamwork, kreativ usw. ‹gelöst› werden sollen, den Schülern *vorgegeben* werden. Zwar dürfen diese bisweilen, beim sogenannten ‹Spielen› mit dem ‹strukturierten Material›, unter Anleitung des ‹Spielführers› (DICK/ZIEGLER, früher schlicht ‹Lehrer› genannt), Gesetzmäßigkeiten in jenem ‹entdecken›. Dabei enthält aber dieses Material genau die zu ‹entdeckenden› Gesetzmäßigkeiten strukturell in sich – das ‹Entdecken› der ‹Neuen Mathematik› (Titel eines Bestsellers) im Dienes-Material geschieht für die Kinder im Grunde genommen nicht anders als das Entdecken von Ostereiern, die die Eltern vorher im Garten versteckt haben.

Fragen etwa nach dem Sinn der Problemstellung überhaupt oder dem Nutzen der Lösung für diesen oder jenen geraten dem Mathematikunterricht auch hier nicht ins Blickfeld. Es nimmt daher nicht wunder, daß Argumentationsfähigkeit, Kreativität, Teamfähigkeit usw. zumindest im *Mathematik*-Unterricht rein systemimmanent gesehen werden. Ein typisches Beispiel hierfür ist die kritiklose Übernahme der Verfahren der ‹objektivierten Lernerfolgsmessung› durch die überwiegende Mehrzahl der Gesamtschul-Mathematiklehrer. Zwar verlangen sie vom Schüler, daß er zum Beispiel bei der Konstruktion eines Dreiecks zuerst alle Voraussetzungen prüft, unter anderem, ob die Konstruktion möglich ist, das verlangte Dreieck also überhaupt existiert. Sie selber fragen aber nicht, bevor sie zum Beispiel die Note eines Schülers über die Varianz der Testpunktwerte ausrechnen, ob sie es hier überhaupt mit *meßbaren* Größen (im Sinne der mathematischen Maßtheorie, in der sie vielleicht auf der Universität selbst einen qualifizierten Schein erworben hatten) zu tun haben, das heißt, ob diese Varianz überhaupt existiert. Zwar soll der Schüler beim Beweis des Satzes des Pythagoras logisch argumentieren – besteht er aber hartnäckig beim Lehrer darauf, zu erfahren, *warum* er diesen Beweis können muß – und das berührt ihn wahrscheinlich mehr als $a^2 + b^2 = c^2$ – so wird er da, wo es entscheidend wird, die Grenzen der logischen Argumentation deutlich erfahren.

Eine Besonderheit des Mathematikunterrichts allgemein liegt darin, daß in weiten Stoffbereichen gerade der ‹traditionellen› Mathematik eine Eigenkontrolle der Schülerarbeit möglich ist, zum Beispiel Proben durch Einsetzen der Lösung, Zweitrechnung auf anderem Wege, Elfer- oder Neunerproben, Überschläge usw. Hieran können die Schüler selbständiges und selbstkontrolliertes Arbeiten erlernen, wenn auch auf Kosten der Geschwindigkeit, mit der der Stoff ‹durchgenommen› werden kann. Dieser Nachteil (und der der Stoffbeschränkung) läßt sich durch das Arbeiten mit ‹selbststeuernden Materialien›, zum Beispiel Unterrichtsprogrammen, vermeiden, die im Mathematikunterricht der Gesamtschule auch aus anderen Gründen, zum Beispiel denen der Differenzierung, gern verwendet werden. Da das Programm aber alle Tätigkeits- und Kontrollschritte genau vorschreibt, lernt der Schüler im Grunde genommen durch programmierten Unterricht gar nicht selbständig, sondern nur, ohne ständige Aufsicht zu arbeiten.

Abschließend sei noch darauf hingewiesen, daß an den Gesamtschulen die Tendenz zur Einführung eines ‹geschlossenen› (*teacherproof*) Mathematikcurriculums deutlich wird. Die Vorgabe von Katalogen operationalisierter Lernziele in Rahmenlehrplänen, die Bemühungen um stärkere Programmierung des gesamten Mathematikunterrichts, die ministerielle Vorgabe von Maßstäben zur Schülerbeurteilung schränken nicht nur die Freiheit des Lehrers ein, sondern lassen auch dem Schüler oft nur noch die Wahl, auf das ‹Lernangebot› entweder durch Ausführen des vorgesehenen ‹Lernschrittes› oder durch völlige Verweigerung zu antworten (z. B. aus dem Arbeitsbogen eine ‹Schwalbe› zu falten). Auch hier wird wieder ganz deutlich, wie eng der Rahmen gefaßt ist, innerhalb dessen die Schüler ‹Kreativität›, ‹Argumentationsfähigkeit› usw. ‹lernen› sollen.

Zusammenfassend läßt sich feststellen:

Der Mathematikunterricht an der Gesamtschule erfüllt folgende für die Reproduktion der kapitalistischen Gesellschaft notwendige Funktionen:

- Auf *allgemein gesellschaftlicher* Ebene:
  Wiederherstellung der durch die Gesamtschule formal aufgehobenen Klassenschranken durch schichtbezogene Auslese;
- auf der Ebene *der Qualifizierung des Arbeitsvermögens* durch (zumindest beabsichtigte) Vermittlung von:
  - *Intensitätsqualifikationen*[8] wie Fleiß, Sauberkeit, Genauigkeit, Ordnung, Konzentrationsfähigkeit, Beharrlichkeit, Teamfähigkeit;
  - *innovativen Qualifikationen*[8] wie Argumentationsfähigkeit, Fähigkeit zum Problemlösen, Kreativität für alle Schüler, zusätzlich für die ‹Begabten› von wissenschaftspropädeutischen Kenntnissen und Fertigkeiten;
  - *Zuverlässigkeitsqualifikationen*[8] wie Sorgfalt, Fähigkeit zum selbständigen Arbeiten, Fähigkeit zur Selbstkontrolle;
- auf der Ebene der *Ideologiebildung* durch:
  - Gewöhnung an fremdbestimmtes Arbeiten;
  - Verinnerlichung des ‹Leistungsprinzips›;
  - Verabsolutierung mathematischer Strukturen und deren Übertragung in den gesellschaftlichen Bereich hinein;
  - Rechtfertigung von Begabungs- und Aufstiegsideologien;
  - Absehen von fachübergreifenden und gesellschaftlichen Zusammenhängen und Verzicht auf Reflexion über diese;
  - Erziehung zu ‹Objektivität› und ‹Rationalität› im Sinne einer Einschränkung des Denkens und Handelns auf technische Funktionalität.

Im eigentlichen Sinne produktive Qualifikationen werden vom Mathematikunterricht nicht vermittelt, sieht man von elementaren Rechenfertigkeiten ab. Die angegebenen Funktionen des Mathematikunterrichts sind keineswegs auf diesen beschränkt, sie werden aber von keinem anderen Fachunterricht so gründlich und umfassend wahrgenommen. Dies mag die besondere Bedeutung erklären, die das Fach Mathematik auch an der Gesamtschule als ‹Hauptfach› besitzt.

6.3 Entwürfe

Auf Mathematik als Unterrichts-*Gegenstand* kann eine Schule, die einen Beitrag zu antikapitalistischen Reformen leisten will, aus folgenden Gründen nicht verzichten:

- Die vom Mathematikunterricht in besonderem Maße vermittelten

8 Nach Masuch 1972.

Qualifikationen des Arbeitsvermögens werden auch in einer nachkapitalistischen Gesellschaft gebraucht; in der kapitalistischen Gegenwart sind sie für den künftigen Arbeit-‹Nehmer› existenznotwendig, da er ohne sie seine Arbeitskraft nicht verkaufen kann. Gerade ein politisch Unbequemer wird auf die Dauer nur Arbeit finden, wenn er in dieser Überdurchschnittliches leistet.

- Die Schüler müssen nicht nur das elementare Rechnen, sie sollen auch das kaufmännische und betriebliche Rechnungswesen beherrschen, damit sie später Löhne, Gehälter, Steuerbescheide usw. kontrollieren, in Tarifkommissionen und parlamentarischen Haushaltsausschüssen mitreden und gegebenenfalls einmal selbst die Betriebe und Verwaltungen übernehmen können.

Wie ist nun der Mathematikunterricht zu *organisieren*, damit er strategisches Lernen fördert? Wenn dieses definiert ist als ‹Vermittlung der Qualifikationen strategischen Handelns› durch ‹*unmittelbare Erfahrung*› (Kapitel 3; Hervorhebung J. N.), so erscheint Mathematikunterricht hierfür doppelt ungeeignet: Erstens weil Schule, also Unterricht, ohnehin meist nur mittelbare Erfahrung der Welt ermöglicht, und zweitens, weil Mathematik an sich schon etwas durch Abstraktion Entstandenes ist, also überhaupt keine unmittelbaren Erfahrungen vermitteln *kann*. Somit wäre zuerst einmal bescheidener zu fragen, wie Mathematikunterricht veranstaltet werden muß, damit er strategisches Lernen wenigstens nicht *behindert*.

Ein derartiger Mathematikunterricht hätte sowohl schichtbezogene Auslese als auch die Erzeugung bürgerlich-technokratischer Ideologie zu vermeiden. Wirksam wird dies nur in der langfristigen Umstellung des gesamten Schulunterrichts auf polytechnische Erziehung möglich sein. Als mittelfristiges Ziel bietet sich die ‹Realutopie› der weitgehenden Abschaffung des eigenständigen *Fachs* Mathematik bei Einbeziehung der bedeutsamen Inhalte in den Lernbereich Politik-Technik-Ökonomie (PTÖ). Wegen der gerade für das mathematische Tun sehr wichtigen, nicht an Worte gebundenen Mitteilungsformen durch Diagramme, Zeichnungen, Graphiken, Tabellen und Formeln ist hierbei eine enge Zusammenarbeit mit dem Lernbereich ‹Visuelle Kommunikation› anzustreben. Mathematik würde hiermit zur Hilfswissenschaft für den PTÖ-Bereich und erhielte in der Schule genau den Stellenwert zugewiesen, den sie auch in der gesellschaftlichen Praxis besitzt.

Der integrierte Unterricht wäre in Form von *Projekten* (im Sinne der Definition der ‹Hessischen Rahmenrichtlinien für Gesellschaftslehre›) durchzuführen. Nicht jedes Unterrichtsprojekt wird mathematische Fragestellungen beinhalten, in manchen wird Mathematik vielleicht höchstens zu ein paar Berechnungen oder statistischen Auswertungen benötigt. Es sind aber auch Projekte denkbar, in denen Mathematik eine entscheidende Rolle spielt, und zwar solche, bei denen versucht wird, eine gesellschaftlich bedeutsame Fragestellung durch *mathematische Modellierung* in den Griff zu bekommen. Unter ‹Mathematischer Modellierung› (siehe Bild) sei hier

Prinzip der ‹mathematischen Modellierung›

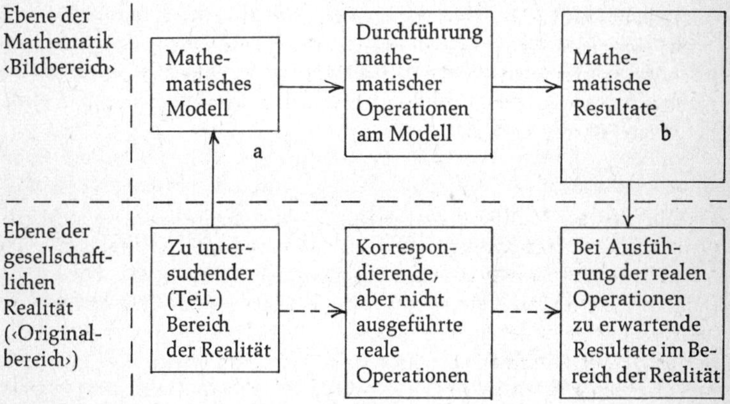

a: strukturtreue Abbildung, b: Rückübersetzung

verstanden, bestimmte Teilbereiche der gesellschaftlichen Realität auf geeignete mathematische Strukturen abzubilden, wobei die für den betreffenden Teilbereich kennzeichnenden Beziehungen zu gleichartigen im mathematischen ‹Bildbereich› führen. Operationen in diesem liefern Ergebnisse, die durch Rückübersetzung erklärt und gedeutet werden müssen.

Damit der Rechenaufwand – und daher die Versuchung, das Modell allzu simpel zu machen – nicht zu groß wird, ist es günstig, wenn der Schule ein Computer zur Verfügung steht. Am besten eignet sich hierzu ein Großrechner-Terminal für Dialogbetrieb in einer prozedurorientierten Sprache (z. B. FORTRAN). Erstens braucht man dann nicht mit dem Speicherplatz zu knausern, zweitens kann die Programmierung des Modells über Unterprogramme in Arbeitsteilung geleistet werden, drittens kann immer wieder auf selbsterstellte Unterprogramme bzw. solche aus der Programmbibliothek zurückgegriffen werden.

Aber auch wenn die notwendigen Berechnungen von Hand durchgeführt werden müssen, ergibt sich bei einem derartigen Projekt als ganz neue Möglichkeit, das im Schulunterricht bisher allein vorherrschende Operieren im mathematischen Bildbereich zurücktreten zu lassen gegenüber den Aufgaben der Modellerstellung, der Rückübersetzung der Resultate und vor allem der Diskussion des Modells selbst, seiner Voraussetzungen, der Bedingungen seiner Anwendung und der Grenzen seiner Aussagefähigkeit.

So ist es zum Beispiel sehr wichtig, darauf hinzuweisen, daß mathematische Modelle wirtschaftlicher Vorgänge mit Notwendigkeit nur den *Tauschwert*gesichtspunkt wirtschaftlicher Güter in Rechnung stellen, den (nicht-‹objektiven›!) *Gebrauchswert*gesichtspunkt dagegen gar nicht berücksichtigen können. Es wäre möglich, hier zum Beispiel anzuknüpfen mit Überlegungen, die die unterschiedlichen Standpunkte von bürgerlicher und marxistischer politischer Ökonomie zur Sprache bringen und auch klarstellen, was es bedeutet, wenn eine sich ‹sozialistisch› nennende Volkswirtschaft sich an Methoden der bürgerlichen Volks- und Betriebswirtschaftslehre ausrichtet.

Als Thema für ein Projekt, in dem Mathematik eine wesentliche Rolle spielen könnte, bietet sich zum Beispiel für die Jahrgänge 5 und 6 ‹Stadtverkehr› an. Hier können die Schüler Verkehrsbeobachtungen rechnerisch auswerten, einen Stadtplan (bzw. eine Karte) lesen und anfertigen lernen, Entfernungen aus einer Karte entnehmen und damit beispielsweise Fahrpläne für ein öffentliches Verkehrsnetz entwerfen. Mit Hilfe der durch Beobachtungen gewonnenen Daten über Länge, Abstand, Geschwindigkeit und Anfahrzeit der Kraftfahrzeuge können die Schüler ‹experimentell› untersuchen, wann zum Beispiel an einer ampelgesteuerten Kreuzung der Verkehr zusammenbricht. Arbeitet man hier mit mehreren Schülergruppen, so läßt sich das rasche Übergreifen des Verkehrszusammenbruchs auf benachbarte Kreuzungen und Straßenzüge wirklichkeitsgetreu nachbilden. Man kann nun weitergehen und zum Beispiel untersuchen, was geschieht, wenn das Fassungsvermögen der Straßen vergrößert wird, zum Beispiel durch Verbreiterung. Die ganze Schwierigkeit der Planung einer ‹autogerechten Stadt› läßt sich hieran aufrollen, und gerade das Durchrechnen aller Planungsvorschläge am Modell zeigt, daß es in dieser Richtung keine menschlich befriedigende Lösung gibt.

Das Thema ‹Stadtverkehr› läßt sich mit elf- bis zwölfjährigen Schülern in seiner ganzen Vielschichtigkeit nicht erschöpfend behandeln. Es wäre zu überlegen, ob man es nicht einige Jahre später erneut aufgreifen sollte, wobei man dann gerade die volkswirtschaftliche Bedeutung des Individualverkehrs untersuchen könnte, zum Beispiel die Abhängigkeit der Wirtschaft der BRD vom Auto. Das könnte mit Hilfe von Verflechtungsbilanzen (Input-Output-Matrizen) untersucht werden. Hier ließe sich auch die Tatsache zur Sprache bringen, daß diese Verflechtungsbilanzen nur die geldliche, also die Tauschwert-Seite der auftretenden Güter erfassen, und daß die in ihnen ausgedrückte Rationalität und Logik die des (kapitalistischen) Profitprinzips ist, aus dem heraus überhaupt erst die Frage nach einer ‹*auto*-gerechten› (und nicht etwa nach einer *menschen*-gerechten) Stadt möglich wird.

In höheren Jahrgängen könnte Mathematik in PTÖ-Projekten bei

Meinungsumfragen (elementare Statistik, graphische Darstellungen), Politischer Ökonomie (Untersuchung der Kapitalakkumulation, einfache Input-Output-Analysen) und vor allem bei Entscheidungsmodellen aus dem Bereich von Wirtschaft und Politik (Optimierungen, strategische Spiele, Monte Carlo-Simulationen) Anwendung finden. Beispiele bietet jedes Lehrbuch für ‹Operations Research› in Hülle und Fülle.

Mathematische Modelle können die Schwachstellen eines gesellschaftlichen oder wirtschaftlichen Systems oft deutlicher zeigen, als es die Wirklichkeit in ihrer ganzen Vielschichtigkeit vermag. So läßt sich zum Beispiel die Neigung des Kapitals zur schrankenlosen Akkumulation ebenso wie die Neigung warenproduzierender, vor allem aber kapitalistischer Wirtschaften zu Überproduktionskrisen im Modell klar herausarbeiten und damit zeigen, daß das kapitalistische Wirtschaftssystem grundsätzlich, und zwar von seinem inneren Aufbau her, instabil ist.

Auf dem Gebiet der mathematischen Modelle können Handlungsstrategien, Wirtschaftsmodelle und Gesellschaftsentwürfe unter Berücksichtigung zu erwartender Gegenmaßnahmen auf Möglichkeiten zur Verwirklichung und Folgerungen hin untersucht werden. Die Schüler erfahren hierbei den unmittelbaren gesellschaftlichen Nutzen der Mathematik, und sie begreifen, wieso mathematisches Wissen in einer Klassengesellschaft zur Aufrechterhaltung von Herrschaft dienen kann. Umgekehrt wäre es ihnen aber auch möglich, zu erkennen, daß mathematische Methoden auch für sie durchschaubar und grundsätzlich erlernbar sind. So erfährt zum Beispiel eine Gruppe von Arbeiterkindern, die in einem betrieblichen Planspiel ‹Geschäftsleitung› spielt, anschaulich, daß man nicht ‹zum Führer geboren sein› muß, daß Führungs- und Leitungstätigkeiten auch für den Arbeiter erlernbar sind und daß auch er sich der zugehörigen Techniken zu bedienen vermag.

Nun setzt die Anwendung der Projektmethode schon ein gewisses Maß an Kenntnissen und Fertigkeiten, hier mathematischer Art, voraus. Diese während des Ablaufs eines Projekts zu erwerben, wird meist aus Zeitgründen nicht möglich sein. Das hat zur Folge, daß nicht der *gesamte* Unterricht in Form von Projekten erteilt werden kann, daß also außer diesen auch noch ‹Kurse› abgehalten werden müssen.

Für ein Schuljahr wäre beispielsweise rein schematisch folgende Aufteilung denkbar:

9 Wochen Projektphase I;
2 Wochen Herbstferien;
9 Wochen Kursphase I;
2 Wochen Weihnachtsferien;
12 Wochen Projektphase II;
3 Wochen Osterferien;
9 Wochen Kursphase II;
6 Wochen Sommerferien.

In für alle Schüler *verpflichtenden Kursen* sollten zum Beispiel mathematische Grundkenntnisse und Fertigkeiten gelehrt werden. Hier wäre es auch zuweilen gerechtfertigt, mit Unterrichtsprogrammen und audiovisuellen Medien einen regelrechten ‹Paukunterricht› zu erteilen, beispielsweise beim Erlernen des Stabrechnens. Die grundsätzliche Bereitschaft der Schüler hierzu wird durch die Projektarbeit geweckt; sie lernen also im Hinblick auf ein für sie einsehbares Ziel. Dann hilft ihnen aber die Programmierung dieser Kurse nicht nur, das Lernen zu beschleunigen, sondern bietet ihnen auch während einer Projektphase die Möglichkeit, ohne Lehrerhilfe den Stoff zu wiederholen, zu vertiefen oder zu ergänzen, falls sich die Notwendigkeit hierzu durch den Verlauf des Projekts ergibt.

Unabhängig von den verpflichtenden, wären im Wahlbereich *Neigungskurse* ohne auslesende Wirkung anzubieten, für die vielleicht 10 bis 15 Prozent Schüler eines Jahrgangs, die an Mathematik als solcher besonders interessiert sind. Mit den Teilnehmern dieser Kurse ließe sich voraussichtlich auch der gesellschaftliche Bedarf an mathematisch besonders vorgebildeten Schulabgängern befriedigen.

Zwischenschritte auf dem Wege zu einem derartigen Unterricht könnten beispielsweise sein, daß die Lehrer versuchen,

- den Leistungs-*Druck* zu mildern, zum Beispiel durch Förderung kooperativer Lernformen der Schüler;
- die Fremdbestimmtheit ihrer gemeinsamen Arbeit mit den Schülern zu diskutieren, zum Beispiel an Hand des Lehrplans und der einschlägigen Erlasse zu Differenzierung, Leistungsmessung und Notengebung (die man z. B. auch von der mathematischen Seite her untersuchen kann; siehe 6.4);
- im Sachrechnen mit den Schülern die Aufgabenstellungen zu hinterfragen;
- mit fortschrittlichen Kollegen, die Gesellschaft/Politik, Technik, Ökonomie oder Arbeitslehre unterrichten, zusammenzuarbeiten, um fächerübergreifende Unterrichtseinheiten zu erstellen.

Der eben skizzierte Entwurf für einen anderen ‹Mathematikunterricht› war als ‹Realutopie› bezeichnet worden: ‹Real› deshalb, weil er zumindest an Gesamtschulen mit Versuchsschuleigenschaft im Einklang mit dem geltenden Schulrecht (gegebenenfalls unter weitherziger Auslegung der Vorschriften) durchführbar erscheint, ‹Utopie› deshalb, weil die Lehrer heute kaum einen derartigen Unterricht auf Anhieb verwirklichen können. Das liegt nicht nur am Unverständnis von Schülern, Eltern und Kultusbürokratie, sondern zum großen Teil auch daran, daß die Lehrer selbst noch Lernprozesse durchzumachen haben.

So mag sich ein Mathematiklehrer selber für ‹progressiv›, ‹kritisch› oder ‹links› halten und läßt dennoch im Unterricht Zinsaufgaben rechnen, ohne die Frage aufzuwerfen, *woher* die Zinsen eigentlich kommen? Das Hinweggehen über diese und tausend ähnliche im Mathematikunterricht mögliche Hintergrundfragen ist alles andere als ‹Objektivität› – nämlich stillschweigende Parteinahme für das Kapital, lautlose Indoktrinierung der Schüler mit bürgerlicher Ideologie.

Kanitz hat schon vor fünfzig Jahren ein Unterrichtsbeispiel hierzu gegeben (KANITZ 1924), das auch heute noch aktuell ist und im Unterricht der Jahrgänge 7 bis 9 gebracht werden kann.

Die auf ‹Objektivität› und ‹Rationalität› ausgerichtete Ausbildung der Fachlehrer für Mathematik macht es diesen besonders schwer zu erkennen, wo sie in ihrem Unterricht – auch unbeabsichtigt – bürgerliche Ideologie vermitteln und damit strategisches Lernen verhindern. Hiergegen hilft nur Aufklärung über die gesellschaftliche Bedeutung und Reflexion über die Durchführung des eigenen Unterrichts, am besten in Gemeinschaft mit ähnlich interessierten Kollegen.

Daß ferner grundlegende Änderungen im Unterricht einer eingehenden Vorbereitung bedürfen, haben die bereits durchgeführten Versuche gezeigt (z. B. BÖTTIGER u. a. 1972). Diese Experimente haben aber auch deutlich gemacht, daß sie auf den geballten Widerstand bestimmter Elterngruppen und der Kultusbürokratie stoßen können. Die gründliche Vorbereitung des Unterrichts muß daher die gezielte Arbeit mit Eltern einschließen. Darunter ist nicht etwa eine ‹Agitation› der Eltern durch die Lehrer zu verstehen, sondern der Versuch, die notwendigen Lernprozesse gemeinsam mit den Eltern zu vollziehen. Die Lehrer sollten die Eltern bei der Planung und Reflexion des Unterrichts mitbeteiligen und versuchen, in Abstand zu ihrer Rolle als Lehrer, selbst so viel wie möglich von den Eltern zu lernen. Sind schon mehrfach fortschrittliche fächerübergreifende Unterrichtseinheiten gelaufen, so kann der Versuch unternommen werden, die Unterrichtsorganisation auf Projekte mit zwischengeschalteten Kursphasen umzustellen. Dies ist eine Angelegenheit der ganzen Schule, zu der sie außerdem wahrscheinlich die Zustimmung der Schulaufsicht einholen muß. Die in Projektarbeit erfahrenen Lehrer hätten dann gemeinsam mit den Eltern Kollegium, Schulleitung, Elternvertretung und Schulaufsicht hierfür zu gewinnen.

Fragwürdig bleibt aber, daß auch diese Art von in von Kursen begleitete Projekte einbezogenem Mathematikunterricht weitgehend dem «‹Bankiers-Konzept› der Erziehung, in dem der den Schülern zugestandene Aktionsradius nur soweit geht, die Einlagen entgegenzunehmen, zu ordnen und aufzustapeln» (FREIRE 1972, S. 74) verhaftet und auf dessen Grundlage keine *befreiende* Erziehungsarbeit möglich ist. Der grundlegende gesellschaftliche Bereich, der der Produktion, verbleibt außerhalb des Aktionsradius der Schüler, da das Kapital seine heiligen (Fabrik-)Hallen durch Mauern, Stacheldraht und Werkschutz auch gegen die Heranwachsenden abschirmt. Das macht es unverhältnismäßig schwer, eine befreiende Erziehungsarbeit mit Kindern, die den Produktionsbereich erfaßt, in Angriff zu nehmen. Daß es nicht an der ‹Industriegesellschaft› schlechthin liegt, ‹unerziehlich› zu sein, zeigt das Beispiel des Polytechnischen Unterrichts in der DDR, bei dem die Schülerarbeit in den Produktionsplan des Patenbetriebes einbezogen ist. Daß man andererseits auch – vom didaktischen und psychologischen Standpunkt aus gesehen – schon mit elf- bis zwölfjährigen Kindern Fragestellungen aus dem Bereich der Produktion kritisch aufarbeiten kann, ist durch die Fröndenberger Unterrichtseinheit ‹Arbeit› belegt.

Was spricht also grundsätzlich dagegen, *Ansätze* zu einem kritischen polytechnischen Unterricht dadurch zu entwickeln, daß eine Gesamtschule dort, wo die Voraussetzungen dafür gegeben sind, zusammenarbeitet mit einem Betrieb, der von Arbeiterorganisationen (Gewerkschaft, Partei) kontrolliert wird oder im Besitz der in ihm Arbeitenden ist, wie etwa die Glashütte Süßmuth? Kosten, die durch den Unterricht entstehen und die der Betrieb bzw. sein Träger nicht übernehmen kann? Das Geld müßte sich durch Spenden aufbringen lassen. Gesetzliche Bestimmungen, zum Beispiel über Kinderarbeit? Da gibt es jetzt schon genug Ausnahmen, für Theater und die Landwirtschaft beispielsweise. Die vielen kleinen und großen Schwierigkeiten, bis das Ganze einmal läuft? Wenn die Gesamtschule schon so weit ist, daß sie in Projekten und Kursen fortschrittlichen Unterricht erteilt, dann werden Lehrer, Eltern und Schüler gemeinsam mit den Betriebsangehörigen den Rest auch noch schaffen.

Utopie? Vielleicht, auf jeden Fall aber ein Versuch, ein Stück der durch den Kapitalismus atomisierten Gesellschaft zu restruktuieren im Glauben daran, «daß man für das, was man anstrebt, im Jetzt den im Jetzt möglichen Raum schaffen muß, damit es im Dann sich erfülle», im Glauben «an die revolutionäre Kontinuität, genauer gesagt: an eine Kontinuität, innerhalb deren Revolution nur die Durchsetzung, Freimachung und Erweiterung einer bereits zum möglichen Maße erwachsenen Wirklichkeit bedeutet» (Buber 1967, S. 29).

6.4 Anhang: ‹Objektivierte Leistungsmessung› als Thema im Mathematikunterricht

6.4.1 Jahrgangsstufe 10., eventuell auch 9. Jahrgang

6.4.2 Angenommene Voraussetzungen

Die Schüler sind in der Lage

6.4.2.1

Mit dem Rechenstab sicher zu multiplizieren, dividieren, quadrieren und Quadratwurzeln zu ziehen.

6.4.2.2

Umfangreiche Zahlenkolonnen (Dezimalzahlen) sicher zu addieren, zum Beispiel durch Unterteilung in kleine Blöcke von 8 bis 10 Posten und Kontrolle über Neunerprobe.

Anstatt 6.4.2.1 und 6.4.2.2: Es steht den Schülern ein Tischrechner zur Verfügung, mit dem sie umgehen können.

6.4.2.3

Von einer Reihe von n Meßwerten $x_1, x_2, \ldots, x_n$ (‹Stichprobe›) für eine vorgegebene Anzahl $k \leq n$ von Klassen die relativen Häufigkeiten h_i $(i = 1, \ldots, k)$ zu berechnen und deren Verteilung als Histogramm graphisch darzustellen, ferner den Mittelwert

$$\bar{x} := \frac{1}{n} \sum_{i=1}^{n} x_i$$

und die Standardabweichung

$$s := \sqrt{\frac{1}{n-1} \sum_{i=1}^{n} (x_i - \bar{x})^2}$$

$$= \sqrt{\frac{1}{n-1}\left(\sum_{i=1}^{n} x_i^2 - \frac{1}{n}\left(\sum_{i=1}^{n} x_i \right)^2 \right)}$$

zu berechnen. (Anmerkung: Es wird *nicht* vorausgesetzt, daß die Schüler mathematisch exakt begreifen können, *warum* die Standardabweichung so und nicht anders definiert ist – es genügt, daß ihnen s als Streuungsmaß *plausibel* ist.)

6.4.2.4

Aus Meßwerten durch Rechnung ermittelte Größen (z. B. $\bar{x}$, s) auf eine dem Problem angemessene Stellenzahl zu runden.

6.4.2.5

Eine Funktionentafel (Quadrate, e^x, ...) zu benutzen.

6.4.3 Anzustrebende Lernziele

Die Schüler sollen lernen, daß

- ‹Normalverteilung› eines Merkmals immer dann zu erwarten ist, wenn sein Wert in zufälliger Weise von vielen, sich additiv zusammensetzenden Zufallsgrößen abhängt;

- Verfahren der ‹objektivierten Leistungsmessung›, die auf der Annahme normalverteilter Rohpunktwerte basieren,
  - notwendigerweise das Versagen von Schülern voraussetzen müssen,
  - im Mittel für jeden ‹guten› einen ‹schlechten› Schüler erzeugen,
  - zur Kontrolle, ob Lernziele im Unterricht erreicht wurden, kaum geeignet sind,
  - von der Bezugsgruppe abhängige Zensuren liefern,
  - der Steuerung der formalen Auslese von Schülern dienen.

Auf die Problematik der Entstehung der Rohpunktwerte kann an dieser Stelle nicht eingegangen werden.

6.4.4 Gang des Unterrichts

6.4.4.1

Physikalische Messungen, zum Beispiel Dicke eines Blattes Papier mit Mikrometerschraube ausmessen lassen; oder biologische Messungen, zum Beispiel Körperlänge, Kopfumfang, Sitzhöhe, Pulsfrequenz der Schüler. Die hierbei gewonnenen Meßreihen können dazu dienen, die Voraussetzungen 6.4.2.3 und 6.4.2.4 zu erarbeiten, falls dies nicht schon früher irgendwo geschehen ist. Die Histogramme dieser Meßreihen zeigen alle einen in etwa symmetrischen Verlauf zum Mittelwert:

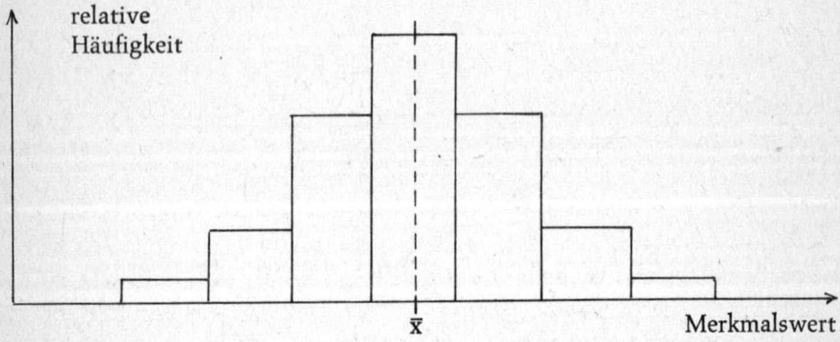

6.4.4.2

Ähnliche Histogramme erhält man, wenn man zum Beispiel 10 Geldstücke wirft und jedesmal aufschreibt, wie oft Zahl oben lag, oder wenn man mit mehreren (mindestens 5) Würfeln würfelt und die Augensumme notiert.

6.4.4.3

Die Schüler vertafeln und zeichnen für verschiedene Werte von $\bar{x}$ und s die Funktion

$$\varphi(x \mid \bar{x}, s) = \frac{1}{s\sqrt{2\pi}} \, e^{-\left(\frac{x-\bar{x}}{s}\right)^2}$$

Sie stellen fest, daß der Graph von φ den ermittelten Histogrammen sehr ähnlich sieht.

6.4.4.4

Die Schüler stellen fest, daß die Größe s die ‹Breite› des Graphen von φ steuert und $\bar{x}$ nur eine Parallelverschiebung längs der x-Achse bewirkt.

6.4.4.5

Durch Auszählen von Kästchen unter dem Graph von φ stellen die Schüler fest, daß die Fläche zwischen dem Graph von φ und der x-Achse (ungefähr) gleich Eins ist, unabhängig von der Wahl der Werte für $\bar{x}$ und s.

6.4.4.6

Ebenfalls durch Auszählen der Kästchen ermitteln die Schüler, wie groß die Flächen zwischen $\bar{x}$ und $\bar{x} + 0{,}5\ s$, $\bar{x} + 0{,}5\ s$ und $\bar{x} + s, \ldots$ sind, das heißt, welcher Bruchteil *aller* Meßwerte bei Normalverteilung in diesen Intervallen liegt. Begriff der ‹Standard›-Normalverteilung mit $\bar{x} = 0$ und $s = 1$.

6.4.4.7

Die Schüler zeichnen in jedes Histogramm den Graphen von $\varphi(x/\bar{x}, s)$ für die in der zugehörigen Meßreihe ermittelten Werte von $\bar{x}$ und s. Sie stellen fest, daß φ sich in alle Histogramme ‹einpaßt›. Da dies also ‹normalerweise› der Fall ist, wird $\varphi(x/\bar{x}, s)$ als ‹Normal›-Verteilung bezeichnet.

6.4.4.8

Aus der Entstehung der Meßreihen 6.4.4.2 läßt sich vermuten, daß normalverteilte Meßwerte immer dann auftreten, wenn sie sich ergeben als *Summe* mehrerer *voneinander unabhängiger* Einzelwerte (‹Zentraler Grenzwertsatz› der Wahrscheinlichkeitsrechnung).

Zur Bestätigung: Jeweils 100 mal mit 1, 2, 3, . . ., 10 Würfeln zugleich würfeln und die Augensumme notieren. Bei den physikalischen und biologischen Messungen ähnliche Plausibilitätsbetrachtungen anstellen.

6.4.4.9

In der Schrift ‹*Lehrer messen Leistung*› des Kultusministeriums Schleswig-Holstein (Kiel 1971) wird auf Seite 46 f angegeben, wie ein Lehrer ‹objektiv› die Noten einer Klassenarbeit bzw. eines Tests ermitteln kann:

- Jede Aufgabe erhält für richtige Lösung einen bestimmten Punktwert zugeordnet.
- Jeder Schüler i ($i = 1, \ldots, n$) erhält als ‹Rohpunktwert› des Tests x_i die Summe der Punktwerte der von ihm richtig gelösten Aufgaben.
- Berechne für die ‹Meßreihe› der Rohpunktwerte x_i Mittelwert $\bar{x}$ und Standardabweichung s gemäß 6.4.2.3.
- Berechne zu jedem Rohpunktwert x_i einen ‹z-Wert› z_i gemäß

$$z_i := \frac{x_i - \bar{x}}{s}$$

(‹z-Transformation›).
- Berechne aus diesem eine ‹Rohzensur› SN_i gemäß

$$SN_i := 3{,}5 - z_i$$

- Runde SN_i auf ganzzahlige Werte S_i, die Endnoten.

6.4.4.10

Die z-Transformation in 6.4.4.9 legt die Vermutung nahe, daß es sich darum handelt, die Meßreihe der Rohpunktwerte auf eine Standardnormalverteilung zu transformieren, die dann auf Mittelwert 3,5 (Mitte der Sechser-Notenskala!) verschoben wird. Mit Hilfe der Ergebnisse aus 6.4.4.6 läßt sich eine Tabelle aufstellen, wieviel Prozent (bei Normalverteilung der Rohpunktwerte) auf welche Notenstufen entfallen:

Notenstufe	1	2	3	4	5	6
Notenanteil	2 %	14 %	34 %	34 %	14 %	2 %

Hieraus läßt sich folgern: Das Auftreten ‹guter› Noten (1 und 2) ist bei diesem Verfahren notwendig gekoppelt mit dem Auftreten ‹schlechter› Noten (5 und 6).

6.4.4.11

Welche Noten ergeben sich, wenn die Rohpunktwerte nun *nicht* normalverteilt sind? Beispiel: $n = 35$ Schüler, davon erreichen 30 Schüler alle 10 Rohpunkte und 5 Schüler 9 Rohpunkte im Test. Die ersteren bekommen nach 6.4.4.9 die Note 3, die letzteren die Note 6. Diskussion des Ergebnisses: Was bedeutet das für die betroffenen Schüler? Ist dieser Unterschied in den Notenwerten gerechtfertigt? Was folgt hieraus für das Verfahren 6.4.4.9?

6.4.4.12

Um überhaupt (wenigstens angenähert) Normalverteilung der Rohpunktwerte zu erhalten, müssen im Test notwendigerweise nicht zu wenig Aufgaben vorkommen, bei denen die Schüler *versagen*. Ist zum

Beispiel die Wahrscheinlichkeit dafür, daß ein Schüler eine Aufgabe nicht lösen kann, gleich $1/2$ (d. h. löst im Mittel jeder zweite Schüler diese Aufgabe nicht), und enthält der Test nur solche Aufgaben, dann kann man gut mit einer Normalverteilung der Rohpunktwerte rechnen (vergleiche die Münzwurfbeispiele aus 6.4.4.2 bzw. 6.4.4.8). Diskussion der psychischen und sozialen Folgen des Versagens für die Schüler.

6.4.4.13

Wie ‹objektiv› sind die Noten? In zwei Parallelklassen wurde der gleiche Physiktest geschrieben. Hier die Ergebnisse:

Klasse a:

Schüler	A	B	C	D	E	F	G	H	I	J	K
Punkte	9	7	15	13	9	6	10	8	14	14	9

L	M	N	O	P	Q	R	S	T	U	V
9	13	8	6	10	8	11	12	9	7	6

W	X	Y	Z	Ä
12	14	9	6	9

Klasse b:

Schüler	A	B	C	D	E	F	G	H	I	J	K
Punkte	3	8	2	8	10	5	8	9	8	10	11

L	M	N	O	P	Q	R	S	T	U	V
9	10	9	12	7	7	13	14	10	13	11

W	X	Y	Z	Ä	Ö	Ü	ß
12	4	6	6	6	10	8	10

Aufgaben:

a) Berechne die Noten *getrennt* für jede Klasse!

b) Fasse beide Urlisten *zusammen* und berechne daraus die Noten neu!

c) Vergleiche und diskutiere!

Es zeigt sich an diesem Beispiel, daß die Note weiterhin nur klassenbezogen erteilt wird.

6.4.4.14

‹Objektivierte Leistungsmessung› soll (so wird oft behauptet) in erster Linie der Überprüfung des Lernerfolgs dienen. Wie müßte etwa die Rohpunktwerteverteilung eines Tests aussehen, mit dem ein oder mehrere Lernziele überprüft werden sollen, und zwar bei einer Klasse, in der *alle* Schüler diese Lernziele tatsächlich erreicht haben? Wie, wenn nur ganz wenige ein Lernziel nicht erreicht haben? Ist dann das Verfahren 6.4.4.9 anwendbar (vgl. 6.4.4.11)? Was folgt hieraus für dessen Eignung zur Lernerfolgskontrolle? Was ist (unter Berücksichtigung von 6.4.4.8) von einem Unterricht zu vermuten, in dessen Ergebnis (annähernd) normalverteilte Testrohpunktwerte entstehen? Was müßte im Unterricht getan werden, damit fast alle Schüler die Lernziele erreichen? Was hätte ein derartiger ‹zielerreichender Unterricht› für wirtschaftliche Folgen? Wer bzw. welche gesellschaftlichen Gruppierungen könnten an einem derartigen Unterricht interessiert sein, wer nicht?

6.4.4.15

«Aus pädagogischen Gründen sind andere Transformationen [als 6.4.4.9; J. N.] denkbar, so z. B. die Verlagerung des Mittels von 3,5 auf 3,0 oder zum Beispiel die gewollte Vergabe von extremeren Noten durch einen Multiplikator von z . . . Allgemein lautet die Formel also

$$SN = \text{festgelegtes Mittel} - k.z$$

wobei k der Multiplikator ist» (‹*Lehrer messen Leistung*›, S. 47).

Bei Normalverteilung der Rohpunktwerte ergeben sich dann unterschiedliche ‹Versagerquoten› (Anteile von Schülern mit Note 5 oder 6).

Aufgabe:

Wie groß sind die Versagerquoten für die in ‹*Lehrer messen Leistung*› angegebenen Beispiele:

lfd. Nr.	festgelegtes Mittel S	Multiplikator k	Antwort (%)
1	3,5	1,2	20
2	3,5	1	16
3	3,5	0,8	11
4	3	1,2	11
5	3	1	7
6	3	0,8	3

6.4.4.16

Durch Festlegung von $\overline{S}$ und k lassen sich so Schulabschlußquoten ‹steuern›. Die Schüler spielen ‹Bildungsökonom› und empfehlen dem Kultusministerium ein Verfahren der Zensurengebung, das garantiert

- ca. 80 Prozent eines Jahrgangs erreichen den Hauptschulabschluß (Noten besser als 5);
  ca. 60 Prozent eines Jahrgangs erreichen den Fachoberschulabschluß (Noten besser als 4);
  ca. 20 Prozent eines Jahrgangs erreichen den Abschluß der Sekundarstufe II (Noten besser als 3).

Wie müßte die Zensurengebung aussehen, wenn

- ca. 70 Prozent den Hauptschulabschluß;
  ca. 40 Prozent den Fachoberschulabschluß;
  ca. 10 Prozent den Abschluß der Sekundarstufe II

erreichen sollen?

Was folgt aus solchen Überlegungen für die Praxis der Schulreform?

7

Ulrich Baer – Klaus-Jürgen Tillmann

Strategisches Lernen im schulischen Freizeitbereich

Das bestehende Schulwesen in der BRD kennzeichnet sich unter anderem durch den Halbtagscharakter: Unterricht findet von 8 bis etwa 13 Uhr statt, am Nachmittag erledigen die Schüler ihre Aufgaben zu Hause. Die Gesamtschule hingegen, die die Chancenungleichheit des bestehenden Schulwesens abbauen will, erscheint nur als *Ganztags*schule in der Lage, sich dieser Zielsetzung anzunähern. Die Mitte der sechziger Jahre formulierten theoretischen Gesamtschulkonzeptionen haben diesen engen Zusammenhang zwischen Gesamtschule und Ganztagsschule gesehen und stets die Gesamtschule mit Ganztagscharakter gefordert:

«Das wesentliche Argument für die Ganztagsgesamtschule liegt darin, daß in ihr die Chancengleichheit besser als in der Halbtagsgesamtschule verwirklicht werden kann. Vor allem in zwei Punkten gehen die Möglichkeiten der Gesamtschule als Ganztagsschule, Chancengleichheit zu verwirklichen, über die Möglichkeiten der Gesamtschule als Halbtagsschule hinaus: Einmal können in der Ganztagsschule Hausaufgaben während der Schulzeit erledigt werden. Neuere Untersuchungen haben gezeigt, daß den Kindern aus der Unterschicht die häusliche Erledigung der ... Hausaufgaben durch eine Reihe von Faktoren erschwert wird ... Zum anderen gibt die Ganztagsschule – da sie Lehrer und Schüler für längere Zeit zusammenhält als die Halbtagsschule – mehr Gelegenheit zur Interaktion und Kooperation zwischen den Schülern sowie zwischen Lehrer und Schüler. Ein größeres Maß an Interaktion würde sich bei entsprechender Steuerung der Gruppenzusammensetzung vor allem auf Sprachform, Motivation und Aspirationsniveau des Schülers aus der Unterschicht positiv auswirken können» (SANDER u. a. 1967, S. 177).

Im Rahmen der Gesamtschul-Reform erscheint der Ganztagsunterricht also zunächst als eine Maßnahme unter anderen, um den schulischen Leistungsstandard insbesondere der Arbeiterkinder anzuheben. Darüber hinaus verbindet jedoch besonders der Bildungsrat Erwartungen mit dem Ganztagsunterricht, die über die Leistungsoptimierung hinaus auf ein Aufbrechen der traditionellen Lernschule gerichtet sind:

- Mehr Raum für spontane Aktivitäten von Schülern innerhalb und außerhalb des Unterrichts;
- erweiterte Möglichkeiten für künstlerische Betätigungen, für Sport und Spiel;
- Aktivierung der Schülermitwirkung, zum Beispiel auch bei der Bestimmung der Unterrichtsinhalte;
- Herausbildung von Formen selbstbestimmten Arbeitens in den Arbeitsgemeinschaften und künstlerischen Gruppen;

- Angebot von Wahlmöglichkeiten für individuelle, bedürfnisadäquate Lernprozesse (vgl. BILDUNGSRAT 1968, S. 13, 21 ff).

Hieran wird deutlich, daß der Ganztagsbetrieb außerdem eine Voraussetzung dafür ist, daß jene Lernziele der Gesamtschule real angestrebt werden können, die sich um den Begriff des ‹sozialen Lernens› gruppieren. Obwohl ein so enges Implikationsverhältnis zwischen Gesamtschulkonzeption und Ganztagsschule besteht, ist nur eine Minderheit der Gesamtschulen als Ganztagsschulen errichtet worden. Insbesondere befindet sich in Hessen – dem Bundesland mit den meisten Gesamtschulen – im Winter 1973/74 keine einzige *Ganztags*gesamtschule. Andere Bundesländer, besonders West-Berlin und Nordrhein-Westfalen, haben zwar ausschließlich *Ganztags*gesamtschulen errichtet; in Nordrhein-Westfalen läßt sich jedoch in jüngerer Zeit eine verstärkte Tendenz feststellen, den Ganztagsbetrieb zurückzunehmen bzw. einzuschränken. Sowohl die Errichtung von *Halbtags*gesamtschulen als auch die Einschränkung bestehender Ganztagsorganisationen sind zurückzuführen auf die in den Kapiteln 1 bis 3 analysierten verstärkten Kompressionstendenzen, die mehr und mehr Kostenersparnisse und Rationalisierungen im Schulwesen verlangen.

Wenn wir im folgenden dennoch Überlegungen zu dem – nur in Ganztagsgesamtschulen vorhandenen – schulischen Freizeitbereich anstellen, so hat das hauptsächlich zwei Gründe:

- Wie noch zu zeigen sein wird, erscheint uns der schulische Freizeitbereich in der gegenwärtigen Situation als ein bevorzugter Ort zur Initiierung und Durchführung von Prozessen strategischen Lernens; gerade dieser Bereich befindet sich in den Ganztagsgesamtschulen jedoch in einem weitgehend desolaten Zustand, so daß Konzepte und Arbeitshilfen hier dringend notwendig erscheinen.
- Wie in den Kapiteln 2 und 3 aufgezeigt wurde, ist die Abwehr von Kompressionstendenzen ein wesentlicher Bestandteil des strategischen Handelns an der schulischen Basis. In diesem Zusammenhang gewinnt der Kampf um den vollen Ganztagsbetrieb und den schulischen Freizeitbereich zunehmend an Bedeutung. Er kann jedoch nur dann sinnvoll geführt werden, wenn zuvor Stellenwert und Funktion dieses Bereichs geklärt werden.

7.1 Zur Situation im Freizeitbereich gegenwärtiger Gesamtschulen

Durch die zeitliche Erweiterung gegenüber dem Halbtagsunterricht entsteht in der Ganztagsschule eine Aufenthaltszeit der Schüler in der Schule, die nicht unterrichtlich verplant ist. Diese zwar schul-, aber nicht unterrichtsgebundene Zeit wird als außerunterrichtlicher Bereich bzw. (schulischer) Freizeitbereich bezeichnet. Er kann als bevorzugter

Ort für die vom Bildungsrat angestrebten sozialen Lernprozesse angesehen werden; denn die institutionellen Zwänge der gegenwärtigen Schule wirken auf den schulischen Freizeitbereich weit geringer als auf den Unterricht, und zwar in einer zweifachen Weise:

1. Die Interaktionen im Unterricht werden bestimmt durch Lehrpläne und Curricula, durch die die sozialen Beziehungen festgelegt werden: Die Schüler werden überwiegend mit der Anforderung konfrontiert, vorgegebene Lerninhalte zu memorieren und zu reproduzieren, um bei den Leistungstests bestehen zu können. Der Lehrer muß diese – von der Institution gesetzten – Lernanforderungen gegenüber dem Schüler vertreten und notfalls unter Zuhilfenahme von Belohnungs- und Bestrafungsmechanismen durchsetzen. Während sich also der Unterrichtsbereich durch Leistungsdruck und eine ihn sichernde Herrschaftsstruktur kennzeichnet, fehlen diese Bedingungen im Freizeitbereich weitgehend: Es gibt keine vorgegebenen Lerninhalte, die nachvollzogen und ‹abgetestet› werden; dementsprechend können Lehrer in diesem Bereich auch auf Sanktionen weitgehend verzichten. Gegenüber dem Unterricht kennzeichnet sich der schulische Freizeitbereich somit durch die fehlende inhaltliche Vorbestimmung und eine weitgehende Abwesenheit von Zwangs- und Herrschaftsmechanismen.

2. Die Gruppenzusammensetzungen im Unterricht der Gesamtschulen werden durch das jeweils praktizierte Differenzierungsmodell bestimmt: Nach von Lehrern bestimmten (meist Leistungs-)Kriterien werden die Schüler zu Gruppen zusammengefaßt, um spätestens nach Ende des jeweiligen Fachunterrichts wieder anders gruppiert zu werden. Für die Schüler wird das Durchfinden durch FEGA-Kurse oder flexible Differenzierung, durch Wahlpflichtbereich, Förder-, Stütz- und Sonderkurse zu einer schwindelnden Karussellfahrt durch den Stundenplan, auf deren Abfluß sie kaum Einfluß haben und deren Struktur sie häufig nicht durchschauen. Unter dem Anspruch, jeden Schüler entsprechend seinen spezifischen Voraussetzungen optimal zu fördern, werden Gruppenzusammensetzungen der Schüler – und damit die gesamten Schülerbeziehungen im Unterricht – fremdbestimmt. Ähnliche Mechanismen der Fremdbestimmung sozialer Beziehungen finden sich im Freizeitbereich nicht, vermutlich weil sie hier zur Maximierung der Fachleistung nicht notwendig sind. Somit bietet der Freizeitbereich den Schülern die Möglichkeit, sich in selbstbestimmten Gruppen zusammenzufinden und diese Gruppen über längere Zeit stabil zu halten. Ähnliche Überlegungen veranlaßten offensichtlich auch den Bildungsrat zu der Vermutung, daß die Ganztagsschule in «Freizeitgruppen und Arbeitsgemeinschaften ... mehr Gelegenheit zum Einüben sozialer Verhaltensweisen» geben kann als das traditionelle Schulwesen (BILDUNGSRAT 1968, S. 22).

Dieser Vermutung widerspricht allerdings völlig eine Funktionszuweisung, wie sie Westerhoff für den schulischen Freizeitbereich vornimmt:

«. . . die adäquate Form der Gesamtschule ist die Ganztagsschule. Hieraus leitet sich die Notwendigkeit eines *Freizeitbereiches* in irgendeiner Form ab, da niemand von den Schulkindern erwarten darf, ununterbrochen unterrichtlich zu arbeiten» (WESTERHOFF 1971, S. 60).

Im Gegensatz zum Bildungsrat wird hier der Freizeitbereich nicht als Feld ‹sozialen Lernens›, sondern allein als Funktion eines nicht problematisierten Unterrichts gesehen: Zeit, um sich vom Unterricht und für den Unterricht zu erholen. Entsprechend eng sind die Vorschläge zur Betätigung der Schüler in der Freizeit: sich bewegen, sich austoben, laut sein (vgl. WESTERHOFF 1971, S. 61). Da Westerhoffs Aussagen von seiner eigenen Gesamtschulpraxis ausgehen, läßt sich vermuten, daß sie eher die gegenwärtige Schulwirklichkeit widerspiegeln als die Postulate des Bildungsrates. Bevor Überlegungen zu einer Konzeption strategischen Lernens im Freizeitbereich angestellt werden können, soll dieser Vermutung nachgegangen werden, um abzuklären, welche Situation in der gegenwärtigen schulischen Realität anzutreffen ist.

7.1.1 Aktivitäten im schulischen Freizeitbereich

Welche Situation findet sich gegenwärtig im Freizeitbereich einer durchschnittlichen Gesamtschule mit etwa 1000 bis 1600 Schülern vor?

Auf der Grundlage systematischer empirischer Untersuchungen läßt sich diese Frage nicht beantworten; denn solche Erhebungen liegen nicht vor. Wir können lediglich versuchen, die Realität auf Grund der nur spärlich vorliegenden Arbeitsberichte und eigener Beobachtungen und Gespräche zu skizzieren:

1. Zur nicht unterrichtsgebundenen Zeit gehört zunächst die ein- bis zweistündige *Mittagspause*, in der die Schüler in mehreren Schichten die Mahlzeit in der Schule einnehmen. An etlichen Schulen nimmt jedoch nur noch eine Minderheit der Schüler an der gemeinsamen Verpflegung teil, da durch Streichung öffentlicher Zuschüsse der Essenspreis teilweise über DM 2 täglich stieg und daher für viele Eltern nicht mehr tragbar ist. Lefelmann berichtet, daß die Mittagspause in den Augen vieler Lehrer lediglich als eine Zeit betrachtet wird, die für den Unterricht physiologisch äußerst ungünstig ist und daher überbrückt werden muß, und zwar häufig unter der offenen oder versteckten Aufforderung an die Schüler, diese ansonsten nicht verplanbare Zeit möglichst geräuschlos zu verbringen (vgl. LEFELMANN 1971, S. 54 ff). Bestimmte ‹Freizeitangebote›, die sich an allen uns bekannten Schulen sehr ähneln, sollen bei dieser Überbrückung helfen: Mehrere Tischtennisplatten stehen bereit, es werden Karten- und Brettspiele ausgegeben, Ruhezonen zum Lesen sind eingerichtet, Spielgruppen und Hobbykurse werden angeboten usw. (vgl. KUHLMANN/ZISOWSKY 1971, S. 59 f).

Dieses Aktivitätsangebot zieht in der Regel jedoch nur eine geringe Schülerzahl an; großes Interesse und ein Riesengedränge entwickelt sich lediglich, wenn in der Mittagspause ein ‹Beatclub› eingerichtet wird. Der pädagogische Wert bzw. Unwert dieser Veranstaltung ist häufiger Streitpunkt in Lehrerkonferenzen. Insgesamt zeigt sich jedoch eine Mehrheit der Schüler allen Angeboten gegenüber desinteressiert; sie verbringen ihre Mittagspause auf dem Schulhof, bei Regenwetter in den Fluren und Eingangshallen der Schule, weil gesonderte Freizeitflächen kaum zur Verfügung stehen. Dabei lassen sich Tätigkeiten wie Laufen, Schreien, Prügeln oder auch ‹Gammeln› wohl am häufigsten beobachten.

Diese Bedingungen sind sowohl für die Schüler als auch für die Lehrer frustrierend und zum Teil unerträglich: Lehrer müssen in einem Lärm- und Schülerwirrwarr ihrer ‹Aufsichtspflicht› nachkommen; im anschließenden Unterricht müssen sie die Schüler disziplinieren, die sich in der Pause nicht einmal erholt, sondern motorisch und emotional aufgeladen haben. Die Schüler ihrerseits haben erkannt, daß ihnen durch einen solchen ‹Freizeitbereich› *in der Schule* ihre wirkliche Freizeit genommen wird. Äußerungen Rodenkirchener Gesamtschüler machen das sehr deutlich:

«Ich finde das doof, daß man hier zwei Stunden Mittag hat. Was soll man hier anstellen in der Zeit? Was kann man hier schon groß spielen?» (*betrifft: erziehung* 1973, S. 26).

«Ich fänd's besser, wenn wir keine zwei Stunden Mittagspause mehr hätten ... und dafür zwei Stunden früher nach Hause gingen. Und außerdem, wenn ich nach Hause komme um vier Uhr, dann muß ich meiner Mutter helfen bis sechs oder halb sieben und was soll ich da noch anstellen?» (*betrifft: erziehung* 1973, S. 26)

Schüler wollen offensichtlich in ihrer Freizeit nicht ‹Angebote wahrnehmen›, sondern etwas ‹anstellen›. Wie aber soll eine Schule organisieren, daß in zwei Stunden 1000 Schüler gleichzeitig etwas ‹anstellen› können? Vorstellungen dazu hätten die Schüler schon:

«Wir sollten eine Motor-Cross-Bahn bauen, das wäre doch gut.»

«Ich würde mit dem Fahrrad durch Schlamm fahren ...»

«Hütten bauen, das würde ich gerne machen, oder sonst irgendwas bauen» (*betrifft: erziehung* 1973, S. 26).

All diese Wünsche können die Schüler im gegenwärtigen außerunterrichtlichen Bereich der Gesamtschule nicht realisieren. Ihnen bleibt meist lediglich die Wahl zwischen dem Wahrnehmen vorprogrammierter Angebote und dem ‹Gammeln›. Ein Schüler, der sich offensichtlich auch schon in der Gesamtschultheorie auskennt, bringt das auf die einprägsame Formel:

«Die Freiheit, die uns versprochen worden ist, wird uns hier weggenommen, die wir sonst hätten für Fußball-Spielen und so weiter nutzen könnten» (*betrifft: erziehung* 1973, S. 26).

2. Neben der Mittagspause gehören die *Freistunden* zum außerunterrichtlichen Bereich der Gesamtschulen. Am Beispiel der Berliner Walter-Gropius-Gesamtschule wird der schulorganisatorische ‹Abfallcharakter› dieser Freistunden deutlich: die tägliche Arbeitszeit (außer freitags) der Schüler geht von 8 bis 16 Uhr. Da insbesondere für die Schüler der unteren Jahrgänge die Pflichtstundenzahl wesentlich geringer ist als die Aufenthaltszeit in der Schule, entstehen, entsprechend der Zeitdifferenz, fest im Stundenplan fixierte Freistunden. In diesen Stunden werden die Schüler von ‹pädagogischen Mitarbeitern› (Sozialpädagogen/-arbeiter, zum Teil aber auch unausgebildeten Kräften) betreut. Jedoch kann durch

«die Vielzahl der Schüler, das fehlende Material und die räumlichen Unzulänglichkeiten ... den Interessen der Schüler auch nicht im Freizeitbereich genügt werden» (ARBEITSSEMINAR 1972, S. 118).

Während Berliner Gesamtschulen zumindest über etliche pädagogische Mitarbeiter verfügen, die eine – wenn auch sehr eingeschränkte – Betreuung und Beratung in den Freistunden durchführen, ist die Situation zum Beispiel an nordrhein-westfälischen Gesamtschulen noch weit ungünstiger. Da es dort neben den Lehrern bisher kaum weitere pädagogische Kräfte gibt, sind die Schüler in den Freistunden weitgehend sich selbst überlassen, ohne daß in der Schule neben den Tischtennisplatten weitere Betätigungsmöglichkeiten bestehen. Diese Situation wurde von Gesamtschullehrern auf einer Tagung im Frühjahr 1973 als ‹Verwahrlosung im Freizeitbereich› bezeichnet.

3. Als dritte Organisationsform findet sich im außerunterrichtlichen Bereich das *freie Kursangebot*: an unterrichtsfreien Nachmittagen bieten Lehrer Arbeitsgemeinschaften an, die von den Schülern in Freiwilligkeit wahrgenommen werden können. Tontechnik, Kinderspielplatz, Kindertheater, Schülerzeitung können als typische Thematiken für solche Kursangebote betrachtet werden (vgl. MÜHE 1972, S. 20). Diese Form des außerunterrichtlichen Lernens leidet in der Regel unter drei Mängeln:

- Es ist häufig nichts anderes als die Fortsetzung des musischen Unterrichts auf freiwilliger Basis.
- Das Angebot ist weitgehend von den zufälligen Interessen der Lehrer abhängig, die Angebote unterbreiten. Diese Lehrer finden neben ihrer Unterrichtstätigkeit meist «nicht die nötige Zeit und Energie, um ein pädagogisches Konzept durchzudiskutieren und die Gruppenarbeit gemeinsam zu reflektieren» (KUHLMANN/ZISOWSKY 1971, S. 60).
- Die Freiwilligkeit der Teilnahme führt zu einer Schülerauslese: schulmotivierte Kinder aus der Mittelschicht nehmen diese Angebote bevorzugt wahr, während Unterschichtkinder der Schule lieber so früh wie möglich den Rücken kehren (vgl. PREUSS-LAUSITZ 1971, S. 32).

Insgesamt scheint also im außerunterrichtlichen Bereich der Gesamtschulen eine unter ständigem Handlungsdruck stehende, wenig reflektierte und zum Teil sogar desolate Praxis vorzuherrschen.

Dabei entsteht der Eindruck, daß – im Gegensatz zum Bildungsrat – der Freizeitbereich weder von den staatlichen Gesamtschulplanern noch von einer Mehrheit der Lehrer bewußt gewünscht wurde, sondern gleichsam als ‹Abfallprodukt› des Ganztagsunterrichts – und damit der Leistungsangleichung und Leistungsmaximierung – entstanden ist.

7.1.2 Entwicklungstendenzen und vorliegende Konzepte

Als Spiegelung dieser Situation im Bewußtsein der Lehrer scheinen sich zwei unterschiedliche, aber einander ergänzende Einstellungsprozesse zu vollziehen:

Zum einen ist bei einem Großteil der Lehrer eine Tendenz festzustellen, den Freizeitbereich als Alibi für eine Fortführung der alten Lernschule im Unterricht zu benutzen. Gesamtschullehrer erfahren tagtäglich, daß sie die proklamierten sozialen Lernziele der Gesamtschule (‹Emanzipation›, ‹Kreativität›, ‹soziale Integration› mögen hier als Stichworte genügen) in ihrer Unterrichtstätigkeit kaum zu realisieren vermögen. Dort sind sie häufig nur in der Lage, unter Anwendung von Disziplinierungstechniken Fachwissen zu vermitteln.

Durch diese Diskrepanz zwischen verfolgter Zielsetzung auf der einen und täglicher Praxis auf der anderen Seite geraten viele Lehrer in eine Dissonanzsituation.

Ein subjektiver Versuch der Auflösung besteht häufig darin, die sozialen Lernziele nicht als Aufgabe des eigenen Fachunterrichts zu begreifen, sondern speziellen Fächern (vor allem Gesellschaft/Politik) und dem Freizeitbereich zu überantworten.

Dadurch wird es den Lehrern möglich, sowohl an der Gesamtschulzielsetzung festzuhalten als auch ihren eigenen Unterricht unverändert zu lassen.

Während auf der einen Seite also ein Großteil der Lehrer dazu neigt, die ‹hohen Gesamtschulziele› einfach dem Freizeitbereich als Aufgabe zuzuschieben, besteht aber gleichzeitig die Tendenz, genau diesen Bereich durch unterrichtsähnliche Maßnahmen mehr und mehr einzuengen oder gar zu vereinnahmen; denn Lehrer neigen leicht dazu, die schwierigen Probleme im außerunterrichtlichen Bereich durch traditionell ordnende Maßnahmen – also durch Unterricht – anzugehen. So heißt es zum Beispiel in einem Projektpapier der Dortmunder Gesamtschule:

«... dieser Bereich wird zur Zeit nur im Sinne eines intensiven Arbeitsunterrichts, sozusagen als Fortsetzung des traditionellen Fächerkanons genutzt» (Gesamtschule Dortmund 1971, S. 1).

Nicht unterrichtsgebundene Zeit der Schüler in der Schule wird offensichtlich sehr leicht als Bedrohung des schulischen Rituals und der schulischen Ordnung empfunden, der man nur durch unterrichtsähnliche

Maßnahmen begegnen kann. So empfiehlt Flößner für die nicht-unterrichtsgebundene Zeit:

- Schülerarbeitsstunden unter Aufsicht;
- Angebot von wahlfreien Kursen;
- Verminderung der Schülerfreistunden durch bessere Stundenplangestaltung (vgl. FLÖSSNER 1970).

Genau diese Tendenz wird von der Schulbürokratie und einigen Kultusministern unterstützt, um so die Gesamtschule auf reinen Unterrichtsbetrieb zurückzuschrauben. Während bei voll ausgebautem Ganztagsbetrieb (bis Freitag mittags) die schulgebundene Zeit etwa 46 Einheiten (à 45 Min.) betragen müßte, hat zum Beispiel in Nordrhein-Westfalen das Kultusministerium durch einen jüngsten Erlaß diese Zeit auf 40 Einheiten beschränkt (vgl. KULTUSMINISTER NORDRHEIN-WESTFALEN 1973). Damit wird zu Lasten des Freizeitbereichs der Ganztagsbetrieb in entscheidender Weise eingeschränkt: Bei 40 schulgebundenen Stunden beträgt die Zahl der Unterrichts-, Übungs- und Förderstunden etwa 36, so daß sich der ‹Freizeitbereich› weitgehend auf die Einnahme der Mittagsmahlzeit beschränkt. Mag dieser Prozeß in Nordrhein-Westfalen auch restriktiver verlaufen als in anderen Bundesländern, die festzustellende, in sich widersprüchliche Tendenz dürfte allgemein sein: Der außerunterrichtliche Bereich wird mit Lernzielen des sozialen Verhaltens überfrachtet, gleichzeitig wird dieser Bereich eingeengt und durch unterrichtsähnliche Maßnahmen okkupiert.

Schaut man sich nach dieser Analyse – die auf Grund fehlender empirischer Materialien weitgehend phänomenologisch bleiben mußte – nach Konzepten und Modellen um, die als Ausgangspunkt für eine reflektierte Praxis dienen könnten, so macht man eine erstaunliche Feststellung: während für den curricularen Bereich in Gesamtschulen Konzepte, Modelle, Entwürfe usw. im Übermaß vorhanden sind, findet sich ähnliches für den außerunterrichtlichen Bereich nur recht spärlich. Die wenigen vorhandenen Papiere können daher hier kurz angesprochen werden: Außer Mühes Bericht über die mehrjährige Arbeit des ‹Freizeitclubs› an der Walter-Gropius-Gesamtschule (vgl. MÜHE 1972) sind uns weitere Berichte über *praxiserprobte* Modellversuche nicht bekannt: Es finden sich lediglich einige Konzepte und Modellentwürfe, deren Realisierung noch ausstehen: Vertreter von Gesamtschulen und Jugendverbänden entwarfen ein Modell zur Integration von Jugendarbeit in der Schule (vgl. FORSCHUNGSGRUPPE 1971). Lefelmann entwickelte auf Grund ihrer Erfahrungen an der GS Kamen ein Konzept (vgl. LEFELMANN 1971, S. 54 ff), das bisher ebensowenig erprobt wurde wie die von uns an anderer Stelle entwickelten Überlegungen (vgl. TILLMANN 1972). All diese Konzepte haben es offensichtlich nicht vermocht, den in der Praxis immer dringlicher werdenden Problemen eine Lösungsperspektive zu eröffnen. Das mag nicht zuletzt daran liegen, daß die äußeren Bedingungen zur Realisierung nicht vorhanden sind (entsprechende Gestaltung des Schulbaus, Einsatz von Sozialpädagogen, teilweise Freistellung von Lehrern, Finanzen für Sachmittel und Verbrauchsmaterial).

Als ebenfalls bedeutender Grund ist jedoch zu nennen, daß es sich hierbei um theoretisch mehr oder weniger kurzatmige ad hoc-Konzepte handelt, in denen die auftretenden Probleme nicht grundsätzlich genug reflektiert werden: Das gilt sowohl für die Frage nach den spezifischen Sozialisationsbedingungen von unterrichtlichem und außerunterrichtlichem Bereich, betrifft die Probleme schichtenspezifischen Freizeitverhaltens und ihren Auswirkungen auf die Schule und bezieht sich nicht zuletzt auf das Verhältnis von Arbeit und Freizeit in dieser Gesellschaft. Uns scheint es erst nach einer – wenn auch vorläufigen – Betrachtung dieser grundlegenden Kategorien möglich, Ansätze zu einer Konzeption strategischen Lernens im Freizeitbereich zu entwickeln.

7.2 Die Beziehung von Unterricht und Freizeit in der Gesamtschule

Löst Freizeit in dieser Gesellschaft eigentlich den Anspruch ein, der sich bereits in ihrem Begriff manifestiert, nämlich ‹freie Zeit› zu sein?

Diese Frage muß in einem gesamtgesellschaftlichen Zusammenhang beantwortet werden, bevor sich Überlegungen zu einem Konzept strategischen Lernens für den Freizeitbereich anschließen lassen.

7.2.1 Arbeit und Freizeit in der kapitalistischen Gesellschaft

Freizeit gibt es erst seit der generellen Einführung des Acht-Stunden-Tages, sie dient seitdem vor allem der Regeneration der Arbeitskraft. Sicherlich ist in den Jahrzehnten der industriellen Entwicklung zum Spätkapitalismus die körperliche Belastung am Arbeitsplatz für die Masse der Lohnabhängigen zurückgegangen, womit die Notwendigkeit zu physischer Regeneration in der Freizeit abnahm. Gleichzeitig hat die psychische Belastung jedoch erheblich zugenommen; denn nicht verringert – allenfalls stärker verschleiert – haben sich Ausbeutungs-, Konkurrenz- und Arbeitsteilungssituationen, also die Entfremdung des Menschen von seiner Arbeit und sich selbst. Diese Verhinderung der Selbstverwirklichung bei und in der Arbeit ist größer geworden, macht vermehrte psychische Regeneration nötig und schuf eine gesamtgesellschaftliche, völlig «neue Pathologie» (vgl. Markovic 1970). Bisher hat vor allem Habermas das daraus resultierende Freizeitverhalten analysiert. Er unterscheidet dabei eine *suspensorische* und eine *kompensatorische* Funktion: Im ersten Fall sucht man im Freizeitbereich jene Selbstverwirklichung, die in der Arbeitswelt versagt bleibt: Hobby, Do-it-yourself, Gartenarbeit, Vereinswesen, teilweise auch Schwarzarbeit sind die typischen Verhaltensweisen. Aber dergleichen ‹Arbeit› erfüllt nicht das, was sie verspricht. Sie täuscht die Geschlossenheit übersichtlicher Lebenskreise vor und verstellt damit den Blick auf die realen gesellschaftlichen Zusammenhänge. Die repressiven Arbeitsverhältnisse werden dadurch nicht wieder ‹menschlich›, sondern gerade verfestigt. Als *kompensatorisches* Freizeitverhalten, das die psychischen Folgen entfremdeter Arbeit (Abstumpfung, Aggression, Resignation) wiedergutmachen soll, kategorisiert Habermas die kollektive Regression in den kleinfamiliären Gruppenegoismus, den Konsum von Zivilisationskomfort und Zerstreuungskultur (vgl. HABERMAS 1958).

Ganz sicher ist diese Kategorisierung zu grob, um eingehend die Abhängigkeit des Freizeitverhaltens in einfacher oder doppelter Spiegelung von der Frustration und Beschränkung am Arbeitsplatz darzustellen. Dies müßte ergänzt und erweitert werden durch schichtenspezifische Kriterien, durch die Berücksichtigung der je verschiedenen Sozialisation, durch die Kalkulation von Einflußfaktoren wie Infrastruktur des Freizeitsektors, Bedingungen und Struktur des Konsumangebots, Inhalte der Massenmedien.

Insgesamt läßt sich jedoch sagen:

Das erzwungene Freizeitverhalten in der kapitalistischen Gesellschaft kann nicht jene Bedürfnisse befriedigen, die durch die Unterdrückung am Arbeitsplatz hervorgerufen werden: Freizeit ist nicht freie Zeit, denn dies schlösse unter anderem Disponibilität, kollektive Selbstverwirklichung sowie Möglichkeiten zu Spontaneität und Kreativität ein.

Diese im Freizeitsektor fortgesetzte Entfremdung läßt sich auch am Verhalten arbeitender Jugendlicher ablesen. Die Zwanghaftigkeit ihres Freizeitverhaltens ist mit der Situation der Erwachsenen vergleichbar, in einigen Faktoren zusätzlich verschärft, zum Beispiel durch Orientierungsschwierigkeiten oder Spezialangebote der Freizeitindustrie. In der Abhängigkeitsfunktion bleibt es jedoch strukturell dasselbe, ob Statussicherung durch Drogenkonsum oder Kauf von Farbfernsehern vorgenommen wird. Ob Pop-Stars oder Jackie Onassis, die kollektiven Träume erfüllen die gleiche politisch regressive Funktion (vgl. DUHM 1972, bes. S. 119 ff).

7.2.2 Unterrichtsbedingungen und Freizeitverhalten von Schülern

Während soziologische Theorien den Zusammenhang zwischen kapitalistischem Arbeitsprozeß und Freizeitverhalten zumindest in Ansätzen beschreiben, finden sich für das Freizeitverhalten von *Schülern* kaum ähnliche Überlegungen oder gar empirische Studien. Sicherlich läßt sich die entfremdete Tätigkeit eines Lohnarbeiters nicht mit der Tätigkeit eines Schülers vergleichen, da bei dem letztgenannten weder eine Ausbeutung noch eine Entfremdung vom Produkt zu konstatieren ist.

Sieht man Lohnarbeit und Lernarbeit jedoch unter den mehr sozialpsychologischen Aspekten der Repression und Bedürfnisunterdrückung, so lassen sich durchaus gewisse Parallelen erkennen.

In Ermangelung anderer Erkenntnisse über den Zusammenhang zwischen schulischem Unterricht und Freizeitverhalten gehen wir daher von der Vermutung aus, daß hier vergleichbare Abhängigkeiten eine Rolle spielen, wie wir sie für das Verhältnis zwischen Arbeit und Freizeit bei Erwachsenen und arbeitenden Jugendlichen skizziert haben. Dabei ergeben sich die Unterdrückungsmechanismen schulischen Lernens aus der Funktion der Schule im Kapitalismus und der damit verbundenen Widersprüche, wie sie in den Kapiteln 1 bis 3 analysiert wurden. Der vom Schulsystem institutionalisierte ständige Versuch, diese Widersprüche durch Unterdrückung der Schülerinteressen zu verdecken, ruft bei den Schülern permanent Frustrationen hervor, auf die sie dann in der Regel mit Regression oder Aggressionen reagieren:

- Der atomisierte Unterricht, der täglich in fünf bis sechs beziehungslos nebeneinander stehenden Fächern erteilt wird, zerreißt alle Realitätszusammenhänge, bewirkt Orientierungslosigkeit und droht, jedes übergreifende kritische Engagement zu verhindern, der Schüler überblickt sein Lern-‹Produkt› nicht mehr, ihm werden lediglich ‹fachidiotische› Bruchstück-Qualifikationen vermittelt. Bei solchen, völlig zersplittert und zusammenhanglos vermittelten Inhalten besteht häufig die einzige Lernmotivation für die Schüler in der Notwendigkeit, sie bei Leistungsprüfungen reproduzieren zu müssen.
- Der Leistungs- und Auslesedruck verlangt von den Schülern, ihr Verhalten ausschließlich auf das Erreichen der vorgegebenen schulischen Ziele auszurichten, was mit der verbreiteten Schülerrolle korrespondiert, nur Objekt des Lernprozesses zu bleiben. Gleichzeitig wird damit eine Konkurrenzorientierung erzeugt, die die Schüler zu Gegnern macht und Angst erzeugt.
- Durch ein Sanktions- und Disziplinierungssystem – das das Gegenteil von Arbeitsfreude und Interessenverwirklichung bewirkt – werden die Schüler gezwungen, unter den skizzierten Bedingungen zu lernen. Davon besonders betroffen sind Arbeiterkinder, denen die unterrichtlichen Kommunikationsformen fremd sind, und die daher häufig mit Angst, Lernverweigerung und ‹Disziplinlosigkeit› reagieren.

In der Gesamtschule besteht die Gefahr, daß eine technokratische Schulreform, die allein auf Steigerung von Effizienz und Lernleistung ausgerichtet ist, diese Unterdrückungsmechanismen noch verschärft.

- Die Betriebsgrößen der Gesamtschulen (bis zu 2000 Schüler) erschweren es dem Schüler, die soziale Struktur zu durchschauen und sich mit seinen Gruppenbezügen im Gesamtsystem zu lokalisieren. Das gilt insbesondere dann, wenn die Schule nicht in klar strukturierte und stabile Teileinheiten untergliedert ist.
- Die häufigen Differenzierungsmaßnahmen verstärken diese Gefahr: Sie verhindern eine Identifikation mit einer konstanten Schülerbezugsgruppe und führen damit leicht zu Isolierung und Desorientierung.
- Die an Gesamtschulen übliche ‹objektivierte› Leistungsmessung mit permanent eingesetzten Testbatterien liefert den Schüler einer anonymen Sanktion aus, gegen die er sich nur schwer zur Wehr setzen kann.

Zusammenfassend ergibt sich für die Arbeitsplatzsituation von Schülern:

Die Lernarbeit der Schüler ist in der Zwangsveranstaltung ‹Unterricht› in der Regel so organisiert, daß die zahlreichen Unterdrückungsmechanismen Frustrationen und damit fremdbestimmte Reaktionsmuster außerhalb des Unterrichts hervorrufen, die wir mit Fischer als «totale Entfremdung» im Freizeitverhalten bezeichnen wollen (vgl. Fischer 1970).

Wie Kinder und Jugendliche nun im einzelnen auf diese frustrierenden Schulverhältnisse in ihrer Freizeit reagieren, kann nur vermutet werden. Sicherlich bestimmen folgende Faktoren die inhaltliche Ausprägung der Verhaltenskategorien:

- Schichtzugehörigkeit;
- Alter;
- Internalisierungsgrad des Leistungsprinzips;
- *peer-group*-Normen;
- Distanz zum Elternhaus.

Umfassende Untersuchungen zu diesem Problem liegen allerdings nicht vor; wenn wir im folgenden dennoch versuchen, verschiedene Reaktionsmuster von Jugendlichen zu beschreiben, so sind diese als idealtypische Kategorien zu verstehen. Unseres Erachtens lassen sich hauptsächlich vier Verhaltensweisen unterscheiden:

- Regression in kommerzialisierte Tagträume und Konsumrituale, wie zum Beispiel Drogenkonsum, Kinobesuch, Pop-Kultur;
- Regression in rituelle, scheinbare Bestätigung, wie zum Beispiel Autobesitz als Statussymbol, Volkshochschul-Weiterbildung;
- Aggression, die unbewußt und vorpolitisch nicht gegen die verursachende Entfremdungsstruktur gewandt wird, wie zum Beispiel Sportwettkampf, Rockertum;
- Aggression, die sich ihrer Ursachen bewußt wird und dieses Bewußt-

sein als Ausgangspunkt für strategisches Lernen und Handeln benutzt, wie zum Beispiel in Schülerkollektiven, Rote-Punkt-Aktionen oder Hausbesetzungen.

Diese Liste – so unvollständig sie hier bleiben muß – erfaßt Verhaltensmuster, deren Verursachung begriffen sein muß, um sie bei der Entwicklung von Konzepten für den schulischen Freizeitbereich berücksichtigen zu können.

7.3 Ansätze zu einer Konzeption strategischen Lernens im schulischen Freizeitbereich

Strategisches Lernen im Freizeitbereich findet statt, sobald die Schüler in der zuletzt genannten Weise auf die unterrichtlichen Unterdrückungsmechanismen reagieren: Freizeit wäre dann ein Aktionsfeld, in dem der Abbau der Fremdbestimmung im Unterricht vorbereitet wird. Gegenwärtig reagieren Gesamtschüler im Freizeitbereich jedoch fast ausschließlich entsprechend der drei zuerst beschriebenen Verhaltensmuster. Damit regenerieren sie in systemkonformer Weise ihre Arbeitskraft.

Ein Konzept für strategisches Lernen im Freizeitbereich – wie wir es nachfolgend zu skizzieren versuchen – muß darauf ausgerichtet sein, die Ursachen des zwanghaften Freizeitverhaltens anzugehen; das heißt, den Freizeitbereich in ein Feld strategischen Handelns zur Veränderung des Unterrichts umzuformen. Dabei darf jedoch nicht übersehen werden, daß solche Veränderungen nur langfristig erreichbar sind; das bedeutet, daß der fremdbestimmte Unterricht zwischenzeitlich weiterhin einen Leidens- und Leistungsdruck produziert, dem der Schüler nur standhält, wenn er auf bestimmte Kompensationsmöglichkeiten zurückgreifen kann.

Somit legitimieren sich auch in einem Konzept strategischen Lernens Kompensationsformen im Freizeitbereich.

Gegenwärtig erschöpfen sich die Formen der Kompensation jedoch in physischer Erholung und Aggressionsabfuhr: Sie haben damit lediglich die Funktion, den Schüler wieder *arbeitsfähig* zu machen. Sieht man den Kompensationsbereich jedoch unter dem Aspekt, daß ein Schüler gegenüber einer fremdbestimmten Schule *handlungs- und aktionsfähig* bleiben (bzw. werden) muß, so erfordert das im Freizeitbereich alternative soziale Erfahrungsfelder, die die Isolation zumindest zeitweise aufbrechen und damit die soziale Identität des Schülers im Kollektiv stabilisieren helfen. In dem nachfolgenden Konzeptionsentwurf betrachten wir daher den Freizeitbereich in einer zweifachen Weise:

- Freizeit als Feld der (qualitativ veränderten) Kompensation;
- Freizeit als Feld gesellschaftsverändernder Praxis.[1]

1 Vergleiche Begriffsdefinition in Kapitel 3.

Bevor die Konzepte für diese beiden Bereiche konkretisiert werden können, müssen die Schwierigkeiten aufgezeigt werden, denen die beiden Felder in ähnlicher Weise unterliegen:

1. Während in der außerschulischen Freizeit von Kindern und Jugendlichen oft eine weitgehend schichtenhomogene Betätigung stattfindet, treten bei der innerschulischen Freizeit verstärkte Konflikte auf, die auf der Schichtenheterogenität der Gesamtschule beruhen. Schichtenspezifische Interessen und Verhaltensmuster prallen hier aufeinander, die sonst in der Freizeit der Jugendlichen separiert bleiben.

2. Die Freizeit der Schüler an Ganztagsschulen hat einen weitaus stärker institutionalisierten Charakter als die traditionelle Freizeit *nach* der Schule. Allein das Schulgelände und das -gebäude haben dabei sicherlich für viele Schüler die Funktion eines institutionalisierten Entfremdungssymbols. Ebenso sind wohl Lehrer – selbst bei subjektiv anderen Intentionen – im Bewußtsein der Schüler Symbole des ungeliebten Unterrichts. Hinzu kommt, daß die innerschulische Freizeit unter schulgesetzlichen Bedingungen ablaufen muß, die selbst für den funktionalistischen Zweck von Schule bereits kritisiert werden – zum Beispiel die permanente Aufsichtspflicht. Dadurch werden zahlreiche Möglichkeiten für selbstproduzierte Erfahrungen verbaut. Die Rahmenbedingungen der schulischen Organisation – die zur Sicherung traditionellen Unterrichts tauglich sein mögen – verhindern jedoch selbstbestimmte und selbstproduzierte Erfahrungen im schulischen Freizeitbereich. Daher muß ein Konzept strategischen Lernens und Handelns eine Veränderung dieser Bedingungen mit anzielen.

3. Jedes schulische Freizeitangebot hat die außerschulische Freizeitindustrie als Konkurrenten. Ihr Angebot wird den Jugendlichen subjektiv und kurzfristig gesehen ungleich attraktiver erscheinen.

Eine Lösung von dieser Konkurrenz ließe sich nur dann realisieren, wenn den Schülern Möglichkeiten eröffnet und sinnlich erfahrbar gemacht werden, die zu einer kurzfristigen Verbesserung ihrer Lage führen.

7.3.1 Freizeit als Feld der Kompensation

Unter den gegenwärtigen Bedingungen von Gesamtschule – das wurde bereits ausgeführt – benötigen Schüler einen Kompensationsbereich, um gegenüber den unterrichtlichen Zwängen *handlungs- und aktionsfähig* zu bleiben. Hält man sich die fremdbestimmte Lernsituation der Gesamtschüler vor Augen, so erscheint es als Grundvoraussetzung von politischen Aktivitäten jeglicher Art zunächst notwendig, den Schülern zu helfen, ihre Desorientierung im Differenzierungsgewirr des Großsystems zu überwinden. Ein solcher Kompensationsbereich, der die Bildung stabiler und selbstbestimmter Gruppen anstrebt, trägt durch die

Stabilisierung der sozialen Identität zum strategischen Lernen bei. Damit Kompensationsmöglichkeiten im Freizeitbereich aber tatsächlich Isolation aufbrechen und Identität stabilisieren, müssen sie zumindest die folgenden beiden Voraussetzungen erfüllen:

- Im Vergleich zum gegenwärtigen Unterricht müssen Kompensationsmöglichkeiten mehr Selbstbestimmung zulassen, das heißt, es dürfen nur minimalste Vorplanungen und Beaufsichtigungen erfolgen.
- In diesem Bereich müssen selbstproduzierte Erfahrungen möglich sein, die vor allem im nicht-kognitiven Bereich liegen und einen größeren ‹Erlebniswert› beinhalten als herkömmlicher Unterricht.

Im folgenden wird versucht, die Gestaltung eines solchen Kompensationsbereichs zu konkretisieren, indem zwei wesentliche äußere Voraussetzungen skizziert werden:

1. ein entsprechendes Freizeitgelände;
2. ein Kommunikationszentrum.

Zu 1. Voraussetzung für selbstproduzierte Erfahrungen ist ein nicht verplantes, unstrukturiertes Gelände: ein Gelände mit Tümpeln, Schlamm und Waldstücken – nicht mit vorfabrizierten Spielplätzen, nicht mit Parkanlagen und Beton-Sitzgruppen von Blumenrabatten umgeben. Die Beschreibung des Abenteuerspielplatzes im Märkischen Viertel West-Berlin kann einige Anhaltspunkte für ein kompensatorisches Freizeitgelände an Gesamtschulen bieten:

«Was ist ein Abenteuerspielplatz?

1. 4000 qm – Bäume – Sand – Steine – Büsche – Wasser ...
2. Haus mit Räumen – 100 Kinder – 8 Betreuer ...
3. Bretter – Balken – Seile – Pappe – Zeltplane ...
4. Hämmer – Nägel – Sägen – Schläuche – Schaufeln – Schubkarren – Zangen ...
5. Bauen – Klettern – Schaukeln – Toben – Rennen – Schreien – Graben – Kokeln – Braten – Hängen – Matschen – Raufen – Malen – Basteln – Planschen ...
6. Gefahren bestehen – Regeln einsehen – Probleme bewältigen – Mißerfolge einordnen – Pläne machen und verwirklichen – Auseinandersetzungen ertragen – akzeptiert werden – akzeptieren – Besitz ergreifen – Freundschaften schließen – Entscheidungen selber treffen ...» (AUTORENGRUPPE ASP/MV 1973, S. 40).

Dem Einwand besorgter Schulleiter und Eltern, daß auf einem solchen Gelände die Unfallgefahr unzumutbar groß sei, muß mit dem Argument begegnet werden, daß andernfalls jedoch die psychischen Folgekosten bei verplanter, reglementierter Bewahrungszeit unschätzbar hoch sind. Sicherlich lassen sich die oben beschriebenen Bedingungen nicht überall, nur schwer zum Beispiel in dichtbebautem Großstadtgebiet, herstellen. Aber in den Kellern der Schulen oder in speziellen Freizeithäusern könnten ähnliche Möglichkeiten geschaffen werden.[2]

Gerade Gesamtschullehrer wissen, wie stark architektonische Vorbedingungen das Sozialverhalten von Schülern beeinflussen. Wir können hier nicht genau beschreiben, wie Gelände und Räumlichkeiten aussehen müssen, damit Phantasie und Selbststrukturierung von Erfahrungen möglich werden. Wir wissen allerdings, daß beispielsweise die häufig anzutreffenden grauen Beton-Pausenhallen der Gesamtschulen alles das verhindern.

Zu 2. Als wesentliche Voraussetzung zur Überwindung von Desorientierung und Isolation ist ein Kommunikationszentrum anzusehen, das von einem Team von Sozialpädagogen geleitet werden sollte, ohne der Schulleitung zu unterstehen.

Ein solches Kommunikationszentrum, das ‹Haus der Jugend›, ist zum Beispiel in der Hamburger Gesamtschule Steilshoop vorhanden (vgl. GS Steilshoop 1969). Es ist räumlich in die Gesamtschule integriert und steht den Schülern während der gesamten Unterrichtszeit am Tage, aber auch am Nachmittag und Abend zur Verfügung. Während der Schulzeit (8 bis 16 Uhr) hat das Kommunikationszentrum zunächst die Funktion der Begegnungs- und Informationszentrale für alle Schüler, die gerade keinen Unterricht haben.

Die Empfangszone, Klubräume, offene Lesezimmer, Tischtennis- und Billardflächen haben einen Aufforderungscharakter als ständiger Treffpunkt und bieten den Schülern offene Kommunikationsmöglichkeiten, die sie je nach Bedürfnis wahrnehmen können. Dabei wird der Übergang von der mehr zufälligen Kommunikation zu festeren Gruppierungen durch die informelle Gruppenarbeit der Sozialpädagogen gefördert.

Daneben besteht ein Angebot an programmbestimmten Aktivitäten, das aber im wesentlichen als Medium der Gruppenbildung fungiert. Hobbykurse (Foto, Werkarbeiten) sind hier ebenso möglich wie programmbestimmte Geselligkeit, zum Beispiel Tanz, Film oder Diskothek. Stets geht es jedoch darum, daß nicht die Sozialpädagogen für die Schüler etwas ‹veranstalten›, sondern daß Schülergruppen durch Vorbereitung, Durchführung und Teilnahme an diesen Aktivitäten ihre eigenen Sozialbeziehungen strukturieren und zu stabilen und befriedigenden Gruppenbezügen gelangen.

Es gehört mit zu den Aufgaben der Sozialpädagogen, diesen Gruppen zu helfen, durch eine Reflexion ihrer eigenen Lage die reine Kompensation im Freizeitbereich zu überwinden. Auch hierzu bietet das Jugendzentrum – insbesondere durch die relative Unabhängigkeit sei-

2 Wilhelm Heer (Höchst) hat mit seinen frappierend kreativen ‹Spielobjekten› aufgezeigt, wie sich solche Möglichkeiten auch unter üblichen baulichen Voraussetzungen schaffen lassen. Ein Buch darüber soll demnächst bei Beltz erscheinen.

ner Mitarbeiter – gute Ausgangsvoraussetzungen.

Um möglichen Mißverständnissen vorzubeugen: Weder das Kommunikationszentrum noch das beschriebene Freizeitgelände bewirken inhaltlich festgelegte politische Lernprozesse. Unter den gegenwärtigen Bedingungen von Gesamtschule sind die sich dort vollziehenden Gruppenbildungen jedoch wesentliche Voraussetzung dafür, daß auch im Freizeitbereich strategisches Lernen möglich wird.

7.3.2 Freizeit als Feld gesellschaftsverändernder Praxis

Eine Konzeption strategischen Lernens für den Freizeitbereich muß demnach die aktuellen Kompensationsbedürfnisse der Schüler zwar ernst nehmen, darf dabei jedoch nicht stehenbleiben; vielmehr muß sie die Erkenntnis, daß die Lage des Schülers zu allererst durch die Bedingungen des Unterrichts – und damit durch die Widersprüchlichkeit kapitalistischer Schulreform – bestimmt wird, zentral berücksichtigen.

Zu fragen wäre also, ob und in welcher Weise der Freizeitbereich einen Beitrag zum strategischen Lernen und Handeln in der Schule leisten kann. Der weiter oben vorgenommene Vergleich zwischen Unterrichts- und Freizeitbereich der Gesamtschulen hat gezeigt, daß gesellschaftsverändernde Praxis von Schülern gegenwärtig eher im Freizeitbereich eine Ausgangs- und Entwicklungschance hat; denn die Möglichkeiten

- zu selbstbestimmten, interessengeleiteten und langfristig stabilen Gruppenbildungen;
- zur Beschäftigung mit Inhalten und Problemen, die sich aus der sozialen Lage der Schüler ergeben;
- zur Vorbereitung und Durchführung solidarischer Aktionen gegenüber den Anforderungen der Schule

sind auf Grund geringerer institutioneller Zwänge im Freizeitbereich günstiger.

Strategisches Lernen im Freizeitbereich bedeutet demnach, den auf Grund geringerer institutioneller Zwänge vorfindlichen relativen Freiraum zu nutzen, um interessengeleitete Kommunikation und ein daraus resultierendes strategisches Handeln zu ermöglichen.

Konzeptionen oder gar Erfahrungen für eine solche Form des Lernens im schulischen Freizeitbereich liegen bisher nicht vor. Auch wir können hier kein ausformuliertes Konzept, sondern lediglich einige Hinweise geben, die selbst erst an der Praxis erprobt werden müssen. Dabei ist davon auszugehen, daß strategisches Lernen und Handeln notwendigerweise eine kollektive Praxis sein muß. Gymnasiale Schülerbewegung und bisherige Erfahrungen in den Gesamtschulen lassen den Schluß zu, daß sich drei unterschiedliche Formen kollektiver Praxis am ehesten eignen dürften, um vom Freizeitbereich aus strategisches Lernen zu initiieren:

1. themenbezogene Arbeitskreise;
2. politische Selbsterfahrungsgruppen;
3. Arbeitskollektive.

Zu 1. Sowohl die Motivationen der Schüler als auch der ‹Freiraum›, den Schulleitungen zugestehen, dürfte es gegenwärtig am ehesten ermöglichen, im Freizeitbereich Gruppen zu installieren, die hier als *themenbezogene Arbeitskreise* bezeichnet werden sollen. Die Thematik eines solchen Arbeitskreises ist so zu wählen, daß dadurch sehr bald die Schüler in ihren konkreten schulischen Problemen berührt werden.

Das folgende Beispiel vermag diesen Ansatz zu verdeutlichen:

Auf Anregung von Sozialarbeiter-Studenten, die an einer Gesamtschule ihr Praktikum ableisteten, gründet eine Gruppe von Schülern eine Schülerzeitung. Unter anfänglicher Hilfestellung dieser Studenten werden zunächst zwei Ausgaben erstellt und vertrieben, ohne daß es zu irgendwelchen Beanstandungen kommt. In der dritten Ausgabe werden Schulleitung und Schulträger scharf angegriffen; ein Schüler wirft ihnen ‹Faulheit› vor, weil sie weder die Streichung der Zuschüsse zum Mittagessen verhindert noch die Einstellung einer Fachkraft für die Bibliothek erreicht haben. Daraufhin untersagt die Schulleitung den Studenten die Mitarbeit bei der Schülerzeitung, der Redaktion wird ein ‹Vertrauenslehrer› an die Seite gestellt.

Hier haben Schüler aus einer zunächst unpolitischen Motivation eine Aktivität entwickelt, in der sie sehr bald auf den Widerspruch zwischen ihren Interessen und den Kompressionstendenzen im Bildungswesen stießen. Ihnen wurde deutlich, daß die Wahrnehmung ihrer Interessen sie in Konflikte mit den schulischen Machtträgern führt. Der daraus entstehende Zwang, ihre abhängige Situation als Schüler zu überdenken, kann erster Ansatz für eine Politisierung sein. Da sich diese Schüler über ihre Aktivität bereits als Gruppe konstituiert haben, ist ihre Chance, sich durch solidarisches Handeln sowohl gegen die erkannten Kompressionstendenzen als auch gegen die Machtübergriffe der Schulleitung zu wehren, relativ günstiger. Dies gilt um so mehr, wenn im Freizeitbereich Lehrer oder Sozialpädagogen tätig sind, die den Schülern in dieser Situation Konflikthilfen geben können.

Zu 2. Während in dem angeführten Beispiel der Reflexions- und Politisierungsprozeß einer Gruppe aus einem aktuellen schulischen Konflikt erwächst, geht das Modell der *politischen Selbsterfahrungsgruppen* von den alltäglichen Erfahrungen der Schüler aus.[3]

3 Da es Arbeitshilfen für *politische* Selbsterfahrungsgruppen bisher nicht gibt, geben wir dazu einige Hinweise.

Politische Selbsterfahrungsgruppen bestehen in der Regel aus bis zu zehn Teilnehmern und einer gruppendynamisch versierten Fachkraft (Psychologe, Sozialpädagoge). In den Selbsterfahrungsgruppen soll jedoch etwas anderes geschehen als das, was – hinlänglich kritisiert – in den T-Gruppen gruppendynamischer Seminare veranstaltet wird. Es geht *nicht* um verbesserte Einpassung in die vorgeschriebenen Rollensysteme bzw. um die Wiederherstellung von Leistungsfähigkeit im Sinne von Reparatur (vgl. GIERE 1972). Ziel der Selbsterfahrungsgruppen ist es dagegen, die eigene sozialpsychische Lage durch die Problemdiskussion in der Gruppe zu erfahren und ihre politische Verursachung begreifen zu können.

Die Erreichung dieses Ziels hat einige *Voraussetzungen bei den Teilnehmern*, bei ihren Fähigkeiten und Motiven, an solch einer Gruppe sich zu beteiligen:

1. Die Teilnehmer müssen in die Lage versetzt werden können, eine gewisse solidarische Intimität zu entwickeln. Die Veröffentlichung bisher wohlgehüteter Selbsteinschätzung und Schwierigkeiten muß so möglich sein, daß der Teilnehmer nicht fürchten muß, dadurch die Wertschätzung der Gruppe zu verlieren. Und das erfordert eine grundlegende Sympathie bzw. ‹Vertrauensbasis›.

2. Die Teilnehmer müssen fähig sein, Erlebnisse und Erfahrungen sowie Einfälle sprachlich vermitteln und reflektieren zu können. Sonst muß der Moderator der Gruppe zu non-verbalen Ausdrucksformen anregen (vgl. WOLLSCHLÄGER 1972).

3. Die Motivation, in die Gruppe zu gehen und die Tagungen kontinuierlich durchzuhalten, muß durch Gemeinsamkeiten der Teilnehmer in sonstigen sozialen Situationen abgesichert sein. Sie ist leichter gegeben, wenn es zum Beispiel Schüler der gleichen Groß- oder Stammgruppe sind.

Der *Lernprozeß* vollzieht sich in den Gruppen unterschiedlich, je nach Zusammensetzung der Teilnehmer, Häufigkeit des Treffens und nach Art der Einwirkung der pädagogischen Fachkraft auf die Gruppe. Er hängt weiterhin von den Voraussetzungen, die die Teilnehmer mitbringen, ab und von den verwandten Arbeitsmethoden. Im Idealfall reicht er von einem intensiven Kennenlernen am Anfang bis zu gemeinsamen politischen Aktionen und Initiativen.

Um etwas konkreter Nutzen und Möglichkeiten der Selbsterfahrungsgruppen im Rahmen des strategischen Lernens beurteilen zu können, sollen hier noch einige *Arbeitsmethoden* aufgeführt werden:

1. Vermittlung eigener und fremder sozialpsychischer Erfahrungen:

In einem Reihumgespräch teilt jeder mit, was ihn in den vergangenen zwei Wochen am Arbeitsplatz Schule frustriert hat. Die Teilnehmer lernen dabei, daß die Schwierigkeiten keineswegs einmalig sind, diskutieren über die Ursachen und versuchen, Lösungsstrategien zu entwickeln. Eine zweite Möglichkeit besteht darin, daß die Teilnehmer einen Konfliktfall beraten oder eine Sozialisations-Biographie diskutieren. Dabei lernen alle, sich gegenseitig vor dem Hintergrund der jeweiligen Sozialgeschichte zu begreifen.

2. Diskussion des Gruppenprozesses:

Mit Hilfe eines Soziogramms werden die Erscheinungen der Gruppenstruktur festgehalten, dann werden Ursachen und Motive für die Wahlen und Ablehnungen reflektiert. In einem entwickelten Stadium können die Teilnehmer auch reihum Aussagen darüber machen, wie die anderen auf sie wirken und was sie von ihnen halten.

3. Erfahrungen mit Vor- und Nachteilen der Gruppe:

Die Teilnehmer können mit Hilfe einiger Aufgaben, wie sie Brocher ausführlich beschreibt, Gruppenleistungen erfahren und hinterfragen: Kommunikationsstrukturen, Rollenfunktionen und Kooperationsformen (vgl. BROCHER 1967).

4. Behebung von Kontaktschwierigkeiten:

Zur Effektivierung der Prozesse, aber vor allem, wenn sich die Selbsterfahrungsgruppe zu einem politischen Arbeitskollektiv ausweiten soll, ist es notwendig, vorhandene Kontaktschwierigkeiten in der Gruppe zu bewältigen. Hierzu können zahlreiche Vorschläge von Kirst/Diekmeyer angewandt werden. Dies geschieht dann mit Methoden, die jenseits systematisierter Lernerfahrungen liegen (vgl. KIRST/DIEKMEYER 1972).

Wichtigste neue *Literatur* für Selbsterfahrungsgruppen: K. Antons, Praxis der Gruppendynamik. Göttingen 1973.

In politischen Selbsterfahrungsgruppen wird versucht, die individuelle Problemlage des einzelnen – die häufig als ‹privat› mißverstanden wird – auf ihre gesellschaftlichen Ursachen zurückzuführen. Das bedeutet für Selbsterfahrungsgruppen in Gesamtschulen, daß die Beziehung zwischen alltäglichen Schwierigkeiten und den Strukturwidersprüchen der kapitalistischen Schulreform hergestellt werden müssen. Verhaltensweisen, die häufig als individuelles Versagen von Schülern betrachtet werden, bilden hier den Ausgangspunkt des Gesprächs: Schulflucht, ‹Aufsässigkeit›, Leistungsversagen usw. Die Analyse in der Gruppe – etwa beim Leistungsversagen – zeigt zunächst auf, daß es sich nicht um das exklusive Problem eines einzelnen handelt, sondern die Schüler insgesamt betrifft. Sie zeigt weiter, daß Probleme von Leistungsversagen und Konkurrenzangst nur möglich werden in einer Schule, die individualistische Leistungsauslese praktizieren muß, um gesellschaftliche Herrschaft zu reproduzieren.

Eine solche Rückführung individueller Probleme auf die Strukturwidersprüche schulischer Sozialisation leistet einen Beitrag zum strategischen Lernen, indem es einerseits mithilft, ‹falsches› Bewußtsein aufzubrechen und andererseits zur Stabilisierung der sozialen Identität beiträgt.

Der Übergang von der Reflexion zur gesellschaftsverändernden Praxis findet in einer solchen Gruppe allerdings erst dann statt, wenn die repressiven Bedingungen in der Schule nicht nur erkannt, sondern durch konkrete Aktivitäten und Aktionen angegangen werden.

Zu 3. Eine solche Möglichkeit gesellschaftsverändernder Praxis in der Schule, die sich insbesondere in der gymnasialen Schülerbewegung bewährt hat, ist die Bildung von *Arbeitskollektiven.* Darunter werden

«... kleine Gruppen von Schülern (verstanden), die sich begrenzte, meist auf den Unterricht bezogene Aufgaben stellen und die dort gebildet werden sollen, wo Konflikte zwischen Bedürfnissen der Schüler und Leistungszwängen der Schule entstehen bzw. sich aktualisieren oder verallgemeinern lassen. Als wesentliches Charakteristikum der Arbeitskollektive wird die solidarische Selbsttätigkeit der Mitglieder des Kollektivs verstanden» (LIEBEL 1969, S. 157).

Ein solches Arbeitskollektiv kann sich etwa zur Aufgabe stellen, im Unterricht die Fragwürdigkeit von Leistungs- und Notendruck zu thematisieren. Um dies zu erreichen, könnten die Mitglieder des Kollektivs zum Beispiel die folgenden Fragen im Unterricht zur Diskussion stellen:

- Wie objektiv sind ‹objektivierte Leistungstests› wirklich?
- Warum werden so viele Tests geschrieben?
- Warum dürfen nicht alle Schüler, die es möchten, die Oberstufe besuchen?

Eine entsprechende inhaltliche Vorbereitung des Kollektivs auf diese

Frage und die gegenseitige Unterstützung im Unterricht sollen verhindern, daß die Diskussionsansätze von Lehrern abgewiesen oder unterdrückt werden. In der unterrichtlichen Diskussion selbst sollte der Widerspruch zwischen Chancengleichheitsversprechen und individualistischer Leistungsauslese auch den Schülern deutlich werden, die nicht Mitglied des Arbeitskollektivs sind.

In ähnlicher Weise läßt sich die Abwehr gegen die Atomisierung des Lernens und gegen bürgerliche Indoktrination führen: Schüler arbeiten in den Freistunden an einem Problem, das im Unterricht behandelt wird, um so das Informationsmonopol des Lehrers zu brechen und zusätzliche Akzente in den Unterricht einzubringen. So könnte ein solches Kollektiv zum Beispiel die gesellschaftliche Funktion von Produktivkapital erarbeiten, um im Wirtschaftslehre-Unterricht einem Lehrer entgegenzutreten, der – entsprechend den Richtlinien in Nordrhein-Westfalen – lediglich vermitteln will, «daß Eigentum an Produktionsmitteln eine wesentliche Möglichkeit zur Einkommensbildung ist» (KULTUSMINISTER NORDRHEIN-WESTFALEN 1972 c, S. 22).

Das Vorgehen des Arbeitskollektivs kann und soll dazu beitragen, die anderen Schüler zu kritischen Positionen gegenüber einseitig-bürgerlichem Unterricht zu verhelfen: Diese Schüler sollen sich fragen, warum ihnen der Lehrer wichtige Informationen vorenthält. Antikapitalistische Lehrer hingegen können solche Arbeitskollektive in ihre Unterrichtsplanung und -durchführung bewußt einbeziehen: Das Kollektiv erhält Hinweise auf alternative Literatur mit der Bitte, entsprechende Informationen und Fragen jeweils in den Unterricht einzublenden. Solche Kollektive, die zunächst möglicherweise spontan bei konkreten Mißständen von Schülern gegründet werden, die sich aber genausogut aus den vorher skizzierten politischen Selbsterfahrungsgruppen entwickeln können, haben gute Chancen, im Verlaufe ihrer Arbeits- und Lernprozesse zu stabilen politischen Schülergruppen zu werden. Aktiv arbeitende politische Schülergruppen wiederum, deren Diskussions- und Kommunikationsfeld der Freizeitbereich ist, deren gesellschaftsverändernde Praxis sich jedoch hauptsächlich auf die Strukturen des Unterrichts richtet, sind als wesentlicher Faktor einer antikapitalistischen Strategie schulischer Veränderung anzusehen.

In einem fortgeschritteneren Stadium der Arbeit wird allerdings der schulische Freizeitbereich allein als Organisations- und Kommunikationsraum nicht mehr ausreichen: Um strategisches Handeln langfristig anzulegen und das Sanktionsrisiko zu mildern, erscheint eine Anbindung an eine Organisation außerhalb der Schule notwendig und sinnvoll (vgl. Kapitel 8).

7.3.3 Freizeit als Ausgangspunkt unterrichtlicher Veränderungen

Aus den bisherigen Überlegungen darf jedoch nicht geschlossen werden, wesentliche antikapitalistische Veränderungen der Schule ließen sich *allein* durch Aktivitäten im Freizeitbereich bewirken. Da die Strukturwidersprüche der Gesamtschule – und damit die Entfremdungs- und Unterdrückungsmechanismen – sich im wesentlichen im Unterricht offenbaren, kommt es vorwiegend darauf an, Formen, Inhalte, Rahmenbedingungen des Unterrichts so zu verändern, daß dort bessere Qualifikationen, realere Chancengleichheit und umfassendere Entfaltung möglich wird. Hierzu kann die Arbeit im Freizeitbereich einen – wie wir meinen – durchaus bedeutenden Beitrag leisten, allerdings nur dann, wenn gleichzeitig im Unterricht direkt entsprechende Veränderungen angestrebt werden (vgl. hierzu Kapitel 5 und 6).

Politische Aktivitäten im Freizeitbereich können in diesem Sinn nur einen mehr vermittelnden Charakter haben, da ihre Wirksamkeit hauptsächlich an ihrer gesellschaftsverändernden Praxis im Unterricht zu messen ist.

Wie aber lassen sich Aktivitäten im Freizeitbereich in Veränderungen unterrichtlicher Strukturen umsetzen? Solche Vermittlungsprozesse erscheinen hauptsächlich auf drei Ebenen realisierbar:

1. Aktivitäten im Freizeitbereich sollen darauf angelegt sein, dem Schüler Erkenntnisse über die gesellschaftliche Funktion unterrichtlicher Zwangsmechanismen zu vermitteln. Zugleich sollen ihm Modelle selbstbestimmten Lernens erfahrbar gemacht werden. Dabei ablaufende Bewußtseinsprozesse der Schüler könnten als Veränderungspotential im Unterricht wirken. Wenn Schüler im Freizeitbereich zum Beispiel Methoden wie spontanes Spielverhalten, kreatives Gestalten und selbstbestimmte Projekte kennenlernen, so sollen sich daraus Ansprüche an die Lehrer entwickeln, solche Formen selbstbestimmten Lernens verstärkt im Unterricht zu berücksichtigen. Die Arbeit im Freizeitbereich müßte den Schülern helfen und sie ermuntern, diese Erfahrungen zu übertragen und entsprechende Forderungen zu stellen. Dieser Vermittlungsprozeß liegt also auf einer zunächst noch individuellen Ebene des Schülerbewußtseins: Aus den Erfahrungen, daß Lernen nicht fremdbestimmt sein muß, werden Forderungen zur Veränderung angemeldet.

2. Eine nächste Ebene der Vermittlung wird erreicht, wenn Schüler sich zur Durchsetzung solcher Forderungen organisieren. Dabei ist der Freizeitbereich der Ort, in der die Abklärung und Organisation der Interessen, die Diskussion von Strategie und Taktik stattfinden kann. Dabei können die Formen der Arbeit recht unterschiedlich sein: Sowohl Gruppen, die die Mitbestimmungsrechte der Schüler effektivieren und Veränderungen im Unterrichtsbereich zum Beispiel durch Gremienbeschlüsse durchsetzen wollen, als auch solche, die im Unterricht selbst

durch Konfrontation mit den Lehrern Veränderungen erreichen wollen, sind denkbar. Die Organisationsformen können von ad-hoc-Gruppen bis zu festen politischen Organisationen gehen. Ihnen gemeinsam ist allerdings, daß der Freizeitbereich ihnen die Möglichkeit zur Vorbereitung ihrer Arbeit gibt, die im Unterricht wirksam werden soll.

3. Die Vermittlungsprozesse können jedoch nicht nur über Schüler, sondern vermutlich auch über Lehrer zustande kommen. Durch die Tätigkeit der gleichen Pädagogen sowohl im Unterrichts- als auch im Freizeitbereich ergibt sich die Chance, traditionelle unterrichtliche Strukturen vom Freizeitbereich her aufzubrechen und so zumindest partiell die Trennung von Freizeit und Unterricht aufzuheben. So erscheinen zum Beispiel Unterrichtsprojekte realisierbar, die im Politikunterricht ihren Ausgangspunkt finden, die dann jedoch in gesellschaftliche Praxis münden, die sowohl im Unterricht als auch in der Freizeit stattfindet. Das in Kapitel 3 beschriebene Unterrichtsprojekt ‹Gastarbeiter› der GS Kamen hat eine solche Durchbrechung ansatzweise geleistet. Es käme darauf an, solche Ansätze auszubauen und zu institutionalisieren, etwa durch das Einbringen gewisser Zeitdeputate aus Unterrichtsfächern (zunächst vermutlich Politik, Kunst, Deutsch) und aus dem Freizeitbereich in ein Feld kollektiv zu organisierender Projekte mit gesellschaftlichem Bezug (z. B. Werbung, Spielplätze, Wohnen etc.).

All diese Einwirkungen, die vom Freizeitbereich ausgehen und auf antikapitalistische Auflösung der im Unterricht offenbar werdenden Strukturwidersprüche zielen, haben jedoch nur dann Aussicht auf Erfolg, wenn ein entsprechender schulischer Freizeitbereich zur Verfügung steht. Die Schüler müssen zunächst einmal außerhalb des traditionellen Unterrichts genügend Zeit zu Gruppenbildungen, Reflexion, Diskussion und Vorbereitung politischer Aktivitäten haben.

Genau diese Grundvoraussetzung scheint in jüngster Zeit durch administrative Maßnahmen einiger Kultusbürokratien gefährdet: Der Ganztagsbetrieb wird abgebaut und der Freizeitbereich bis zur Bedeutungslosigkeit eingeengt. Will man mit der Gesamtschule einen Beitrag zur antikapitalistischen Veränderung leisten, so muß man sich gegen diese Tendenzen mit aller Macht wehren: Um die Chancen auf strategisches Lernen und Handeln im Unterricht zu erhöhen, muß gegenwärtig der selbständige Freizeitbereich verteidigt und – wenn möglich – ausgebaut werden.

8

Fred Heidenreich

Strategisches Lernen im außerschulischen Bereich

Die Gesamtschule, die ihren Schülern ein Feld für strategisches Lernen und Handeln eröffnen will, kann diesen Anspruch nur dann einlösen, wenn sie ihren Schülern entscheidend mehr unmittelbare Erfahrungen (vgl. Kapitel 3) ermöglicht. Die ersten Kapitel dieses Buches zeigen, daß innerschulische Ansätze diesen Anspruch nicht weitgehend genug einlösen können.

8.1 Die Bedeutung des außerschulischen Bereichs für die Realisierung des strategischen Lernens

Das System Schule setzt Grenzen, die selbst einen Ausgangspunkt für strategisches Lernen und Handeln darstellen können. Deshalb erscheint es notwendig, daß den Schülern auch außerhalb der Schule solche Praxiserfahrungen ermöglicht werden, die einen Ausgangspunkt für ihre eigene gesellschaftsverändernde Arbeit bieten.

Die Einbeziehung des außerschulischen Bereichs bietet darüber hinaus die Möglichkeit, alle Maßnahmen zur Veränderung der schulischen und unterrichtlichen Organisation, die durch das strategische Lernen initiiert werden sollen, gegen administrative Eingriffe abzusichern. Dazu bedarf es allerdings einer wirkungsvollen, außerhalb der Schule arbeitenden Organisation, die sich weitgehende Mitbestimmungsrechte bei der Gestaltung der Gesamtschule sichert.

Bisher haben hauptsächlich die Bildungspolitiker, die Bildungsforscher und die Schuladministratoren über die inhaltliche Planung und die organisatorische Ausstattung der Gesamtschulen entschieden. Jetzt ist es an der Zeit, daß auch Schülern, Eltern und Gewerkschaften ermöglicht wird, ihren Teil der Verantwortung zu übernehmen, und daß in der Gesamtschule mit der Forderung einer bekannten Bildungspolitikerin ernst gemacht wird:

> «Es gilt ... den Konsens für das Ziel zu gewinnen, indem die Möglichkeiten und die Mittel ... zur Verwirklichung [der Gesamtschulreform; F. H.] benannt, erprobt und zueinander in Beziehung gesetzt werden. Erfahrungen müssen ausgewertet, Erkenntnisse müssen übertragen werden. An diesem Entwicklungsprozeß müssen alle teilhaben: Lehrer und Schüler, Eltern und Bildungsforschung, Berufswelt und staatliche Administration» (HAMM-BRÜCHER 1971, S. 20).

8.1.1 Mehr Praxisbezug durch außerschulische Aktivitäten

Wenn die Gesamtschule, ausgehend von den ihr immanenten Widersprüchen, welche letztlich auf die gesamtgesellschaftlichen Widersprüche zurückzuführen sind (vgl. Kapitel 1 und 2), die Zielsetzung verfolgt, ein Erfahrungs- und Praxisfeld für gesellschaftsveränderndes Handeln bereitzustellen, dann kann sie dies nur dann leisten, wenn sie den ihr traditionell zugewiesenen Rahmen sprengt.

In den jugendpolitischen Forderungen der Gewerkschaftsjugend wird diese Notwendigkeit deutlich hervorgehoben:

«Emanzipatorische Bildung darf keine Forderung bleiben, die sich in erster Linie auf die pädagogischen Abläufe des Unterrichts bezieht. Viel wichtiger ist es, daß die Schüler, Auszubildenden und Studenten ihre individuelle und soziale Situation in der kapitalistischen Gesellschaft begreifen lernen. Bildung selber emanzipiert nicht, sie hat aber die Voraussetzungen zu schaffen für den Kampf um die Emanzipation. Bildung hat also auch zum bewußten solidarischen Handeln zu bewegen, um die Widersprüche der kapitalistischen Gesellschaft zu beseitigen» (DGB, Abt. Jugend 1971, S. 89).

Unter dieser Zielsetzung stellt sich die Frage, inwieweit außerhalb der Schule zusätzliche Erfahrungsfelder bereitgestellt werden können. Wie können die innerschulischen Ansätze weitergeführt und abgesichert werden, die die aufgeführten Strukturwidersprüche der Gesamtschule (vgl. Kapitel 2)

- Erhöhung der Ausbildungskosten vs. Unterrichtsrationalisierung;
- Chancengleichheit vs. individualistische Leistungsauslese;
- Verbesserung der Qualifikationsstruktur vs. Atomisierung des Lernens

zum Ausgangspunkt gesellschaftsverändernder Praxis machen?

Hier bietet sich in erster Linie eine enge Zusammenarbeit mit der freien Jugendarbeit an. Im folgenden werden die Bedingungen und Voraussetzungen dieser Arbeit noch genauer zu bestimmen sein. Vorab aber läßt sich schon jetzt feststellen, daß hier die Jugendlichen zu finden sind, die – weit mehr als dies bei Schülern der Fall ist – den Klassencharakter der kapitalistischen Gesellschaft als Lehrlinge und Lohnarbeiter täglich erfahren, wenngleich zumeist unbewußt:

«Die Arbeiterjugend befindet sich im Unterschied zu Schülern und Studenten in einer permanenten Ernstsituation, in der jedes Handeln für den Handelnden selbst folgenreich ist» (Liebel 1971, S. 17).

Gesamtschülern, die strategisches Lernen durch gesellschaftsverändernde Praxis vollziehen sollen, eröffnet sich durch gemeinsames Handeln mit Auszubildenden und Lohnarbeitern ein wesentlich erweitertes Praxisfeld. Die Schüler könnten sich so weit mehr Informationen über den in der Schule traditionell ausgesparten gesellschaftlichen Produktionsbereich erarbeiten. Durch gemeinsame Aktionen mit Lehrlingsgruppen können sie darüber hinaus die für das strategische Lernen notwendigen Praxiserfahrungen bekommen.

Umgekehrt ergibt sich für die Jugendverbände ein zusätzliches Feld theoretischer Aufarbeitung von Praxiserfahrungen; die nach Liebel notwendigen «pädagogischen Dimensionen» zur Aufarbeitung der Kampferfahrungen können durch die Zusammenarbeit mit der Schule erweitert werden.

«Die Kampferfahrungen müssen *aufgearbeitet* werden, und diese Aufarbeitung ist in der Regel in politischen Ernstsituationen, zumal innerhalb des Betriebs, nicht unmittelbar möglich» (LIEBEL 1971, S. 23).

Bisher wurde mit der Zielsetzung, den gesellschaftlichen Produktionsbereich für die Schüler erfahrbar zu machen, eine Ebene für die Zusammenarbeit mit der freien Jugendarbeit beschrieben. Eine zweite Begründungsebene liegt in der Möglichkeit, daß die Schüler die in der innerschulischen Arbeit erfahrenen schulischen Strukturwidersprüche als Widerspiegelung gesellschaftlicher Widersprüche erkennen. Genau diese Erfahrung aber können die Schüler in der Schule selbst nur sehr begrenzt gewinnen.

Erst wenn sie in freien Jugendverbänden die Möglichkeiten für gemeinsame Aktionen mit solchen Jugend- und Lehrlingsgruppen bekommen, deren Mitglieder ihrerseits die Bedingungen kapitalistischer Lohnarbeit unmittelbar erfahren haben, kann ihnen diese Erkenntnis ermöglicht werden. Auf diesem Wege können sie feststellen, daß die Bedingungen von lohnabhängiger Arbeit unter kapitalistischen Produktionsbedingungen letztlich die gleichen Erscheinungsformen zeitigen, die sie in der Schule täglich erleben.

- Hier wie dort herrscht Aufstiegs- und Anpassungsdruck, der Angst vor Leistungsversagen erzeugt.
- Hier wie dort herrscht der Konkurrenzneid, der solidarisches Handeln verhindert.
- Hier wie dort stellen sich Begrenzungen durch die herrschenden Produktionsverhältnisse als individuelles Versagen dar.

Aus alldem läßt sich folgern, daß eine wesentliche Aufgabe für die geforderte Zusammenarbeit darin liegt, Projekte mit konkreten Aktionsmöglichkeiten gemeinsam zu planen und durchzuführen. Diese Projekte müssen so angelegt sein, daß die Schüler ihr Wissen und ihre Kenntnisse aus dem schulischen Bereich in konkrete Handlungsstrategien umsetzen, so daß Prozesse unmittelbarer gesellschaftsverändernder Praxis realisiert werden können.

Die Mitbestimmung und die inhaltliche Mitarbeit außerschulischer Gruppen bei der Planung und Durchführung von Projekten ermöglicht darüber hinaus einen weitgehenden Abbau der Atomisierung der Lerninhalte zugunsten der notwendigen Verbesserung der Qualifikationsstruktur.

Durch die curriculare Zusammenarbeit mit Gewerkschaften und Jugendgruppen lassen sich weit besser, als dies im begrenzten Rahmen der Schule möglich ist, solche Bereiche unmittelbarer Erfahrungen für die Schüler herstellen, die ihnen den notwendigen Interpretationsrahmen zum Erkennen der eigenen sozialen Situation bieten.

8.1.2 Flankierende Maßnahmen durch außerschulische Aktivitäten

Neben der Zielsetzung, die außerschulischen Gruppen an der Arbeit in der Schule zu beteiligen, um den Schülern ein größeres Maß an Praxiserfahrungen zu ermöglichen, müssen die außerschulischen Gruppen und Organisationen schon deshalb integriert werden, um diese Zielsetzungen des strategischen Lernens und Handelns gegen die Gefahr administrativer und politischer Eingriffe abzusichern.

1. Solche Eingriffe sind zum Beispiel zu erwarten, wenn der Versuch unternommen wird, den Unterricht in der Gesamtschule in Form von Projektverfahren zu organisieren. Am Beispiel des Projekts ‹Gastarbeiter› (vgl. Kapitel 3) wird deutlich, daß darin eine Möglichkeit besteht, für Schüler und Lehrer die notwendigen Praxiserfahrungen herzustellen.

Trotzdem wird genau an diesem Beispiel deutlich, daß solche Unterrichtsverfahren für alle Beteiligten große Risiken mit sich bringen, wenn sie auf den schulischen Bereich beschränkt bleiben. Seit den Vorgängen an der Gesamtschule Fröndenberg, wo eine Unterrichtseinheit ‹Arbeit› (vgl. Böttiger, v. Körber, Kühn 1972) im projektähnlichen Verfahren durchgeführt wurde, ist wohl davon auszugehen, daß immer dann sowohl die Öffentlichkeit (örtliche Presse, örtliche Interessenverbände) als auch die Schulaufsicht zu reglementierenden Eingriffen herausgefordert werden, wenn im Unterricht Schüler und Lehrer gemeinsam die Mechanismen der Sicherung der Massenloyalität erkennen und durch konkrete Aktionen gefährden. Solange der Projektunterricht nur auf die Aneignung von Wissen und Erkenntnissen zielt, kann man mit einer weitgehenden Tolerierung rechnen; zielt er aber darauf, Wissen und Erkenntnisse in konkrete Handlungsstrategien umzusetzen, wird es – wie am Beispiel Fröndenberg sichtbar wurde – zu einem massiven politischen Konflikt kommen (zum Ablauf des Fröndenberger Schulkonflikts vgl. v. Körber/Kühn 1972).

Es geht also um zwei Dinge:

- Es müssen solche Unterrichtsprojekte organisiert werden, die es Lehrern und Schülern ermöglichen, Prozesse unmittelbarer gesellschaftsverändernder Praxis zu realisieren.

- Da solche Projekte sehr schnell zum Konflikt mit der Schulverwaltung und damit tendenziell zum politischen Konflikt führen können, erscheint es sinnvoll, diese Projekte schon während ihrer Planungsphase mit außerschulischen Gruppen zu diskutieren und abzustimmen.

Dabei muß es sich um solche Gruppen handeln, die in ihrem Programm progressive bildungspolitische Forderungen aufgestellt haben. Solche Gruppen – wie etwa Gewerkschaftsorganisationen auf Stadt- oder Stadtteilebene, politisch arbeitende Jugendverbände, Bürgerinitiativen sowie politische Parteien, die – zumindest teilweise – Merkmale gesellschaftsverändernder Praxis aufweisen, lassen Unterstützung und Mitarbeit bei den beschriebenen Projekten erwarten.

2. Die Möglichkeiten solcher administrativer Eingriffe ist weiterhin bei der schulischen Arbeit im außerunterrichtlichen Bereich gegeben. Die Ansätze, dort strategisches Lernen zu initiieren (vgl. Kapitel 7), können ohne die Erweiterung durch außerschulische Aktivitäten sehr leicht in Frage gestellt werden.

Am Beispiel des in Kapitel 7 geschilderten Konflikts ‹Schülerzeitung› wird vielmehr deutlich, daß die Schulleitung oder die Schulverwaltung auf dem Wege der Wahrnehmung ihrer Aufsichts- bzw. Fürsorgepflicht sehr weitgehend reglementierend eingreifen kann. Ein weiterer Risikofaktor liegt darin, daß die Elternvertreter der Schule oder einzelne aufgeschreckte Elternpaare Protest gegen eine solche Konzeption des Freizeitbereichs erheben.

Demgegenüber kann man sicherlich davon ausgehen, daß bei einer Organisationsform, die hauptsächlich außerhalb der Schule angesiedelt ist, die Möglichkeiten für solche Reglementierungen wesentlich geringer sind.

Denn auch festorganisierte Arbeitskollektive, aus denen stabile politische Schülergruppen erwachsen können, sind innerhalb der Schule in erster Linie eine Gruppe von Schülern und damit bei ihren Aktivitäten weitgehend auf das Wohlwollen der Institution Schule angewiesen.

Nun fördert ein innerschulischer Konflikt – etwa bei einem Verbot oder der Zensur der Schülerzeitung – die Politisierung der Schüler. Ein solcher Konflikt trägt gewiß dazu bei, daß die angestrebten strategischen Lernprozesse in Gang gesetzt werden. Zu beachten ist aber auch, daß nach einem solchen Konflikt der Freiraum, der notwendig ist, um dieses strategische Lernen in ein eben solches Handeln umzusetzen, fühlbar eingeschränkt sein könnte. Das kann heißen, daß plötzlich keine Räume mehr zur Verfügung stehen, notwendige Arbeitsmaterialien gesperrt sind und die Benutzung der schuleigenen Druckerei nicht mehr möglich ist. So verbot etwa die Leitung der Berliner Walter-Gropius-Gesamtschule nach einem ähnlichen Konflikt die Vorführung von Filmen, «die nicht von der Landesbildstelle geprüft worden sind» (Kath 1973, S. 343).

Dies alles macht deutlich, daß ein weiterer entscheidender Schritt vollzogen werden muß:

Die politischen Schülergruppen, die ihren Ausgangspunkt im schulischen Freizeitbereich finden können, haben mit ihrer Arbeit dann erst wirksame Durchsetzungschancen, wenn sie ihre Aktivitäten über den schulischen Bereich hinaus mit außerschulischen Gruppen koordinieren. Dies gilt mit Sicherheit für die Notwendigkeit, die äußeren Bedingungen für die Durchführung der Arbeit zu sichern.

8.1.3 Ein Beispiel: Aktionsgruppe Schüler–Lehrlinge

Im bisherigen Verlauf wurde der Versuch unternommen, die Möglichkeiten darzustellen, die in der Zusammenarbeit zwischen Schülern und Jugend- und Lehrlingsgruppen liegen.

Dabei kann man allerdings nicht davon ausgehen, daß eine solche Kooperation automatisch immer dann einsetzt, wenn es aus den verschiedenen, in diesem Beitrag dargestellten Gründen notwendig wäre. Es ist vielmehr zu fragen, aus welchen konkreten Situationen und gemeinsamen Zielsetzungen diese Zusammenarbeit entstehen könnte, besser: wie sie organisiert werden kann.

Als Ausgangspunkt dieser gemeinsamen Arbeit können nur die gemeinsamen Interessen und Bedürfnisse der Jugendlichen in Frage kommen. Sicherlich kann man davon ausgehen, daß eine Vielzahl solcher gemeinsamen Interessen formuliert werden kann. Sie sind unter anderem abhängig von der je konkreten Lage der Schule und ihres sozialen Umfeldes. Für *eine* solche – für Gesamtschulen typische – Lage in Trabantenstädten kann hier ein Beispiel für gemeinsame Aktionen skizziert werden; denn die Gesamtschulen wurden vielfach als erste ‹weiterführende› Schule in weitflächigen Neubaugebieten errichtet. Finanzkräftige Wohnungsbaugesellschaften setzten oft Hunderte von Wohnblocks ‹auf die grüne Wiese›. In die oft noch unfertigen Wohnungen zogen schon die ersten Mieter, ohne daß die notwendigsten Arbeiten zur Errichtung einer sozialen Infrastruktur auch nur begonnen wurden. Das Bild dieser ‹Siedlungen› war in der Zeit ihrer Entstehung durch halbfertige Straßen, Rohbauten von Geschäftshäusern und meist völlig unzureichende Verkehrsverbindungen gekennzeichnet.

Unter diesen Voraussetzungen ist zu verstehen, daß auch noch Jahre nach dem Abschluß der ersten Planungsphase Pläne für die Bereitstellung von ausreichenden und die Bedürfnisse von Kindern und Jugendliche befriedigenden Freizeiträumen noch längst nicht auf der Tagesordnung stehen. Die großen städtebaulichen Investitionen zur Verbesserung der Infrastruktur, wie zum Beispiel Industrieansiedlungen, Verkehrsanschlüsse an die S- oder U-Bahn, haben nach dem Willen der verantwortlichen Politiker noch auf Jahre absolute Priorität. Derweil werden die Jugendlichen mit ihren Bedürfnissen nach ausreichenden Freizeitmöglichkeiten völlig vernachlässigt. Jugend- und Begegnungszentren, Jugendlokale, Tanzclubs und ausreichende offene Sportanlagen sucht man meist vergeblich. Dieser fast absolute Mangel an Freizeitangeboten für die Jugendlichen läßt sich auch für ländliche Standorte von Gesamtschulen feststellen.

Von dieser Situation sind sowohl Schüler als auch berufstätige Jugendliche gleichermaßen betroffen. Hier kann sich zum Beispiel die konkrete Zielsetzung entwickeln, gemeinsam für ein freies – wenn auch erst provisorisches – Jugendzentrum zu kämpfen.

Allerdings kann man nicht davon ausgehen, daß die Gemeinsamkeit dieser Interessen gleichsam automatisch erkannt wird, daß die beiden Gruppen getrennt voneinander zu genau den gleichen Analysen und Forderungen kommen, daß von Anfang an gemeinsame Aktionen geplant werden. Hier sollten progressive Lehrer der betroffenen Gesamtschulen, Jugendorganisationen von Gewerkschaften und Parteien, insgesamt also Personen oder Gruppen, die antikapitalistische Stadtteilarbeit initiieren wollen, den Anstoß geben.

Doch kann von dieser Seite nur die erste Koordination der Aktivitäten und Aktionen geleistet werden, die sonst völlig getrennt verlaufen würden. Diese Gruppen und Personen haben erst nur die Aufgabe, die Schüler- und Lehrlingsgruppen zusammenzuführen, um ihnen so den gemeinsamen Kampf und damit *solidarisches Handeln* zu ermöglichen.

Die Gruppen selbst können dann gemeinsame Erfahrungen bei den Auseinandersetzungen mit den gesellschaftlichen und politischen Widerständen – etwa von seiten der Parteien, des Stadtparlaments und der örtlichen Presse – entwickeln. Erst dabei können sie erste Erkenntnisse über den Widerspruch zwischen gesellschaftlichen Bedürfnissen einerseits und privaten Kapitalinteressen andererseits gewinnen.

Wenn sich aus diesen Erkenntnissen aber ein erweitertes Praxisfeld für konkretes gesellschaftsveränderndes Handeln ergeben soll, dürfen die Jugendlichen damit nicht allein gelassen werden. Um der dann drohenden Resignation zu entgehen, sind jetzt weitere politische und organisatorische Hilfestellungen notwendig. Diese Hilfe von außen kann der Gruppe die Verallgemeinerung der gemeinsamen Kampferfahrungen und damit die notwendige Rückführung der erlebten Konflikte auf die gesellschaftlichen Strukturkonflikte in der kapitalistischen Gesellschaft ermöglichen. Wenn dieser Schritt vollzogen ist, kann die Solidarität dieser Gruppe gefestigt werden, so daß weitere politische Aktionen durchgeführt werden können. Dafür bietet sich die Möglichkeit an, gemeinsam eine Schüler-Lehrlings-Zeitung herauszugeben. Dadurch kann sich die Gruppe ein weitgehend unabhängiges Organ für ihre politische Arbeit schaffen. Mit einer solchen Zeitung kann sie offen und ungeschminkt ihren Standort erklären und für eine breite Unterstützung ihrer Zielsetzung werben.

Für die Schüler ergibt sich so ein größeres Maß an Praxiserfahrung, als es durch die Schule hergestellt werden könnte. Den Lehrlingen bietet sich ein bedeutsamer Ansatz, für die Probleme ihrer weitgehend als ungenügend empfundenen Ausbildung außerbetriebliche Unterstützung zu finden.

Kommt es bei strategischem Handeln zum Konflikt – und dies ist mit einiger Wahrscheinlichkeit vorauszusehen –, so liegt ein Vorteil dieser Zusammenarbeit in der wechselseitigen Unterstützung. Wenn in diesem Fall zum Beispiel die Lehrlinge vor der Schule und die Schüler vor den Betrieben Flugblätter verteilen, kann die Gefahr von disziplinierenden Maßnahmen für beide Teile erheblich herabgesetzt werden. Um darüber hinaus die Gefahr von Pression gegen die gesamte Gruppe zu vermindern, muß ihre Arbeit durch ein breites Bündnis von Personen und Gruppen abgesichert werden, die durch ihre eigene Arbeit die Bereitschaft zur Unterstützung der obengenannten Zielsetzungen bezeugen. Ein solches Bündnis muß sich einen fest organisierten Rahmen schaffen, um seine Zielsetzungen politisch wirksam vertreten zu können.

8.2 Ansätze für ein Organisationsmodell

Evers hat in seiner Eröffnungsrede des Kongresses der ‹Gemeinnützigen Gesellschaft Gesamtschule› die Situation an den Gesamtschulen treffend skizziert:

«Inzwischen mehren sich die Anzeichen, daß man daran geht, den Rahmen zu verengen, die Entwicklung administrativ zu reglementieren, *Initiativen durch Verwaltungsvorschriften zu gängeln, Kreativität durch Erlasse zu ersticken*» (Hervorhebung von F. H.) (Evers 1973, S. 5).

Zudem wird immer deutlicher, wie sehr die in Kapitel 1 und 2 beschriebenen Kompressionstendenzen dahingehend durchschlagen, eine noch weitergehende Unterrichtsrationalisierung zu erzeugen.

Evers sagt auf dem obengenannten Kongreß der ‹Gemeinnützigen Gesellschaft Gesamtschule› weiter:

«Ich habe in meiner langen bildungspolitischen Tätigkeit eines gelernt: Es läßt sich nur dann etwas voranbringen, hin zu mehr Gerechtigkeit und Humanität für alle, hin zu mehr Lebensqualität, wenn sich in der Gesellschaft selbst, an ihrer Basis, etwas regt – wenn Bürger selbst für die Erfüllung der Interessen der vielen eintreten. Wir bekommen auch die andere Schule nicht geschenkt» (Evers 1973, S. 9).

Voraussetzung für die Abwehr der administrativen Reglementierungen und des betriebswirtschaftlichen Rationalisierungsdrucks ist also eine Basisaktivität auf breitester Ebene und mit einem eigenen Organisationsapparat. Hieraus läßt sich die Forderung ableiten, daß Schüler, Eltern und Lehrer, Gewerkschaft Erziehung und Wissenschaften, der DGB, die Jugendverbände und gewerkschaftliche Jugendorganisationen gemeinsam mit fortschrittlichen Parteiorganisationen an den einzelnen Schulen ein Bündnis schließen müssen.

1. Es ist anzunehmen, daß bei den Gewerkschaften und bei der Gewerkschaftsjugend das Interesse besteht, sich an der Arbeit für die Veränderung der Gesamtschule im beschriebenen Sinn zu beteiligen. So hat sich der DGB in zahlreichen Initiativen, zuletzt auf der Zentralen Arbeitstagung der Gewerkschaftsjugend im März 1973, für die Kooperation zwischen Schule und Arbeitswelt eingesetzt.

«Der überwiegende Teil der Lehrer ist gewerkschaftlich organisiert. Hier müssen verstärkt gemeinsame Kontakte für die gemeinsame gewerkschaftliche Arbeit hergestellt werden ... Der Kontakt zwischen Gewerkschaftsjugend, den Schülervertretungen und den Schülern muß verstärkt werden» (DGB, ABT. JUGEND 1973).

Ein besonderes Interesse, in eine enge Kooperation zwischen Schule und Industriegewerkschaften einzutreten, ist bei weiten Teilen der Gewerkschaft Erziehung und Wissenschaft festzustellen. So hat deren Bundesvorsitzender Erich Frister mehrfach darauf hingewiesen, daß es «für GEW-Mitglieder keine Neutralität im ständigen Konflikt zwischen Kapital und Arbeit geben könne» (vgl. z. B. FRISTER 1972).

2. Auch die Jugendverbände (als Träger der freien Jugendarbeit) entwickeln ein immer größer werdendes Interesse an der engen Zusammenarbeit mit der Gesamtschule. Vertreter von Gesamtschulen und freien Jugendverbänden haben folgende gemeinsame Zielsetzung entwickelt:

«Die Integration des umliegenden Wohnbereichs in das örtliche Kommunikationszentrum Gesamtschule läßt sich am ehesten mit den Methoden der Freizeitarbeit erreichen. Gemeinsame Projekte von Lehrern, Eltern, Schülern, arbeitenden Jugendlichen und den Mitarbeitern der Verbände auch *über den schulischen Freizeitbereich hinaus* [Hervorhebung von F. H.] (z. B. gemeinsame Fahrten, Wochenendfreizeiten, Seminare, Schullandheimaufenthalte, Zeltlager) können dieser Integration dienen» (FORSCHUNGSGRUPPE DORTMUND u. a. 1971, S. 84).

Auch die Träger der Jugendsozialarbeit – zusammengeschlossen in der Bundesarbeitsgemeinschaft Jugendaufbauwerk – konzentrieren sich in neuester Zeit mehr und mehr darauf, Schülern und Jugendlichen in Ausbildung und Berufstätigkeit sozialpädagogische Hilfe zuteil werden zu lassen und suchen dabei zunehmend die Zusammenarbeit mit der Gesamtschule.

Im Zuge eines bei der Bund-Länder-Kommission zur finanziellen Unterstützung angemeldeten Projektversuchs wird hier sehr konkret die Absicht erklärt, mit den Gesamtschulen unter der konkreten Zielsetzung zusammenzuarbeiten, Praxisfelder gesellschaftlicher Aktivitäten zu schaffen. Dabei soll die bisherige Abkapselung der einzelnen ‹Bildungsfelder› zugunsten eines kooperativen Gesamtsystems aufgehoben werden (vgl. BUNDESARBEITSGEMEINSCHAFT 1973, S. 10 f).

3. Aus den bisherigen Erfahrungen der Elternarbeit an Gesamtschulen geht hervor, daß eine grundsätzliche Schwierigkeit darin besteht,

- einerseits möglichst viele Eltern an der Arbeit zu beteiligen,
- andererseits die Arbeitereltern, die traditionell wenig für die Mitwirkung an der Schulentwicklung motiviert sind, zur Mitarbeit zu gewinnen.

Für Konzepte strategischen Lernens ist jedoch gerade ihre Mitarbeit wichtig: Arbeitereltern können ihre eigenen Erfahrungen aus dem Produktionsprozeß einbringen und dadurch wichtige Hilfen bei der Veränderung von Lerninhalten im Interesse der Lohnabhängigen geben.

Zur Herstellung eines breiten Bündnisses sind die folgenden konkreten Maßnahmen für die praktische Umsetzung zu nennen. Dabei kann es sich nur um eine mehr zufällige Auswahl von Anregungen handeln:

- Einrichtung von gewerkschaftlichen Betriebsgruppen an den Gesamtschulen mit dem Ziel, die Lehrer auf die Zusammenarbeit mit den im Produktionsbereich Tätigen vorzubereiten;
- Zusammenarbeit mit Vertrauensleuten von Großbetrieben im Einzugsbereich der Gesamtschulen;
- Aufnahme von Kontakten mit dem DGB-Ortsverband, Industriegewerkschaften, Betriebsräten, unter anderem zur Vorbereitung eines Arbeitskreises Schule–Gewerkschaft;
- Unterstützung von Arbeitern in den Elternbeiräten durch die Organisation von Seminaren zu Themen, die *Arbeitereltern* interessieren;
- Ergänzung der Klassenelternabende durch Kleingruppen-Elternabende, aus denen feste Arbeitsgruppen hervorgehen können;
- Verbindung mit Jugendorganisationen und Durchführung gemeinsamer Veranstaltungen;

4. Das breite Bündnis aller genannten Gruppen erfordert eine Organisation, die im folgenden ‹Fördererkreis Gesamtschule› genannt werden soll. Die Wirksamkeit einer solchen Organisation liegt in ihrer Unabhängigkeit gegenüber der Schule und der Schulaufsicht. Auch die Schule muß hier beteiligt werden, damit einerseits für die Lehrer selbst eine Möglichkeit geschaffen wird, zu einer ihren Aufgaben und ihrer Stellung in der Schulreform adäquaten politischen Organisation zu kommen. Andererseits kann die Gesamtschule durch die institutionalisierte Beteiligung von außerschulischen Gruppen an der innerschulischen Zieldiskussion ihre schon lange postulierte Aufgabe – Transparenz der Schulpraxis und Öffnung des Unterrichts – endlich angehen.

Der ‹Förderkreis› hätte die folgenden Aufgaben zu erfüllen:

- Er nützt seine Unabhängigkeit von der behördlichen und politischen Einflußnahme, um auf die Gestaltung der Bildungspolitik von der Basis her einzuwirken.

- Als Verbindungsstelle zu Gewerkschaften, Parteien und Jugendverbänden hilft er bei der Bereitstellung außerschulischer Erfahrungsfelder.
- Er leistet die Basismobilisierung, die erst die Sicherung und Weiterführung der potentiell gesellschaftsverändernden Zielsetzungen der Gesamtschule gewährleisten.

Auf diesem Weg soll er dazu beitragen, im außerschulischen Bereich die Zielsetzungen des strategischen Lernens zu unterstützen.

8.3 Strategisches Lernen im außerschulischen Bereich als Ausgangspunkt der schulischen Veränderung

In Kapitel 7 wurde pointiert darauf hingewiesen, daß sich die Strukturkonflikte der Gesamtschule – und damit die Entfremdungs- und Unterdrückungsmechanismen – im wesentlichen im Unterricht offenbaren. Deshalb kommt es vorwiegend darauf an, Formen, Inhalte und Rahmenbedingungen des Unterrichts zu verändern, damit dort bessere Qualifikationen, reale Chancengleichheit und allseitige Entfaltung möglich werden.

Erst durch die strukturelle Veränderung der Schulorganisation können die Prozesse des strategischen Lernens und Handelns ihren antikapitalistischen Charakter gewinnen und nicht dadurch, daß in irgendeinem Freiraum des Systems Schule ‹quasi-demokratische Spiele› ohne den notwendigen Rückbezug veranstaltet werden.

In Kapitel 7 wurden auch schon die ersten konkreten Schritte gekennzeichnet, die einen solchen die Schule verändernden Charakter haben. Da sich im außerschulischen Bereich zusätzliche Möglichkeiten eröffnen, können die Rückwirkungsmöglichkeiten noch verstärkt werden.

- Wenn Schüler in ihrer sozialen Identität stabilisiert werden;
- wenn ihnen durch die Einbeziehung außerschulischer Gruppen zusätzliche Praxisfelder bereitgestellt werden, in denen sie die für strategisches Lernen notwendigen unmittelbaren Erfahrungen machen können;
- wenn der Wirkungsgrad ihrer eigenen Organisationsformen noch durch die Einbindung in außerschulische politische Jugendgruppen verbessert wird;
- wenn Schüler, Eltern und Lehrer zu einer gleichberechtigten Form von Zusammenarbeit, orientiert an den als gemeinsam erkannten Problemen, kommen;
- wenn schließlich durch ein breites Bündnis aller beteiligten gesellschaftlichen Gruppen all diese Aktivitäten politisch wirksam abgesichert werden;

dann sind tiefgreifende Rückwirkungen und Veränderungen der schulischen Realität zu erwarten.

9

Dagmar Hänsel

Die Widersprüchlichkeit der Lehrerrolle

Der Begriff der Rolle stellt nicht nur eine der zentralen soziologischen Kategorien dar, er gewinnt auch in der erziehungswissenschaftlichen Diskussion zunehmend an Bedeutung. Jene leidvolle Situation des Lehrers, die sich beispielsweise in resignativer Anpassung des Lehrernachwuchses und allgemeiner gesellschaftlicher und beruflicher Verunsicherung äußert, wird in der erziehungswissenschaftlichen Diskussion zumeist als Ergebnis von Rollenkonflikten gedeutet, das heißt auf spezifische Qualitäten der Lehrerrolle zurückgeführt. Als soziale Rolle definiert Dreitzel den Komplex von Verhaltenserwartungen, der sich auf einen Relevanzbereich sozialen Handelns bezieht (vgl. Dreitzel 1972, S. 113).

9.1 Lehrerrolle und Rollenkonflikt

Die Rollenproblematik des Lehrerberufs wird etwa in der Diffusität der Rollennormen festgemacht, die aus dem ‹Wertpluralismus der modernen Industriegesellschaft› oder dem raschen gesellschaftlichen Wandel selbst folgen soll. Daneben erscheinen die divergierenden Erwartungen der Bezugsgruppen oder die intermediäre Stellung des Lehrers im Prozeß der Erziehung als Ursachen jener verunsicherten und resignierten Haltung der Lehrer, die angesichts der proklamierten gesellschaftlichen Bedeutung von Schule und Lehrer für die Zuteilung von Lebenschancen in dieser Gesellschaft so widersinnig anmuten.[1]

9.1.1 Traditionelle vs. interaktionistische Rollentheorie

Während im Kontext der traditionellen Rollentheorie Verunsicherung und resignative Anpassung der Lehrer auf die Diffusität und Ambivalenz der Rollennormen zurückgeführt werden, erscheint in einer am symbolischen Interaktionismus orientierten Darstellung gerade darin die Chance für souveränes Rollenhandeln und zur Durchsetzung mündiger Erziehung in der Schule zu liegen:

«... der besondere Spannungsreichtum der Lehrerrolle (ist) im Lichte der revidierten Rollentheorie nicht nur als besondere Belastung, sondern auch als besondere Chance zu verstehen; diese Feststellung verbietet es, künftig weiter-

1 Vgl. etwa die Arbeiten von Lange-Garritsen 1972, Wilson 1971 und Kob 1959.

hin das Scheitern in oder die Flucht aus dieser Rolle als nahezu unausweichlich darzustellen, ihre souveräne Bewältigung also indirekt zu heroisieren und damit allenfalls von ‹geborenen Erziehern› zu erwarten» (KRAMP 1972, S. 149).

Gleichgültig ob die Analyse der Situation des Lehrers im Kontext der traditionellen oder der interaktionistischen Rollentheorie erfolgt, sie bleibt bei der Konstatierung von Rollenkonflikten stehen, ohne den gesellschaftlichen Gesamtzusammenhang, in dem die Rolle gespielt wird, systematisch in die Analyse einzubeziehen. Unterschiedlich ist allein die Bewertung der Konsequenzen, die sich aus der Diffusität und Ambivalenz der Rollennormen für die Rollenspieler ergeben, indem einmal die Diffusität der Normen für erfolgreiches Rollenhandeln inadäquat erscheint, zum anderen gerade darin Chancen zum souveränen Rollenspiel vermutet werden.

9.1.2 Der heuristische Wert des Rollenbegriffs für die Analyse der Situation des Lehrers

Angesichts der die Rollentheorie kennzeichnenden «Umkehrung von Basis und Überbau» (HAUG) erscheint es müßig, die traditionelle Rollentheorie gegen die des symbolischen Interaktionismus auszuspielen.[2] Vielmehr ist die Frage nach dem heuristischen Wert des Rollenbegriffs für die Analyse der Situation des Lehrers unter den Bedingungen der spätkapitalistischen Gesellschaft vordringlich. Die Verwendung des Rollenbegriffs erscheint in diesem Zusammenhang denkbar, wenn er zur Kennzeichnung eines spezifischen Zustands, der entfremdeten Existenz des Menschen unter den Bedingungen der kapitalistischen Gesellschaft, verwendet wird. Damit ist zugleich ein im Vergleich zur traditionellen und interaktionistischen Rollentheorie veränderter Ansatz der Analyse angedeutet, um die Probleme, die die Situation des Lehrers gegenwärtig kennzeichnen, in den Griff zu bekommen. Auszugehen wäre nicht von einer Deskription der Normen der Lehrerrolle oder einer Beschreibung der sozialen Interaktionsprozesse, aus denen defekte Strukturen der Rolle dann unmittelbar abgeleitet werden, vielmehr muß nach den Spiegelungen des grundlegenden Widerspruchs der kapitalistischen Gesellschaft im Bereich von Schule gefragt und die konkrete Ausprägung dieses Widerspruchs auf der Ebene der Normen der Lehrerrolle untersucht werden, um von daher überhaupt erst einmal den ideologischen Gehalt der Verhaltenserwartungen bestimmen zu können.

Die Frage nach dem Ideologiecharakter der Rollennormen und damit der ideologischen Struktur der Institutionen, in denen die Rollen gespielt werden, kann mit Hilfe der traditionellen Rollentheorie ebensowenig wie mit Hilfe der Pathologie des Rollenverhaltens, die Dreitzel

2 Zur ausführlichen Kritik der Rollentheorie vgl. HAUG 1972.

zu entwickeln versucht, geklärt werden. Dreitzel selbst weist auf diesen Mangel hin, den er durch die Forderung nach ergänzender Ideologiekritik einzuholen versucht:

«... *die ideologische Struktur der Institutionen* bleibt ihrem theoretischen Ansatz [dem der Pathologie des Rollenverhaltens; D. H.] verborgen ... Hier muß die Untersuchung der Störungen des Rollenverhaltens durch den anderen notwendigen Teil jeder Sozialpathologie ergänzt werden – durch Ideologiekritik ... Ideologiekritik ist also die Rückführung der normativen (der institutionellen) Verfassung einer Gesellschaft auf deren Produktionsbedingungen und Herrschaftsverhältnisse. Da sich die gesellschaftlichen Normen weitgehend in den sozialen Rollen artikulieren, gehört es auch zu den Aufgaben der Ideologiekritik, den ideologischen Gehalt von Rollenerwartungen und Rollenmodellen zu untersuchen» (Dreitzel 1968, S. 396 f).

Ideologiekritik kann jedoch nicht als Ergänzung einer Pathologie des Rollenverhaltens, sondern muß als ihre Voraussetzung gedacht werden, wenn jener formale Charakter, der Dreitzels Modell kennzeichnet, überwunden werden soll.[3] Es genügt zum Beispiel nicht, die Unschärfe des normativen Profils der Lehrerrolle zu konstatieren und daraus Schlußfolgerungen auf mögliche Verhaltensstörungen der Rollenspieler zu ziehen, vielmehr muß nach den gesellschaftlichen Ursachen des konstatierten Sachverhalts gefragt werden. Dreitzel führt in diesem Zusammenhang das Fragwürdigwerden kultureller Überlieferungen an, das durch den raschen gesellschaftlichen Wandel bedingt sei, betont jedoch zugleich, daß eine ständige Neuanpassung des normativen Profils sozialer Rollen an veränderte gesellschaftliche Konstellationen stattfinde. Unklar bleibt, warum bei der Lehrerrolle eine solche Präzisierung des normativen Profils offenbar nicht gelingt.

Die politisch affirmative Funktion einer im Kontext der Rollentheorie bleibenden Erklärung von Lehrerverhalten ist darin zu sehen, daß die diffuse Struktur der Lehrerrolle entweder als naturwüchsiges Produkt des Normenpluralismus moderner Gesellschaft schlechthin erscheint, also abgehoben von den konkreten Produktions- und Herrschaftsverhältnissen betrachtet wird, oder zu einem Problem individueller Rollenspieler gerät, die ihre ‹besondere Chance› wahrnehmen oder auch verfehlen können. Eine Untersuchung der Lehrerrolle, die nicht bei der Feststellung ihres diffusen normativen Profils und der sich daraus ergebenden Verhaltenskonsequenzen stehenbleiben will, muß nicht nur den *gesellschaftlichen Gesamtzusammenhang*, in dem die Rolle gespielt wird, zum Ausgangspunkt der Betrachtung machen, sondern zugleich den *institutionellen Kontext* berücksichtigen, in dem diese Rolle gespielt wird. Zu fragen ist einmal nach den Spiegelungen der Widersprüchlichkeit kapitalistischer Gesellschaft auf der Ebene von Rollennormen, zum anderen auf der Ebene der Ziele der Organisation Schule,

3 Eine entsprechende Forderung formuliert Dreitzel in einem späteren Aufsatz. Vgl. Dreitzel 1972, S. 112.

um von daher Rückschlüsse auf den Verhaltensspielraum von Lehrern ziehen zu können.

Der diffuse und ambivalente Charakter der Lehrerrolle erscheint in diesem Zusammenhang nicht als Ausdruck des ‹Wertpluralismus der modernen Industriegesellschaft› oder der divergierenden Erwartungen der Bezugsgruppen, sondern als Ausdruck des Widerspruchs, der zwischen den gesellschaftlichen Ansprüchen klafft, die in der spätkapitalistischen Gesellschaft an die Sozialisationsfunktion von Schule und Lehrer gestellt werden, und der Sozialisationsfunktion, die Schule und Lehrer in der spätkapitalistischen Gesellschaft konkret erfüllen. Diese der Schule und dem Lehrer gesellschaftlich zugeschriebene Sozialisationsfunktion kann gegenwärtig mit dem Anspruch auf Verwirklichung von Chancengleichheit wohl am treffendsten gefaßt werden, wie durch die Analyse der bildungspolitischen Vorstellungen der Parteien deutlich zu machen sein wird.

Der Widerspruch, der die Rolle des Lehrers in der spätkapitalistischen Gesellschaft kennzeichnet und der in dem diffusen und ambivalenten Charakter seiner Rolle Ausdruck findet, verschärft sich, wie im folgenden eingehender belegt werden soll, in der Rolle des Gesamtschullehrers. Einmal sind die gesellschaftlichen Erwartungen, die an die Gesamtschule und an den Gesamtschullehrer gestellt werden, unmittelbarer mit jener Forderung nach Verwirklichung von Chancengleichheit verknüpft, als dies in der traditionellen Schule der Fall ist, zum anderen haben Gesamtschullehrer diese Forderung stärker verinnerlicht als Lehrer an traditionellen Schulen. Darüber hinaus beansprucht die Gesamtschule im Bereich der Unterrichtsorganisation und der Arbeitssituation des Lehrers überhaupt erst adäquate Mittel bereitzustellen, um die sozialpolitischen und pädagogischen Zielvorstellungen durchzusetzen, denen sie unter anderem ihre Entstehung verdankt.

Inzwischen ist deutlich geworden, daß auch die Gesamtschule jene soziale Gleichheit nicht zu verwirklichen vermag, sondern gegenwärtig bestenfalls günstigere Bedingungen zum individuellen sozialen Aufstieg bietet. Ehe nach den Konsequenzen gefragt wird, die sich aus dieser Zuspitzung des widersprüchlichen Charakters der Lehrerrolle für Verhalten und Bewußtsein von Gesamtschullehrern ergeben könnten, muß der bisher nur umrißhaft gekennzeichnete Zusammenhang der Widersprüchlichkeit der Lehrerrolle und der Zuspitzung dieses Widerspruchs in der Rolle des Gesamtschullehrers eingehender dargestellt werden.

9.2 Die Ideologie der Chancengleichheit

Die mit dem Begriff der Chancengleichheit angesprochene Gleichheit, die demokratische Gesellschaften herzustellen sich verpflichtet fühlen, läßt zumindest zwei Deutungen zu, die zugleich unterschiedliche Interessenlagen der Arbeiterklasse und der herrschenden Klasse spiegeln (vgl. BÜHLOW u. a. 1972, S. 223). Dem Interesse der Arbeiterklasse an Gleichheit, einschließlich der Gleichheit der Bildung, das heißt, der Möglichkeit zur allseitigen Entwicklung und allseitigen Betätigung der Fähigkeiten aller, steht das Interesse der herrschenden Klasse gegenüber, Gleichheit als Gleichheit der Chance zu fassen, im Leistungswettbewerb um privilegierte gesellschaftliche Positionen miteinander konkurrieren zu können.[4]

«Auch wenn im Ziel der Chancengleichheit schon das falsche Argument angelegt ist, durch individuellen Aufstieg seine soziale Lage grundlegend zu verändern, und man deshalb nicht von einem objektiven Interesse der Arbeiterschaft an diesem Ziel sprechen kann, enthält es in der Betonung der Gleichheit von Bildungsprozessen ein gegen bürgerlich-kapitalistische Interessen gerichtetes Moment» (BÜHLOW u. a. 1971, S. 82).

In der Diskussion vermischen sich die beiden Deutungen von Gleichheit derart, daß die erste herhalten muß für die ideologische Verbrämung der gemeinten zweiten. Die im Interesse der Herrschenden liegende effiziente Ausnutzung vorhandener Ressourcen und die Reproduktion ungleicher Qualifikationen im Ausbildungsbereich muß, wenn der Klassencharakter der Bildungssysteme zu offensichtlich zu werden droht, ideologisch bemäntelt werden, um den sozialen Frieden zu sichern.

9.2.1 Der Begriff der Chancengleichheit

In den spezifischen Ausprägungen, die der Begriff der Chancengleichheit in der Diskussion erfahren hat, lassen sich zumindest drei Begriffsfassungen unterscheiden, die hier verkürzt als ‹Abbau von Bildungsbarrieren›, ‹Kompensation von Sozialisationsdefiziten› und ‹Kollektive Emanzipation›[5] bezeichnet werden, wobei jene ersten beiden Begriffsprägungen wiederum eng zusammenhängen.[6] Verwirklichung von Gleichheit, sei es als ‹Abbau von Bildungsbarrieren› oder als ‹Kompensation von Sozialisationsdefiziten›, wird als spezifisches Problem schulischer Selektion bzw. Sozialisation begriffen, ohne daß die sich im Ausbil-

4 Zur ausführlichen Darstellung dieses Zusammenhangs vgl. HÄNSEL/ORTMANN 1971.

5 Der Chancengleichheitsbegriff kann im Zusammenhang kollektiver Emanzipationsprozesse nur mit Einschränkungen verwendet werden, wie später zu erläutern sein wird.

6 Die unterschiedlichen Begriffsausprägungen stellen zugleich Stadien der bildungspolitischen Diskussion dar und werden hier entsprechend ihrer Ausprägung in einem bestimmten zeitlichen Diskussionszusammenhang gefaßt. Während Anfang und Mitte der sechziger Jahre Verwirklichung von Chancengleichheit vor allem im Sinne des ‹Abbaus von Bildungsbarrieren› verstanden wurde, tauchte gegen Ende der sechziger Jahre, nachdem die amerikanische Sozialisationsforschung in der BRD rezipiert worden war, jene zweite Fassung des Begriffs als ‹Kompensation von Sozialisationsdefiziten› auf.

dungsbereich spiegelnde gesellschaftliche Ungleichheit systematisch diskutiert würde. Verwirklichung von Gleichheit bedeutet zum einen, in der Fassung als ‹Abbau von Bildungsbarrieren›, Aufhebung formaler Wettbewerbsschranken im Ausbildungsprozeß, zum anderen, in der Fassung als ‹Kompensation von Sozialisationsdefiziten›, auch die Herstellung gleicher Ausgangslagen im Leistungswettbewerb der Schule. Die mit dem Chancengleichheitsbegriff angesprochene allseitige Entwicklung aller meint in der ersten Begriffsfassung ‹objektive› schulische Bewertung vorhandener Begabungen, die als schichtunspezifisch variierend gedacht werden, während in der zweiten Fassung (vor)schulische Entwicklung von Begabungen gemeint ist, die in ihrer Ausprägung durch das jeweilige subkulturelle Milieu bestimmt verstanden werden. Entwicklung von Begabungen heißt dann konkret: Ausgleich bestehender ‹Sozialisationsdefizite› von Arbeiterkindern durch deren Anpassung an die Leistungsnormen der Mittelschicht.

Verwirklichung von Chancengleichheit in den beiden genannten Begriffsausprägungen meint also nichts anderes als die im Interesse der herrschenden Klasse liegende Herstellung der gleichen Chance von Ungleichen, im Wettbewerb um privilegierte soziale Positionen miteinander konkurrieren zu können, mit dem Ziel, mehr für sich selbst herauszuschlagen und den anderen auszustechen. Jener Abbau formaler Bildungsbarrieren und die Kompensation von Sozialisationsdefiziten ermöglichen eine effizientere Ausnutzung vorhandener Ressourcen und befördern zugleich die Identifikation der Unterprivilegierten mit dem herrschenden System, indem die bestehende soziale Ungleichheit geschickter kaschiert wird und den Betroffenen als ‹gerecht› erscheinen muß. Die Forderung nach Verwirklichung von Chancengleichheit im und durch das Bildungssystem erweist sich somit als Ideologie, die der Stabilisierung und Perpetuierung jener gesellschaftlichen Verhältnisse dient, die diese Ungleichheit, die auch, aber nicht allein, Ungleichheit von Bildung ist, erst hervorbringen.

Erst in der Bestimmung als «kollektive Emanzipation der Arbeiterklasse»[7], die die Bedingungen für die Emanzipation aller Mitglieder der Gesellschaft schafft, ist die Ideologiehaftigkeit des Anspruchs auf Verwirklichung von (Chancen-)Gleichheit aufgehoben, weil diese Bestimmung die Abschaffung der kapitalistischen Produktions- und Herrschaftsverhältnisse impliziert, die die bestehende Ungleichheit hervorbringen. Der im Begriff der Gleichheit enthaltene Anspruch auf allseitige Entwicklung aller fällt, indem die gesellschaftlichen Bedingungen seiner Verwirklichung angegeben werden, mit der (zu schaffenden) Wirklichkeit zusammen. Zweifellos ist der Begriff der Chancengleichheit durch seinen Entstehungszusammenhang und seine Verwendung in der bildungspolitischen Diskussion so eindeutig auf die Bedeutung von

7 Vgl. dazu MÜNCHNER KOLLEKTIV 1971 und ORTMANN 1971.

‹Chance zur Leistungskonkurrenz› festgelegt, daß er zur Kennzeichnung kollektiver Emanzipationsprozesse nicht verwendet werden kann. Dem widerspricht jedoch nicht, daß im Begriff selbst jene emanzipatorischen Momente zumindest angelegt sind, die eine weite Interpretation im Sinne kollektiver Emanzipation der Arbeiterklasse nicht notwendig ausschließen, wenn Gleichheit nicht allein als Gleichheit von Bildungsprozessen und Chancengleichheit als Gelegenheit zur Entwicklung und Betätigung aller Fähigkeiten jedes Menschen verstanden wird.

9.2.2 Die Ambivalenz des Anspruchs auf Verwirklichung von Chancengleichheit durch die Schule

Betrachtet man die bildungspolitischen Zielvorstellungen der Parteien, so wird übereinstimmend, wenn auch mit unterschiedlichen Akzentuierungen, die Verwirklichung von Chancengleichheit als oberstes Ziel der Bildungspolitik genannt. Im Wahlprogramm der SPD von 1972 heißt es zum Beispiel:

«Bildung und Ausbildung stellen die Weichen für die Entfaltung des einzelnen, für seine menschliche und berufliche Entwicklung. Eine demokratische Gesellschaft verlangt nicht nur den chancengleichen Zugang aller Bürger zu allen Bildungseinrichtungen, sondern auch Bildungsinhalte, die jeden Bürger befähigen, in der Politik, am Arbeitsplatz und in anderen gesellschaftlichen Bereichen verantwortlich mitzubestimmen» (Wahlprogramm der SPD, S. 41).

Als Ziele liberaler Bildungspolitik gelten Selbstbestimmung des einzelnen, demokratisches Handeln und Leistungsentfaltung. Demokratisches Handeln setzt «dauerndes Bemühen um Chancengleichheit» voraus, denn die «Herstellung gleicher Bildungschancen ist Grundlage einer sozialen Demokratie» (Stuttgarter Leitlinien der FDP, S. 8). Ähnlich wird im Berliner Programm der CDU die Bedeutung von Bildung betont und als bildungspolitische Forderung formuliert, das Bildungswesen müsse «jedem die gleiche Chance geben, seine Anlagen, Neigungen und Fähigkeiten zu entwickeln und zu nutzen» (Berliner Programm der CDU, S. 88).

Chancengleichheit ist, wie im Bildungsbericht der Bundesregierung betont wird, zwar trotz vieler Bemühungen noch nicht verwirklicht, doch *«im Prinzip von allen anerkannt»* (Bildungsbericht 1970, S. 11; Hervorhebung D. H.).

Verwirklichung von Chancengleichheit im Bildungssystem wird als Erfüllung des Verfassungsgrundsatzes auf freie Entfaltung der Persönlichkeit verstanden.[8] Dieser Anspruch erweist sich jedoch bei näherem Hinsehen als Schein, der die gemeinte Bedeutung der gleichen Chance

8 Vgl. dazu die Stuttgarter Leitlinien der FDP, S. 7, und den Bildungsbericht der Bundesregierung, S. VII.

von Ungleichen im schulischen Leistungswettbewerb nur schlecht verhüllt. Ganz deutlich wird dieses Begriffsverständnis von Chancengleichheit, wenn unversehens die Begriffe des ‹Chancenausgleichs› oder gar der ‹Chancengerechtigkeit› auftauchen, wenn also ‹Gleichheit› durch ‹Ausgleich› bzw. (formale) ‹Gerechtigkeit› ersetzt wird.[9] Mit diesen begrifflichen Modifizierungen ist zugleich bezeichnet, was Verwirklichung von Chancengleichheit im Bildungsbereich konkret bedeutet, nämlich einmal Ausgleich unterschiedlicher ‹Startbedingungen› der Kinder, zum anderen Abbau formaler Barrieren, die die ‹gerechte›, das heißt allein an Leistung orientierte Auswahl der Kinder für weiterführende Bildungsprozesse behindern.

Das hinter der bildungspolitischen Forderung nach Chancengleichheit stehende Interesse an Sicherung von Massenloyalität, das sich in der Reduktion des Problems der Verwirklichung von Gleichheit zu einem Problem formaler Schranken im Bildungsbereich bzw. zu dem des kompensatorischen Ausgleichs spezifischer ‹Sozialisationsdefizite› beweist, zeigt sich auch in der widersprüchlichen Verbindung von Chancengleichheit und Differenzierung. Als gesellschaftspolitisches Ziel aller Bildungsreform wird im von SPD und FDP verantworteten Bildungsbericht die «Verwirklichung des Rechts auf Bildung» genannt:

«– Nicht privilegierende Auslese, sondern Chancengleichheit durch individuelle Begabungsförderung ist ihr wichtigster Grundsatz,
– nicht Nivellierung, sondern Differenzierung der Bildungsziele und qualitative Verbesserungen sind ihr notwendiger Maßstab» (BILDUNGSBERICHT 1970, S. 1).

Der Widerspruch, der zwischen dem Ziel der Verwirklichung von Gleichheit und dem der optimalen (Leistungs-)Förderung des einzelnen klafft, findet hier seinen Ausdruck in der doppelten Zielsetzung von ‹Chancengleichheit› und ‹Differenzierung›, die als Gegensatz zur ‹Nivellierung› verstanden wird.

Verwirklichung von Chancengleichheit wird nicht nur auf den kompensatorischen Ausgleich von ‹Sozialisationsdefiziten› der Arbeiterkinder reduziert, vielmehr findet dieser ‹Chancenausgleich› auch da seine Grenze, wo die Interessen der ‹Begabten›, der Kinder der herrschenden Klasse, tangiert werden. Zwar ist die Herstellung gleicher Bildungschancen ‹Grundlage einer sozialen Demokratie›, der

«Chancenausgleich darf jedoch nicht durch Behinderung der Entwicklung anderer Lernender erreicht werden. Das Recht auf freie Entfaltung der Persönlichkeit darf durch keine erzwungene Nivellierung verletzt werden» (STUTTGARTER LEITLINIEN 1972, S. 9).

9 Dazu heißt es in den STUTTGARTER LEITLINIEN: «Chancenausgleich soll durch soziale Koedukation in allen Bereichen und durch spezielle Förderung der Kinder aus unterprivilegierten Schichten erreicht werden» (S. 17). In seiner Rede zum 20. Parteitag der CDU fordert Barzel «Verbesserung der Chancengerechtigkeit im Bildungswesen», das Regierungsprogramm verspricht «gerechte Chancen für jedermann» (S. 26 und 39).

Damit wird die eigentliche Funktion der angesprochenen Differenzierung in der Schule transparent, nämlich ‹Nivellierung› zu vermeiden und bestehende Ungleichheit unter dem Deckmantel individueller Förderung zu perpetuieren.

Die bildungspolitische Forderung nach Verwirklichung von Chancengleichheit erweist sich als in sich widersprüchlich. Entweder steht die eine Bedeutung von Gleichheit der Chance, seine menschlichen Möglichkeiten zu verwirklichen, unvermittelt neben der Bedeutung von Gleichheit der Chance, im schulischen Leistungswettbewerb konkurrieren zu können, oder Chance zur Leistungskonkurrenz und Selbstverwirklichung werden gleichgesetzt. Diese widersprüchliche Forderung bestimmt nicht allein die bildungspolitischen Vorstellungen der Parteien, sondern findet auch in den pädagogischen und sozialpolitischen Zielsetzungen der Gesamtschule ihren Ausdruck.

9.2.3 Die politische Funktion des Chancengleichheitsanspruchs in der Gesamtschule

Jener Anspruch auf Verwirklichung von Chancengleichheit gilt für die traditionelle Schule wie für die Gesamtschule. Jedoch nimmt die Gesamtschule für sich in Anspruch, wie in den Empfehlungen der Bildungskommission zur Einrichtung von Schulversuchen mit Gesamtschulen formuliert wird,

«erzieherische Forderungen optimal zu verwirklichen, die für eine demokratische Industriegesellschaft unbestritten von allen Seiten erhoben werden, als da sind:
Chancengleichheit für alle;
Förderung des einzelnen gemäß Neigung und Fähigkeit;
Vermeidung verfrühter Schullaufbahnentscheidungen und deren ständige Korrigierbarkeit;
breites Fächerangebot entsprechend der Vielfalt der Begabungen und der Erfordernisse der Gesellschaft« (DEUTSCHER BILDUNGSRAT 1970, S. 9).

Ähnlich betont Schultz, der als Forderungen an die Schule einer «egalitär-demokratischen Industriegesellschaft» Egalisierung der Lernchancen, Individualisierung der Begabungsförderung und Erziehung zur Autonomie nennt, diese Postulate würden nicht allein für die Gesamtschule gelten, hier seien jedoch eher die Voraussetzungen für deren Realisierung gegeben (vgl. SCHULTZ 1969, S. 182).

In der doppelten Zielsetzung von Chancengleichheit und optimaler individueller Leistungsförderung, die für die Gesamtschulbegründungen typisch ist, zeigt sich die innere Widersprüchlichkeit der Gesamtschulziele. So nennt Mastmann als pädagogisches Ziel der Gesamtschule die «Förderung jedes einzelnen bis zum höchsten Maß seiner Leistungsfähigkeit», das unter anderem durch differenzierte Ausbildungsangebote erreicht werden soll, während als sozialpolitisches Ziel der Abbau der Ungleichheit von Bildungschancen gilt, das dem Bereich des ‹sozialen Lernens› zugeordnet wird (vgl. MASTMANN 1969, S. 134 f). Die Gesamtschule wird dabei als Ort der ‹sozialen Integration› verstanden, an dem Kinder unterschiedlicher sozialer Herkunft einander begegnen und so gegenseitiges Verstehen und Rücksichtnahme lernen.

Indem hier die Durchsetzung von Chancengleichheit in den außerunterrichtlichen Bereich abgeschoben oder den der sozialen Integration dienenden Fächern des Kernunterrichts zugeordnet wird, erhellt sich die politische Funktion der Forderung nach Verwirklichung von Chancengleichheit in der Gesamtschule. Sie dient dazu, die im Interesse der Herrschenden liegende Forderung nach optimaler Förderung des einzelnen im Sinne der effizienten und umfassenden Ausnutzung vorhandener Ressourcen ideologisch zu überhöhen, um so die Perpetuierung der bestehenden sozialen Ungleichheit durch das Schulsystem geschickter zu kaschieren, als dies in der traditionellen Schule möglich ist. Gelingt es, die Betroffenen davon zu überzeugen, die bestehende Ungleichheit als ‹gerecht› zu akzeptieren, so ist die Loyalität der Massen und damit die Erhaltung bestehender gesellschaftlicher Herrschaftsverhältnisse gesichert.

«Wollte man die Schule als Instrument der Massenloyalisierung, indem man der Ideologie von der Chancengleichheit einen höheren Verbindlichkeitsgrad verlieh, dann mußte man der Schule zumindest das Aussehen einer formal egalitären und demokratischen Einrichtungen geben. Dieser Funktion entsprach am besten und fortschrittlichsten die Gesamtschul- und Gesamthochschulprogrammatik. Und das vor allem war zunächst auch ihre tatsächliche Funktion» (BAETHGE 1972, S. 27).

9.3 Der widersprüchliche Charakter der Lehrerrolle

In den polit-ökonomischen Analysen des Ausbildungsbereichs[10] wird deutlich, daß Aufhebung sozialer Ungleichheit nicht oder nicht allein als Aufgabe der Schule begriffen werden kann, weil soziale Ungleichheit nicht, wie von liberalen Kritikern des bestehenden Schulsystems unterstellt, auf wie auch immer ungerechter Auslese durch die Schule beruht. Schule im Kapitalismus ist eben nicht «zentrale soziale Dirigierungsstelle für Lebenschancen» (Schelsky), sondern

«zentrale(r) soziale(r) Stabilisierungsstelle für die Privilegien der Ober- und der Mittelschicht, die die Klassengesellschaft reproduziert und durch die Trennung der Klasse der Lohnabhängigen in eine privilegierte Mittelschicht und eine unterprivilegierte Arbeiterschaft die Sozialstruktur und die Herrschaftsverhältnisse konserviert» (ROLFF/NYSSEN 1972, S. 196).

10 Vgl. zum Beispiel die Textsammlung von ALTVATER/HUISKEN 1971.

9.3.1 Der Widerspruch zwischen Anspruch und Wirklichkeit der Sozialisationsfunktion

Die Funktion des Lehrers im schulischen Sozialisationsprozeß kann, den Ausführungen Huiskens folgend, als Vermittlung von Qualifikationen und als Vermittlung ideologischer Identifikation mit dem jeweils herrschenden System beschrieben werden (vgl. HUISKEN 1971, S. 408 ff). Dabei ist die Vermittlung von Qualifikationen nur analytisch von der Vermittlung gesellschaftlich herrschender Normen zu trennen, die in der Erziehungspraxis vermittelt sind und in das zu entwickelnde Arbeitsvermögen eingehen. Die Qualifizierungsarbeit des Lehrers kann nun nicht einfach der Entwicklung der Produktivkräfte, der einen Funktion des Ausbildungsbereichs im Kapitalismus, die Ideologievermittlung der Aufrechterhaltung der kapitalistischen Produktionsverhältnisse, der zweiten Funktion des Ausbildungsbereichs, zugerechnet werden (vgl. Kapitel 1).

«Das je historisch konkret auszumachende Verhältnis von Produktivkräften und Produktionsverhältnissen macht sich in seiner Widersprüchlichkeit zeitweilig gerade dadurch geltend, daß die Qualifizierung der menschlichen Produktivkraft nach Maßgabe der sich unter bestimmten Produktionsverhältnissen entfaltenden gesellschaftlichen Produktivkräfte geschieht» (HUISKEN 1971, S. 411).

In der Phase des Monopolkapitalismus bedeutet das, daß mehr Kinder aller sozialer Schichten Qualifikationen erwerben müssen, die einstmals einer privilegierten Minderheit vorbehalten waren. Diese Ausdehnung der Qualifizierungsarbeit verändert indessen nicht den Widerspruch zwischen den Interessen der Auszubildenden und denen des Kapitals, sie ist nur Ausdruck einer Veränderung der Produktionsbedingungen, die sich im Ausbildungsbereich niederschlägt.

Erziehung, die unter kapitalistischen Produktionsverhältnissen stattfindet, steht unter dem Diktat des Profits, indem die Entwicklung der menschlichen Produktivkraft nur in der Weise vorangetrieben wird, wie sie zur Produktivkraft für das Kapital wird. Nicht die Bedürfnisse der Auszubildenden, sondern die Bedingungen des kapitalistischen Verwertungsprozesses bestimmen die Vermittlung von Qualifikationen im Ausbildungsbereich (vgl. HUISKEN 1972, S. 280). Der Zwang, ihre Arbeitskraft später verkaufen zu müssen, nötigt die Auszubildenden, sich den Bedingungen, die das Kapital im Ausbildungsbereich setzt, zu unterwerfen, denn ihre Arbeitskraft besitzt nur dann für das Kapital Gebrauchswert, wenn sie die für den kapitalistischen Verwertungsprozeß notwendigen Qualifikationen erworben haben (vgl. HUISKEN 1972, S. 281 f). Aus der Notwendigkeit *begrenzter Qualifizierung* im Ausbildungsbereich der kapitalistischen Gesellschaft folgt, daß die (vorgetäuschten) Ansprüche auf allseitige Entwicklung der Auszubildenden, die an Schule und Lehrer gestellt werden und die in der Gesamtschule ihre stringenteste Ausprägung finden, nicht erfüllt werden können.

Die Unerfüllbarkeit des an Schule bzw. Lehrer gestellten Anspruchs, der allseitigen Entwicklung der Auszubildenden zu dienen, kann jedoch auch auf einer anderen Ebene gezeigt werden, wenn deutlich gemacht wird, daß im schulischen Sozialisationsprozeß jene ‹Tugenden› vermittelt werden, die zur *ideologischen Identifikation* des Nachwuchses mit dem System führen und damit zur Aufrechterhaltung der kapitalistischen Produktionsverhältnisse beitragen. Dies ist hier nicht im einzelnen nachzuweisen[11], vielmehr soll durch einen Vergleich von Schule und «totalen Institutionen» (GOFFMAN), der über die Gemeinsamkeiten formaler Merkmale hinaus auf die tendenzielle Ähnlichkeit der in diesen Institutionen ablaufenden Sozialisationsprozesse verweist, verdeutlicht werden, daß der Prozeß der schulischen Sozialisation der Unterdrückung des Selbst und der Einübung systemkonformen Verhaltens dient.

Die formalen Gemeinsamkeiten von Schulen einerseits, Gefängnissen und Anstalten für geistig Kranke andererseits, die als Prototypen totaler Institutionen gelten können, erweisen sich als überraschend vielfältig. Gemeinsam ist diesen Institutionen zunächst die relativ differenzierte Einwirkung auf soziale Objekte mit dem Ziel der Veränderung von Einstellungen und Verhalten. Darüber hinaus ist der Status der Sozialisanden, die in Schulen, Gefängnissen und Anstalten für geistig Kranke sozialisiert werden, kollektiv oder annähernd kollektiv, das heißt, die Sozialisanden betreten die Sozialisationsinstitutionen als Gruppe oder einzeln in sehr kurzen Intervallen und durchlaufen sie gemeinsam. Ihre Sozialisation erfolgt ‹serienmäßig›, das heißt, sie nehmen im Sozialisationssystem Positionen ein, die vorher bereits von anderen Sozialisanden besetzt waren (vgl. WHEELER 1966). Die letzten beiden Merkmale, die zum Beispiel auch für professionelle Ausbildungsinstitutionen gelten, stellen besonders günstige Bedingungen dar, neueintretende Sozialisanden in das bestehende System zu integrieren, weil einerseits die Unterwerfung unter die Systembedingungen durch die emotionale Abstützung der Gruppe erleichtert wird, andererseits erfahrene Sozialisanden als Modell für das Lernen institutionsadäquaten Verhaltens dienen können.

Schulen, Gefängnisse und Anstalten für geistig Kranke sind ferner insofern durch ein doppeltes Zwangsmuster gekennzeichnet, als weder die Institution die Aufnahme der Klienten kontrollieren noch diese die Teilnahme verweigern können.[12] Schließlich können diese Institutionen physischen Zwang als (sekundäres) Mittel der Klientenkontrolle einsetzen, was zu intensiv negativen Orientierungen der Klientel gegenüber den Organisationsrepräsentanten führt.[13] Ein weiteres gemeinsames

11 Vgl. dazu die Ausführungen in Kapitel 5 und 6.
12 Dieser Zusammenhang ist von Carlsson herausgearbeitet worden.
13 Vgl. dazu Etzionis Typologie sozialer Organisationen.

Merkmal der drei Institutionen ist in dem niedrigen sozialen Status ihrer Klientel zu sehen. Entweder sind die Sozialisanden Kinder, die noch nicht mündig sind, oder Erwachsene, die teilweise oder ganz ihrer bürgerlichen Rechte beraubt wurden.[14]

Die formale Ähnlichkeit von Schule und totalen Institutionen, die in dieser Stringenz nicht für andere Ausbildungsinstitutionen gilt, weil hier entweder die Teilnahme freiwillig ist, die Aufnahme der Klientel kontrolliert oder physischer Zwang nicht angewendet wird, kann hypothetisch als Ausdruck des tendenziell totalitären, das heißt auf Konformitätssicherung ausgerichteten Charakter der schulischen Sozialisationsprozesse interpretiert werden. Bei einem inhaltlichen Vergleich der in diesen Institutionen ablaufenden Sozialisationsprozesse muß zwischen der schulischen Sozialisation von Arbeiter- und Mittelschichtkindern differenziert werden. Hier soll zunächst der schulische Sozialisationsprozeß des Arbeiterkindes mit dem Sozialisationsprozeß verglichen werden, dem Insassen in totalen Institutionen unterworfen sind.

Betrachtet man Goffmans Beschreibung des Sozialisationsprozesses in totalen Institutionen, den er treffend als «Demütigungsprozeß», als «Abtötung des Selbst» (*mortification of the self*) bezeichnet, so wird dessen tendenzielle Übereinstimmung mit dem der schulischen Sozialisation des Arbeiterkindes deutlich:

«Der Neuling kommt mit einem bestimmten Bild von sich selbst in die Anstalt, welches durch bestimmte stabile soziale Beziehungen seiner heimischen Umgebung ermöglicht wurde. Beim Eintritt wird er sofort der Hilfe beraubt, die diese Bedingungen ihm boten. In der exakten Sprache einer unserer ältesten totalen Institutionen durchläuft er eine Reihe von Erniedrigungen, Degradierungen, Demütigungen und Entwürdigungen seines Ichs» (GOFFMAN 1972, S. 25).

Im Hintergrund dieses soziologischen Demütigungsprozesses, dem die Insassen in totalen Institutionen unterworfen werden, steht ein charakteristisches Autoritätssystem, das, wie Goffman zeigt, drei Merkmale aufweist: 1. ist die ausgeübte Autorität staffelartig, das heißt, jedes Mitglied des Personals hat das Recht, jedes Mitglied der Insassengruppe zu disziplinieren; 2. richtet sich die Autorität korrektiver Sanktionen auf eine Vielzahl von Verhaltensbereichen wie Kleidung, Benehmen etc. und 3. werden negative Beurteilungen in einem Verhaltensbereich auch auf andere Bereiche bezogen. Daraus ergibt sich für die Insassen eine extreme Zwangssituation:

«Der Insasse kann sich dem Druck der ihn beurteilenden Beamten und den Maschen des Zwanges, in denen er gefangen ist, nicht ohne weiteres entziehen» (GOFFMAN 1972, S. 48).

14 Goffman spricht in diesem Zusammenhang vom «bürgerlichen Tod». Vgl. GOFFMAN 1972, S. 26.

Zumindest die letzten beiden Merkmale des Autoritätssystems totaler Institutionen sind mit dem Autoritätssystem vergleichbar, dem das Arbeiterkind im Prozeß seiner schulischen Sozialisation unterworfen ist. Untersuchungen zum Auslese- und Beurteilungsverhalten von Lehrern zeigen etwa, daß Kleidung (Sauberkeit, Ordentlichkeit), allgemeines Benehmen (Höflichkeit, Disziplin, Gehorsam), Arbeitshaltung (Fleiß, Gewissenhaftigkeit, Sorgfalt) und charakterliche Eigenschaften für das Urteil des Lehrers eine nicht geringe Rolle spielen (vgl. ROLFF/NYSSEN 1972, S. 121 ff). Zweifellos werden die genannten Kriterien für die Beurteilung besonders der Kinder relevant, die von der mittelschichtspezifischen Kultur der Schule abweichen, deren Verhalten also im Sinne der dominanten Kultur ‹Korrektur› herausfordert.

Die Abweichung der Arbeiterkinder von der mittelschichtorientierten Kultur der Schule setzt sie stärker als Mittelschichtkinder institutionellem Druck aus, sich den Bedingungen des schulischen Sozialisationsprozesses anzupassen und im Prozeß der primären Sozialisation gelernte Bedürfnisse und Interessen zu verleugnen. Darüber hinaus findet in der Schule physischer Zwang bei Arbeiterkindern eher Anwendung als bei Kindern aus der Mittelschicht.[15] Der Lehrer muß bei dieser Gruppe ein Eingreifen der Eltern weniger befürchten und glaubt sich eher in Übereinstimmung mit deren Erziehungspraktiken. Zudem schlägt sich die erhöhte Frustration ihrer Bedürfnisse, die Arbeiterkinder in Schulen erfahren, in verstärkten Disziplinschwierigkeiten nieder, die wiederum auf seiten des Lehrers Anwendung von Zwang forcieren. Damit verstärkt sich die ablehnende Haltung der Arbeiterkinder, fordert erneut die Anwendung von Zwang heraus und macht normative Sanktionen schließlich wirkungslos.

Im Erleben von Arbeiterkindern manifestiert sich der Zwangscharakter des schulischen Sozialisationsprozesses, wie das von Schneider berichtete Rollenspiel zeigt, in dem Hauptschüler ihre schulische Situation simulierten:

«In der Szene ‹Schule› spielt ... der Unterrichtsstoff eine ganz geringe Rolle. Der Schauspieler-Lehrer reduziert den Unterricht auf die Unterdrückungsmaßnahmen, die den Lernprozeß in der Schule üblicherweise begleiten. Er läßt die Schüler in einem fort aufstehen, sich hinsetzen, stellt sie in die Ecke, zieht sie an den Ohren, macht Eintragungen ins Klassenbuch, holt den Direktor» (SCHNEIDER 1971, S. 80).

‹Undiszipliniertes› Verhalten der Schüler einerseits, auf offenen Zwang gerichtetes Lehrerverhalten andererseits sind nicht Ursachen, sondern Konsequenzen jenes Zwangscharakters, der für die schulische Situation des Arbeiterkindes typisch ist.

Wenn Wheeler die Schule den ‹entwicklungsmäßigen Systemen›, Gefängnisse und Anstalten für geistig Kranke dagegen den ‹Resozialisa-

15 Vgl. H. S. BECKER 1971.

tionssystemen› zuordnet, stellt dies, unter dem Aspekt der schulischen Sozialisation des Arbeiterkindes betrachtet, nur die halbe Wahrheit dar. Zweifellos wird mit entwicklungsmäßiger Sozialisation der formale Zweck der Schule richtig beschrieben. Zweifellos stellt die schulische Sozialisation des Mittelschichtkindes auch insofern ‹Entwicklung› dar, als in der Schule die Sozialisationsbemühungen der Mittelschichtfamilie nahezu bruchlos fortgesetzt werden. Für Arbeiterkinder ist das aber, wie Untersuchungen zur schulischen Sozialisation belegen, nicht der Fall. Für diese stellt die Schule eher ein Resozialisationssystem als ein entwicklungsmäßiges System dar. Zugespitzt formuliert: die Schule kann für das Arbeiterkind die Qualität eines Gefängnisses oder einer Irrenanstalt gewinnen.

Während die inhaltlichen Übereinstimmungen der in Schulen und totalen Institutionen ablaufenden Sozialisationsprozesse für Arbeiterkinder unmittelbar einleuchten, gilt das für die schulische Sozialisation der Mittelschichtkinder nur vermittelt, weil Systemkonformität bei dieser Gruppe mit anderen Mitteln sichergestellt wird. Konformes Verhalten wird bei Mittelschichtkindern weniger durch äußeren Zwang als durch die bereits im Prozeß der primären Sozialisation geleistete Verinnerlichung institutioneller Zwänge gesichert, denn das Mittelschichtkind lernt früh die Bedeutsamkeit von Schulerfolg begreifen. Es ist daher verstärkt bereit, sich den institutionellen Forderungen zu unterwerfen, um das erfolgreiche Durchlaufen der Institution, die ein Monopol zur Regulierung des Zugangs zu privilegierten sozialen Positionen besitzt, sicherzustellen.

9.3.2 Die Zuspitzung des Widerspruchs in der Gesamtschule

Die inner-institutionellen Konflikte, die in der mittelschichtorientierten Schule durch den Zwang entstehen, eine unselegierte Klientel aufzunehmen und zu sozialisieren, werden im traditionellen Schulsystem insofern gemildert, als die Aufnahme in Realschulen und Gymnasien selektiv erfolgt und die Teilnahme als freiwillige deklariert werden kann. Arbeiterkinder, die die Anpassung an die Mittelschichtnormen im Prozeß der schulischen Sozialisation in der Grundschule nicht gelernt haben, bleiben von diesen Schulen ausgeschlossen oder müssen sie meist wieder verlassen. Damit ist in den weiterführenden Schulen eine gewisse kulturelle Homogenität der Klientel gegeben und ihre dauerhafte Bereitschaft zu systemkonformem Verhalten institutionell abgesichert. In der Gesamtschule ist eine solche Konfliktreduktion nicht möglich, sie kann nur partiell, zum Beispiel durch schichthomogene Gruppen schaffende Leistungsdifferenzierung erreicht werden, steht jedoch dann im Gegensatz zu den erklärten Zielen, bestehende soziale Ungleichheiten abbauen zu helfen.

Der Widerspruch, der zwischen den gesellschaftlichen Ansprüchen an die Schule und deren objektiver gesellschaftlicher Funktion klafft, kann in der traditionellen Schule institutions-immanent deshalb leichter aufgelöst werden als in der Gesamtschule, weil die gesellschaftlichen Ansprüche nicht so stringent in das Zielsystem der Schule umgesetzt sind und weil ein Rückzug auf andere, traditionelle Zieldefinitionen erleichtert ist. Darüber hinaus sind die institutionellen Bedingungen der traditionellen Schule auf ihre soziale Auslesefunktion zugeschnitten und tragen dazu bei, diese Auslesefunktion zu rechtfertigen. Da in der traditionellen Schule die institutionellen Bedingungen mit der objektiven Funktion der Schule, bestehende soziale Ungleichheiten zu perpetuieren, deutlicher in Einklang stehen, erleben Lehrer hier den Widerspruch zwischen zugeschriebener und realer Sozialisationsfunktion der Schule eher als subjektiven Konflikt. In der Gesamtschule dagegen, in der die institutionellen Bedingungen gerade jene Perpetuierung der Ungleichheit verhindern sollen, wird er eher als Strukturkonflikt erkennbar.

Bisher wurde deutlich zu machen versucht, daß die Schule – auch die Gesamtschule – die ideologischen gesellschaftlichen Ansprüche auf allseitige und umfassende Entwicklung aller und damit auf Verwirklichung von Gleichheit, die nicht allein als Gleichheit von Bildung begriffen werden kann, nicht zu verwirklichen vermag. Sie dient statt dessen der im Sinn der Profitmaximierung beschränkten Qualifizierung des gesellschaftlichen Nachwuchses und der Einübung systemkonformen Verhaltens. Zu fragen wäre nun, welche Konsequenzen sich aus der Nichterfüllbarkeit dieser Ansprüche für die Rolle des Lehrers und für die Institution Schule ergeben, denn die gesellschaftlichen Ansprüche konstituieren zugleich die erwünschten Ziele der Schule, speziell der Gesamtschule, und die Normen der Lehrerrolle, das heißt die Verhaltenserwartungen, die an die Lehrer als Vermittler dieser Ziele gestellt sind.

9.3.3 Die anomische Struktur der Lehrerrolle

Betrachtet man die dem Lehrer zugemuteten gesellschaftlichen Ansprüche der Verwirklichung von Chancengleichheit im Bildungsbereich vor dem Hintergrund der bestehenden gesellschaftlichen und institutionellen Bedingungen der Arbeit, so drängt sich das Bild des Sisyphos auf. Hier wie dort sind die Ziele des Handelns unerreichbar, ohne zugleich ihren Anspruch an den Handelnden einzubüßen.[16] Auch hier muß zwischen der traditionellen Schule und der Gesamtschule differenziert werden. Je stärker sich die Betroffenen mit diesen Ansprüchen identifizieren,

16 Sisyphos steht bei Bernfeld als Symbolon idealistischer Pädagogik. Die Anstrengung der Pädagogen, die «unentwegt den Felsblock der pädagogischen Mittel auf den Gipfel des Idealbergs wälz(t)en», erscheint als «sisyphische Überhebung, von boshaften Göttern mit Mühsal und Erfolglosigkeit bestraft» (BERNFELD 1967, S. 39).

je deutlicher diese Ansprüche in ihre konkrete Berufspraxis einfließen, desto mehr spitzt sich der Konflikt zu, der aus dem Widerspruch von Anspruch und Wirklichkeit der Sozialisationsfunktion entsteht. Gesamtschullehrer erleben diesen Konflikt deshalb in der Regel schärfer als ihre Kollegen an traditionellen Schulen.

Aus der Unerfüllbarkeit der Ansprüche, die die Normen der Lehrerrolle konstituieren, folgt die anomische Struktur dieser Rolle, das heißt die Auflösung ihres normativen Profils, die den Rollenspieler der notwendigen Handlungsorientierung beraubt. Das Anomiekonzept, das von Merton für die soziologische Diskussion fruchtbar gemacht wurde und mit dem er den Zusammenbruch der Normen, der aus der Diskrepanz von kultureller und sozialer Struktur folgt, beschreibt, ist von Dreitzel aufgegriffen und für die Beschreibung spezifischer Interaktionsstörungen verwendet worden. Anomie meint hier einen Zustand der Ungewißheit über die Normen einer Interaktionssituation, die den Interaktionspartnern als Rollenerwartungen vorgegeben sind. Anomie kann, so Dreitzel, auf zwei Ursachen beruhen, auf der Isolierung, die durch eine relative Deprivationslage entsteht oder auf der Auflösung normativer Profile sozialer Rollen. Der so entstehende ‹Orientierungsverlust› (Anomie) beim Rollenspiel führt zu spezifischen Reaktionen der Rollenspieler, die Dreitzel in Abwehrmechanismen, Störungen des Rollenverhaltens und Richtungen des Ausweichens untergliedert (vgl. Dreitzel 1968, S. 376).

Die pluralistische Normenvielfalt der modernen Gesellschaft, die zum Fragwürdigwerden der kulturellen Überlieferungen führt und so das Handeln in bestimmten Zusammenhängen seiner sinnhaften Orientierung beraubt, erscheint bei Dreitzel als wesentliche Ursache des anomischen Charakters bestimmter Rollen. Dreitzel weist in diesem Zusammenhang auch auf die Lehrerrolle hin, deren normatives Profil er kennzeichnet, um zu folgern:

«Wenn dieses normative Profil unscharf wird, wenn einzelne, bislang selbstverständliche normative Leitlinien des Verhaltens fragwürdig werden, dann kommt es zu einem relativen Orientierungsverlust, zur Anomie. Wie soll der Lehrer sich beispielsweise heute universalistisch an den Normen der zu vermittelnden kulturellen Überlieferung orientieren, wenn eben die Inhalte dieser Überlieferung zu einem Problem geworden sind, das in der Diskussion um die ‹Bildungskrise› zum Ausdruck kommt?» (Dreitzel 1968, S. 354).

Während die anomische Struktur der Lehrerrolle bei Dreitzel als naturwüchsiges Produkt des Normenpluralismus moderner Gesellschaft schlechthin erscheint bzw. eine noch aufzufüllende Leerstelle darstellt, meint Anomie im Zusammenhang dieses Textes eine Auflösung des normativen Profils der Lehrerrolle, in der sich der die kapitalistische Gesellschaft kennzeichnende Widerspruch zwischen Produktivkräften und Produktionsverhältnissen reproduziert. Die Lehrerrolle ist aus dieser Perspektive betrachtet nicht nur deshalb konfliktreich, weil ein geschlossenes System kultureller Überlieferung fehlt, weil der Lehrer den Erwartungen unterschiedlicher Bezugsgruppen ausgesetzt ist usw., sondern weil die ihm zugeschriebene Sozialisationsfunktion, die mit dem Postulat der Chancengleichheit gefaßt werden kann, im Widerspruch zu seiner unter den bestehenden gesellschaftlichen Bedingungen und mit den Mitteln der Institution Schule realisierbaren Funktion steht.

Das Gefühl gesellschaftlicher Mißachtung und Verunsicherung, das Lehrer so ausgeprägt zeigen, erscheint deshalb nicht unberechtigt, sondern einer spezifischen historischen Situation adäquat, in der Lehrer Sekundärfunktionen abstreifen und sich zunehmend auf Sozialisationsfunktionen konzentrieren müssen. In dieser Situation können sie dem Widerspruch im Sozialisationsbereich nicht mehr so reibungslos durch Rückzug auf außerhalb der schulischen Sozialisationsfunktion liegende Rollendefinition ausweichen, wie das zum Beispiel dem Dorfschullehrer möglich war, der sich als «globaler Kulturfunktionär der Gemeinde» (Kob) definieren konnte. Ebenso blieb das Selbstverständnis des Gymnasiallehrers als reiner ‹Fachwissenschaftler› nur so lange ungebrochen, wie das Gymnasium als Ausbildungsinstitution der Privilegierten gesellschaftlich legitimiert war. Eine immanente Interpretation des Zusammenhangs, die die Verunsicherung der Lehrer auf den grundsätzlich intermediären Charakter des Erzieherischen zurückführt[17], begreift diesen Zustand der Verunsicherung als notwendig unveränderlich und dient so der Rechtfertigung bestehender gesellschaftlicher und institutioneller Verhältnisse, denen der Lehrer unterworfen ist:

«Man könnte eigentlich da nur tröstlich [!; D. H.] sagen, du hast eben mit deinen Problemen zu leben, das wird immer so sein und wird sich wahrscheinlich auch nicht ändern» (Kob 1966, S. 288).

Nicht der grundsätzlich intermediäre Charakter des Erzieherischen, sondern der Widerspruch zwischen zugemutetem Anspruch und konkreter Sozialisationsfunktion des Lehrers führt zu jenem Gefühl der Verunsicherung und gesellschaftlichen Mißachtung, das insofern berechtigt ist, als die Gesellschaft den Lehrern Sozialisationsfunktionen zuschreibt, die von ihnen nicht durchgesetzt werden können, ihnen jedoch zugleich das Scheitern der zugemuteten Ansprüche anlastet. Indem die Lehrer zu Unrecht *als Personen* kritisiert und diffamiert werden, indem ihnen die Rolle des Sündenbocks zugeschoben wird, bleibt die kritische Frage nach gesamtgesellschaftlichen Friktionen abgeschnitten, die sich in ihrem Arbeitsbereich reproduzieren. Lehrer erscheinen aus dieser falschen Perspektive zum Beispiel als Verantwortliche für das «Scheitern von Schulreform» (Schefer) oder für die ‹Vermittlung von Klassencharakter›, wenn es heißt:

17 Vgl. Kob 1959, S. 96.

«Der Klassencharakter der gegenwärtigen Gesellschaft vermittelt sich deshalb [!; D. H.] über die Schule, weil die Lehrer soziale Leitbilder vertreten, die den Interessen einer privilegierten ökonomischen und politischen Machtelite dienen» (COMBE 1972, S. 167).

Der Widerspruch zwischen Anspruch und Wirklichkeit, zugeschriebener und realer Funktion im Sozialisationsbereich, den Lehrer in ihrer beruflichen Arbeit erleben und der unter anderem in ihrer vielzitierten Verunsicherung Ausdruck findet, spitzt sich gegenwärtig noch weiter zu. Einmal wird die Forderung nach Realisierung von Chancengleichheit durch die Schule in der Öffentlichkeit immer nachdrücklicher artikuliert, wie etwa die bildungspolitischen Zielvorstellungen der Parteien zeigen, und findet zunehmend Eingang in Lehrpläne und Richtlinien auch der traditionellen Schule.[18] Zum anderen wird den Lehrern durch die fortschreitende Akzentuierung der Sozialisationsfunktion, die sich zum Beispiel in geplanten Veränderungen der Lehrerausbildung oder von Schulorganisation und Curriculum abzeichnet, ein Ausweichen auf traditionelle Definitionen ihrer Berufsfunktionen erschwert. Schließlich akzeptieren vor allem junge Lehrer zunehmend diese Forderung, wie die Ergebnisse der Untersuchung Schefers zum Gesellschaftsbild des Gymnasiallehrers belegen.

Während ältere Gymnasiallehrer in dieser Befragung ungebrochen an die bestehende Gleichheit der Bildungschancen glaubten, ist den jungen Lehrern die liberale Ideologie, der Tüchtige mache in der Schule seinen Weg, höchst fragwürdig geworden. Von den älteren Gymnasiallehrern (55 bis 65 Jahre) stimmten beispielsweise 63,9 Prozent dem Statement zu, tüchtige und begabte Schüler aus allen Schichten hätten schon immer den Weg zum Gymnasium gefunden. 70,1 Prozent der jüngeren Gymnasiallehrer (bis 35 Jahre) wiesen dagegen dieses Statement zurück, allein 40,3 Prozent dieser Gruppe stimmten auf der siebenstufigen Skala für «völlige Ablehnung» (SCHEFER 1968, S. 90). Ebenso eindeutig lehnten jüngere Lehrer ‹Elitebildung› im Gegensatz zur ‹Massenbildung› als wünschbare Funktion der Schule ab, wie die Antworten auf das Statement ‹Die Gesellschaft gewinnt mehr, wenn sie ein einziges begabtes Kind entdeckt und ihm in seiner Entwicklung hilft, als wenn sie hundert schwache Kinder bis zur Grenze ihrer Erziehbarkeit fördert› zeigen. 66,4 Prozent der jüngeren Gymnasiallehrer wiesen dieses Statement zurück, dem 53,6 Prozent der älteren Gymnasiallehrer zustimmten. Auch hier ist der Anteil der jüngeren Lehrer, die mit völliger Ablehnung reagierten, mit 40,4 Prozent überraschend hoch (SCHEFER 1968, S. 93).

Diese extreme Umkehrung der Voten jüngerer und älterer Gymnasiallehrer, die so ausgeprägt bei anderen Statements dieser Untersuchung kaum zu finden ist, macht deutlich, daß zumindest die jüngere

18 Vgl. etwa die Hessischen Rahmenrichtlinien.

Generation der Gymnasiallehrer die Forderung nach Verwirklichung von Chancengleichheit im Bildungssystem akzeptiert und nicht glaubt, daß sie gegenwärtig schon realisiert sei. Für die Gruppe der Volksschullehrer dürfte diese Entwicklungstendenz eher verstärkt zutreffen, weil sie mit ihrem beruflichen Selbstverständnis leichter zu vereinbaren ist als mit dem der Gymnasiallehrer, die mit dem Fragwürdigwerden ihrer elitären Bildungsfunktion auch die ‹Nivellierung› ihrer sozialen Position befürchten müssen.

In der Gesamtschule treffen alle drei Bedingungen zusammen, die den Widerspruch zwischen Anspruch und Wirklichkeit verschärfen und zu jener Auflösung des normativen Profils der Lehrerrolle, die als anomisch bezeichnet wurde, führen: die Ausformulierung der Zielvorstellungen, das Erschweren des Rückzugs auf traditionelle Definitionen der Rolle und das Maß, in dem Lehrer selbst die an sie gestellten Ansprüche internalisiert haben. Mit der zweiten der drei genannten Bedingungen hängt eine weitere für die Gesamtschule spezifische zusammen, nämlich die im Hinblick auf die Ziele der Schule veränderten institutionellen Bedingungen der Arbeit. Damit sind zugleich die Möglichkeiten, die in der traditionellen Schule zur institutions-immanenten Auflösung des Widerspruchs gegeben sind, in der Gesamtschule vermindert, was wiederum zu unterschiedlichen Konsequenzen für das Verhalten der Lehrer führt.

Mit der Kennzeichnung der anomischen Struktur der Lehrerrolle, der Auflösung ihres normativen Profils, sind die Bedingungen für das Verhalten der Rollenspieler nur unvollständig erfaßt. Es wäre deshalb verkürzt, von der Diffusität der Rollennormen unmittelbar auf Spielräume für souveränes Rollenhandeln zu schließen. Vielmehr muß gefragt werden, welche Konsequenzen sich aus der Unerfüllbarkeit des Anspruchs auf Verwirklichung von Chancengleichheit nicht nur für die Normen der Lehrerrolle, sondern auch für die Ziele der Organisation Schule, in der diese Rolle gespielt wird, ergeben. Versteht man soziale Organisationen als Einheiten, die mit dem Zweck errichtet wurden, spezifische Ziele zu erreichen, so muß die Unerfüllbarkeit eben dieser Ziele zu nachhaltigen Konsequenzen für die Organisation und damit für die Rollenspieler, die die Organisation repräsentieren, führen. Erst aus dem Zusammenhang von Rolle und Organisation wird dann der konkrete Verhaltensspielraum der Rollenspieler verstehbar.

9.4 Lösungsmöglichkeiten des Widerspruchs

Die Unerfüllbarkeit der gesetzten Ziele von Organisationen bedingen einen in der organisationssoziologischen Literatur mit ‹Zielverschiebung› (*goal displacement*) bezeichneten Prozeß. Zielverschiebung meint die Verlagerung des Schwergewichts der Tätigkeiten in einer Organisation auf die mittelbaren Tätigkeiten. Sie tritt besonders dann auf, wenn die verschiedenen Teilaufgaben in einer Organisation nicht gleich gut definiert sind. Können die ursprünglichen Ziele der Organisation nicht erreicht werden, erhalten die institutionellen Mittel Zielcharakter, das heißt, die organisations-immanenten Bedingungen bestimmen nun die konkreten Ziele der Organsation (vgl. MAYNTZ 1967, S. 78).

9.4.1 Die typische Lösung in der traditionellen Schule: Zielverschiebung als Redefinition der Rollennormen

Genau dieser Prozeß der Zielverschiebung findet typischerweise in der traditionellen Schule statt, indem die den institutionellen Bedingungen der tendenziell totalen Institution Schule adäquaten Zielvorstellungen von Ordnung, Disziplin und Konformität an die Stelle jener vagen Ziele gesetzt werden, die im institutionellen Bereich keine Stütze finden und finden können. Indes greift eine Analyse der Ursachen dieses Prozesses zu kurz, wenn eine immanente Interpretation der Zusammenhänge versucht wird, wie sie für die dem systemtheoretischen Ansatz verpflichtete Organisationssoziologie typisch ist. Der Prozeß der Zielverschiebung erscheint aus dieser reduzierten Perspektive als Ergebnis der Handlungen der Organisationsmitglieder, die durch ihr starres Festklammern an Regeln die ursprünglichen Ziele ersetzen:

«Das Festhalten an den Regeln, die ursprünglich als Mittel gedacht waren, wird zum Selbstzweck; es entsteht der bekannte Prozeß der *Zielverschiebung*, durch den ein instrumenteller Wert zu einem Zielwert wird» (MERTON 1968, S. 253; Übers. d. Verf.).

Zweifellos kann das Verhalten der Organisationsmitglieder dazu beitragen, den Prozeß der Zielverschiebung zu stabilisieren, dessen eigentliche Ursachen müssen aber im gesellschaftlichen Kontext, das heißt für die Schule, in der Unerfüllbarkeit der ihr zugemuteten Sozialisationsansprüche gesucht werden.

Die für die traditionelle Schule charakteristische Verschiebung der Organisationsziele, das heißt ihre Ersetzung durch die institutionellen Mittel, manifestiert sich in den Einstellungsveränderungen, denen Lehrerstudenten und junge Lehrer im Prozeß ihrer beruflichen Sozialisation unterliegen, und in den spezifischen Orientierungen, die für die ‹Subkultur› der Lehrer charakteristisch sind. Wie die Ergebnisse einer Reihe deutsch- und englischsprachiger Untersuchungen zeigen, führt die Konfrontation mit der Schulpraxis bei Lehrerstudenten im Praktikum und bei jungen Lehrern in der Berufspraxis zu einer besonders im Bereich der Schülerkontrolle ausgeprägten Einstellungsveränderung im Sinne zunehmender Betonung eines distanzierten Lehrer-Schüler-Verhältnisses und der Favorisierung zwangsorientierter

Schülerkontrolle.[19]

In dieser Einstellungsveränderung reflektieren sich die objektiven gesellschaftlichen und institutionellen Bedingungen, denen Lehrerstudenten und Lehrer in der schulischen Arbeit unterworfen sind, das heißt, der Zwangscharakter des schulischen Sozialisationsprozesses setzt sich auch gegen den guten Willen der Betroffenen durch, die allzu oft an der Hochschule mit dem naiven Optimismus erfüllt wurden, der Lehrer könne durch entsprechendes Verhalten diesen Zwangscharakter im Alleingang aufbrechen. Im Prozeß ihrer beruflichen Sozialisation arbeiten junge Lehrer die Lücke auf, die zwischen den angesonnenen Zielen der Organisation Schule, die die Hochschule vermittelt, und den konkreten Zielen der Organisation klafft, wobei ihre erfahrenen Kollegen eine vermittelnde Rolle spielen. Webb beschreibt am Beispiel einer fiktiven Slum-Schule, der ‹Black School›, diesen beruflichen Sozialisationsprozeß des jungen Lehrers, der voll Energie und naiven Idealismus in die Schule kommt:

«Im geheimen verachtet er seine Kollegen. Er möchte niemals so ein Drill-Sergeant werden wie sie. Im Unterricht versucht er nachgiebig zu sein, er behandelt die Jungen als Gleichberechtigte. Aber das geht nicht, weil sie ihn hochnehmen. Er stellt einen Riß in der Panzerung des Systems dar, das die Jungen unterdrückt. Zunächst betrachtet er den Kampf um Kontrolle der Schüler als Spiel. Das tun die Jungen auch. Dann wird er müde. Seine Kollegen feixen. Der Schulleiter scheint ihm merklich kühler ‹Guten Morgen› zu sagen. Ein Spiel ist ein Spiel, denkt der junge Lehrer. Aber die Rabauken (‹bligthers›) scheinen seine Grenze nicht zu kennen. Und ihm bleibt am Ende des Schultages keine Energie, noch irgend etwas Vernünftiges zu tun. Nachdem er die erste Ferienwoche im Bett verbracht hat, beschließt er, das zu tun, was ihm ein freundlicher Kollege nahegelegt hat – den Rabauken zu zeigen, daß er der Herr im Hause ist! In einem Jahr etwa ist der junge Lehrer, falls er nicht für einen Fortgang qualifiziert ist, ein Drill-Sergeant wie seine Kollegen. So perpetuiert sich ‹Black School› selbst» (Webb 1962, S. 269; Übers. d. Verf.).

Die Verschiebung der Organisationsziele, die Betonung von Ordnung, Disziplin und Konformität, manifestiert sich auch in den spezifischen Orientierungen, die die ‹Subkultur› der Lehrer kennzeichnen. Als erfolgreicher Lehrer gilt unter Kollegen der, der sich im Unterricht ‹durchzusetzen› vermag.[20] Die Fähigkeit der Schülerkontrolle wird, wie Gordon in seiner Untersuchung einer amerikanischen High School feststellt, mit der Fähigkeit zu unterrichten gleichgesetzt. Ähnliches berichtet Partridge, der Lehrer und Schüler in einer englischen Secondary Modern School beobachtete:

19 In diesem Zusammenhang sind zum Beispiel die Untersuchungen von Koch (1972), Liebhart (1973), Hoy (1968), Rabinowitz und Rosenbaum (1960) zu nennen.

20 Diese Betonung von Durchsetzungsfähigkeit und Disziplin ist nicht einfach als Reflex autoritärer Persönlichkeitsstrukturen von Lehrern zu verstehen, sondern als Ergebnis der objektiven Bedingungen, denen sie in ihrer Arbeit unterworfen sind.

«Wie in vielen anderen Schulen auch, gilt als Maßstab des erfolgreichen Lehrers seine Fähigkeit, seine Klasse in furchtsamer Unterwerfung zu halten, weil er nur so die Schüler zu einigermaßen effektiver Arbeit bringen kann. Erfolg wird so eher eine Angelegenheit der allgemeinen Persönlichkeit und der Fähigkeit zu dominieren als irgendwelcher akademischer Gewandtheit» (PARTRIDGE 1968, S. 31; Übers. d. Verf.).

Dem Praktikanten einer Berliner Hauptschule gibt der Schulleiter zu verstehen, ein guter Lehrer sei einer, der sich in der Klasse durchsetzt (vgl. SCHNEIDER 1971, S. 63). Schneider arbeitet in diesem Bericht über ein Praktikum die ‹Funktionalität› autoritären Lehrerverhaltens unter den gegebenen gesellschaftlichen und institutionellen Bedingungen der Arbeit heraus:

«Mit einigem Widerwillen erkannte ich, daß von einem der reaktionärsten Lehrer für den praktischen Unterricht mehr zu lernen war als von seinen liberalen Kollegen. Die halbe Kritik an der hergebrachten Lehrerautorität verarbeiten diese lediglich zu einem schlechten Gewissen gegenüber den Kindern, das sie zwingt, alles mit Liebe zu versuchen. Mißtrauisch geworden gegen die Aufgabe, die Kinder in der Schule zu treuen Staatsbürgern zu machen, aber ebenso ängstlich, sie gegen Staat und Direktor zu erziehen, überlassen sie die Kinder so weit wie möglich sich selbst ... Für solche Widersprüche haben die Kinder ein genaues Gefühl. Die größere Nachgiebigkeit dieser Lehrer behandeln sie als Schwäche, die sie ausnützen müssen. Der Unterricht erschöpft sich in immer neuen Versuchen, die Machtfrage zu klären. Da diese Lehrer lediglich ihre Einstellung zum Unterricht ändern, ohne die materielle Basis der alten Unterrichtsdisziplin – hohe Klassenfrequenzen, Unterrichtsinhalte, Schulbücher, Klassenlage der Kinder, eigene Ausbildung – anzutasten, werden sie durch die Kinder immer mehr in die Enge getrieben und können sich schließlich nur noch durch den Appell an die Eltern und an den Direktor behaupten» (SCHNEIDER 1971, S. 77 f).

Der für die traditionelle Schule typische Prozeß der Zielverschiebung verdeutlicht noch einmal die strukturelle Ähnlichkeit von Schulen und totalen Institutionen, insofern als dieser Prozeß auch für die Gefängnisse und Anstalten für Geisteskranke typisch zu sein scheint, die vorgeben, sich an therapeutischen Zielen zu orientieren, konkret aber kustodiale Funktionen erfüllen. Goffman zeigt zum Beispiel, daß die idealen Ziele und Funktionen psychiatrischer Anstalten für gewöhnlich zur Rechtfertigung von Disziplinierungsmaßnahmen dienen, denen die Insassen der Anstalt unterworfen sind. Die Widersprüchlichkeit ihrer Funktion äußert sich für die professionellen Mitarbeiter der Anstalt in dem Gefühl, als ‹Sklaven› benutzt zu werden, um der Reglementierung und Disziplinierung der Insassen einen professionellen Anstrich zu verleihen. Wie die professionellen Mitarbeiter sind Angehörige des Aufsichtspersonals vor die widersprüchliche Aufgabe gestellt, von den Insassen Gehorsam erzwingen zu müssen, gleichzeitig aber den Eindruck zu erwecken, die idealen Ziele der Institution würden erfüllt (vgl. GOFFMAN 1972, S. 94).

Zu fragen ist jetzt, welche Konsequenzen sich für die Lehrerrolle aus dem bezeichneten Prozeß der Verschiebung der Organisationsziele ergeben. Die Ersetzung der vorgegebenen Organisationsziele zugunsten der mit den institutionellen Mitteln und unter den gesellschaftlichen Bedingungen erreichbaren Ziele führt in der traditionellen Schule zu einer institutions-immanenten Auflösung des Widerspruchs, der die Lehrerrolle kennzeichnet und in ihrer anomischen Struktur Ausdruck findet, indem die Normen der Lehrerrolle im Sinne der mittelorientierten Organisationsziele neu definiert werden. Wenn die Lehrerrolle also einerseits als total offen, andererseits als rigide definiert erscheint, so ist darin kein Widerspruch zu sehen, vielmehr handelt es sich um unterschiedliche Ebenen der Analyse, die nicht verwischt werden dürfen, wenn nach Konsequenzen für den Handlungsspielraum der Lehrer in der Schule gefragt wird. Eine Beschränkung der Analyse auf soziale Interaktionsprozesse, wie sie für Dreitzels Pathologie des Rollenverhaltens typisch ist, bekommt die mit dem Prozeß der Verschiebung von Organisationszielen angedeuteten Bedingungen für Rollenhandeln in Organisationen nicht in den Griff, ebenso wie ihr der ideologische Charakter der Rollennormen verborgen bleibt.

Die typischerweise innerhalb der traditionellen Schule stattfindende Neudefinition der Organisationsziele und damit der Normen der Lehrerrolle, insofern als Lehrer Agenten zur Durchsetzung der organisationsspezifischen Ziele darstellen, bedingt ein Anwachsen der institutionellen Kontrolle und damit die Chance der Repression der Rollenspieler, das heißt hier der Lehrer. Die Repression beruht dann nicht auf der Engmaschigkeit der Rollennormen per se, sondern auf der Möglichkeit der bewußtseinsmäßigen Paralysierung der Rollenspieler. Indem den Lehrern die Neudefinition der Rollennormen als ‹Sachzwang› erscheint, was aus einer organisations-immanenten Perspektive richtig ist, verinnerlichen sie die Zwänge der Organisation und tendieren zu jenem konformistischen oder ritualistischen Verhalten, das den mittelorientierten Organisationszielen Ordnung, Disziplin und Konformität adäquat ist. Von daher wird die aggressive Empfindlichkeit und die ängstliche Abschirmung der Lehrer gegenüber denen verständlich, die nicht in der Schule arbeiten, weil von ihnen stets die erneute Belebung des Widerspruchs zwischen Anspruch und Wirklichkeit ihrer Arbeit droht, der zwar im inner-institutionellen Bereich, nicht aber eigentlich aufgelöst werden kann.

Die relativ unverhüllte Ausrichtung der institutionellen Bedingungen auf die objektive gesellschaftliche Funktion des schulischen Sozialisationsprozesses und die Demonstration eines situationsadäquaten Verhaltensmodells durch die Kollegen legen dem idealistischen jungen Lehrer in der traditionellen Schule die Schlußfolgerung nahe, den erlebten Widerspruch zwischen Anspruch und Wirklichkeit seiner Sozialisationsfunktion als subjektiven Konflikt zu deuten und die eigenen Ansprüche als nicht situationsadäquat zu verwerfen. Forciert durch den Leistungsdruck, der in der zweiten Phase der Ausbildung auf ihm lastet, und den sozialen Druck, den seine Kollegen ausüben, übernimmt er deshalb im allgemeinen rasch deren Einstellungen und Verhaltensmuster.[21]

9.4.2 Lösungsmöglichkeiten in der Gesamtschule

In der Gesamtschule ist gegenwärtig eine solche ritualistische Auflösung des Widerspruchs, der die Lehrerrolle kennzeichnet, zwar nicht unmöglich, aber doch erschwert. Betrachtet man zunächst die subjektiven und die sich aus dem Versuchscharakter der Gesamtschule ergebenden Bedingungen, die dem bezeichneten Prozeß der Zielverschiebung in der Gesamtschule gegenwärtig entgegenstehen, so ist zunächst das vergleichsweise starke Engagement der Gesamtschullehrer für die mit dem Postulat der Chancengleichheit umschriebenen Zielvorstellungen zu nennen, das sich etwa in ihrer Bereitschaft äußert, jene Mehrbelastungen, die sich in der Gesamtschule für sie ergeben, auf sich zu nehmen. Gesamtschullehrer engagieren sich zudem als Gruppe für die bezeichneten Zielvorstellungen, so daß das Problem des Aufgebens dieser Ziele sich nicht wie in der traditionellen Schule für isolierte und von der Auffassung der Mehrheit abweichende Individuen, sondern für die Gesamtheit der am Schulversuch Arbeitenden stellt. Aus dem Versuchscharakter der Gesamtschule ergibt sich das Fehlen eines konturierten Verhaltensmodells, an dem sich verunsicherte Gesamtschullehrer – analog dem jungen Lehrer in der traditionellen Schule – orientieren und ein relativ konfliktfreies Verständnis der eigenen Funktion entwickeln könnten. Schließlich müssen sich Gesamtschullehrer einer ritualistischen Auflösung des die Lehrerrolle kennzeichnenden Widerspruchs in der Versuchsphase widersetzen, weil damit die Aufgabe des Reformanspruchs der Gesamtschule und ein Scheitern des Schulversuchs, an dem sie mitarbeiten, verbunden wäre.

Während Lehrer in traditionellen Schulen die organisations-interne Umdefinition der Organisationsziele und Rollennormen eher als subjektiv gerechtfertigt empfinden, weil die institutionellen Bedingungen der traditionellen Schule der objektiven Funktion der sozialen Auslese deutlicher entsprechen und ein Anspruch auf Veränderung jener Bedingungen an sie im sozialen Kontext der Schule zumeist nicht gestellt wird, ergibt sich für Gesamtschullehrer ein spezifisches Dilemma. Zum einen beansprucht die Gesamtschule, günstigere Bedingungen zur Aufhebung der schichtenspezifischen Sozialisation und Auslese in der Schule bereitzustellen (z. B. durch Aufhebung der punktuellen Auslese), zum anderen ist der Anspruch auf innovative Funktionen des Lehrers in der

21 Ein Versuch, dem bereits in der Lehrerausbildung entgegenzuwirken, wird in Kapitel 10 beschrieben.

Versuchsphase der Gesamtschule insofern institutionalisiert, als adäquate Curricula und Organisationsformen des Lernens überhaupt erst einmal von Lehrern entwickelt werden müssen. In der Versuchsphase der Gesamtschule verringert sich deshalb nicht nur die Wahrscheinlichkeit, daß Gesamtschullehrer den Widerspruch zwischen Anspruch und Wirklichkeit ihrer Sozialisationsfunktion als subjektiven und individuellen Konflikt begreifen, sie können ihn auch weniger leicht im Sinne liberaler Ideologie als Funktion inadäquater, vorgegebener institutioneller Bedingungen interpretieren, wenn sie diese Bedingungen noch selbst mitformen und -verantworten. Indem so gegenwärtig in den Gesamtschulen der BRD und West-Berlins kurzschlüssige Auflösungen des die Lehrerrolle kennzeichnenden Widerspruchs zwischen Anspruch und Wirklichkeit der Sozialisationsfunktion eher hinausgezögert werden, wächst die Frustration der an der Gesamtschule arbeitenden Lehrer. Viele Gesamtschullehrer sehen ihre ursprüngliche liberale Perspektive der Verwirklichung von Chancengleichheit durch die Schule zunehmend schwinden, ohne sich unter dem Druck der Versuchssituation und ihrer eigenen Ansprüche offen zu einer der traditionellen Schule analogen mittelorientierten Zieldefinition bekennen zu können.

Während das Engagement der Gesamtschullehrer und ihr erweiterter Verhaltensspielraum, die zumindest für die erste Versuchsphase der Gesamtschule charakteristisch waren, relativ günstige Bedingungen für die Verhinderung von Zielverschiebung darstellen, ist die Funktion der in der Gesamtschule veränderten Arbeitssituation des Lehrers in dieser Hinsicht ambivalent. Die Arbeit des Gesamtschullehrers entspricht vor allem aus drei Gründen eher professionellen Standards, als dies bei Lehrern an traditionellen Schulen der Fall ist:

- Arbeitsfunktionen des Gesamtschullehrers sind im Vergleich zu Arbeitsfunktionen des Lehrers an traditionellen Schulen spezialisierter und differenzierter;
- die ‹Objektivierung› der von Gesamtschullehrern initiierten Lernprozesse und damit die partielle Überprüfbarkeit von Lehrerleistungen ist in der Gesamtschule erhöht;
- die Organisationsstruktur der Gesamtschule erfordert intensivere Kommunikation und Kooperation von Lehrern, die wiederum in der Gesamtschule eher institutionell abgesichert sind als in der traditionellen Schule.

Im Vergleich zur Arbeitssituation des Lehrers an traditionellen Schulen mutet die des Gesamtschullehrers strukturierter und weniger diffus an. In der traditionellen Schule arbeitet der Lehrer typischerweise isoliert von seinen Kollegen und von der Fachöffentlichkeit, das heißt, die Möglichkeiten zu einer an professionellen Standards orientierten Einschätzung oder Belohnung seiner Leistungen sind erheblich eingeschränkt. Darüber hinaus sind erzieherische Leistungen nur begrenzt unmittelbar erfaßbar (vgl. Terrien 1959, S. 19). Das Produkt der Lehrerarbeit ist nicht nur immateriell, sondern erweist auch seinen Gebrauchswert erst unter zukünftigen Bedingungen, die außerhalb der Kontrolle von Schule und Lehrer liegen. Indem die spezifische Qualität ihres Arbeitsprodukts und die isolierte Arbeitssituation in der traditionellen Schule die Lehrer empfindlich in der Möglichkeit beschneiden, die Effektivität ihrer Arbeit zu kontrollieren, sind sie verstärkt geneigt, diese Unsicherheit durch Verlagerung ihrer Anstrengungen auf kontrollierbare Bereiche ihrer Tätigkeit zumindest teilweise zu kompensieren:

«Angesichts der vielfältigen Unsicherheiten kann der Lehrer ein verzweifeltes Bedürfnis nach rigider Disziplinierung der Schüler verspüren, um sicherzustellen, daß wenigstens der äußere Anschein konstruktiver Bemühungen aufrechterhalten wird. Wenn die Schüler ruhig und aufmerksam erscheinen, ist es für den Lehrer leichter sich einzureden, er unterrichte erfolgreich. Abweichungen von gebilligten Verhaltensmustern müssen streng unterdrückt werden, weil sie dieses Gefühl der Zuversicht zerstören» (SNOW 1968, S. 455; Übers. d. Verf.).

Dieser in der traditionellen Schule anzutreffenden Ritualisierung der Arbeitsvollzüge entspricht ein Widerstand der Lehrer gegen Innovationen, der verständlich erscheint, denn, so fragt Snow:

«Wie kann man nach einer besseren Handlungsweise suchen, wenn ‹besser› und ‹schlechter› als nicht unterscheidbar erscheinen?» (SNOW 1968, S. 451; Übers. d. Verf.).

Die deutlichere Strukturierung der Arbeitssituation des Gesamtschullehrers, das heißt die Spezialisierung seiner Arbeitsfunktionen, die partielle Überprüfbarkeit von Lehrerleistungen durch ‹objektive› Leistungskontrolle der Schüler und das Aufbrechen der isolierten Arbeitssituation, wirkt der Ritualisierung der Arbeitsvollzüge in der Gesamtschule zwar entgegen, forciert jedoch zugleich die Ausbildung gesamtschulspezifischer Verhaltensmuster der Lehrer. Diese Verhaltensmuster erscheinen im Sinn strategischen Lernens kaum weniger problematisch, wie später zu verdeutlichen sein wird.

Zielverschiebung und damit verbundene Ritualisierung der Arbeitsvollzüge kann sich indes auch in Gesamtschulen, zum Beispiel über spezifische, ursprünglich der Kommunikation und Kooperation von Lehrern zugedachte Institutionen realisieren, wie die Untersuchung einer amerikanischen Junior High School deutlich macht. In dieser Schule trafen Lehrer, die dieselben Schüler in den Hauptfächern unterrichteten, mit dem Beratungspersonal und dem Schulleiter zu einem ‹Zirkel› zusammen, dessen manifester Zweck darin bestand, durch Koordination der Lehrerarbeit den Bedürfnissen und speziellen Problemen der Schüler besser gerecht zu werden. Wirkliche Funktion des Zirkels war jedoch, eine einheitliche Front in der Leistungsbeurteilung der Schüler zu bilden:

«Eine Vielzahl von Daten führte zu dieser Schlußfolgerung, die der folgende Zwischenfall ziemlich genau illustrierte: Der Vorsitzende eines Zirkels hatte Schwierigkeiten, einen passenden Termin für eine Sitzung des Zirkels zu finden, was bei ihm ängstliche Besorgnis auslöste, denn ‹Ich möchte mit meinen F-Einstufungen nicht außerhalb der allgemeinen Linie liegen›. Entsprechend ihrer latenten Funktion trafen die Zirkel unmittelbar vor Abschluß jeder Einstufungs-Periode zusammen» (Willower 1971, S. 114; Übers. d. Verf.).

Das zweite in diesem Zusammenhang angeführte Beispiel betrifft curriculare Konferenzen (*faculty meetings*), deren ursprüngliches Ziel darin bestand, eine wechselseitige Verständigung der Lehrer über das Gesamtcurriculum der Schule zu schaffen. Jedes Department organisierte eine Sitzung, in der bereichsspezifische Ziele, Inhalte und Methoden des Unterrichtsprogramms erklärt und kritisch diskutiert werden sollten:

«Die erste dieser Sitzungen wurde von dem naturwissenschaftlichen Department organisiert. Sie bestand aus einem Film über den Krebs und einigen Minuten Diskussion über naturwissenschaftliche Unterrichtsmaterialien. Während des Films, im Schutze der Dunkelheit, verschwand eine Anzahl von Lehrern durch die Tür des großen Versammlungsraums. Obwohl der Film dumm war, wurde er doch allgemein als akzeptables Mittel für die Lehrer der naturwissenschaftlichen Fächer betrachtet, sich der unwillkommenen Verantwortung für eine curriculare Konferenz zu entledigen. Die ursprüngliche Idee dieser Konferenz, mehr über das Gesamtcurriculum zu erfahren, starb einen langsamen, jedoch leichten Tod. Leidtragende hinterließ sie nicht» (Willower 1971, S. 114; Übers. d. Verf.).

Die zitierte Untersuchung macht deutlich, daß in einer Gesamtschule, die nur eine perfektere Ausgabe der traditionellen Schule darstellt, deren Lehrerschaft weder überdurchschnittlich engagiert ist noch unter dem Druck der Versuchssituation steht, genau jener Mechanismus der Zielverschiebung wirksam werden kann, der für die traditionelle Schule typisch ist. Diese Situation scheint zwar heute schon in einigen Gesamtschulen der BRD und West-Berlins erreicht zu sein, sie kann jedoch kaum als charakteristisch für die allgemeine Lage an den westdeutschen Gesamtschulen angesehen werden.

Zu fragen ist jetzt, inwiefern die veränderten Arbeitsbedingungen zur Ausprägung gesamtschulspezifischer Verhaltensmuster der Lehrer führen könnten. Die für die Gesamtschule charakteristische Spezialisierung und Objektivierung der Arbeitsfunktionen des Lehrers macht neben dem Rückzug auf die Rolle des ‹Reformexperten› («reisen überall herum und wiegeln ab, argumentieren mit ‹Sachzwängen›»[22]) ein weiteres

22 Vgl. dazu Protokoll eines Vortrags von H. Stubenrauch zum Thema ‹Lehrer an der Gesamtschule›.

gesamtschulspezifisch erscheinendes Verhaltensmuster der Lehrer wahrscheinlich, das Dreitzel im Rückgriff auf Merton als «Innovation» bezeichnet. ‹Innovation› ist als Verhaltensmuster für Rollenspieler charakteristisch, die in sozialen Organisationen mit anomischen Rollen konfrontiert werden, zugleich aber ein Selbstverständnis als ‹Professionelle› ausgebildet haben bzw. in ihrer Arbeit ausbilden können. ‹Innovation› meint in diesem Zusammenhang die auf professionelle Standards, nicht auf emanzipatorische Zielsetzungen zurückbezogene Kritik der ‹institutionellen Mittel›, eventuell auch der Ziele der Organisation.[23] Während die rigide Neudefinition der Rollennormen in der traditionellen Schule die Ausbildung ritualistischer und konformistischer Verhaltensmuster der Lehrer forciert, ist in der Gesamtschule, in der die anomische Struktur der Lehrerrolle gegenwärtig unaufgelöst bleibt, zugleich aber günstigere Bedingungen für die Selbstdefinition der Lehrer als Professionelle bestehen, eher ‹Innovation› als ein typisches Verhaltensmuster der Rollenspieler zu erwarten. Seine extremste Ausprägung findet ‹Innovation› im oben bezeichneten Sinne in den Verfechtern einer technologischen Reform der Gesamtschule auf der Basis operationalisierter Lernziele und objektivierter Leistungsmessung.[24]

Der Preis, den die Lehrer für die Professionalisierung im Sinne einer umfassenden Operationalisierung und Objektivierung ihrer Funktionen zu zahlen haben, besteht im Verzicht auf Mitbestimmung der Zielsetzungen oder auch nur der ‹zielführenden Maßnahmen›, wie die Ausführungen Poschs deutlich machen. Nach seiner Auffassung überschreiten Lehrer ihre Kompetenzen, wenn sie allgemeine erzieherische Ziele festzulegen versuchen. Vielmehr sollte die Gesellschaft letzte Quelle der Autorität für die allgemeinen Erziehungsziele darstellen, eine Aussage, für die Bernfelds polemische Frage «Was geht den Erzieher die Kultur und die Menschheit an?» als Beleg bemüht wird. Die Ermittlung zielführender Maßnahmen zur Erfüllung dieses gesellschaftlichen Auftrags könnte, so Posch, wiederum nur durch systematische Forschung, und zwar unter dem Aspekt der Zweckmäßigkeit und Effizienz, geleistet werden. Die von ihm geforderte «grundsätzliche Neuorientierung» des Lehrerberufs, die Voraussetzung für seine Anerkennung als Spezialberuf darstellt, beinhaltet also

> «eine Abkehr von philosophischen und pseudophilosophischen Diskussionen des gesellschaftlichen Auftrags und eine Konzentration auf die *Erarbeitung der beim gegenwärtigen Stand der Forschung besten Mittel* zu seiner Erfüllung» (Posch 1973, S. 105; Hervorhebung D. H.).

Die bisher gekennzeichneten Verhaltensmuster der Lehrer, die gegenwärtig in der Gesamtschule entstehen können, und zwar Konformismus und Ritualismus und, als gesamtschulspezifisch, Rückzug auf die

23 Vgl. dazu Dreitzel 1968 und Presthus 1966.
24 Vgl. das genannte Vortragsprotokoll.

Rolle des ‹Reformexperten› und ‹Innovation› im Sinne der bewußtlosen Perfektionierung institutioneller Mittel bieten keinen Ansatz für die Realisierung des Konzepts strategischen Lernens, das in Kapitel 3 des Buches entwickelt wurde.

Indessen bietet die zur Zeit in der Gesamtschule hinausgeschobene immanente Auflösung des Widerspruchs zwischen Anspruch und Wirklichkeit der Sozialisationsfunktion von Schule und Lehrer für die Gesamtschullehrer eine größere Chance, eine antikapitalistische Definition ihrer Berufsrolle zu entwickeln. In der Gesamtschule können Lehrer gegenwärtig nicht nur weniger leicht den Widerspruch zwischen Anspruch und Wirklichkeit als subjektiven Konflikt deuten. Vielmehr forciert auch die konkrete Erfahrung, die sie an der Gesamtschule machen, die Entlarvung der liberalen Ideologie, mit der viele Gesamtschullehrer ihre Arbeit in der Gesamtschule begonnen haben, durch eine Veränderung der institutionellen Bedingungen werde die soziale Auslesefunktion der Schule aufgehoben und die Verwirklichung von Gleichheit sichergestellt.

Damit diese Erfahrung angesichts des Scheiterns der Reformillusionen, das jetzt offenbar wird, nicht in Resignation und Apathie umschlägt, muß von den Lehrern eine neue Perspektive erarbeitet werden, die eine nüchterne Einschätzung des gesellschaftlichen Stellenwerts ihrer eigenen Arbeit im Prozeß antikapitalistischer Veränderungen beinhaltet. Ansätze dazu sind bereits etwa von den im SLB zusammengeschlossenen Lehrern entwickelt worden.[25] Im Schlußabschnitt des 10. Kapitels wird versucht, anknüpfend an die in den ersten Kapiteln systematisierten Probleme und Realisierungsmöglichkeiten strategischen Lernens, eine solche Perspektive für Lehrer zu umreißen, die zwar nicht die Widersprüche, die die Lehrerrolle gegenwärtig kennzeichnen, aufheben kann, zumindest aber der totalen Vereinnahmung der Lehrer im Sinne der Herrschenden entgegenwirkt.

25 Vgl. die Infos des SLB.

10

Ulrich Baer

Zur Qualifikation von Lehrern für eine antikapitalistische Berufspraxis

Wenn Lehrer Lernprozesse organisieren wollen, in denen sie mit Hilfe des hier vorgelegten Konzepts strategischen Lernens Systemwidersprüche aufgreifen und vermitteln, dann werden sie sich selbst zunächst darauf vorbereiten müssen. Die Organisation dieser Lernprozesse wird Konflikte in der Institution provozieren, mit denen die Lehrer lernen müssen, so umzugehen, daß dabei die angestrebten Lernziele nicht scheitern. Sie selber müssen also strategisches Handeln gelernt haben. Das betrifft nicht nur Lehrer, die an der Gesamtschule Prozesse strategischen Lernens einleiten wollen, sondern bezieht sich auf die gesamte Vorbereitung zur antikapitalistischen Berufspraxis von Lehrern.

In der Bundesrepublik und West-Berlin nimmt in den letzten Jahren die Zahl derjenigen Lehrer und Lehrerstudenten zu, die für sich den Anspruch einer antikapitalistischen Berufspraxis geltend machen. Dafür sprechen die folgenden nachweisbaren Erscheinungen:

- Linkstrend bei den Studentenwahlen an den Pädagogischen Hochschulen und Gesamthochschulen (sofern sie den Schwerpunkt Lehrerbildung besitzen);
- erhebliche Auflagensteigerung bzw. Neugründung linker Pädagogik-Zeitschriften;
- verstärkte politische Konflikte in der GEW (vgl. FRISTER 1973);
- Ansätze zur überregionalen Arbeit des Sozialistischen Lehrerbundes (vgl. SLB, Aufruf zur überregionalen Organisierung im SLB, 1972).

Ursache bzw. Verstärkung dieses Trends sind die Widersprüche des Systems, die durch zunehmend sozialwissenschaftliche Orientierung der Erziehungswissenschaften (und damit der Lehrerausbildung), außerschulische Einflüsse in der Nachfolge der Studentenbewegung Ende der sechziger Jahre und objektive Professionalisierungstendenzen der Berufsrolle, sowie durch den steigenden Legitimationsdruck bezüglich bildungspolitischer Reformen bewußt wurden.

Das Konzept des strategischen Lernens in der Gesamtschule versteht sich als Teil dieses zunehmenden Anspruchs auf eine antikapitalistische Berufspraxis und Berufsperspektive.[1]

1 Vgl. die inhaltlichen Ausführungen von Lehrern über ihre Ansprüche auf eine antikapitalistische Berufspraxis:

SLB-Thesen zur Situation und Aufgabe sozialistischer Lehrer in der BRD, In: *Informationsdienst des Sozialistischen Lehrerbundes*, Heft 12, Offenbach 1972, S. 85–92.

Berliner Lehrergruppe: *‹Fünf Punkte über Schule›*. In: *betrifft: erziehung* 12 (1970), S. 36 f.

10.1 Das Konfliktpotential der antikapitalistischen Berufspraxis

Diese in der pädagogischen Praxis, Öffentlichkeit und Wissenschaft sich verstärkenden Zielvorstellungen verschärfen damit den Konflikt mit den konservativen Kräften im Bildungswesen:

«Diese Konflikte sind um so intensiver (und damit i. a. auch die Gegen[re]aktionen der Umwelt), je größer die in der jeweiligen Umwelt bestehenden Widersprüche sind, anders: je stärker die fremdbestimmenden Mechanismen wirksam sind. Die Konflikte werden weiter um so größer, je radikaler und unreflektierter ein emanzipatorisch unterrichtender Lehrer Fremdbestimmungen abzubauen versucht. Die Unkenntnis bzw. Fehleinschätzung des hier nur kurz angedeuteten Sachverhalts führt sehr häufig dazu, daß emanzipatorisch unterrichtende (Jung-)Lehrer nach kurzer Zeit auf massiven Widerstand seitens Vorgesetzten, Kollegen, Eltern und u. U. ... auch der Kinder stoßen» (HANDBUCH ZUM UNTERRICHT 1973, S. 61).

Diese Konflikte ergeben sich für antikapitalistisch orientierte Lehrer in ihrer konkreten Berufspraxis zum Beispiel in folgenden Fällen:

- Wenn ein solcher Lehrer den ihm zugewiesenen Platz innerhalb der ideologischen Struktur des Kollegiums sichtbar verläßt. Wobei sich der Konflikt eher verschärft, wenn er in seinen Handlungen und Forderungen (nicht so sehr, wenn er in seinen Meinungen) abweicht.

  Dieser Fall könnte beispielsweise eintreten, wenn ein Lehrer versucht, die in den didaktischen Kapiteln dieses Buches vorgeschlagenen Modelle umzusetzen. Mit einer solchen Organisation strategischer Lernprozesse ließe sich dieser Lehrer nicht mehr in die ‹pluralistischen› Vorstellungen vom Schulzweck seitens der Schulleitung oder meinungsführender Kollegen integrieren.
- Wenn der Lehrer die Organisation der Schule in Richtung auf mehr Demokratisierung ändern hilft (z. B. Schüler bei ihrer politischen Interessenvertretung unterstützt).
- Wenn sich dieser Lehrer mit anderen antikapitalistisch orientierten Kräften an der Schule solidarisiert – gleich, ob es sich dabei um kritische Referendare, linke Schüler oder fortschrittliche Eltern handelt.
- Wenn er sich in der außerschulischen politischen Arbeit (zum Beispiel Stadtteilarbeit) öffentlich engagiert.

Diese Konflikte zwischen dem Verhalten antikapitalistisch orientierter Lehrer und dem tradierten Schulzweck lassen sich zurückführen auf die in den Kapiteln 1 bis 3 analysierten Strukturwidersprüche, auch wenn sie von den konservativen Kräften häufig als sozialpsychische Anpas-

‹*Handbuch zum Unterricht. Modelle emanzipatorischer Praxis. Hauptschule*› (Hg. W. Raith). Starnberg 1973 (besonders sei verwiesen auf die einzelnen fachdidaktischen Ansätze ab S. 97)

sungsprobleme von Junglehrern gedeutet werden. Obwohl sich aus Gesprächen mit Lehrern und Referendaren ergibt, daß die ‹Dunkelziffer› jener Konflikte, die institutionsintern geregelt werden, erheblich sein muß, kann aber jedenfalls festgestellt werden, daß die Zahl der öffentlich gewordenen Konfliktfälle in den letzten Jahren zunimmt: Je nach taktischem Geschick gelingt es nicht allen Schulleitungen, aus Sorge um den Ruf der Schule, die kritischen Lehrer intern zu disziplinieren. Den Schulaufsichtsbehörden und Bezirksregierungen wurden deshalb wirksame Instrumente zur Disziplinierung oder Nicht-Einstellung von radikalen Lehrern an die Hand gegeben:

Wirksam in allen Ländern der Bundesrepublik wurde der als ‹Radikalen-Erlaß› oder als ‹Berufsverbot› bekannt gewordene Beschluß der Konferenz der Ministerpräsidenten der Bundesländer vom 28. Januar 1972 und die entsprechenden Durchführungsbestimmungen der einzelnen Länder.[2] Im Zusammenhang mit dieser generellen «Illegalisierung oppositioneller Lehrer» (Diemer 1972) stehen zahlreiche Erlasse und Verordnungen, die die Wirkungsmöglichkeit kritischer Studenten und Lehrer einschränken sollen. Dabei reicht die Skala von Reglementierungen im Schulpraktikum durch den Mentor[3] bis zur Einschränkung der Meinungsäußerung von Lehrern zu bildungspolitischen Fragen[4]. Brückner/Krovoza (1972, S. 10 ff) sehen in dieser «innerstaatlichen Feinderklärung»

- eine Verschärfung in der Regelung des Klassenkonflikts,
- die Kriminalisierung jeder Fundamental-Opposition und
- die tendenzielle Verschmelzung von ‹Mitte› und ‹Rechts› zu einem konservativen Block.

Diese politische Konfliktsituation stellt an die Lehrer, die eine antikapitalistische Berufspraxis durchsetzen wollen, eine Reihe von Anfor-

2 Beschluß und Durchführungsbestimmungen sind u. a. abgedruckt in: ‹«*Radikale*» *im öffentlichen Dienst? Eine Dokumentation.*› Fischer-Taschenbuch 1405, Frankfurt am Main 1973, S. 11 f.

3 Es handelt sich hier um eine Verfügung des Regierungspräsidenten von Hannover vom 12. März 1971, wonach der Mentor das Recht hat, den Unterrichtsversuch eines Studenten im Schulpraktikum abzubrechen, «wenn die Fortführung heikel wird. Das gilt sowohl etwa für ein zu gefährliches chemisches Experiment, für eine allzu riskante Turnübung als auch für eine politisch oder weltanschaulich bedenkliche Darstellung, und zwar besonders dann, wenn diese in die Nähe der Verfassungswidrigkeit gerät» (zitiert nach einem Faksimile aus der Zeitschrift *Erziehung und Klassenkampf* 2/1971).

4 Exemplarisch zeigt sich dies am «Maulkorbbrief» (GEW) des Berliner Schulsenators Löffler (Rundschreiben an alle Volksbildungsabteilungen der Bezirksämter und alle Schulleiter): In dem Rundschreiben wird die öffentliche Meinungsäußerung zu bildungspolitischen Fragen durch die Lehrerschaft in Frage gestellt, sofern das Ansehen der Berliner Schule geschädigt werde. Das Recht auf freie Meinungsäußerung trete hinter die durch das Treueverhältnis zum Staat begründeten besonderen Pflichten zurück. Zu den besonderen Pflichten gehöre bei kritischen Äußerungen «Mäßigung und Zurückhaltung». «Bevor der Lehrer öffentlich Kritik übe, solle er sie zunächst auf dem Dienstweg vorbringen, um Beschwerden innerhalb der Verwaltung ausräumen zu helfen.» (*Der Tagesspiel* vom 8. Mai 1973)

derungen, die über alle im weitesten Sinn didaktischen Fähigkeiten hinausgehen.

Selbst wenn die Konfliktfälle nicht bis zur Ebene des Berufsverbots eskalieren: sie müssen von antikapitalistisch orientierten Lehrern einkalkuliert werden, wenn sie ihre Berufspraxis konsequent unter den gegebenen politischen Verhältnissen an den Schulen durchhalten wollen.

Grundsätzlich können solche Schulkonflikte für oppositionelle antikapitalistische Lehrer zwei Funktionen besitzen:

- Die passive Funktion:
  Der Konflikt bricht ungeplant aus, eskaliert mit nicht vorher kalkulierten Konsequenzen, zwingt die kritischen Lehrer zum Re-agieren und drängt sie in eine passive Rolle. Der Konflikt dient vor allem der Machtausübung und *Disziplinierung* durch die konservativen Kräfte an der Schule bzw. in der Schulverwaltung und -aufsicht.
- Die aktive Funktion:
  Der Konflikt dient der Erweiterung des Handlungsspielraums der kritischen Lehrer und/oder stellt ein *Lehrstück* zur Bewußtmachung der politischen Verhältnisse an der Schule für Beteiligte dar. Als geplanter, erwünschter Konflikt ist er Teil einer bewußten Konfliktstrategie mit vorauskalkulierten Konsequenzen. Die kritischen Lehrer spielen eine aktive Rolle.

Auch ein ungewollt ausgebrochener (passiver) Konflikt läßt sich unter Umständen von entsprechend qualifizierten Lehrern zu einem gewollten (aktiven) umfunktionieren. Das setzt voraus, daß es gelingt, das ‹Gesetz des Handelns› sich nicht oktroyieren zu lassen und ein rational kalkuliertes Konfliktmanagement betreiben zu können.

Die passive Funktion von Konflikten hat unter den gegebenen Voraussetzungen, die im folgenden kurz aufgelistet werden, die größere Wahrscheinlichkeit:

- Kritische Lehrer sind in der Regel in der Minderheit im Kollegium;
- effektive linke Schülerorganisationen sind selten;
- es bestehen häufig massive ideologische Barrieren zwischen den kritischen Lehrern und der Elternschaft;
- eine ‹linke Presse und Öffentlichkeit› existiert ohne wesentliche Einflüsse auf die öffentliche Meinungsbildung;
- Unterstützung durch außerschulische bedeutende Formen des Klassenkampfes ist kaum gegeben, jedenfalls nicht gegenwärtig.

Diese Lage erfordert eine Reihe noch näher zu bezeichnender Qualifikationen von den antikapitalistisch orientierten Lehrern, soll ihre konfliktgeladene Berufspraxis nicht in Resignation, permanenter Versetzung oder Entlassung münden – wie dies von zahlreichen veröffentlichten Schulkonflikten[5] bekannt wurde. Der antikapitalistischen Berufs-

5 Dokumentationen über abgelaufene Schulkonflikte finden sich vor allem in folgenden Publikationen:
‹Materialien zum Berufsverbot› (Reihe Roter Pauker, Heft März 1972), zu beziehen

praxis stehen zwei strukturell bedingte Hindernisse im Weg, die sich dem Lehrer in seiner konkreten Situation folgendermaßen darstellen:

- Die Widerstände, die zum Beispiel von der ‹konservativen Front› der antikapitalistischen Berufspraxis entgegengebracht werden.
- Der Mangel an politischen Qualifikationen bei jenen Lehrern, die Schwierigkeiten haben, ihren veränderten Unterricht durchzusetzen.

Dabei potenziert das zweite Hindernis (Mangel an Durchsetzungsqualifikation) das erste, den konservativen Widerstand. Dies bestätigen Erfahrungen von Lehrerstudenten, die allein mit einem antikapitalistischen Bewußtsein (und mit vielleicht auch noch einigen didaktischen Fähigkeiten ausgestattet) in die Schulen gingen:

«Auf der einen Seite mit bestimmten politischen Positionen und Erwartungen ausgestattet, auf der anderen Seite nur ungenügend auf die Bedingungen und politischen Arbeitsmöglichkeiten innerhalb des Berufs vorbereitet, setzen häufig Entpolitisierungsprozesse ein, an deren Endpunkt Resignation, Anpassung oder Aufgabe des gewählten Berufs stehen. Sowohl die Form der traditionellen Lehrerausbildung als auch die autoritären Strukturen der Schule haben einen erheblichen Anteil an den Schwierigkeiten von Studenten, die von dem relativen Freiraum Hochschule an die Schule kommen und dort versuchen, ihre sozialistischen Ansprüche in irgendeiner Weise zu verwirklichen. Um den an der Hochschule in Gang gesetzten Politisierungsprozeß nicht abrupt abbrechen zu lassen oder eine schizophrene Haltung zu fördern, die fein säuberlich zwischen bürgerlicher Berufspraxis und politischer Arbeit nach Feierabend unterscheidet, ist es notwendig, gemeinsam auf einer viel konkreteren Ebene als bisher zu diskutieren, in welcher Weise Studenten auf ihren Beruf vorzubereiten sind und welche politischen Ansprüche von ihnen gegenwärtig eingelöst werden können» (SCHMIDT 1972, S. 10).

Diese entpolitisierenden Frustrationen sind jedoch kein zwangsläufiges Ergebnis der Konflikte, wenn diese Studenten, Referendare und Lehrer realistische Durchsetzungsfähigkeiten in ihrer Ausbildung erwerben konnten.

10.2 Durchsetzungsfähigkeit – eine Qualifikationskategorie für das Ausbildungscurriculum

Bei Mängeln in der Durchsetzungsfähigkeit scheitert die antikapitalistische Berufspraxis der Lehrer nicht zuletzt daran, daß sie zwar die Makroanalyse der Bedingungen von Schule im Kapitalismus gut beherrschen, aber die konkrete Situation im politischen Schulalltag nicht

vom Verlag 2000 GmbH, 605 Offenbach, Postfach 591.

L. Lehmann: *‹Klagen über Lehrer F. und andere Schulbeispiele›*. Frankfurt am Main 1971.

Zeitschrift *Erziehung und Klassenkampf 5/6* (1972), herausgegeben im Verlag Roter Stern, Frankfurt am Main.

bewältigen konnten: Beispielsweise,

- weil ihnen der volle Überblick über die Herrschafts- und Konfliktstruktur der Schule fehlte;
- weil sie die Rechtslage falsch eingeschätzt haben oder diese ihnen gar nicht bekannt war;
- weil sie sich nicht frühzeitig genug durch Sympathiewerbung und solidarische Beziehungen abgesichert haben;
- weil sie nicht genügend taktisches oder psychologisches Kalkül gelernt haben;
- weil sie vielleicht die tatsächliche ‹Emanzipierungsfähigkeit› der Schüler romantisch überschätzt haben und/oder
- weil sie keine bewußte Konfliktstrategie (einschließlich Zwischenzielsetzung) geplant haben.

In diesem Kapitel beschränken wir uns also auf jenen Bereich der Tätigkeiten eines Lehrers, der zwischen Unterrichtsplanung und Unterrichtsdurchführung liegt, und vielleicht am besten mit ‹politische Durchsetzung antikapitalistischer Unterrichtsorganisation› bezeichnet werden kann. Dabei soll dieser Tätigkeitsbereich nicht eingeschränkt verstanden werden als politische Vorbereitung einzelner Unterrichtsstunden oder -einheiten, sondern soll auch die Veränderung der institutionellen Rahmenbedingungen für antikapitalistischen Unterricht beinhalten. Zum Beispiel würde eine entsprechende Anschaffung von Unterrichtsmaterial durch einen Beschluß der Lehrerkonferenz, Mitarbeit an curricularen Revisionen oder Elterninformation ebenso zum Bereich der ‹politischen Durchsetzung› zählen wie die Auseinandersetzung mit einem Fachkollegen über dessen Unterrichtsinhalte.

Dieses Kapitel kann es sich nicht leisten, ein vollständiges Curriculumelement für diesen Qualifikationsbereich ‹politische Durchsetzung . . .› aufzustellen – das muß einer längeren wissenschaftlichen Arbeit zusammen mit Schulpraktikern vorbehalten bleiben –, aber für einen Teilbereich sollen zumindest einige Hinweise gegeben werden, mit denen die Richtung, in der eine solche Kategorie konkret auszufüllen wäre, angegeben werden kann. Als Teilbereich wählten wir die Fähigkeit aus, eine bewußte Konfliktstrategie aufstellen zu können.

Im Anschluß an die oben ausgeführte Konfliktlage, wie sie sich für eine antikapitalistische Berufspraxis der Lehrer darstellt, sind grundsätzlich drei verschiedene Möglichkeiten eines strategisch sinnvollen (d. h. zielorientierten) Umgangs mit Schulkonflikten möglich:

- Konfliktreduzierung oder -vermeidung,
- Konfliktumfunktionierung,
- Konfliktprovokation.

Welche dieser Möglichkeiten gewählt wird oder werden muß, hängt derart von den situativen Gegebenheiten ab, daß hier nur allgemein gesagt werden kann, daß eine antikapitalistische Berufspraxis vermutlich versuchen muß, zunächst die Konfliktreduzierung anzustreben. Denn auf Grund der Machtverteilung zwischen kritischen Lehrern und solidarischen Gruppen einerseits und der konservativen Front andererseits muß in der Regel ein völliges oder partielles Scheitern bei Ausbruch eines größeren Konflikts befürchtet werden.

Sollte der Konflikt unvermeidlich sein, so ist seine Umfunktionierung von einem passiven zu einem aktiven Verlauf (Definition siehe oben) anzustreben.

Als Präventivmaßnahme ist unter günstigen machtpolitischen Umständen eine Provokation eines Konfliktfalls nützlich, wenn er zu einem exemplarischen Lernprozeß zum Beispiel für beteiligte Schüler und/oder Eltern gemacht werden kann. Dabei könnten zahlreiche Einsichten in die Machtverteilung, die Disziplinierungsmechanismen und Parteinahmen gewonnen werden. Für einige Lernprozesse des in diesem Buch erläuterten Konzepts strategischen Lernens sind provozierte Konflikte sogar konstitutive Bestandteile der Lernorganisation.

Zum *Erlernen von Konfliktreduzierung* gehört im einzelnen das Beherrschen der unter 3.3.3 erwähnten flankierenden Maßnahmen von einer präventiven Elternarbeit bis zur Entwicklung eines auf Solidarität und Sympathie beruhenden sozialen Beziehungsgeflechts innerhalb und außerhalb der Schule. Zu lernen wäre zum Beispiel:

- wie man solidarische Beziehungen aufbaut und erhält;
- wie man sich Verbündete in wichtigen Machtpositionen schafft;
- wie man vermeidet, in der Schule als ‹Kommunist› abgestempelt zu werden;
- welche rechtlichen Möglichkeiten bestehen – auch wie eingeschränkte Rechte subversiv auszuweiten wären (vgl. HANDBUCH 1973, S. 27 bis 45);
- wie durch die Vermeidung von Reizworten Sympathien auszubauen sind.

Zum *Erlernen der Umfunktionierung eines Konflikts* oder zum Erlernen der Provokation wäre die Fähigkeit zu entwickeln, eine bewußte Konfliktstrategie aufzubauen, mit der Kalkulation der zeitlichen Abfolge, notwendiger Absicherungsmaßnahmen, sinnvoller Informationspolitik und dem geschickten Aufbau von Gegenmacht.

Dies können nur Beispiele sein, die je nach Lage und Konfliktfall unterschiedlich wichtig wären und auf verschiedene Weise zu ergänzen wären.

Eines wird jedoch bei der Aufzählung dieser Lernbeispiele deutlich: Weder allein in der Berufspraxis noch allein theoretisch sind die hierzu notwendigen Kenntnisse und Fähigkeiten zu erwerben. Es muß für die methodische Organisation dieser Qualifikationskategorie eine Theorie-

Praxis-Kombination gefunden werden, die folgende Bedingungen erfüllt:

- Sie muß einen genügend großen Abstand von existenziellen Konsequenzen garantieren, denn innerhalb eines realen Konflikts Bewältigungsstrategien zu lernen, ist nur sehr begrenzt möglich: Es muß also eine Art ‹pädagogischer Schonraum› vorhanden sein.
- Die methodische Organisation muß die Praxisbedingungen des Arbeitsfeldes ‹Schule› ausreichend – also möglichst realistisch – erfahrbar machen, und zwar nicht nur auf der kognitiven Erkenntnisebene.

Die Ambivalenz dieser Theorie-Praxis-Kombination läßt sich – nach unseren Erfahrungen – am günstigsten durch eine Konfliktsimulation in Form eines Entscheidungsspiels realisieren. Wie dies im einzelnen methodisch und inhaltlich zu organisieren ist, wird weiter unten beschrieben.

Mit der Integration der Kategorie ‹politische Durchsetzungsfähigkeit . . .› gelangt ein Element strategischen Lernens in die Lehreraus- und -weiterbildung, wie es für Lernprozesse der Schüler allgemeindidaktisch in Kapitel 3 dieses Buches entwickelt worden ist. Die einzelnen Ziele und Vermittlungsformen lassen sich daher auch mit Hilfe der dort entwickelten Matrix systematisieren.

Ziele einer solchen Organisation strategischen Lernens für Lehrer und Lehrerstudenten sind dabei:

- Erkenntnisse über die Konfliktlage und -struktur an der Institution Schule für antikapitalistisch orientierte Lehrer;
- Entwicklung von Handlungsstrategien;
- Stabilisierung der beruflichen Identität dieser Lehrer und der antikapitalistischen Berufsperspektive der Studenten.

Als wesentlichste Informationen müssen dazu rezipiert werden:

- Informationen über Konfliktlage und Schulrecht;
- Informationen über taktische Möglichkeiten und Verfahren;
- Erfahrungsberichte aus der eigenen Konfliktpraxis.

Die vermittelte Erfahrung soll durch die Simulation von Konfliktfällen gewährleistet werden, wobei Handlungsmöglichkeiten erprobt werden können und eine emotionale Absicherung erreicht werden kann. Der beabsichtigte Lernprozeß stellt sich in Form der Matrix folgendermaßen dar:

Ziele / Verfahren der Aneignung	Erkenntnisse über die berufliche Lage und Interpretation im Zusammenhang gesellschaftlicher Strukturwidersprüche	Umsetzung von Erkenntnissen in Handlungsstrategien	Stabilisierung der sozialen Identität
Rezeption von Informationen	z. B. berufliches Konfliktfeld; Ursachen der Lehrer-Disziplinierung ↓	z. B. Möglichkeiten taktischen Verhaltens ↓	z. B. Erfahrungsberichte aus der Praxis ↓
vermittelte (d. h. hier: simulierte) Erfahrung	K o n f l i k t s i m u l a t i o n		
gesellschaftsverändernde Praxis	↓ z. B. Einordnung von Unterrichtsvorhaben in eine gesamtgesellschaftliche Perspektive	↓ z. B. Handeln nach einer bewußten Konfliktstrategie	↓ z. B. Zunahme des Selbstbewußtseins gegenüber der Schulaufsicht

In die Konfliktsimulation geht dabei die Rezeption der beispielhaft aufgeführten Informationen ein, während der Lernerfolg einer solchen Veranstaltung die bessere Bewältigung der gesellschaftsverändernden Berufspraxis darstellt. Verallgemeinert kann das Qualifikationsziel in der Fähigkeit gesehen werden, die eigene antikapitalistische Berufspraxis durchsetzen, stabilisieren und erweitern zu können.

10.3 Didaktisches Modell: Konfliktsimulation

An der Abteilung Dortmund der Pädagogischen Hochschule Ruhr wurde in den letzten Jahren ein Modell entwickelt und erprobt, mit dem Studenten und Lehrer mit antikapitalistischer Berufsperspektive Durchsetzungsfähigkeiten lernen können, die sie in ihrem jeweiligen ‹Schulkampf› benötigen (werden). Dabei handelt es sich um Konfliktsimulationen, die aus pädagogischen Entscheidungsspielen (vgl. Müller 1968, Baer 1969) und diese wiederum aus Plan- und Unternehmensspielen (Bleicher 1962, Rehm 1964, Tiemann 1969) entwickelt wurden.

Planspiele sind «Simulationen von Entscheidungsprozessen im Rahmen und in den Begrenzungen eines Modells» (Kaiser 1973). Während es bei Planspielen im militärischen und ökonomischen Bereich um Simulationen handelt, die einen effektiven Weg zu einem vorgegebenen Ziel herausfinden sollen, geht es bei pädagogischen Entscheidungsspielen und der hier zu beschreibenden Konfliktsimulation um die Reflexion des Prozesses und der simulierten Struktur – nicht die beste Zielerreichung, sondern die Einsicht in die Interaktionsstruktur steht im Mittelpunkt. Die Unternehmensspiele und die hier vorgestellte Konfliktsimulation unterscheiden sich zudem noch in der entgegengesetzten Parteinahme für bzw. gegen kapitalistische Interaktionsformen und -inhalte.

In der Konfliktsimulation spielen Teilnehmergruppen in verschiedenen Rollen (z. B. Lehrergruppe, Elterngruppe, Schulleitung, SMV) einen Schulkonflikt durch und reflektieren das Spiel in spielexternen Phasen, wobei Handlungsschritte, Taktiken, Interaktionsstruktur, Konfliktentwicklung, Realitätsnähe des Falles und dergleichen hinterfragt werden. In die gesamte Veranstaltung kann ein audiovisuell unterstütztes Taktik-Training eingebaut sein. Es empfiehlt sich, die Konfliktsimulation in Form eines mehrtägigen Internats durchzuführen. Als Ausgangslage benutzen dabei die Teilnehmer einen vorgefallenen Schulkonflikt oder auch das Vorhaben kritischer Lehrer, das die Entwicklung eines Schulkonflikts vermuten läßt. Die Kommunikation der Spielgruppen in den Spielphasen läuft in der Regel in Form schriftlicher Spielschritte ab, die von einer Spielleitung dokumentiert und an die jeweils betroffenen Spielgruppen weitergeleitet werden.

Den Modellkonstrukteuren erscheint das Mittel der Simulation von Konfliktfällen aus der antikapitalistischen Berufspraxis von Lehrern aus mehreren Gründen als nützlich für die angestrebte Qualifikation von Durchsetzungsfähigkeiten:

- Das Modell stellt ein didaktisches Bindeglied zwischen theoretischen Lernsituationen (Seminare, Vorträge usw.) und praktischen Lernsituationen (Demonstration, Praktikum, Erkundung) dar. Damit wird die traditionell lineare Struktur politischer Lernprozesse (erst lernen, dann handeln und erleben) mittels der simulierten politischen Probehandlung und -reflexion aufgehoben. Der mögliche Bruch zwischen strategischem Lernen und Handeln wird dadurch zu vermeiden gesucht. Dem Lernenden werden die Bedingungen und Konsequenzen seiner Handlung praktisch erlebbar, ohne daß dabei seine Frustrationstoleranz überschritten wird und weitere Lernschritte unmöglich gemacht werden.
- Zwar bedeutet die für das Modell notwendige Vereinfachung der Realität möglicherweise eine Entfremdung von realen Konfliktsituationen, bietet aber zugleich die Chance, komplexe Konflikt-, Herrschafts- und Kommunikationsstrukturen der Institution Schule überschaubar und damit überhaupt erst durchschaubar und handhabbar zu machen.
- Der Lernprozeß an diesem Modell wird nicht – und das erscheint besonders wichtig für die Qualifikation von Durchsetzungsfähigkeiten – in die Bereiche Wissensvermittlung (Rezeption von Informationen) und Verhaltensänderung aufgesplittert, sondern steht in

einem dialektisch organisierten Verhältnis. Die bekannten gefährlichen Folgen einer solchen Aufsplitterung (Anhäufung nutzlosen Wissens; Widerspruch zwischen Wissen und Verhalten; unreflektiertes *trial and error*-Lernen) werden versucht zu vermeiden.

- Das Modell bewirkt eine sehr starke Motivation bei den Teilnehmern, sich mit Fragen und Informationen auseinanderzusetzen, die unbedingt notwendig für Durchsetzungsfähigkeiten sind, in der Regel aber als ‹trockener Stoff› erlebt werden (z. B. Schulrecht).

Gerade der letztgenannte didaktische Vorzug sollte nicht zu der irrigen Annahme verführen, es ginge hier nur um angenehmeres, spannungsreicheres Lernen. Im Gegenteil: die didaktische Organisation soll dabei helfen, daß «schöpferische Phantasie und Spielfähigkeit als Produktivkräfte zur Transformation der Gesellschaft» eingesetzt werden (Herbert Marcuse).

Häufig wird der Einwand geäußert, daß es sich bei der Konfliktsimulation ja um eine wertneutrale Methode handle, die auch dazu benutzt werden könne, die Durchsetzungsfähigkeiten konservativer Kräfte zu trainieren. Sicherlich ist richtig, daß das Modell dazu benutzt werden kann, dennoch läßt sich eine Bruchgrenze vermuten, von der ab durch die demokratische Modellstruktur nicht mehr beliebig undemokratische Inhalte widerspruchslos von den Teilnehmern hingenommen werden würden. Diese Bruchgrenze ist außerdem durch methodische Maßnahmen noch so zu forcieren (vgl. Baer 1969, S. 429), daß sie schneller von den Teilnehmern erreicht wird.

10.3.1 Voraussetzungen für die Durchführung

Die Teilnehmer einer Konfliktsimulation müssen einige kognitive Voraussetzungen mitbringen. Einerseits müssen sie die formale Interaktionsstruktur der Institution Schule kennen und ein theoretisches Vorverständnis von der Rolle des antikapitalistisch orientierten Lehrers besitzen. Andererseits sollten sie wesentliche Teile gegenwärtiger Reaktionsmuster der Konfliktpartner kritischer Lehrer abschätzen und simulieren können (um z. B. ein realitätsnahes Simulieren der Eltern- und Schulleitungsrolle zu ermöglichen).

Seminare zur Theorie der Schule im Kapitalismus, zur Organisationsstruktur der Institution und ihrer Bürokratie, zur interaktionistischen Rollentheorie, zur Konfliktforschung und zu den Zielen antikapitalistischer Lehrerarbeit könnten einer Konfliktsimulation vorausgehen oder diese begleiten. Dafür wären Erkundungen in Schulen oder die Teilnahme an Schulpraktiken effektive Möglichkeiten. Optimal wäre es sicherlich, wenn eine Konfliktsimulation in einem Projektstudiengang integriert wäre (Hinweise dazu in Berndt u. a. 1972, Göttinger Kollektiv 1973).

Ein Politologe und ein Schulrechtler sollten für die Reflexionsphasen zur Verfügung stehen. Ansonsten könnten kritische Hinweise zu schul- und beamtenrechtlichen Problemen, die in der Konfliktsimulation auftauchen können, dem ‹*Handbuch zum Unterricht*› 1973, S. 27–45 entnommen werden. Die Simulation wird erfahrungsgemäß um so realitätsangemessener, je mehr ausgebildete kritische Lehrer daran teilnehmen. (Hinweise zur technischen Vorbereitung finden sich im Aufsatz von MÜLLER 1968.)

10.3.2 Lernziele

Bei der Aufstellung des Lernzielkatalogs für dieses didaktische Modell können die Lernziele, die Kaiser für die Planspielmethode zusammengestellt hat, spezifiziert werden:

«Die Planspielübungen fördern die Entwicklung eigener, praktikabler Entscheidungs- und Planungsstrategien.

Der Spieler erkennt die Bedeutung der für die Entscheidungsfindung notwendigen Vorbedingungen wie Informationsbeschaffung, Konsequenzenanalyse, Faktorenbewertung, Alternativenaufstellung usw. Die Planspielmethode fördert das Bewußtsein für Unsicherheit und Erwartung, Risiko und Wagnis, die in jeder Entscheidung enthalten sind ...

Die Plan- und Entscheidungsübung im Planspiel erhöhen die Entscheidungsfähigkeit, Entscheidungsbereitschaft und Entscheidungsfreiheit» (KAISER 1973, S. 80 f).

Wenn man diese allgemeinen, formalen Lernziele differenziert und für das Modell ‹Konfliktsimulation› erweitert, ergibt sich folgender Lernzielkatalog:

- Konfliktlage kennenlernen und analysieren können:
  Die Teilnehmer (= TN) sollen die exemplarisch vereinfachte Konfliktstruktur und politische Interessenkonstellation an der für die Simulation angenommenen Schule einschätzen lernen.
  Hierzu gehört auch, daß die TN die Relevanz der bei einem Schulkonflikt wirksam werdenden schul-, beamten- und verwaltungsrechtlichen Bestimmungen erfahren.
- Schulpolitische Gegner einschätzen lernen:
  Politische Zielsysteme und taktische Maßnahmen der konservativen Kräfte (z. B. Abwiegelung, Konfliktpersonalisierung, Drohung, Einschüchterung, Versetzung, Disziplinarmaßnahmen) analysieren und in ihrer Wirkung abschätzen lernen.
- Ökonomie der Ziele lernen:
  TN müssen die realitätsadäquate Differenzierung ihrer Ziele und Interessen vornehmen und die ‹reine Lehre› an die politische Situation anpassen können.

- Ökonomie der Mittel lernen:
  TN müssen die Mittel differenzieren können nach ihrer Wirkung auf verschiedene Gruppen, nach dem Prinzip der Verhältnismäßigkeit und nach den kurz-, mittel- und langfristigen Konsequenzen ihres Einsatzes.
  Die Anwendung von Maßnahmen zur Durchsetzung eigener Interessen sollen von den TN gelernt werden, zum Beispiel solidarisches Handeln, juristische Freiräume nutzen können, Fraktions- und Mehrheitsbildung lernen. Hinweise hierzu können die *‹Ratschläge für die Taktik am Arbeitsplatz›* geben (Kelb 1971).
- Ziel- und Strategie-Revision lernen:
  TN soll lernen, wie man die eigene politische Arbeit einer permanenten Selbstkritik unterzieht.

Alle aufgeführten Lernziele können nicht gleichmäßig gut von allen Spielgruppen erreicht werden. Deshalb ist gegebenenfalls ein Rollenwechsel (Wechsel der TN von einer Spielgruppe zur anderen) sinnvoll.

10.3.3 Inhalte der Konfliktsimulation

Die Auswahl von ein oder höchstens zwei Konfliktfällen bestimmt wesentlich die möglichen Lernergebnisse. Bei der Formulierung einer Ausgangslage ist – unter Einschätzung der Teilnehmer – die potentielle Entwicklung des Falls unbedingt zu berücksichtigen. Anregung für spielbare Konfliktfälle bietet die Sammlung von Schulkonflikten, die in den letzten Jahren vorgefallen sind (Lehmann 1971; *‹Materialien zum Berufsverbot›* 1972; *‹«Radikale» im öffentlichen Dienst›* 1973, S. 153 bis 213).

Günstig für effektive Lernprozesse im beabsichtigten Sinn erscheint zum Beispiel eine Ausgangslage, in der Lehrer eine antikapitalistische Unterrichtseinheit planen oder durchgeführt haben, was dann die Eltern oder die Schulleitung zu Gegenmaßnahmen provozieren kann. Es ist nützlich, sich bei einer solchen Ausgangslage vorformulierter Unterrichtseinheiten zu bedienen. (*‹Handbuch zum Unterricht›* 1973, ab S. 97; *‹Übersicht›*, 1972).

Beispiele für andere simulierbare Konfliktfälle:

- Eine Gruppe kritischer Lehrer versucht informell an der Gesamtschule eine kollektive Schulleitung zu verwirklichen.
- An einer Gesamtschule boykottiert eine kritische Lehrergruppe das dort übliche System ‹objektiver› Leistungsmessung und Zensurengebung.
- Zensur einer Schülerzeitung durch die Schulleitung und darauffolgende Solidarisierung von Lehrern mit der Schülerzeitungsredaktion.

- Eintritt eines rechtsradikalen Lehrers in das Kollegium.
- Eltern bestreiken (mit ihren Kindern) den Unterricht eines Lehrers, der das ‹Kleine rote Schülerbuch› verwendet.
- In einem Artikel der Rechtspresse wird die politische Vergangenheit eines Lehramtsanwärters veröffentlicht (Teilnahme an militanten Demonstrationen usw.).

10.3.4 Durchführung der Konfliktsimulation

In diesem Abschnitt wird die Organisation einer Konfliktsimulation in einzelnen Stichworten dargestellt; eine Diskussion einzelner Aspekte kann aus Platzgründen nicht erfolgen. Ablauf:
Planung
Vorbereitung I (Vortest)
Vorbereitung II (TN-Vorbereitung)
Spielphase I (Anbahnung eines Konflikts)
Reflexionsphase I
Spielphase II (Konflikteskalation)
Reflexionsphase II
evtl. audio-visuell unterstütztes Taktik-Training
Spielphase III (evtl. Konfliktlösung)
Nachbereitung I (Nachtest/Fragebogen)
Nachbereitung II (Abschlußreflexion)

- Vortest:
  Die TN füllen einen Vortest aus, der dann mit dem Vergleich der Ergebnisse im Nachtest Rückschlüsse auf die gemachten Lernprozesse zuläßt. Er enthält zum Beispiel schul- und beamtenrechtliche Fragen und Fragen nach subversiven Reaktionsmöglichkeiten in beschriebenen Konfliktsituationen.
- Vorbereitung der Teilnehmer:
  Gruppeneinteilung; Austeilung der schriftlich fixierten Beschreibung der Ausgangslage und der Spielregeln; Aufforderung an die Gruppen, der Spielleitung ihre voraussichtliche Spieltaktik und -politik angesichts der Ausgangslage und ihrer Definition der Gruppenrolle zuzuleiten; Aufforderung an alle Gruppen mit einem Spielschritt auf die Ausgangslage zu reagieren.
- Spielregeln für die Simulationsphase:
  Handlungspartner sind drei bis höchstens sechs Spielgruppen und die Spielleitung.

  Die Gruppen interagieren in der Regel schriftlich in Form von Spielschritten, die konkret formulierte Handlungen beinhalten, die Angabe von Absender- und Adressatengruppen verzeichnet haben. Der Spielschritt wird bei der Spielleitung abgegeben und von dieser weitergeleitet (Beispiel siehe Kasten).

Eine direkte mündliche Konfrontation von Spielgruppen ist möglich, muß aber durch den Gruppensprecher bei der Spielleitung beantragt werden. Ergebnis und Verlauf der direkten Konfrontation zweier oder mehrerer Gruppen muß in einem von der Spielleitung geführten Protokoll festgehalten werden.

Nach jeder Abgabe eines strategisch wichtigen Spielschrittes muß von der Gruppe zu diesem ein Begründungsbogen formuliert werden. Der Begründungsbogen ist mit einem Durchschlag für die absendende Gruppe zu erstellen und wird der Spielleitung abgegeben. Der Bogen soll Auskunft über die strategisch-taktischen Überlegungen in der Gruppe geben.

Die Gruppe sollte sich in der Regel an die formulierte Rollendefinition halten. Variationen und Fraktionierungen sind möglich, sofern sie in der Gruppe entstehen, ist der Spielleitung davon Mitteilung zu machen.

Die Spielleitung kann in zu begründenden Ausnahmefällen den Adressatenkreis eines Spielschrittes und die Definition der Realitätsangemessenheit (Verschärfung) verändern, falls dies aus spielmethodischen Gründen sinnvoll erscheint.

- Technische Durchführung:
  Hinweise hierzu geben die Autoren einiger Dokumentationen (MÜLLER 1968; RUHLOFF 1970; REIMANN 1971).
- Durchführung der Reflexionsphasen:
  Sie werden in der Regel von der Spielleitung, aber auch auf Wunsch einzelner Teilnehmer oder Gruppen einberufen. Durch einen Bericht der Spielleitung erhalten alle Gruppen einen Überblick über sämtliche bis zu diesem Zeitpunkt abgelaufenen Spielschritte. Dann werden Rechtsfragen, Realitätsnähe, Handlungsstrategien und eventuell Rollenwechsel diskutiert. Das Plenum kann vereinbaren, daß Teile der abgelaufenen Simulation (evtl. unter veränderten Bedingungen) wiederholt werden, daß Zeit übersprungen wird und dergleichen. Erfahrungen zeigen, daß Reflexionsphasen nach etwa 2 bis 3 Stunden Spiel einberufen werden sollten.
- Nachtest/hochschuldidaktischer Fragebogen:
  Zur Überprüfung der Lernergebnisse wird ein mit dem Vortest vergleichbarer Nachtest durchgeführt, der ebenso wie der Vortest eine Anzahl offener Fragen enthalten sollte. Der hochschuldidaktische Fragebogen sollte Auskunft über eingetroffene Erwartungen, Frustrationen und Kritik am Ablauf geben.

Beispiel für einen Spielschritt:

Der Vorfall, von dem die 1972 durchgeführte Konfliktsimulation ihren Ausgang nahm, wurde allen Spielgruppen zu Beginn folgendermaßen mitgeteilt:

«Ein Sozialkundelehrer und eine Referendarin (Wahlfach: Biologie) haben in der neunten Klasse der Hauptschule (überwiegend Mittelstandskinder) eine gemeinsame Unterrichtseinheit über Umweltschutz als konkrete Kapitalismuskritik angekündigt, die sie im Team-Teaching über sechs Wochen unterrichten wollen. Der Lehrer ist als ‹Linker› an der Schule ‹verschrien›, die Lehrerin ist als eine bekannt, die ‹antiautoritäre› Unterrichtsformen praktiziert (läßt sich duzen, lädt häufig Schüler nach Hause ein, macht progressive Sexualerziehung).»

Als beteiligte Gruppen wurden von den Teilnehmern gespielt:

- linke Lehrergruppe,
- SMV (gleichzeitig ein Schülerzeitungsredakteur und ein Klassensprecher der 9. Klasse),
- Eltern (mit Vertretern der Elternschaft der Schule),
- Schulleitung,
- Schulaufsichtsbehörde,
- Öffentlichkeit (lokale Zeitung, WDR-Fernsehlokalredaktion).

Von der Spielleitung wurden im Verlauf des Spiels noch die anfänglich nicht vorgesehenen Gruppen simuliert: Kultusministerium, Verfassungsschutz, Ordnungsamt.

Im Laufe der Konflikteskalation, die die Planung dieser Unterrichtseinheit provozierte, kam es auch zur Versetzung der beteiligten Referendarin, woraufhin die Schüler mit folgendem Spielschritt reagierten:

Von:	Gruppe Schüler	Spielschritt Nr.:	37
An:	Schulleitung	reale Uhrzeit:	19.37

Sehr geehrter Herr Rektor!

Wir haben gehört, daß unsere Lehrerin, Frl. Schulz, versetzt werden soll. Wir wollen wissen, was Sie davon halten und erwarten eine Stellungnahme von Ihnen zu dieser Sache und wollen wissen, ob das wirklich stimmt. Wir wollen nicht, daß unsere Lehrerin weggeht. Außerdem gefällt uns die Unterrichtsreihe, die sie jetzt macht, sehr gut. Sie müssen unbedingt etwas gegen diese Versetzung unternehmen.

Die Schüler der 9. Klasse

10.4 Erfahrungen mit Chancen und Grenzen der Konfliktsimulation

Nach den vorliegenden Informationen sind bislang in der BRD und West-Berlin etwa ein halbes Dutzend Konfliktsimulationen mit Lehrern und Pädagogikstudenten durchgeführt worden. Zwar liegen von diesen wenigen Erprobungen Erfahrungsberichte vor, die jedoch nicht generalisierbar sind, weil die unterschiedlichsten Konfliktfälle simuliert und reflektiert wurden. Trotzdem dürfte die Sammlung der vorliegenden Erfahrungen von Interesse sein, auch wenn hier keine ins einzelne gehende didaktische Diskussion vor allem von methodischen Aspekten möglich ist – diese liegt auch in einigen Arbeiten bereits vor (Baer 1968; Ruhloff 1970; Reimann 1971). Dort werden auch die immer wiederkehrenden Einwände ausführlich erörtert, wie zum Beispiel: Die nicht zu garantierende Realitätsangemessenheit der Simulation verstärke illusionäre oder irreale Einsichten; Studenten könnten noch keine Lehrer- oder Schulleiterrolle spielen; es handle sich nur um nette Spielerei und die Lernprozesse seien ja außerdem kaum überprüfbar, weshalb man dem Nutzen des Spiels skeptisch gegenübertreten müsse.

Alle Autoren, die Konfliktsimulationen dokumentiert haben, sind darin einig, daß das Engagement der Teilnehmer am Lernprozeß wesentlich höher (und damit die Lernerfolge effektiver) als bei vergleichbaren Seminaren sind (vgl. Vogel 1970, S. 409). Befragungen von didaktischen Kontrollgruppen bei den Versuchen von Müller und Baer bestätigen diesen Eindruck auch durch ein entsprechendes Votum der Teilnehmer. Zur Frage aber, ob eher Informationen oder Handlungsmöglichkeiten mit der Konfliktsimulation transportiert werden, liegen unterschiedliche Erfahrungen vor:

«Zusammenfassend läßt sich sagen, daß das Planspiel besser geeignet ist, auf der Basis bestimmter Kenntnisse in einer konfliktgeladenen Situation Handlungsalternativen, Handlungskonsequenzen und Problemlösungen durchzuspielen, als neue Kenntnisse zu vermitteln» (Reimann 1971, S. 61).

«Ausgezeichnet lief die Motivation der Teilnehmer zur Auseinandersetzung mit juristischen Fragen, die laufend auftauchten. Natürlich hatte die Auseinandersetzung mit dem Schulrecht nur projekthafte Züge und erfolgte nicht systematisch, sondern situationsgebunden. Dies ist jedoch motivierender und für die Praxis nützlicher ... Es wurde auch angeregt, im Sommersemester die juristische Beratung und Diskussion oder Simulation von Fällen fortzusetzen» (Baer 1972, S. 24).

Während der Simulationsphasen wird Wissen nur situationsgebunden erworben, und es liegt bei der Organisation der Reflexionsphasen, das Wissen dort zu systematisieren.

Müller teilt in seinem Bericht einige Einsichten mit, die die Simulationsteilnehmer machen konnten, und die von Baer bestätigt wurden, obwohl ein völlig anderer Schulkonflikt durchgespielt wurde (BAIER 1972, S. 11, 23 ff):

«Der Spielverlauf zeigte allen Beteiligten, daß sich, angesichts einer gemäßigt paternalistischen Lehrerschaft, einer nicht sonderlich aktiven Schülerschaft und einer liberalen Schulverwaltung Konflikte in unseren Schulen relativ lange vermeiden lassen. Begehen die Schüler oder ihre Vertreter hingegen Formfehler und werden diese Formfehler mit unangemessenen Sanktionen belegt, dann entstehen kaum vermeidbare Konflikte. Sind die Konflikte erst einmal entstanden, so werden sie in der Regel eskaliert, wenn keine Seite eine überdurchschnittliche Kompromißbereitschaft zeigt. Diese Eskalation kann durch Fremdeinflüsse ... und durch die direkte physische Konfrontation aller Beteiligten unterstützt werden. Solange es den gesetzten Autoritäten gelingt, den Konflikt zu personalisieren ... ist es möglich, die übrigen Konfliktpartner zu entmutigen und zu domestizieren, vor allem dann, wenn es nicht gelingt, die Unterdrückten zu solidarisieren. Gelingt hingegen die Solidarisierung der Unterdrückten, so bedarf es eines organisatorischen Rahmens, um die Soldarisierung zu stabilisieren ...» (MÜLLER 1968, S. 121).

Während also selbst in inhaltlich unterschiedlichen Simulationen ähnliche Struktureinsichten über den Konfliktablauf und die dabei wirksamen Mechanismen von den Teilnehmern gewonnen werden können, bleibt es der Micro-Analyse von Konfliktsituationen in der Reflexionsphase vorbehalten, Lernprozesse zur Ökonomie der Mittel und zur politischen Intelligenz (siehe Lernzielkatalog weiter oben) zu organisieren. Als wichtigste Lernprozesse wurde von den Teilnehmern auf einem hochschuldidaktischen Fragebogen angekreuzt: Strategien und Taktiken gelernt, Schul- und Beamtenrecht auszugsweise kennengelernt, Solidarität erfahren, gruppendynamische Prozesse gelernt. Mit dem letzten war von den Teilnehmern vor allem das Kennenlernen der Spielmethode und die damit einhergehenden Gruppenprozesse gemeint und nicht Lernprozesse, wie sie aus gruppendynamischen Trainings her bekannt sind. Dies macht nämlich gleich eine der wesentlichen Grenzen der Konfliktsimulation deutlich: die individuelle Dimension strategischen Lernens, in der Literatur bekannt als der ‹subjektive Faktor›, wird im Modell kaum thematisiert – es sei denn im Rahmen der Reflexion über die Umsetzung gewonnener Einsichten in reales Handeln im Beruf.

«Der politische Kampf um gesellschaftliche Verhältnisse, die humanisierten Bedürfnissen Rechnung tragen, die die freie Entfaltung des einzelnen mit der aller versöhnen, verlangt Strategien, die auch die Konstitution der Subjektivität der potentiellen Träger von Veränderungsprozessen in Rechnung stellen. Uminterpretierte therapeutische Erfahrungen aus dem Bereich der Psychiatrie können dazu beitragen, politisches Handeln zu rationalisieren, indem sie die subjektiven Barrieren problematisieren, die emanzipatorischem politischem Handeln im Wege stehen» (VINNAI 1973, S. 145).

Das leistet die Konfliktsimulation allein keineswegs. Hier wäre zu überlegen, wie solche Prozesse vielleicht durch die Kombination des Modells mit politischen Selbsterfahrungsgruppen ermöglicht werden können. Ansätze dazu bieten die auf strategisches Lernen von Schülern bezogenen Ausführungen zu Selbsterfahrungsgruppen in Kapitel 7 und die Überlegungen von Giere zu gruppendynamischen Seminaren für Lehrer (GIERE 1973, S. 441 ff).

Ferner sollte eine wesentliche Grenze des Modells darin gesehen werden, daß es Teilnehmer voraussetzt, die eine (möglicherweise noch wenig differenzierte) antikapitalistische Berufsperspektive besitzen. Die Veränderung der Zielvorstellungen unpolitischer oder konservativer Studenten und Lehrer ist durch das Modell kaum zu gewährleisten.

Abschließend mag die Äußerung eines Teilnehmers auf dem hochschuldidaktischen Fragebogen exemplarisch die Möglichkeiten, die in dem Modell für die Qualifizierung von Durchsetzungsfähigkeiten enthalten sind, charakterisieren:

«Entschluß: Progressive Gruppen innerhalb des Kollegiums aufzubauen. Entschluß: Bessere Information und intensivere Arbeit an der PH» (BAER 1972, Auswertungsanhang, S. 1).

10.5 **Strategisches Handeln in der Schule**[6]

Strategische Ausbildung in der Hochschule kann nur propädeutisches Lernen innerhalb eines relativen Schonraums sein. Das Konflikttraining ist und bleibt Simulation gesellschaftlicher Widersprüche, die dem Studenten zwar vermittelnd erfahrbar gemacht werden können, die aber erst den Lehrer in der Schulpraxis zwingen, sie handelnd zu bewältigen. Der Konflikt zwischen Anspruch und Wirklichkeit der Sozialisationsfunktion des Lehrers (vgl. Kapitel 9) kann vom Lehrerstudenten bestenfalls erkannt und nachvollzogen werden, er ist jedoch nicht gezwungen, diesen Konflikt durchzuhalten und in praktische Arbeit umzusetzen. Lehrer, die diesen Konflikt als Systemwiderspruch begriffen haben, laufen deshalb in der Schulpraxis ständig Gefahr, ihre politische Identität zu verlieren. Das kann höchst unterschiedliche, subjektiv oft nicht als Entpolitisierungsprozeß wahrgenommene Erscheinungsformen annehmen.

Solche Erscheinungsformen sind typischerweise:

- *Handwerkelei:* das Sich-Verlieren in kleinste Reformen;
- *Schulflucht:* teilweise oder völliger Rückzug auf außerschulische politische Handlungsfelder;
- *blinder Aktionismus:* unvermittelte Aktionen, deren politische Folgen nicht bedacht werden und die sich negativ auf die eigenen Handlungsmöglichkeiten auswirken, und

6 Dieser Abschnitt wurde zusammen mit Dagmar Hänsel verfaßt.

- *Schizophrenie:* isoliertes Nebeneinander von politischem Bewußtsein und beruflicher Praxis, das in manifeste Krankheit umschlagen kann.

Daneben ist natürlich auch das Umschlagen in solche Verhaltensweisen möglich, die in Kapitel 9 als Konformismus, Ritualismus und Innovation bezeichnet wurden. Wenn solche Entpolitisierungsprozesse vermieden werden sollen, ergeben sich folgende Notwendigkeiten:

- permanente Reflexion des erlebten Widerspruchs im Zusammenhang politischer Theorie;
- Entwicklung von Stabilisierungsmaßnahmen zur Vermittlung von objektiver Lage und Identität, also zum individuellen Aushalten des Widerspruchs und zum Nutzbarmachen für strategisches Lernen und
- Wahrnehmung von Möglichkeiten zur ursächlichen Bekämpfung des Widerspruchs.

Jede dieser einzelnen Handlungen ist für sich genommen eine notwendige, aber nicht hinreichende Bedingung zur Verhinderung von Entpolitisierungsprozessen bei Lehrern.

Die oben genannte permanente Reflexion des erlebten Widerspruchs gelingt vermutlich erst dann, wenn der einzelne, in seiner Arbeit oft isolierte Lehrer einer politischen Gruppe angehört, die ihn zu ständiger Theoriereflexion verpflichtet. Solche Gruppen sind in der Regel im außerschulischen Bereich angesiedelt, zum Beispiel in der Hochschule, zu der der Lehrer auch nach seinem Studium Kontakt halten sollte. Sofern solche Gruppen für den Lehrer nicht erreichbar sind, könnte er doch durch Lektüre versuchen, den Anschluß an die linke Theoriediskussion zu behalten[7].

Als Stabilisierungsmaßnahmen von objektiver Lage und Identität lassen sich formale, emotionale und strategische unterscheiden. Formale Stabilisierung kann zum Beispiel durch die Absicherung von Unterrichtsinhalten und -methoden im Rahmen bestehender Gesetze und Lehrpläne erreicht werden (vgl. *‹Handbuch für den Unterricht›* 1973). Lehrpläne sind nicht nur interpretierbar, ihre vagen Formulierungen lassen auch Freiräume, die für strategisches Lernen genutzt werden können. Hierdurch muß man sich gegenüber Schulverwaltung, Eltern und Referendarausbildern absichern, um seine eigene Position zumindest formal unangreifbar zu machen. Dafür kann auch der Rechtsschutz der Gewerkschaften ein nützliches Instrument sein, ebenso wie die zentrale Sammlung und Bereitstellung von Informationen über entsprechende Unterrichtsmodelle (vgl. *‹Übersicht›* 1972, S. 90–107).

Die formale Absicherung des Handelns bleibt jedoch wirkungslos, wenn dem einzelnen Lehrer eine psychische Stabilisierung nicht gelingt.

7 Entsprechende Informationen sind zum Beispiel über die Versandbuchhandlung Politladen Erlangen, 852 Erlangen, Hindenburgstraße 17, zu erhalten.

Dazu ist vor allem eine solidarische Bezugsgruppe notwendig, in der der Lehrer angstfrei kommunizieren kann und von der er politische und emotionale Unterstützung erfährt. Diese Funktion könnte zum Beispiel eine Lehrer-Basisgruppe haben, zu der sich Lehrer aus unterschiedlichen Schulen zusammenschließen, um folgende Aufgaben anzugehen:

- um gemeinsam antikapitalistische Unterrichtseinheiten zu planen;
- um über selbsterfahrene Schulkonflikte zu diskutieren;
- um Anschluß an die ‹linke› Theoriediskussion zu behalten;
- um Erfahrungsaustausch und informelle Kontakte zu ermöglichen.

Sowohl die formale als auch die emotionale Stabilisierung von Lehrern muß integriert sein in ein Konzept strategischer Stabilisierungsmaßnahmen. Die Vermittlung strategischen Lernens in der Schule setzt voraus, daß sich der Lehrer Bündnispartner schafft, die ihn in seiner Arbeit aktiv unterstützen, mit ihm sympathisieren oder ihn zumindest stillschweigend gewähren lassen. Solche Bündnispartner wären nicht nur Schüler und Eltern, sondern zum Beispiel auch Hochschullehrer, Angehörige der Schulaufsichtsbehörde und Journalisten. Auf Grund seiner Kenntnis von der spezifischen Situation der Schule, an der er arbeitet, kann der Lehrer in Kommunikation mit der Basisgruppe und mit entsprechenden Bündnispartnern versuchen, eine Handlungsperspektive zu entwickeln, bei der die langfristigen Perspektiven in realisierbare Zwischenziele aufgelöst werden. Als Voraussetzung für die Verwirklichung solcher Zwischenziele sind taktische Fähigkeiten notwendig, die als bewußter Teil des Handels begriffen werden müssen. In diesem Zusammenhang wären zum Beispiel das Anknüpfen an die aktuelle Bewußtseinslage potentieller Konfliktpartner, die Einsicht in informelle Machtstrukturen bis hin zum Vermeiden von Reizwörtern zu nennen (vgl. Kelb 1971).

Es genügt nicht allein, wenn der Lehrer den grundlegenden Widerspruch zwischen Anspruch und Wirklichkeit seiner Sozialisationsfunktion als gesamtgesellschaftlichen erkennt und fähig ist, diesen Widerspruch in seiner Arbeit in der Schule durchzuhalten, er muß auch die ihm offenstehenden Möglichkeiten zur ursächlichen Bekämpfung dieses Widerspruchs wahrnehmen:

- Beteiligung an Stadtteilprojekten, Bürgerinitiativen, Betriebsgruppenarbeit usw.;
- Initiierung solidarischer politischer Aktionen im Bildungsbereich, zum Beispiel Streiks, Boykotte, Teach-ins, Demonstrationen und
- Organisierung in Gewerkschaften, Parteien oder ähnlichen Gruppierungen.

Der hier idealtypisch dargestellte Anspruch ist dermaßen hoch, daß mancher Lehrer versucht sein könnte, lieber überhaupt keinen Versuch zu seiner Realisierung zu machen. Dennoch – anders geht es nicht.

Bibliographie

ALTVATER, E.: Seminarpapier zum Problem »Ende der Rekonstruktionsperiode«. 1971

ALTVATER, E., F. HUISKEN (Hg.): Materialien zur politischen Ökonomie des Ausbildungssektors. Erlangen 1971

Arbeitsseminar: Protokoll des Arbeitsseminars von Pädagogischen Mitarbeitern an West-Berliner Schulen am 11. und 12. Dezember 1971. In: Gesamtschul-Informationen des PZ 1 (1972)

Arbeitskreis Progressive Kunst (Hg.): Lehrlinge messen Unternehmerinteressen 1 und 2. Oberhausen 1970

Arbeitskreis Progressive Kunst (Hg.): Von braven Chefs und bösen Lehrlingen. Oberhausen o. J.

Arbeitskreis Progressive Kunst (Hg.): Für eine andere Deutschstunde. Oberhausen 1972

Auszüge aus den Hessischen Rahmenrichtlinien »Deutsch«, in: G. Köhler, E. Reuter (Hg.): Was sollen Schüler lernen? Die Kontroverse um die Hessischen Rahmenrichtlinien für die Unterrichtsfächer Deutsch und Gesellschaftslehre. Frankfurt am Main 1973

Autorengruppe ASP/MV: Abenteuerspielplatz – Wo verbieten verboten ist. Reinbek 1973

BAER, U.: Spielend lernen, was Gesellschaft ist. In: das baugerüst. Mitarbeiterzeitschrift für den Dienst an der Jungen Gemeinde 9 (1968)

BAER, U.: Ein Modell für emanzipierende Erziehung – das Entscheidungsspiel. In: deutsche jugend 9 (1969)

BAER, U.: Konflikttraining für Lehrer. Dortmund 1972 [unveröffentl. Manuskript]

BAETHGE, M.: Ausbildung und Herrschaft. Frankfurt am Main 1971

BAETHGE, M.: Abschied von Reformillusionen. In: betrifft: erziehung 11 (1972)

BAETHGE, M., W. ESSBACH, E. SANDER, H. W. STEIN: Zur analytischen Bedeutung der polit-ökonomischen Kategorie hinsichtlich der Erfassung bildungspolitischer Entscheidungsprozesse in der BRD. In E. Altvater/F. Huisken (Hg.): Materialien zur politischen Ökonomie des Ausbildungssektors. Erlangen 1971

Balle, Malle, Hupe und Artur. Wagenbachs Quartplatte Nr. 8

BAMBERG, H. D., M. BOSCH (Hg.): Politisches Lesebuch. Starnberg 1973

BANDURA, A., R. H. WALTERS: Aggression. In H. W. Stevensen, J. Kagan, B. Spiker (Hg.): Child Psychology. Chicago 1963

BAUERSFELD, H., u. a.: alaf 1 – Wege zur Mathematik. Handbuch zum Lehrgang. Teil 1. Hannover 1970

BAUERSFELD, H., u. a.: alaf – Wege zur Mathematik. Elternbrief. Hannover o. J.

BAUMGARTNER, A.: Didaktischer Bezugsrahmen einer vorschulischen Erziehung. In: G. Beckert, G. Heermann (Hg.): Chancengleichheit durch Förderung. Weinheim 1972

BEBEL, A.: Briefwechsel mit Friedrich Engels. Hg. von W. Blumenberg. London, The Hague, Paris 1965

BECKER, G.: Soziales Lernen als Problem der Schule. Zur Frage der Internatserziehung. In W. Schäfer, W. Edelstein, S. Becker: Probleme der Schule im gesellschaftlichen Wandel. Frankfurt am Main 1971

BECKER, H. S.: Social Class Variations in the Teacher-Pupil Relationship. In B. R. Cosin (Hg.): School and Society. A Sociological Reader. London 1971

BERGMANN, J. u. a.: Herrschaft, Klassenverhältnis und Schichtung. In Th. W. Adorno (Hg.): Spätkapitalismus oder Industriegesellschaft? Verhandlungen des 16. Deutschen Soziologentages. Stuttgart 1969

BERGMANN, W., H. HENSEL, P. KÜHNE, E. NYSSEN (Hg.): Arbeitersongbuch. Frankfurt am Main 1973

Bericht der Bundesregierung zur Bildungspolitik vom 8. 6. 1970

Berliner Programm der CDU, II. Fassung 1971. In: CDU-Dokumentation. Bonn 1971

Bericht über das proletarische Kindertheater X. Von einem Arbeitskollektiv. In: betrifft: erziehung 2 (1972)

Berliner Unterrichtskollektiv: Sozialisation und Sprachbarrieren 1. In: H. Ide (Hg.): Projekt Deutschunterricht 2. Stuttgart 1972

Berndt, E.-B., u. a.: Erziehung der Erzieher: Das Bremer Reformmodell. Reinbek 1972

Bernfeld, S.: Sisyphos oder die Grenzen der Erziehung. Frankfurt am Main 1967

Bernhardt, M.: Zielsetzungen der integrierten Gesamtschule und ihre Realisierungschancen. Frankfurt am Main 1973 [Manuskriptdruck des Deutschen Instituts für Internationale Pädagogische Forschung]

betrifft: erziehung: Die Freiheit, die uns versprochen worden ist, wird uns hier weggenommen. 3 (1973) [ohne Autor]

Deutscher Bildungsrat: Empfehlungen der Bildungskommission; Einrichtung von Schulversuchen mit Ganztagsschulen. Bonn 1968

Deutscher Bildungsrat: Empfehlungen der Bildungskommission: Einrichtung von Schulversuchen mit Gesamtschulen. Stuttgart 1970

Bleicher, K.: Unternehmensspiele. Baden-Baden 1962

Bloom, B. S.: Alle Schüler schaffen es. In: betrifft: erziehung 11 (1970)

Boehncke, H. (Hg.): »Vorwärts und nicht vergessen«. Ein Lesebuch. Reinbek bei Hamburg 1973

Boettiger, H., W. v. Koerber, J. Kühn: Unterrichtseinheit Arbeit. Offenbach 1972

Bönsch, M.: Soziales Lernen in der Gesamtschule. In: Neue Deutsche Schule 17 (1972)

Borchers, H., H. Krämer: Probleme des Mathematikunterrichts an der Gesamtschule, aufgezeigt am Beispiel der 5. Jahrgangsstufe. In G. Bechert (Hg.): Gesamtschulen in Nordrhein-Westfalen. Weinheim 1971

Brocher, T.: Gruppendynamik und Erwachsenenbildung. Braunschweig 1967

Brückner, P., A. Krovoza: Staatsfeinde. Innerstaatliche Feinderklärung. Berlin 1972

Bruder, K. J.: Taylorisierung des Unterrichts. In: Kursbuch 24, Berlin 1971

Brüggelmann, H.: Offenes Curriculum. In: Zeitschrift für Pädagogik 18. Jg. (1972), Heft 1

Buber, M.: Der utopische Sozialismus. München 1967

Bühlow, G., u. a.: Gesamtschule zwischen Schulversuch und Strukturreform. Weinheim 1972

Bühlow, G., u. a.: Widersprüche in der Strukturreform des Bildungssystems am Beispiel der Gesamtschule. In: alternative 14 (1971)

Bundesarbeitsgemeinschaft Jugendaufbauwerk (Hg.): Schulsozialarbeit. Ein Leitfaden zur Errichtung und Durchführung von Modellversuchen sozialpädagogischer Jugendarbeit an Schulen. Bonn 1973

Butschkau, U., K.-J. Tillmann: Politische Sozialisation in der Gesamtschule. Ziele, Fakten, Strategien. München 1972

Caesar, B.: Autorität in der Familie. Reinbek 1972

Carlsson, R. O.: Environmental Constraints and Organizational Consequences: The Public School and its Clients. In: Behavioral Science and Educational Administration. 63. Yearbook of the National Society for the Study of Education, Part II., Chicago 1964

Combe, A., Stichwort »Lehrer und Gesellschaft«. In E. Rauch/W. Anzinger (Hg.): Wörterbuch Kritische Erziehung. Starnberg 1972

Combe, A., F. Riess: Schulreform als Moment gesellschaftlicher Veränderung. In Stadt Bochum (Hg.): Gesamtschule – Schule der Demokratie. Bochum 1971

Dahl, J.: Mißlichkeiten zur Mengenlehre. Westdeutscher Rundfunk, 1. Hörfunkprogramm, 2. 4. 1963

Dahle, W.: Kompensatorische Sprachdidaktik – Ein neuer Ansatz für den Deutschunterricht. In: G. Bechert, G. Heermann: Chancengleichheit durch Förderung. Weinheim 1972

Dahle, W.: Deutschunterricht und Arbeitswelt: Modelle kritischen Lernens. Reinbek bei Hamburg 1972

Damerow, P., Ch. Keitel: Mengenlehre und Disziplin. Westdeutscher Rundfunk, III. Hörfunkprogramm, 24. 2. 1970; Raubdruck in: Materialien zur Klassenschule. Heft 1

DANNWOLF, G., u. a.: Arbeitslehre aus gewerkschaftlicher Sicht. In GEW (Hg.): Im Brennpunkt. Frankfurt am Main 1972

DEPPE-WOLFINGER, H.: Gewerkschaftliche Jugendbildung und politisches Bewußtsein. In: F. Deppe: Das Bewußtsein der Arbeiter. Köln 1971

DGB, Abt. Jugend: Jugendpolitische Forderungen der Gewerkschaftsjugend. In: Gesamtschul-Informationen des PZ 4 (1971)

DGB, Abt. Jugend: Resolution zur Bildungspolitik. Beschlossen auf der zentralen Tagung der Gewerkschaftsjugend 1973

DICK, O., TH. ZIEGLER: Einführung in das »matema« – Begriffsspiel. Hannover 1968

DIEMER, A.: Illegalisierung und Disziplinierung oppositioneller Lehrer in der BRD – Zur Funktion des Beamtenrechts in der bürgerlichen Demokratie. In: Erziehung und Klassenkampf 5/6 (1972)

DIENES, Z. P.: Aufbau der Mathematik. Freiburg 1965

DOHNANYI, K. v.: Wo die Reform weh tut. In K. v. Dohnanyi (Hg.): Die Schulen der Nation. Düsseldorf 1971

DREITZEL, H. P.: Das gesellschaftliche Leiden und das Leiden an der Gesellschaft. Vorstudien zu einer Pathologie des Rollenverhaltens. Stuttgart 1968

DREITZEL, H. P.: Soziale Rolle und politische Emanzipation. In: Das Argument 71 (1972)

DAHM, D.: Angst im Kapitalismus. Mannheim 1972

ECKHARDT, H. (Hg.): Neue Mathematik in den Klassen 5 bis 7. Frankfurt, Berlin, Bonn, München 1969

EDELSTEIN, W.: Chancengleichheit ohne Schulreform. In: Neue Sammlung 1966, S. 627 ff.

EDELSTEIN, W., W. SCHÄFER: Unterrichtsziele im Sprachunterricht in der differenzierten Gesamtschule. In: Lernziele der Gesamtschule. Stuttgart 1969

EHLICH, K., u. a.: Spätkapitalismus – Soziolinguistik – Kompensatorische Spracherziehung. In: Kursbuch 24 (1971)

ENGELS, F.: Herrn Eugen Dühring's Umwälzung der Wissenschaft. Berlin 1948

ENZENSBERGER, H. M., u. a. (Hg.): Klassenbuch 3. Ein Lesebuch zu den Klassenkämpfen in Deutschland 1920–1971. Darmstadt, Neuwied 1972

ETZIONI, A.: Compliance Theory. In O. Grusky, G. A. Miller (Hg.): The Sociology of Organization. New York 1970

EVERS, C.-H.: Einleitung zum Bundeskongreß Gesamtschule. Leverkusen 1973 [unveröfftl. Manuskript]

FEND, H.: Vorüberlegungen zu einer interdisziplinären Theorie der Schule. Konstanz 1972 [unveröfftl. Manuskript]

FISCHER, A.: Die Entfremdung des Menschen in einer heilen Gesellschaft. München 1970

FISCHER, W.: Die gegenwärtige Entwicklung im Schulwesen der BRD. In: Der Sozialistische Lehrer 3, Linz 1972

FLÖSSNER, W.: Überlegungen zur Organisation des Ganztagsbetriebes an Gesamtschulen. In: Gesamtschule 4 (1970)

Forschungsgruppe Gesamtschule Dortmund u. a.: Zur Jugendverbandsarbeit an Gesamtschule 4 (1970)

FREIRE, P.: Pädagogik der Unterdrückten. Stuttgarter RU 2 (1972)

FREUND, H.: Gedanken zur Differenzierung. In: Gesamtschul-Informationen des PZ 4 (1972)

FRISTER, E.: Die Stellung des Lehrers in der kapitalistischen Gesellschaft. In: Die deutsche Schule 2 (1972)

FRISTER, E.: Von der aktiven Toleranz. Über Schwierigkeiten, die »Linke« in der GEW verursachen. In: Erziehung und Wissenschaft 3 (1973)

FROHN, H.: Kooperation mit den Eltern: Chance für einen demokratischen Unterricht. In: betrifft: erziehung 1 (1972)

FÜRSTENAU, P.: Zur Psychoanalyse der Schule als Institution. In P. Fürstenau u. a.: Zur Theorie der Schule. Weinheim 1969

Gemeinnützige Gesellschaft Gesamtschule (Hg.): Gesamtschule. 1971 – Situation und Probleme. Bochum 1971

Gesamtschule Dortmund: Organisation der Gesamtschule. Internes Arbeitspapier (2 päd. 110) vom 20. 1. 1973

Gesamtschule Dortmund: Projekt Sozialisation. Internes Arbeitspapier (3 GtB 310) vom 13. 10. 1971

Gesamtschule Steilshoop: Bildungszentrum Gesamtschule. Internes Arbeitspapier, Steilshoop 1969

Giere, W.: Gruppendynamik und politische Bildung. In: K. Horn (Hg.): Gruppendynamik und der »subjektive Faktor« – Repressive Entsublimierung oder politisierende Praxis. Frankfurt am Main 1972

Giere, W.: Gruppendynamik und bürgerliches Individuum. Zur Problematik des politischen Lernens in gruppendynamischen Seminaren für Lehrer. In: Westermanns Pädagogische Beiträge 8 (1973)

Goffmann, E.: Asyle. Über die soziale Situation psychiatrischer Patienten und anderer Insassen. Frankfurt am Main 1972

Gordon, W.: The Social System of the High School. A Study in the Sociology of Adolescence. Glencoe 1957

Gorz, A.: Zur Strategie der Arbeiterbewegung im Neokapitalismus. Frankfurt am Main 1967

Göttinger Kollektiv: Lehrerausbildung durch Projektstudium. Reinbek 1973

Grebe, W.: Erziehung zur Solidarität. Gießen 1972

Habermas, J.: Soziologische Notizen zum Verhältnis von Arbeit und Freizeit (1958). In H. Giesecke (Hg.): Freizeit- und Konsumerziehung. Göttingen 1968

Habermas, J.: Arbeit und Interaktion. In: Technik und Wissenschaft als Ideologie. Frankfurt am Main 1968

Hamm-Brücher, H.: Gesamtschule – Schule der Demokratie. In: Arbeitskreis Gesamtschule (Hg.): Landeskongreß Gesamtschule. Bochum 1971

Handbuch zum Unterricht: Hauptschule. Modelle emanzipatorischer Praxis. Hg. von W. Raith, Starnberg 1973

Hanf, G., u. a.: Die differenzierte Gesamtschule – Darstellung und Kritik. In E. Altvater, F. Huisken (Hg.): Materialien zur politischen Ökonomie des Ausbildungssektors. Erlangen 1971

Hänsel, D., H. Ortmann: Kompensatorische Vorschulerziehung und sozialer Aufstieg. In: Zeitschrift für Pädagogik 17 (1971)

Haug, F.: Kritik der Rollentheorie und ihrer Anwendung in der bürgerlichen deutschen Soziologie. Frankfurt am Main 1972

Heimbold, R.: Zum Thema: Gelenkte Demonstration. In: Hellweger Anzeiger, Ausgabe Kamen, 6/7. 11. 1971

Heckhausen, H.: Förderung der Lernmotivierung und der intellektuellen Tüchtigkeit. In H. Roth (Hg.): Begabung und Lernen. Stuttgart 1969

Heinrich, R.: Zur politischen Ökonomie der Schulreform. Frankfurt am Main 1973

Henry, J.: Der erlebte Alptraum – Lernziel Entfremdung. In: betrifft: erziehung 5 (1973)

Hensel, H.: »Im Mittelpunkt steht der Mensch« – Proletarische Literatur im Politischen Unterricht der Hauptschule. Staatsarbeit Dortmund 1973, erscheint demnächst in der Reihe »Roter Pauker«

Hentig, H. v.: Schule als Erfahrungsraum. In Philologenverband NW (Hg.): Sozialisation und Erziehung. Bottrop 1972

Hildebrandt, K.: Texte zur Lage der Arbeiter in der Bundesrepublik – Unterrichtspraktische Hinweise. In: H. Ide (Hg.): Projekt Deutschunterricht 4. Stuttgart 1973

Hoernle, E.: Grundfragen proletarischer Erziehung. Frankfurt am Main 1970

Hofacker, H., B. Lecke: Beliebte Opfer oder Klassiker in der Schule – Aus Handbüchern für den Deutschunterricht. In: H. Ide (Hg.): Bestandsaufnahme Deutschunterricht. Stuttgart 1970

Hoffmann, V.: Der Klassencharakter der Gesamtschule. Berlin 1972

HOFMANN, W.: Verelendung. In: Folgen einer Theorie – Essays über »Das Kapital« von Karl Marx. Frankfurt am Main 1967

HOLTKAMP, U.: Soziales Lernen an der Gesamtschule Kamen. In G. Bechert (Hg.): Gesamtschulen in Nordrhein-Westfalen. Weinheim 1971

HORN, R.: Prinzipielle Fragen ungeklärt. In: betrifft: erziehung 4 (1973)

HORN, R., G. STARK: Chancengleichheit durch Leistungskurse? In: betrifft: erziehung 3 (1972)

HORSTKEMPER, M., u. a.: Die organisierte Verschleierung des Elends: Sozialfürsorge und Sozialarbeit. In: H.-D. Bamberg, M. Bosch (Hg.): Politisches Lesebuch. Starnberg 1973

HOY, W. K.: The Influence of Experience on the Beginning Teacher. In: School Review 76 (1968)

HUISKEN, F.: Anmerkungen zur Klassenlage der pädagogischen Intelligenz. In E. Altvater, F. Huisken (Hg.): Materialien zur politischen Ökonomie des Ausbildungssektors. Erlangen 1971

HUISKEN, F.: Kurzdarstellung marxistischer Kategorien, die zur Kritik der bürgerlichen Bildungsökonomie dienen können. In E. Altvater, F. Huisken (Hg.): Materialien zur politischen Ökonomie des Ausbildungssektors. Erlangen 1971

HUISKEN, F.: Zur Kritik bürgerlicher Didaktik und Bildungsökonomie. München 1972

HURRELMANN, K. u. a.: Die familiäre und schulische Situation der Kinder an Hauptschulen. Als Manuskript vorgelegt von der »Forschungsgruppe Hauptschule«. München 1969

HURRELMANN, K.: Die Guten ins Töpfchen . . . In: betrifft: erziehung 10 (1971)

HURRELMANN, K.: Unterrichtsorganisation und schulische Sozialisation. Weinheim 1971 (a)

IDE, H. (Hg.): Bestandsaufnahme Deutschunterricht. Ein Fach in der Krise. Stuttgart 1970

IDE, H. (Hg.): Projekt Deutschunterricht 2 – Sozialisation und Manipulation durch Sprache. Stuttgart 1972

IDE, H. (Hg.): Projekt Deutschunterricht 3 – Soziale Fronten in der Sprache. Stuttgart 1972

IDE, H. (Hg.): Projekt Deutschunterricht 4 – Sprache und Realität. Stuttgart 1972

IDE, H. (Hg.): Projekt Deutschunterricht 5 – Massenmedien und Trivialliteratur. Stuttgart 1973

INGENKAMP, K. H.: Möglichkeiten und Grenzen des Lehrerurteils und der Schultests. In H. Roth (Hg.): Begabung und Lernen. Stuttgart 1969

JAEGGI, U.: Kapital und Arbeit in der Bundesrepublik. Frankfurt am Main 1973

JANOSSY, F.: Das Ende des Wirtschaftswunders, Frankfurt am Main 1966

JUNG, K.: Unterrichtsziele im Mathematikunterricht der differenzierten Gesamtschule. In: Deutscher Bildungsrat (Hg.): Lernziele der Gesamtschule. Stuttgart 1969

JUNKER, W., K. SCZYRBA: Lebensnahes Rechnen. 2. Aufl. Ratingen 2 (1968)

KAISER, F.-J.: Entscheidungstraining. Die Methoden der Entscheidungsfindung. Bad Heilbrunn 1973

KANITZ, O. F.: Eine objektive, doch gefährliche Rechenstunde. In: alternative 83 (1972)

KARRAS, H.: Die Grundgedanken der sozialistischen Pädagogik in Marx' Hauptwerk »Das Kapital«. Berlin (DDR) 1958, Frankfurt am Main 1972

KATH, B.: Schulpsychologe, Pädagogischer Mitarbeiter und Didaktischer Leiter als Initiatoren sozialen Lernens in der Gesamtschule. In: W. Keim (Hg.): Gesamtschule – Bilanz ihrer Praxis. Hamburg 1973

KAUFMANN, H.: Definition and Methodology in a Study of Aggression. In: Psychological Bulletin 64 (1965)

KEIM, W. (Hg.): Gesamtschule – Bilanz ihrer Praxis. Hamburg 1973

KEITEL, CH., P. PAMEROW: Unvollendete Revolution. In: betrifft: erziehung 8 (1969)

KELB, B.: Betriebsfibel. Ratschläge für die Taktik am Arbeitsplatz. Berlin 1971

KELBER, R.: Einübung in die Klassengesellschaft. In H.-D. Bamberg, M. Bosch (Hg.): Politisches Lesebuch. Starnberg 1973

KERN, H., M. SCHUMANN: Industriearbeiter und Arbeiterbewußtsein. Teil I, Teil II. Frankfurt am Main 1970

KIENITZ, W.: Einheitlichkeit und Differenzierung in der Gesamtschule. In: Schule und Nation 3 (1972)

KIRST, W., U. DIEKMEYER: Contact Training. Stuttgart 1972

KLINGER, L.: Der Stellenwert von Abnehmerbefragungen für das Curriculum der Mathematik in der reformierten gymnasialen Oberstufe. In: Der mathematische und naturwissenschaftliche Unterricht 3 (1973)

KOB, J.: Die Rollenproblematik des Lehrerberufs. In P. Heintz (Hg.): Soziologie der Schule. 4. Sonderheft der Kölner Zeitschrift für Soziologie und Sozialpsychologie. Köln, Opladen 1959

KOCH, J. J.: Lehrer – Studium und Beruf. Einstellungswandel in den ersten beiden Phasen der Ausbildung. Ulm 1972

KOERBER, W. v., J. KÜHN: Tarzan im Unterholz der Pädagogik oder Der politische Hintergrund der Unterrichtseinheit »Arbeit«. In: Informationsdienst des Sozialistischen Lehrerbundes 9, Offenbach 1972

KRÄMER, H.: Sozialschicht und schulische Leistung im Fach Mathematik. In: Gesamtschule Fröndenberg: Informationen 2 (1972) [Manuskript]

KRAMP, W.: Die Berufsrolle des Lehrers. In: H. Frommberger, H.-G. Rolff, W. Spies (Hg.): Die Kollegstufe als Gesamtoberstufe. Braunschweig 1972

KRAPP, G.: Marx und Engels: Über die Verbindung des Unterrichts mit produktiver Arbeit und die polytechnische Bildung. Frankfurt am Main 1971

KRAPPMANN, L.: Neuere Rollenkonzepte als Erklärungsmöglichkeit für Sozialisationsprozesse. In: betrifft: erziehung 3 (1971)

KRAUSE-VILMAR, D., H. SCHMITT: Gedanken zur politischen Arbeit in der Schule. In: Blätter für Deutsche und Internationale Politik 1 (1973)

KUHLMANN, CHR., C. ZISOWSKY: Zur sozialpädagogischen Arbeit an der Gesamtschule. In: Gesamtschul-Informationen des PZ 4 (1971)

KÜHNE, P.: Arbeiterklasse und Literatur. Frankfurt am Main 1972

Kultusminister NW: Rahmenlehrpläne für den 5. und 6. Jahrgang.
Darin:
Rahmenlehrplan Lernbereich Deutsch/ESU Düsseldorf 1972 (a)
Rahmenlehrplan Lernbereich Gesellschaft/Politik. Düsseldorf 1972 (b)
Rahmenlehrplan Lernbereich Wirtschaftslehre. Düsseldorf 1972 (c)
Rahmenlehrplan Lernbereich Mathematik. Revidierte Fassung, Düsseldorf 1973

Kultusminister NW: Vorläufige Richtlinien zur Differenzierung im Sekundarbereich I der Gesamtschule (Klasse 5–10), vom 2. 2. 1973, AZ: IC 1.36–20–26/0–396/73 1973 (a)

LANGE, O.: Grundlagen für die Curriculumarbeit in Mathematik an Gesamtschulen Schleswig-Holsteins. In: Gesamtschul-Informationen des PZ 4 (1972)

LANGE-GARRITSEN, H.: Strukturkonflikte des Lehrerberufs. Düsseldorf 1972

LEFELMANN, H.: Unterrichtsfreies Lernen an der Gesamtschule. In: Gemeinnützige Gesellschaft Gesamtschule (Hg.): Gesamtschule 1971 – Situation und Probleme. Bochum 1971

LEHMANN, L.: Klagen über Lehrer F. und andere Schulbeispiele. Frankfurt am Main 1971

Lehrlingsausbildung in der Bundesrepublik. Beispiel einer Unterrichtseinheit im Unterricht »Gesellschaftslehre« an der Gesamtschule Bruchköbel. Reihe Roter Pauker, Heft 4, Offenbach 1972

LETHEN, H.: Kritische Literaturwissenschaft, Trivialliteratur und Manipulationstheorie. Etappen der »linken Germanistik« 1967–1970. In: W. Girnus u. a.: Von der kritischen zur historisch-materialistischen Literaturwissenschaft. Berlin 1971

LIEBEL, M.: Theoretische und praktische Aspekte der Schülerrebellion. In: M. Liebel, F. Wellendorf: Schülerselbstbefreiung. Frankfurt am Main 1969

LIEBEL, M.: Überlegungen zum Praxisverständnis antikapitalistischer Jugendarbeit. In: deutsche jugend 1 (1971)

LIEBHART, E. H.: Sozialisation im Beruf. Ergebnisse einer Panelbefragung von Studienreferendaren. In H. Lüdtke (Hg.): Erzieher ohne Status? Heidelberg 1973
Die Linkskurve. 1.–4. Jg. 1929 ff. Frankfurt am Main 1971
LOHMANN, J.: Die Ganztagsschule im Rahmen der Gesamtschule. In J. Lohmann (Hg.): Gesamtschule, Diskussion und Planung. Weinheim 1969
LUKACS, G: Geschichte und Klassenbewußtsein. Amsterdam 1967 [fotomechanischer Nachdruck der Erstausgabe von 1923]
MAKARENKO, A. S.: Eine Auswahl. Berlin 1972
MANDEL, E.: Die Strategie der Übergangsforderungen. In H. Bussiek (Hg.): Wege zur veränderten Gesellschaft. Frankfurt am Main 1971
Mannomann. Wagenbachs Quartplatte Nr. 9
MARX, K.: Grundrisse der Kritik der politischen Ökonomie. Frankfurt am Main o. J.
MARX, K.: Das Kapital I. MEW, Bd. 23, Berlin (DDR) 1961
MARX, K., F. ENGELS: Politisch-ökonomische Manuskripte. MEW, E. B. I, Berlin (DDR) 1969
MARX, K., F. ENGELS: »Die Deutsche Ideologie. MEW, Bd. 3, Berlin (DDR) 1969
MARX, K., F. ENGELS: Thesen über Feuerbach. MEW, Bd. 3, Berlin (DDR) 1969
MARX, K., F. ENGELS: Anti-Dühring. MEW, Bd. 20, Berlin (DDR) 1969
MARKOVIC, M.: Gesellschaft. In H. Bussiek (Hg.): Veränderung der Gesellschaft. Sechs konkrete Utopien. Frankfurt am Main 1970
MASTMANN, H.: Die Gesamtschule Britz-Buckow-Rudow. In: A. Rang, W. Schulz (Hg.): Die differenzierte Gesamtschule. München 1970
MASUCH, M.: Politische Ökonomie der Ausbildung. Reinbek 1972
Materialien zum Berufsverbot. Reihe Roter Pauker. Offenbach 1972
MAYNTZ, R.: Soziologie der Organisation. Hamburg 1967
MCKINLEY, D. S.: Social Class and Family Life. New York 1964
MERTON, R. K.: Social Theory and Social Structure. New York 1968
MESCHKOWSKI, H.: Mathematik als Grundlage. München 1973
MOLLENHAUER, K.: Sozialisation und Schulerfolg. In H. Roth (Hg.): Begabung und Lernen. Stuttgart 1969
MÜHE, H.: Sozialpädagogische Aktivitäten in der Gesamtschule. In: Gesamtschule 3 (1972)
MÜLLER, C. W.: Entscheidungsspiele in der Jugendarbeit. In: deutsche jugend 3 (1968)
Münchner Kollektiv: Zum Problem der Sozialisation im Kapitalismus. In: alternative 77 (1971)
MÜNZINGER, W.: Moderne Mathematik, Gesellschaft und Unterricht. Weinheim 1971
NEANDER, J.: Objektivierte Lernerfolgsmessung in der Gesamtschule – Fortschritt für wen? In: Die Deutsche Schule 1 (1973)
NEGT, O.: Soziologische Phantasie und exemplarisches Lernen. Frankfurt am Main 1971
NEUNEINER, P.: Akkord ist Mord. Köln 1972
OECD (Hg.): Synopsis für moderne Schulmathematik. Frankfurt o.J. [1964]
OFFE, C.: Strukturprobleme des kapitalistischen Staates. Frankfurt am Main 1972; darin die Beiträge: Tauschverhältnis und politische Steuerung. Zur Aktualität des Legitimationsproblems; Klassenherrschaft und politisches System. Die Selektivität politischer Institutionen; Bürgerinitiativen und Reproduktion der Arbeitskraft im Spätkapitalismus
ORTMANN, H.: Arbeiterfamilie und sozialer Aufstieg. Kritik einer bildungspolitischen Leitvorstellung. München 1971
PARSONS, T.: Sozialstruktur und Persönlichkeit. Frankfurt am Main 1964
PARTRIDGE, J.: Life in a Secondary Modern School. Harmondsworth 1968
PFÜTZE, H.: Haben wir alle die gleichen Chancen? In: betrifft: erziehung 11 (1971)
POSCH, P.: Erhöhung der Anziehungskraft des Lehrerberufs. In H. Lüdtke (Hg.): Erzieher ohne Status? Heidelberg 1973
PRESTHUS, R.: Individuum und Organisation. Typologie der Anpassung. Frankfurt am Main 1966

Preuss-Lausitz, U.: Freizeit in einer Gesamtschule als Ganztagsschule. Bericht über eine Untersuchung von A. Theil. In: Gesamtschul-Informationen des PZ 4 (1971)
Rabinowitz, W., I. Rosenbaum: Teaching Experience and Teacher's Attitudes. In: Elementary School Journal 60 (1960)
Rademaker, H.: Der qualifikationsorientierte Einsatz von Medien. In: Kursbuch 24 (1971)
»Radikale« im öffentlichen Dienst. Eine Dokumentation. Hg. von H. Knirsch, B. Nagel, W. Voegeli. Frankfurt am Main 1973
Rationalisierung. Köln 1972
Regierungsprogramm der CDU mit der Rede des Vorsitzenden Barzel vom Wiesbadener Parteitag 1972
Rehm, M.: Das Planspiel als Bildungsmittel. Heidelberg 1964
Reimann, H. L.: Simulierte Realität. In: Erwachsenenbildung 2 (1971)
Richter, D. (Hg.): Das politische Kinderbuch. Darmstadt, Neuwied 1973
Riessmann, F.: The Culturally Deprived Child. New York, Evanston, London 1962
Rolff, H.-G.: Bildungsplanung als rollende Reform. Frankfurt am Main 1970
Rolff, H.-G., E. Nyssen: Sozialisation und Auslese durch die Schule. Heidelberg 1972
Rosenfeld, G.: Theorie und Praxis der Lernmotivation. Berlin 1971
Ruhloff, J.: Ein Schulkonflikt wird durchgespielt. Heidelberg 1970
Runciman, W. G.: Relative Deprivation and Social Justice. London 1966
Rumpf, H.: Kommunikation nach Vorschrift – Kritik an den Rahmenrichtlinien zum Fach Deutsch. In: betrifft: erziehung 1 (1973)
Runge, E.: Bottroper Protokolle. Frankfurt am Main 1968
Sander, Th. u. a.: Die demokratische Leistungsschule. Hannover 1971
Schaeffer, B., U. Lambrou: Schüler organisieren ihren Unterricht selbst. In: betrifft: erziehung 11 (1972)
Schefer, G.: Das Gesellschaftsbild des Gymnasiallehrers. Frankfurt am Main 1969
Schmidt, M.: Materialien zur Arbeitsfeldanalyse des Lehrerberufs. Reihe Roter Pauker, Offenbach 1973
Schmiederer, R.: Protokoll des Lehrgangs 1799 in der Reinhardswaldschule vom 30. 3.-2. 7. 1971. In: Hessisches Institut für Lehrerfortbildung (Hg.): Zum Thema Didaktik der politischen Bildung.
Schneider, P.: Die Phantasie im Spätkapitalismus und die Kulturrevolution. In: Kursbuch 16 (1969)
Schneider, P.: Bericht über eine Berliner Volksschule. In: Kursbuch 24 (1971)
Schülerkorrespondent: Gehört Politik in die Schule? In: D. Richter (Hg.): Das politische Kinderbuch. Darmstadt, Neuwied 1973
Schülerkorrespondent: Moderner Geschichtsunterricht. In: D. Richter (Hg.): Das politische Kinderbuch. Darmstadt, Neuwied 1973
Schulkampf 1. Hg. von L. v. Werder und R. Wolff. Frankfurt am Main 1970
Schulz, W.: Zur Differenzierung an Gesamtschulen. In: A. Rang, W. Schulz (Hg.): Die differenzierte Gesamtschule. München 1969
Schütt, P. (Hg.): Linkes Lesebuch. Dortmund 1969
Scuola di Barbiana. Die Schülerschule – Briefe an eine Lehrerin. Berlin 1970
Snow, R. H.: Anieties und Discontents in Teaching. In: H. C. Lindgren (Hg.): Readings in Educational Psychology. New York 1968
Sozialisation und kompensatorische Erziehung. Ein soziologisches Seminar an der FU Berlin. Als Manuskript vervielfältigt, Berlin 1969
Sozialistischer Lehrerbund (SLB): Aufruf zur überregionalen Organisierung im SLB. In: Info des SLB 12 (1972)
DER SPIEGEL: Autoritätskrise in westdeutschen Schulen. Heft 4 (1972)
Stubenrauch, H.: Schule als Gegenstand von Schule. In: betrifft: erziehung 5 (1972)
Stubenrauch, H.: Dynamit, in Samt verpackt. In: betrifft: erziehung 4 (1973)
Stuttgarter Leitlinien einer liberalen Bildungspolitik, beschlossen vom FDP-Bundeshauptausschuß am 18. März 1972 in Stuttgart
Sweezy, P. M.: Theorie der kaptialistischen Entwicklung. o. O., o. J.

TERRIEN, F. W.: The Occupatinal Roles of Teachers. In: Journal of Educational Sociology 29 (1955)
TESCHNER, W.-P.: Was leisten Leistungskurse? Stuttgart 1971
TIEMANN, K.: Planspiele für die Schule. Frankfurt am Main 1969
TILLMANN, K.-J.: Die soziale Zusammensetzung der Schüler von Gesamtschulen. In: Gesamtschule 3 (1972) (a)
TILLMANN, K.-J.: Sozialpädagogische Arbeit in der Gesamtschule. In: Die Deutsche Schule 12 (1972)
TSCHELIESNIG, K. (Hg.): Lehrlingsprotokolle. Frankfurt am Main 1971
Übersicht über Modelle und Materialien für einen antikapitalistischen Unterricht. In: Ästhetik und Kommunikation 9 (1972)
VINNAI, G.: Sozialpsychologie der Arbeiterklasse. Reinbek 1973
VOGEL, P.: Schule im Entscheidungsspiel. In: Welt der Schule 11 (1970)
WAGENSCHEIN, M.: Die Tragik des Mathematikunterrichts. Mathematische Wissenschaften und Pädagogik. In: Der Mathematikunterricht 4 (1962)
Wahlprogramm der SPD, beschlossen vom außerordentlichen Parteitag in Dortmund am 13. Oktober 1972
WALLRAFF, G.: Industriereportagen. Als Arbeiter in deutschen Großbetrieben. Reinbek bei Hamburg 1970
WALLRAFF, G.: 13 unerwünschte Reportagen. Köln 1969
WALLRAFF, G.: Von einem der auszog und das Fürchten lernte. Bericht–Umfrage–Aktion. München 1970
WEBB, J.: The Sociology of a School. In: The British Journal of Sociology 13 (1962)
WELLENDORF, F.: Zur Situation des höheren Schülers in Familie und Schule. In: M. Liebel, F. Wellendorf: Schülerselbstbefreiung. Frankfurt am Main 1969
WENGEL, E.: Curriculumentwicklung durch Konkretisierung allgemeiner Lernziele der Gesamtschule, am Beispiel Mathematik. Der hessische Kultusminister E IV – 1006/01 – Unt. 2. 22. Oktober 1971 [Manuskript]
WENGEL, E.: »Emanzipation«: Vom Schlagwort zur Bestimmungsgröße von Schulreform und Schulpraxis. Der hessische Kultusminister II B – 1006 – Beg. 1. 3. Juli 1972 [Manuskript]
Werkkreis Literatur der Arbeitswelt (Hg.): Ein Baukran stürzt um. Berichte aus der Arbeitswelt. München 1970
Werkkreis Literatur der Arbeitswelt (Hg.): Lauter Arbeitgeber. Lohnabhängige sehen ihre Chefs. München 1971
Werkkreis Literatur der Arbeitswelt (Hg.): Ihr aber tragt das Risiko. Reinbek bei Hamburg 1971
WESTERHOFF, H.: Gestaltung der Freizeit an der Gesamtschule. In: G. Bechert (Hg.): Gesamtschulen in Nordrhein-Westfalen. Weinheim 1971
WHEELER, S.: The Structure of Formally Organized Socialization Settings. In: O. G. Brim, S. Wheeler: Socialization after Childhood. Two Essays. New York 1966
WILLOWER, D. J.: The Teacher Subculture. In: L. W. Drabiek (Hg.): Interpreting Education. A Sociological Approach. New York 1971
WILSON, B. R.: Die Rolle des Lehrers – eine soziologische Analyse. In: K. Betzen, K. E. Nipkow (Hg.): Der Lehrer in Schule und Gesellschaft. München 1971
WINTER, H.: Vorstellungen zur Entwicklung von Curricula für den Mathematikunterricht in der Gesamtschule. In: Strukturförderung im Bildungswesen des Landes Nordrhein-Westfalen, eine Schriftenreihe des Kultusministers, Heft 16: »Beiträge zum Lernzielproblem«. Ratingen, Kastellaun, Düsseldorf 1972
WINTER, H., TH. ZIEGLER: Neue Mathematik. Hannover, Berlin, Darmstadt, Dortmund, Band 6, 1970, Band 7, 1970
WOLLSCHLÄGER, G.: Kreativität und Gesellschaft. Neue pädagogische Methoden am Beispiel der Jugendkunstschule Wuppertal. Frankfurt am Main 1972
YATES, A. (Hg.): Lerngruppen und Differenzierung. Weinheim 1972
Zwischenbericht zur Studienreform. Schriftenreihe des Ministers für Wissenschaft und Forschung des Landes Nordrhein-Westfalen 3, Düsseldorf 1973

Die Autoren

ULRICH BAER, geboren 1945, Diplom-Pädagoge mit Schwerpunkt Sozialpädagogik, 1970 bis 1973 Verwalter einer Assistentenstelle an der PH Ruhr, Abt. Dortmund; jetzt Dozent für Spielpädagogik an der Akademie Remscheid für musische Bildung und Medienerziehung.

CARL-HEINZ EVERS, geboren 1922, nach Wehrdienst und Kriegsgefangenschaft Studium der Mathematik, Physik, Philosophie und Pädagogik; Lehrer an Sekundarschulen, 1963 bis 1970 Senator für Schulwesen in Berlin (West), 1970/71 Vorsitzender des Sachverständigenbeirats für die Planung der Gesamthochschule Essen, 1968 bis 1973 Lehrbeauftragter an der PH Berlin, seit 1973 Professor an der TU Berlin mit den Lehrgebieten Bildungspolitik und Schulpädagogik.

DAGMAR HÄNSEL, geboren 1943, Studium an der PH Berlin, 1966 bis 1968 Schuldienst, 1968 bis 1970 Lehrerin im Hochschuldienst an der PH Berlin, 1970/71 Verwalterin einer Assistentenstelle an der Universität Düsseldorf, seit 1971 Doktorandin an der PH Ruhr, Abt. Dortmund.

FRED HEIDENREICH, geboren 1943, Studium an der PH Ruhr, Abt. Dortmund, Referendariat an der Gesamtschule Dortmund-Scharnhorst, nach der 2. Staatsprüfung Lehrer für Deutsch und Gesellschaft/Politik an dieser Schule.

HEIDRUN LOTZ, geboren 1943, Studium der Psychologie an der Universität Bonn, Bildungsberaterin an der Gesamtschule Dortmund-Scharnhorst.

JOACHIM NEANDER, geboren 1938, Studium der Physik und Mathematik an den Universitäten Göttingen und Saarbrücken, neun Jahre als Informatiker und Operations-Research-Analytiker in Verwaltung und Industrie, 1972 Assessor, danach wissenschaftlicher Mitarbeiter der Forschungsgruppe Gesamtschule in Dortmund, seit August 1973 Lehrer an der Odenwaldschule.

ELKE NYSSEN, geboren 1942, Studium der Germanistik und Soziologie an der FU Berlin, Promotion; seit 1972 wissenschaftliche Assistentin im Fach Schulpädagogik an der PH Ruhr, Abt. Dortmund.

HANS-G. ROLFF, Studium der Soziologie, Ökonomie und Pädagogik an der FU Berlin, danach Arbeit in Forschungsinstituten und in der Berliner Schulverwaltung, seit 1970 Professor für Schulpädagogik an der PH Ruhr, Abt. Dortmund.

KLAUS-JÜRGEN TILLMANN, geboren 1944, Studium an der PH Ruhr, Abt. Dortmund, Diplom-Pädagoge; zunächst Hauptschullehrer in Bochum, ab 1971/72 wissenschaftlicher Mitarbeiter der Forschungsgruppe Gesamtschule in Dortmund, danach Dozent für Sozialpädagogik an der Fachhochschule Hagen, jetzt Leiter eines Forschungsprojekts an der PH Ruhr, Abt. Dortmund.